Kinder sicher im Netz

Sigrid Born

Kinder sicher im Netz

Das Elternbuch

Bibliografische Information der Deutschen Nationalbibliothek
Die Deutsche Nationalbibliothek verzeichnet diese Publikation in der
Deutschen Nationalbibliografie; detaillierte bibliografische
Daten sind im Internet über <http://dnb.d-nb.de> abrufbar.

Bei der Herstellung des Werkes haben wir uns zukunftsbewusst für
umweltverträgliche und wiederverwertbare Materialien entschieden.
Der Inhalt ist auf elementar chlorfreiem Papier gedruckt.

ISBN 978-3-8266-9471-4
1. Auflage 2013

www.mitp.de
E-Mail: kundenservice@hjr-verlag.de
Telefon: +49 6221 / 489 -555
Telefax: +49 6221 / 489 -410

© 2013 mitp, eine Marke der Verlagsgruppe Hüthig Jehle Rehm GmbH
Heidelberg, München, Landsberg, Frechen, Hamburg

Lektorat: Katja Völpel
Sprachkorrektorat: Marita Böhm
Covergestaltung: Christian Kalkert, www.kalkert.de
Coverbild: © pressmaster – Fotolia
Satz: III-satz, Husby, www.drei-satz.de
Druck: Westermann Druck, Zwickau

Inhaltsverzeichnis

Vorwort

»Internet ist nur ein Hype.« Diese vielleicht größte Fehleinschätzung hinsichtlich des World Wide Web stammt von Bill Gates persönlich. Am 30. April 2013 ist das Internet 20 Jahre alt geworden. In diesem Jahr, 2013, werden mehr als 2,7 Milliarden Menschen das Internet nutzen, weiß BITKOM, der Bundesverband Informationswirtschaft, Telekommunikation und neue Medien e. V. In den vergangenen zehn Jahren hat sich die Zahl damit praktisch vervierfacht.

Jugendliche sind die am besten vernetzte Altersgruppe: 98 Prozent der Zehn- bis 18-Jährigen nutzen das Internet. Selbst Zehn- bis Zwölfjährige sind zu 96 Prozent online. Dies hat die repräsentative Befragung »Jugend 2.0« ergeben, die BITKOM durchgeführt hat. »Kinder und Jugendliche sollen das Potenzial des Internets voll ausschöpfen können. Dazu brauchen sie entsprechende Fähigkeiten und noch mehr Schutz«, fordert der ehemalige BITKOM-Präsident Prof. Dr. August-Wilhelm Scheer. Zwar überwiegen positive Onlineerfahrungen, doch jeder dritte Jugendliche (34 Prozent) hat auch Negatives erlebt. Scheer empfiehlt, Kinder im Web aktiv zu begleiten. Wichtig sei, dass Eltern gerade jüngere Kinder bei den ersten Schritten im Internet unterstützen. Sie sollten mit ihren Kindern über die Erfahrungen im Netz sprechen. Dadurch könnten Eltern erkennen, ob Kinder zum Beispiel unter Druck gesetzt würden oder zu freizügig mit ihren Daten umgingen.

Wir können uns ein Leben ohne Computer, das Internet mitsamt Google, Facebook und Twitter und wohl demnächst auch ohne Smartphones und Tablet-PCs nicht mehr vorstellen. Sie als Eltern, Stiefeltern, Großeltern, Onkel und Tanten haben vermutlich aber auch noch eine Zeit gekannt, in der nur wenige Menschen einen PC zu Hause hatten – ganz zu schweigen von einem Gerät für jedes Familienmitglied. Ihre Kinder aber, die wachsen damit auf.

Und was tun die Kinder und Jugendlichen genau? Sie surfen, chatten, mailen, spielen, laden Filme und Musik herunter, sind mobil und kommunikativ wie keine Generation vor ihnen. Sie kennen das gar nicht mehr anders.

Die Kinder, die erste Erfahrungen mit dem Internet machen, sind immer jünger. Nicht nur in Deutschland ist das so, sondern in ganz Europa. Diesen Trend stellte auch die Studie »EU Kids Online 2010« fest: Das Durchschnittsalter der ersten Onlinenutzung liegt in Schweden bereits bei sieben Jahren, in einigen anderen nordeuropäischen Ländern bei acht Jahren. Europaweit nutzt bereits ein Drittel der Neun- bis Zehnjährigen das Internet täglich, bei den 15- bis 16-Jährigen sind es 77 Prozent.

Die Onlinenutzung ist also, das werden Sie wohl bestätigen können, mittlerweile fester Bestandteil des Alltags der Kinder, eine Selbstverständlichkeit. Wie aber steht es um die Medienkompetenz – um Ihre eigene und die Ihrer Kinder? Fragen Sie sich einmal kritisch, ob Sie selbst alle Sicherungen nutzen, wie oft Sie ein und dasselbe Passwort verwenden, sorglos Anhänge in E-Mails anklicken und durch Webseiten surfen. Hier setzt dieses Buch an: Medienkompetenz fängt bei Ihnen an, Sie als erster Ansprechpartner Ihrer Kinder sollten in der Lage sein, sicher mit dem Medium Computer und dem World Wide Web umzugehen. Doch technisches Wissen allein ist nicht genug, auch das richtige Maß und Alternativen zur virtuellen Welt sind gefragt.

Die Jugend ist vernetzt und kommunikativ – und gefährdet

Kommunikation ist eines der wichtigsten Motive für die Nutzung des Internets. Wenn Sie heute im Bus oder in der Bahn in eine Schülergruppe geraten, gibt es nur wenige, die nicht ihr Handy in irgendeiner Form bearbeiten. Und selbst wenn sie sich untereinander unterhalten, ist das Handy dabei – es werden Bilder und Videos gezeigt, oder es wird mit nicht Anwesenden gesprochen, gechattet oder gesimst. Nach dem heutigen Stand der Jugendforschung verbringen Kinder und Jugendliche die Hälfte ihrer gesamten Zeit mit Kommunikation. Dabei sind Freunde so wichtig wie die Familie. Das ist eine der guten Seiten des Internets. Leider gibt es viele, sagen wir mal »dunkle« Seiten im Netz, von denen Sie nichts ahnen.

Der Landeselternbeirat Hessen hat zum Thema Jugendmedienschutz einen Flyer herausgebracht:»Brennpunkt Jugendmedienschutz«. Darin heißt es, dass 80 Prozent der Eltern die Mediennutzung ihrer Kinder für völlig unproblematisch halten. Ebenfalls 80 Prozent der Zwölf- bis 19-Jährigen sagen, dass ihre Eltern keine Ahnung hätten, was sie dabei so tun. Und noch einmal 80 Prozent dieser Altersgruppe haben bereits unangenehme Medienerfahrungen gemacht: Datenouting, Pornografie, sexuelle Belästigung, Gewaltvideos und -spiele, Onlinemobbing, Extremismus, Drogen, Magersuchtwebsites, Computersucht etc. Nur 8 Prozent erzählen ihren Eltern von Negativerfahrungen! Nach der Lektüre dieses Buches sollten Sie es etwas besser wissen.

Was können Sie tun? Ich zitiere an dieser Stelle aus der Süddeutschen Zeitung vom 27./28. Juli 2013. Hier geht es um einem Beitrag über Altersfreigaben für Filme (»Großes Kino«); Christiane von Wahlert berichtet von ihrer Arbeit: Sie ist eine der Geschäftsführerinnen der FSK – der Freiwilligen Selbstkontrolle der Filmwirtschaft. Wenn es um Jugendschutz im Internet geht, so der Tenor des Artikels, macht sich häufig genug Ratlosigkeit breit. Frau von Wahlert sagt:»Bleiben Sie in Kontakt mit Ihren Kindern. Die werden das Netz ohnehin erkunden. Das sind Mutproben, die wollen in die Welt der Erwachsenen rüberschauen.« Diesen Rat will ich Ihnen ans Herz legen.

Für wen ist das Buch gedacht?

In erster Linie richtet sich das Buch an die, die mit Kindern zu tun haben, an Erziehungsberechtigte wie Eltern, aber auch an Lehrerinnen und Lehrer oder Erzieherinnen und Erzieher – denn der Umgang mit Medien ist nicht so leicht, wie er mit Maus und Tastatur aussieht.

Das Buch ist so geschrieben, dass es auch ungeübten Erwachsenen den Umgang mit den Medien erleichtert – auch Sie finden hier sicher so manche Anregung, wie Sie Ihren eigenen PC oder Ihr Smartphone sicherer machen können oder wie Sie etwas vorsichtiger werden, wenn es um den Besuch von Webseiten geht. Um Fachbegriffe kommt man dabei leider nicht immer herum. Ich habe mir alle Mühe gegeben, so wenig Technikvokabular wie möglich zu verwenden und zu erklären. Sie finden am Ende des Buches auch noch ein ausführliches Glossar zu den wichtigsten Fachbegriffen.

Das Internet ist voll von Tipps und guten Webseiten zum Thema Kindersicherheit und hat mir viele wertvolle Anregungen gegeben. Die Recherche hat eine Menge Zeit gekostet und mir gezeigt, wie aufwendig es für Eltern und Erzieher ist, alles Wichtige im Netz zu finden. Dieses Buch ist das Ergebnis des Bemühens, relevante Infos zu bündeln und verständlich und übersichtlich darzustellen. Nicht alles ließ sich dabei berücksichtigen. Alle relevanten Seiten sind als Link genannt und im Anhang kommentiert und zusammengefasst.

In einzelnen Bereichen erfahren Sie in Schritt-für-Schritt-Anleitungen wie etwa bei einer Anmeldung bei Facebook oder bei der Suche von und Anmeldung zu Spielen, wie Sie bestimmte Programme bedienen und worauf Sie achten sollten.

Im Flyer »Brennpunkt Jugendmedienschutz« steht der Untertitel: »Im richtigen Leben schützen Sie Ihre Kinder vor Gefahren! Warum tun Sie es dann nicht auch im Internet?«

Lassen Sie uns damit anfangen!

Kapitel 1

Die größten Gefahren im Internet – für Kinder und Erwachsene

Sicherheit im Internet ist in erster Linie eine Elternaufgabe: Sie setzen die Sicherheitsstandards, Sie zeigen, wie man bewusst und verantwortungsvoll mit dem Computer umgeht. Und Sie sind diejenigen, die die Gefahren des WWW kennen sollten.

Der Hightech-Verband BITKOM hat zu Beginn des Jahres 2013 eine Hitliste der zehn größten Gefahren aus dem Internet herausgebracht. Bei diesen Hauptgefahren handelt es sich ausschließlich um Programme mit dem Ziel, Schaden auf Ihrem Rechner anzurichten. Und die wichtigsten lernen Sie hier in einem Überblick kennen. Außerdem erfahren Sie etwas über Ihre Datenspuren im Netz – und das sind nicht wenige.

1.1 Ohne Netz und doppelten Boden – Erwachsene surfen sorglos

Beginnen wir mit einigen Tatsachen: Nach einer Cybercrime-Studie des amerikanischen Sicherheitsdienstleisters Norton aus dem Jahr 2012 werden jeden Tag 1,5 Millionen Menschen Opfer einer Attacke aus dem Internet – 18 Opfer pro Sekunde.

Laut der polizeilichen Kriminalstatistik ist der Schaden aller Cybercrime-Delikte im Jahr 2011 um 16 Prozent auf insgesamt 71,2 Millionen Euro gestiegen (2010: 61,5 Millionen Euro).

Das Sicherheitssoftware-Unternehmen Symantec zeigt in seinem Cybercrime-Report, wie sorglos Erwachsene sich im WWW bewegen. 4.500 erwachsene Internetnutzer in Europa wurden dazu befragt, das Ergebnis ist ziemlich erschreckend: Drei von fünf Erwachsenen nutzen ungesicherte lokale Funknetzverbindungen – die fast überall üblichen WLANs (Wireless Local Area Network). Fast die Hälfte von ihnen macht sich zwar Sorgen um die Sicherheit ihrer Verbindung, doch 43 Prozent rufen ihre E-Mails ab, 38 Prozent loggen sich bei sozialen Netzwerken ein und 18 Prozent sogar bei ihrer Bank – wohlgemerkt, öffentlich und ungesichert. Ebenso gut könnten sie lauthals ihre PIN- und TAN-Nummern verkünden oder ihr Schlüsselbund mit genauen Adressangaben auf einer Parkbank liegen lassen.

Abb. 1.1: Datenschutz hat oberste Priorität. Foto: Gerd Altmann, pixelio

Auch außerhalb von WLANs sind Smartphone- und Tablet-Besitzer erstaunlich risikobereit: Ein Drittel schützt das Mobilgerät nicht mit einem Passwort, 40 Prozent der Anwender laden Apps aus unsicheren Quellen herunter. Dabei zeigt die Symantec-Studie große Unterschiede zwischen einzelnen Ländern. So speichern nur vier Prozent der Deutschen ihre Bankdaten auf Mobilgeräten, während dies in Dänemark 13 Prozent der Befragten tun.

Fast jeder vierte deutsche PC ist infiziert: Das ergab die Malware-Statistik des Antivirensoftware-Herstellers Panda Security in seinem Bericht für das erste Quartal 2013. Von Januar bis März seien weltweit über 6,5 Millionen neue Schädlinge gefunden worden. Die Rangliste der Staaten mit den meisten infizierten Rechnern führt mit 53,4 Prozent China an. Deutschland liegt zwar unter den Top Ten der weniger belasteten Länder, dennoch ist hier fast jeder vierte PC (22,9 Prozent) mit Schadsoftware belastet.

Und Kaspersky Lab berichtet in seinem Quartalsbericht, dass jeder infizierte Rechner im Durchschnitt acht Sicherheitslücken aufweise.

1.2 Schadprogramme über Downloads

»Einem herumschweifenden Jäger begegnet ein herumschweifendes Tier.« Dieses Sprichwort aus Afrika trifft wohl auf jeden zu, der sich im Internet bewegt. Das Tier aber hört oder sieht man vielleicht noch, aber wenn Sie von einem Schadprogramm im Internet erwischt werden, merken Sie erst einmal nichts.

Wie aber sehen die Gefahren konkret aus? Damit hat sich BITKOM, das Sprachrohr der IT-, Telekommunikations- und Neue-Medien-Branche, beschäftigt.

Abb. 1.2: Die zehn größten Gefahren im Internet, ermittelt von BITKOM

Wichtig

Viren – Würmer – Schadprogramme

Vor nicht allzu langer Zeit hießen schädliche Programme meistens »Viren«. Heute sprechen Experten ganz allgemein von »Schadprogrammen« – auch »Malware« genannt. Damit sind alle bösartigen Programme gemeint, die auf den Computern, die sie infizieren, unerwünschte Funktionen ausführen. Nach einer Definition des Bundesamtes für Sicherheit in der Informationstechnik (BSI) sind viele dieser Schädlinge »… modular aufgebaut und können darum häufig nicht eindeutig einer bestimmten Kategorie – etwa Virus oder Wurm – zugeordnet werden«. Diese Programme sind so schlau programmiert, dass sie über das Internet automatisch weitere Funktionen aktualisieren und sich ständig verändern können. Und dann machen sich diese Schadprogramme auf, um weitere Rechner im Internet zu infizieren. Dazu nutzen sie zum Beispiel Schwachstellen im Browser. Weitere Infos dazu finden Sie auf den Webseiten des BSI (www.bsi-fuer-buerger.de).

Die größte Bedrohung für Internetnutzer, so zeigt es die Studie der BITKOM, sind sogenannte *Drive-by-Downloads*. Das sind Webseiten, die mit schädlichem Code infiziert werden. Wenn Ihr Rechner Schwachstellen hat, reicht es also aus, eine solche Internetseite nur zu besuchen. Das ist besonders fies, denn Sie müssen nicht einmal mehr auf einen Link klicken oder gar eine Datei herunterladen. Die Schadprogramme fangen Sie sich ganz nebenbei ein. Ein Bericht der European Network and Information Security Agency erklärt die Drive-by-Downloads für besonders tückisch, weil sie kaum zu erkennen sind.

Und das trifft zu allem Überfluss auch auf einige Apps zu. Immer mehr setzt sich das mobile Bezahlen durch, und so ist es nicht weiter verwunderlich, dass schädliche Apps programmiert werden, um an Ihr Geld zu gelangen. Es trifft vor allem Android-Geräte: Für das mobile TAN-Verfahren taucht inzwischen eine Variante für unterschiedliche Banken auf. Der Trojaner fordert den Benutzer auf, Handyhersteller, Modell und Handynummer anzugeben. Gelingt es den Betrügern, auf diese Weise Smartphones mit Schadcode zu infizieren, können sie in Kombination mit so erwischten Zugangsdaten beliebig Überweisungen ausführen.

1.3 Trojaner und Würmer

Auf dem zweiten Platz liegen Würmer und Trojaner. Trojaner führen auf infizierten Computern unbemerkt gefährliche Funktionen aus, und digitale Würmer verbreiten sich selbst über das Internet.

Hinweis

Die Computerversion des Trojanischen Pferdes funktioniert nach demselben Prinzip wie das Vorbild aus der griechischen Mythologie. Ein scheinbar nützliches Programm hat ein anderes böswilliges Programm sozusagen im Bauch, das dann unbemerkt eindringt und sich auf dem PC installiert. So können beispielsweise Passwörter und andere vertrauliche Daten ausgespäht, verändert, gelöscht oder bei der nächsten Datenübertragung an den Angreifer verschickt werden. Dieser Datendiebstahl bleibt in der Regel unbemerkt, weil im Gegensatz zum Diebstahl materieller Dinge nichts fehlt. Anders als Computerviren können sich Trojanische Pferde jedoch nicht selbstständig verbreiten.

So ähnlich funktionieren die als Trojaner bekannten Schadprogramme. Sie tarnen sich als harmlose Dateien und beinhalten schädliche Software, die Ihren Rechner oder Ihr Handy infiziert.

Ein bekanntes Beispiel: der Trojaner des Bundeskriminalamtes (BKA) – ausgerechnet! Europäische Strafverfolger haben inzwischen eine Gruppe Cyberkrimineller verhaftet, die auf diese Weise Internetnutzer betrogen hat. Sie hatten einen Trojaner programmiert und in Umlauf gebracht, der die befallenen Rechner sperrte, indem sie über das Programm verschlüsselt wurden. Auf dem Bildschirm erschien eine Meldung, der Computer sei wegen mutmaßlich illegaler Aktivitäten von den Behörden gesperrt worden – etwa weil User Webseiten mit Kinderpornografie besucht hätten.

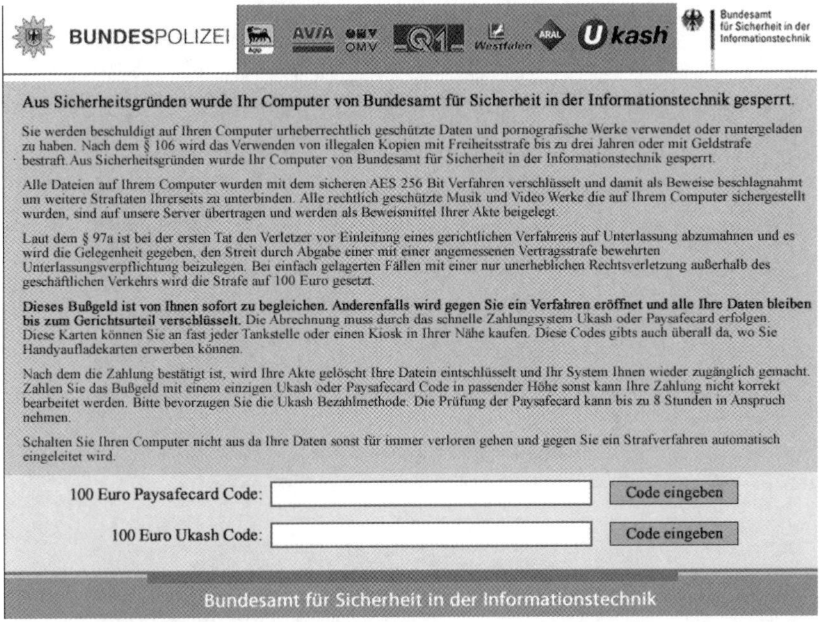

Abb. 1.3: Beispiel für den Trojaner, der angeblich von der Bundespolizei verschickt wurde

Gegen die Zahlung einer Strafe in Höhe von 100 Euro – eine Art Lösegeld – werde der Rechner wieder freigegeben. Ein Logo einer Strafverfolgungsbehörde wie der Bundespolizei oder des Bundeskriminalamtes war natürlich eingebaut. Selbstverständlich passiert nach dem Zahlen dieser Strafe nichts, der Computer ist weiterhin gesperrt.

Sollte sich bei Ihnen einmal dieser Trojaner einschleichen, kann das Programm *HitmanPro.Kickstart* vom Anti-Botnet-Beratungszentrum helfen (http://blog.botfrei.de). Sie sollten sich das Programm auf einem USB-Stick speichern und es als Notfallprogramm dann anwenden, denn es lässt sich vom USB-Stick booten. Windows wird bereits während der Startsequenz auf Malwarebefall untersucht, und das Schadprogramm wird auch entfernt.

Unten auf dem Bild befindet sich ein kleiner Kickboxer. Wenn Sie den anklicken, können Sie das Programm auf dem USB-Stick speichern.

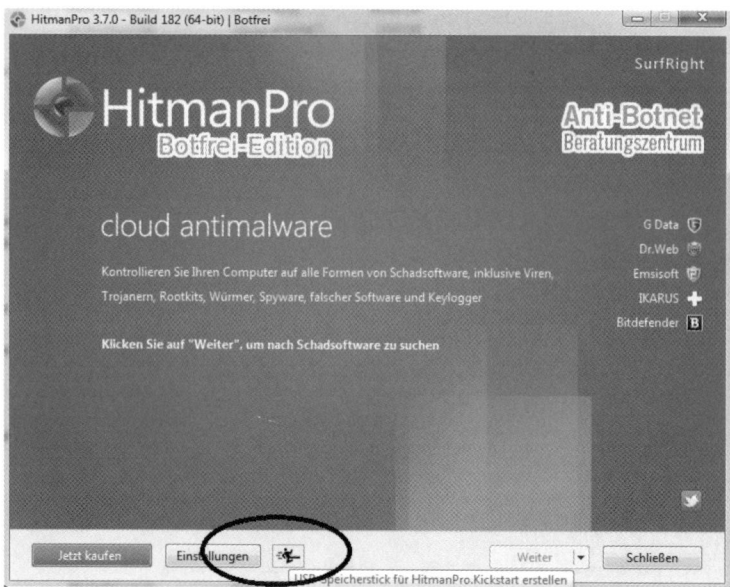

Abb. 1.4: Das Programm HitmanPro stellt Ihren gesperrten Computer wieder her.

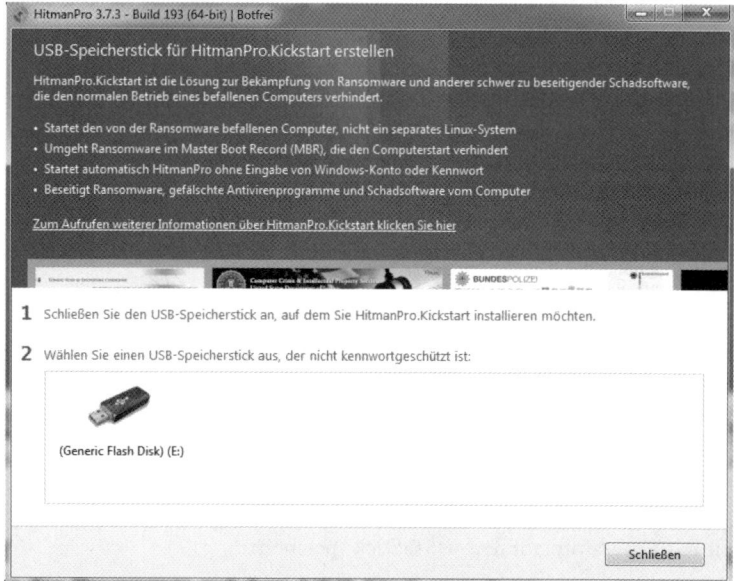

Sie folgen nun den Anweisungen, die Ihnen das Programm gibt. Bei weiteren Fragen hilft Ihnen das Servicecenter des Bundesamtes für Sicherheit in der Informationstechnik, das unter 01805 274100 oder mail@bsi-fuer-buerger.de erreichbar ist. Informationen finden Sie auch auf den Seiten des eco-Verbandes der deutschen Internetwirtschaft e. V. (www.bka-trojaner.de).

Vorsicht

Auch stolze Besitzer von Apple-Rechnern sind nicht mehr sicher. Der Blog des Anti-Botnet-Beratungszentrums warnt, dass mittlerweile die ersten Mac-Rechner Opfer einer FBI-Ransomware geworden sind. Beim Öffnen des Safari-Browsers wurden sie mit einer Warnung des FBI überrascht, das angeblich den Mac gesperrt hat und wegen einer Urheberrechtsverletzung einen Betrag in Höhe von 300 Dollar fordert.

Immer wieder tauchen neue Varianten dieser bereits seit 2011 bekannten Schadsoftware auf. Um Glaubwürdigkeit vorzutäuschen, missbrauchen die Erpresser offizielle Logos von bekannten Unternehmen und Behörden. Neben dem Logo der Bundespolizei werden die Nutzer mit den Logos des Bundesamtes für Sicherheit in der Informationstechnik (BSI) und der Gesellschaft zur Verfolgung von Urheberrechtsverletzungen e. V. (GVU) getäuscht.

1.3.1 Trojaner auf dem Smartphone

Apps – also Anwendungen (engl.:»applications«) für Smartphones sind – Software für Mobilgeräte oder mobile Betriebssysteme. Das sind manchmal wirklich sinnvolle Programme wie der Navigator der Deutschen Bahn oder Apps von Tageszeitungen oder für Kinder die App *First Words*, eine Art Vokabeltrainer fürs Englische. Aber immer mehr Trojaner werden über die Apps verschickt. Im April 2013 wurden Postbank-Kunden das Ziel der Angriffe: Die Nachricht trägt im Betreff »Extended Validation-Zertifikate (EV-SSL-Zertifikat) im Android«. Liest man diesen Betreff, denkt man, das sei wichtig für die Sicherheit des Gerätes. Nun wird man auf Deutsch dazu aufgefordert, eine App zu installieren. Die Nachrichten werden ungezielt als Spam verschickt und können deshalb in jedem Postfach landen. Als Absender erscheinen unter anderem Adressen wie »kundenservice@postbank.de« und »mobile-banking@postbank.de«.

Wer die E-Mail mit seinem Android-Smartphone öffnet und der Aufforderung nachkommt, lädt sich einen auf das Auslesen von Onlinebanking-Daten spezialisierten Trojaner auf sein Smartphone. Dies ergab eine Analyse des Branchendienstes heise Security. Mit den ausgespähten Informationen sei es für die Kriminellen ein Leichtes, die Bankkonten zu plündern, schreibt heise Security dazu.

Sicherheitsexperten beobachten seit Langem einen Anstieg von Trojaner-Angriffen auf mobile Betriebssysteme wie Android. So gelang es Onlinedieben, über einen kombinierten Angriff auf PC und Smartphones das zweistufige mobile TAN (mTAN)-Sicherheitsverfahren auszuhebeln und eine millionenschwere Beute einzufahren. Mehr als 30.000 Konten wurden 2012 mithilfe des *Zeus in the Mobile* (ZitMO)-Trojaners abgeräumt und deutsche Kontoinhaber insgesamt um etwa 12 Millionen Euro erleichtert.

1.3.2 Bausätze für Viren

Das Internet macht's möglich: Es gibt Anleitungen, wie man selbst Schadprogramme herstellen kann. Eine Gefahr für Kinder besteht insofern, als diese gerne herumexperimentieren und sehr neugierig sind – mit Feuer, mit Messern und auch mit Programmen. Und aus reiner Neugier besuchen sie solche Seiten, die dann gerne ihrerseits mit Viren oder Trojanern verseucht sind.

Hinweis

Das erste Werkzeug dieser Art war das *Virus Construction Set*. Entwickelt wurde es schon 1990 von einer Gruppe mit dem Namen »Verband Deutscher Virenliebhaber«. Bald folgten *NuKE's Randomic Life Generator, Odysseus, Senna Spy Internet Worm Generator* und viele, viele andere.

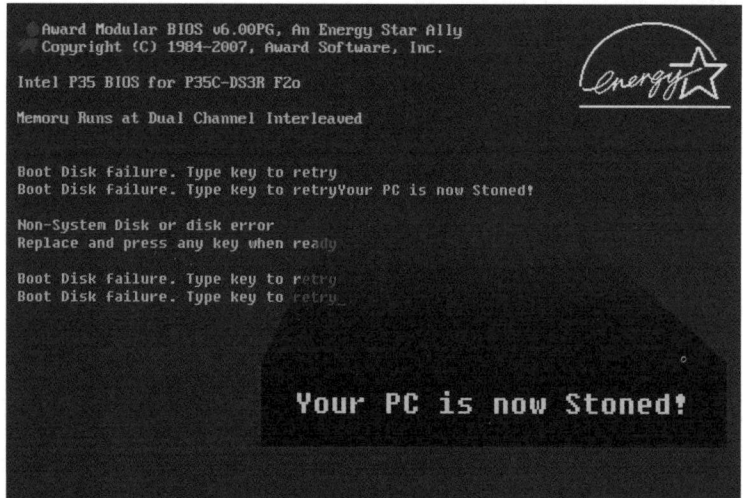

Abb. 1.5: Stoned ist ein Bootvirus, auch Bootsektorvirus genannt. Das Virus wurde erstmals 1987 in der Stadt Wellington, Neuseeland, entdeckt.

1.3.3 Nicht zu unterschätzen: Botnetze

Wenn Sie jemandem ins Netz gegangen sind, kann das auch ein Botnetz sein. »Bot« kommt von »robot«, das ist eigentlich etwas Gutes und heißt »arbeiten«. Im IT-Fachjargon ist mit »Bot« ein Programm gemeint, das ferngesteuert auf Ihrem PC arbeitet. Ihr Computer ist also gekapert worden. Botnetze basieren auf Viren, Trojanern und Würmern. Botnetze sind sehr viele Computer – meist mehrere Tausend, es können aber auch mehrere Millionen sein –, die per Fernsteuerung zusammengeschlossen und zu bestimmten Aktionen missbraucht werden.

Vielleicht ist auch Ihr Computer Teil eines Botnetzes? Der Rechner kann sich infizieren, wenn Sie im Internet unterwegs sind oder E-Mail-Anhänge öffnen. Meistens sind Bots zunächst ziemlich unauffällig, sodass Sie davon nichts bemerken. Doch der Schein trügt. Denn die Verursacher der Schadprogramme können diese per Knopfdruck aktivieren, zum Beispiel um E-Mails zu versenden. Dazu schicken sie entsprechende Kommandos an den befallenden PC. Eine einzige kriminelle Person kann alle Bots zentral in ihrem Netzwerk dirigieren und ihnen befehlen, die gleichen Aufgaben auszuführen. Voraussetzung dafür: Der PC muss online sein. Ihr PC scheint nun ganz normal zu arbeiten, während sich gleichzeitig im Hintergrund lauter unerfreuliche Dinge abspielen.

Wie erkennt man, dass der Rechner infiziert ist?

Das Bundesinnenministerium gibt in seinem Faltblatt »Botnetze – Computer in Gefahr« folgende Tipps:

Ein Hinweis auf Botnetz-Aktivitäten eines Rechners ist häufig der Versand oder der Empfang großer Datenmengen, ohne dass eine von Ihnen befugte Funktion – bspw. ein Download oder ein Update des Virenprogramms – dafür verantwortlich zu sein scheint. Ein solcher Datenversand macht sich auch dadurch bemerkbar, dass Ihr Rechner langsamer arbeitet als üblicherweise. Um den eigenen Rechner gegen die Infizierung mit einem Bot-Virus zu schützen, unternehmen Sie folgende Schritte: Schützen Sie Ihren Computer durch ein sicheres Passwort vor Missbrauch. Vorsicht bei der Verwendung fremder USB-Sticks: Hier kann Schadsoftware automatisch installiert werden! Aktualisieren Sie Ihr Betriebssystem regelmäßig und schließen Sie bekannte Sicherheitslücken durch zur Verfügung gestellte Updates. Verwenden Sie nur lizenzierte Softwareprodukte. Öffnen Sie nur vertrauenswürdige E-Mails und deren Anhänge. Klicken Sie keine Links in Spam-E-Mails an!

Eigentlich sollte eine gute Firewall Sie warnen und Schadprogramme durch eine aktuelle Antivirensoftware identifizieren. Wenn Sie vermuten, dass Ihr Rechner bereits infiziert ist, etwa weil die Firewall eine Warnung anzeigt, sollten Sie sich eine Antivirensoftware direkt von der Seite eines Herstellers herunterladen – am besten auf einen anderen Rechner. Dann können Sie die Software auf eine CD brennen und von dort auf Ihren eigenen Computer installieren. Hilfreich ist auch eine Prüfung, bei der der Rechner von einer Boot-CD gestartet wird. Vorsicht ist dann trotzdem noch immer geboten.

1.4 Angriffe auf Datenbanken und Webseiten und Denial-of-Service-Attacken

Schaden fügen auch diese Anwendungen zu – diesmal geht es darum, Kundendaten massenweise abzugreifen und den E-Commerce, den Handel im Internet, zu beeinträchtigen.

1.4.1 Das Ziel: die Daten von Kunden

Shops im Internet oder Zeitungen mit Content-Management-Systemen setzen Datenbanken ein, um darin Kundendaten, Artikel und Texte abzulegen. Zunehmend attackiert werden diese Datenbanken und Webanwendungen. Aber das sind kaum die riesigen Webseiten von Unternehmen wie Amazon oder Zalando, denn die sichern und überwachen ihre Systeme rund um die Uhr. Gefährdet sind hier eher kleine und mittelständische Unternehmen.

Benutzer können heutzutage auf den meisten Webseiten Kommentare, Texte oder Suchanfragen eingeben. Mittels SQL-Injection – so der Fachbegriff – versucht ein Angreifer, diese Benutzereingaben derart zu manipulieren, dass schadhafte Funktionen ausgeführt werden können.

Eine andere bösartige Attacke ist *Cross-Site Scripting (XSS)*: eine Technik, mit der Sicherheitslücken in Webanwendungen ausgenutzt werden. Diese Technik heißt Cross-Site, da dabei mehrere Webseiten zusammenspielen. Beispielsweise kann von einer nicht vertrauenswürdigen Seite spezieller Schadcode im Kontext einer anderen Webseite ausgeführt werden, um an sensible Daten des Benutzers zu gelangen.

1.4.2 Das System lahmlegen

Denial of Service (DoS) bedeutet so viel wie, etwas außer Betrieb zu setzen. Technisch passiert dies: Bei DoS-Attacken wird ein Server gezielt mit so vielen Anfragen bombardiert, dass das System die Aufgaben nicht mehr bewältigen kann und im schlimmsten Fall zusammenbricht. Auf diese Art wurden schon bekannte Webserver wie zum Beispiel Amazon, Yahoo, eBay mit bis zur vierfachen Menge des normalen Datenverkehrs massiv attackiert und für eine bestimmte Zeit für normale Anfragen außer Gefecht gesetzt.

Die Programme, die für DoS-Angriffe genutzt werden, sind mittlerweile sehr ausgefeilt, und die Angreifer sind nur schwer zu ermitteln, weil sich der Weg der Daten verschleiern lässt. Möglich sind einige der Attacken durch Bugs (das sind Softwarefehler) und Schwachstellen von Programmen, Betriebssystemen oder Fehlimplementierungen von Protokollen.

Davon konnte die Süddeutsche Zeitung (SZ) Anfang 2013 ein Lied singen: Die Webseite wurde über mehrere Stunden durch massenhafte Seitenaufrufe derart überlastet, dass sie nicht mehr erreichbar war. Dieser automatisierte Angriff heißt *Distributed-Denial-of-Service-Attacke (DDoS)*. Dabei greifen viele unterschiedliche Systeme in einer großflächig koordinierten Aktion an. Durch die hohe Anzahl der gleichzeitig angreifenden Rechner sind die Angriffe besonders wirksam.

1.5 Phishing – Passwörter angeln

Wenn Sie bisher glaubten, dass Phishing nur das Onlinebanking betrifft, dann haben Sie sich schwer getäuscht. Es betrifft auch Ihr eBay-Konto, Amazon, PayPal ... Phishing kommt als E-Mail getarnt. Und zwar täuschend echt! Phishing bedeutet: Daten von Internetnutzern werden über gefälschte Internetadressen, E-Mails oder SMS abgefangen mit dem Ziel, persönliche Daten zu missbrauchen und Inhaber von Bankkonten zu schädigen. Der Begriff Phishing ist angelehnt an das englische »fishing« in Verbindung mit dem »P« aus Passwort.

Hier können technische Schutzmaßnahmen wie Antivirensoftware und moderne Webbrowser das Problem nur mildern. Die Verbraucherzentrale Nordrhein-Westfalen zum Beispiel bietet deshalb nun eine neue Möglichkeit zur schnellen Information: das *Phishing-Radar* unter www.vz-nrw.de/phishing.

Offline

Beiträge: 4755
Düsseldorf

Achtung, hier handelt es sich um die Wiedergabe einer Phishing-Mail und NICHT um eine Mail eines seriösen Anbieters!

Wann: 26.11.2010

Absender:accounts@paypales.com

Betreff: Mitteilung

Text:

Sehr geehrter Kunde, sehr geehrte Kundin,

Wir entdeckten unregelmige Ttigkeit auf Ihrem PayPal-Konto.

Damit Sie Ihr Paypal-Konto weiterhin verwenden knnen, mssen Sie Ihre Daten aktualisieren.

Verwenden Sie bitte den Link unten, um Ihre Daten zu aktualisieren.

paypal-hg.com/des/?cgi-bin/webscr?cmd=_login-run

Wir bitten Sie, eventuelle Unannehmlichkeiten zu entschuldigen, und danken Ihnen fr Ihre Mithilfe.

Herzliche Gre
Ihr PayPal-Team

Abb. 1.6: Beispiel einer Phishing-Mail der Verbraucherzentrale NRW

Dazu schreibt die Verbraucherzentrale NRW:

Die als Bestellung, Rechnung oder Mahnung getarnten Trojaner-Mails tragen im Anhang schädliche Virensoftware. Wer die Dateien öffnet, der riskiert, dass sein Computer ausgespäht wird und die Daten an die Betrüger übermittelt werden. Derzeit kursieren beispielsweise zahlreiche E-Mails, wonach der Empfänger angeblich noch eine Rechnung beim Rabatt-Dienst Groupon offen habe. Mal lautet der Betreff »Groupon.de Mahnung 14.03.2013 XXX (Name)«, »XXX (Name) Groupon GmbH AG Mahnung«, mal heißt es »XXX (Name) Abrechnung Ihrer Groupon GmbH Mitgliedschaft XXX« oder auch »Rechnung Ihrer Groupon GmbH Mitgliedschaft 14. März 2013 XXX (Name)«. Auch mit Amazon als vorgeblichem Absender werden beständig Trojaner-Mails verschickt. Die Betreffzeilen lauten zum Beispiel »Bestellung bei Amazon Buy-Vip« oder »Bestellung bei Amazon BuyVip (Vorname) (Nachname)«. Neu sind Mails mit Betreffzeilen wie etwa »Ihre Rechnung MyDirtyHobby GmbH 10.04.2013« oder »Rechnung Seitensprung.de Portal für den Benutzer [Benutzername]«. Dabei geben sich die Betrüger als Mitarbeiter von Erotikportalen aus, um den E-Mail-Empfänger zu bewegen, den zip-Anhang zu öffnen. Der jüngste Dreh: Ahnungslose Verbraucher werden zu Tätern gemacht. Unter der realen E-Mail-Adresse eines Unbescholtenen schicken die Ganoven fingierte Rechnungen und Mahnungen an Dritte.

1.5.1 Link auf gefälschte Internetseiten

Es kursieren massenhaft Phishing-Mails, die angeblich von Amazon, PayPal, Mastercard und Visa stammen. Über einen Betreff wie zum Beispiel »Dringend – Ihre VISA Kreditkarte wurde ausgesetzt!« wird man dazu verleitet, auf gefälschten Seiten, die denen der Firmen sehr ähnlich sehen, sensible Daten wie etwa Kontoverbindungen einzugeben.

Tipp

Das BSI gibt dazu diese Empfehlungen:

- Öffnen Sie unter keinen Umständen Anhänge oder Links solcher E-Mails! Lassen Sie sich dazu auch nicht durch persönliche Anreden oder flüssig geschriebenes Deutsch verleiten!

- Haben Sie Anhänge oder Links doch geöffnet, starten Sie Ihr Antivirenprogramm. Wenn sich die Probleme damit nicht beheben lassen, müssen Sie Ihren Rechner ggf. neu aufsetzen. Technische Hilfe und Tipps für den Fall, dass Sie schädliche Dateien bereits geöffnet und aktiviert haben, finden Sie auf den Seiten des Bundesamtes für Sicherheit in der Informationstechnik (BSI).

- Suchen Sie regelmäßig nach Updates für Ihr Antivirenprogramm und Ihren Internetbrowser!

- Antworten Sie nicht auf diese E-Mails, auch wenn Sie sich darüber ärgern! Denn dadurch verraten Sie den Betrügern, dass diese E-Mail-Adresse regelmäßig genutzt wird.

- Sie könnten deswegen noch mehr Spam- und Phishing-Mails erhalten. Ignorieren Sie diese E-Mails und verschieben Sie die Schreiben einfach in den Spam-Ordner!

- Informieren Sie sich regelmäßig über die aktuellen Betrugsversuche in unserem Phishing-Radar! Wenn Sie genau wissen wollen, woher eine mutmaßliche Phishing-E-Mail kommt, können Sie den sogenannten Mail-Header prüfen.

Quelle: www.bsi.de

Die Internetseite, auf die der Link führt, sieht der Internetseite der Bank sehr ähnlich, selbst die Eingabeformulare sehen gleich aus. Die Phishing-Betrüger nutzen darüber hinaus entweder Internetadressen, die sich nur geringfügig von denen der renommierten Firmen unterscheiden. Oder aber sie fälschen die Adressleiste des Browsers mit einem JavaScript. Man glaubt also, man sei auf einer seriösen Seite, ist es aber nicht. Seriöse Banken verschlüsseln ihre Seiten immer, erkennbar am »https« in der Adresszeile des Browsers.

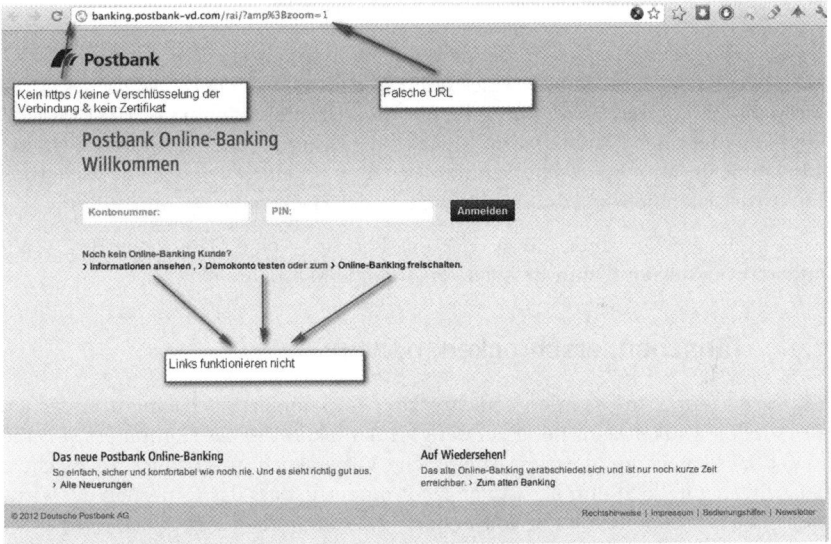

Abb. 1.7: Auf der Seite von blog.botfrei.de ist ein Beispiel für eine falsche Seite der Postbank –vor allem fehlt das »https«, der Hinweis auf eine verschlüsselte Seite.

1.5.2 Maßnahmen gegen Phishing

Ärger haben natürlich auch die Unternehmen, in deren Namen die Betrüger auftreten. Der Imageschaden kann riesig sein. Phishing zu bekämpfen ist schwer, da sich die gefälschten von den echten Seiten kaum unterscheiden und somit viele Nutzer sich täuschen lassen. In einigen Ländern haben sich viele Firmen bereits zur Anti-Phishing Working Group zusammengetan. Auf ihrer Internetseite kann man Phishing-Mails melden und nachlesen, welche schon bekannt sind.

Die oberste Regel: Aufpassen! Schauen Sie bei den angeklickten Internetadressen besser zweimal hin und überlegen Sie genau, wem Sie welche Daten anvertrauen.

Übrigens: Phishing ist nicht nur auf das Internet beschränkt – Datendiebe machen auch Jagd auf die Nutzer über das Telefon unter Verwendung von Internettelefonen (VoIP). Eine eigene Bezeichnung für diese neue Technik gibt es auch schon: *Vishing* (Voice Phishing).

1.6 Datenverluste

Sie kennen das: Sie haben vergessen, etwas zu speichern, und weg ist die schöne Präsentation. Wenn Sie aber ein Unternehmen haben, ist der Schaden bei Datenverlust ungleich höher. Denn sensible interne Informationen wie zum Beispiel Kundendaten gehören zu den besonders wichtigen Unternehmenswerten.

Datenverlust durch Datenklau bei dem Finanzdienstleister AWD oder SchülerVZ sind zwei Beispiele. Und trotz eines hohen technischen Sicherheitsniveaus durch Firewalls, Viren- und Spam-Kontrolle nimmt nach Einschätzung von TÜV-Rheinland-Experten der Datenklau in deutschen Unternehmen kontinuierlich zu. Längst bieten rein technische Schutzmaßnahmen keine ausreichende Sicherheit mehr vor Datendiebstahl durch Mitarbeiter oder Hackerattacken von außen.

Eine geeignete Verschlüsselung oder ein Backup – eine Datensicherung – auf anderen Geräten sind zum Beispiel vorsorgende Maßnahmen.

1.7 Täuschen, erschrecken, nerven

Scareware (engl.: to »scare« – erschrecken) funktioniert nach einem einfachen Prinzip: Sie gaukelt dem Benutzer eine Virusinfektion seines Computers vor und bietet dabei meist an, dieses vermeintliche Virus gleich unschädlich zu machen. So weit, so gut, doch nun behauptet das Programm, dass das Entfernen des Virus nur mit der kostenpflichtigen Vollversion des Programms möglich sei. Der Nutzer wird durch den Virusalarm eingeschüchtert und kauft das Programm. Wurde die kostenpflichtige Version des vermeintlichen Antivirenprogramms gekauft, entfernt es zwar die Virenwarnung, und der Nutzer ist beruhigt. Leider ist diese Software meist vollkommen wirkungslos gegen andere Schadprogramme.

In den meisten Fällen ist es jedoch so, dass die fraglichen Webseiten derart präpariert sind, dass sie gleich beim Besuch via Drive-by-Download Malware ins System einschleusen, die Ihnen vorgaukelt, Ihr Computer sei hochgradig virenverseucht. So gibt es beispielsweise Scareware, die gezielt den Taskmanager von Windows manipuliert und dort falsche Informationen anzeigt.

1.7.1 Der Trick mit dem Callcenter

Laut dem Magazin C't gehen manche Autoren von Scareware inzwischen noch einen Schritt weiter. Die falsche Antivirensoftware bekommt sogar ein angeblich seriöses Callcenter für ihre Opfer. Als Betroffener ist man ohnehin schon völlig verunsichert. Ruft man dort an, um Hilfe bei der Installation der vermeintlichen Sicherheitssoftware zu bekommen, erhält man eine Schritt-für-Schritt-Anleitung, wie die bereits installierte (also die echte) Antivirensoftware deinstalliert werden kann, um die Scareware erfolgreich aufzuspielen.

Diese Schadprogramme sind die anfangs erwähnten Trojaner wie etwa der Bundespolizei. Auf solche Erpressungsversuche sollten sich Nutzer auf gar keinen Fall einlassen. Wichtig ist, dass die Antivirenprogramme und die Firewall auf dem neuesten Stand sind.

1.8 Spam

Spam ist nach Aussagen von BITKOM das einzige Cybercrime-Phänomen, das tendenziell abnimmt. Allerdings sind immer noch rund 90 Prozent aller E-Mails Spam. Wohl jeder, der eine E-Mail-Adresse hat, dürfte schon die berühmten »Viagra«-Spam-Mails bekommen haben. Wie eine Analyse des Sicherheitsdienstleisters Sophos zeigt, lohnt sich die Werbeflut für die Anbieter: »Pharma-Spam« soll mindestens 4.000 Dollar Umsatz pro Tag erwirtschaften. Auch wenn es nur wenige sind, die tatsächlich auf die Angebote in Spam-Mails eingehen und ein Produkt kaufen, werden doch täglich Millionen E-Mail-Postfächer mit Werbemüll überschüttet.

> ⓘ Hyperlinks und sonstige Funktionen wurden in dieser Nachricht deaktiviert. Verschieben Sie die Nachricht in den Posteingang, um die Funktionen wiederherzustellen.
> Diese Nachricht wurde mithilfe des Junk-E-Mail-Filters von Outlook als Spam markiert.
> Diese Nachricht wurde zum Nur-Text-Format konvertiert.
>
> Von: Info-Natur24 <t-egdxendydtegdzdw@t-online.de>
> An: neufangd@t-online.de
> Cc:
> Betreff: Schritt 1 - Abnehmen
>
> <http://www.bitly.com/1ahWZjG> ting in SeoulThe North responded with incre

Abb. 1.8: Beispiel für eine Spam-Nachricht. Klickt man auf den Link, kann man sich Schadsoftware auf den Rechner laden.

Neu ist auch diese Masche: Eine gefälschte Dropbox-Einladung verlinkt auf eine Medikamenten-Webseite. Der Onlinespeicherdienst Dropbox hat nach Informationen des deutschen E-Mail-Sicherheitsdienstleisters Eleven Ende Mai 2013 zahlreiche Mails versendet, die eine vermeintliche Einladung zu Dropbox enthielten, am Ende landete man auf einer Seite, die Medikamente verkaufen will.

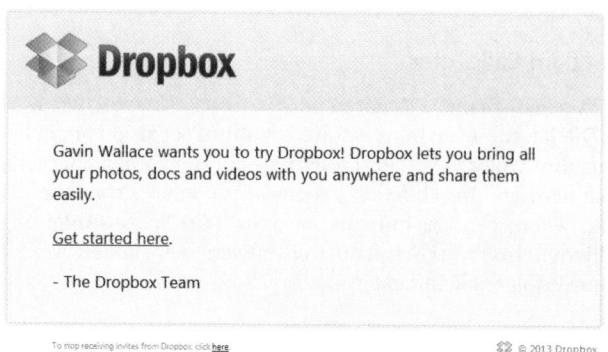

Abb. 1.9: Diese falsche Spam-Nachricht bei Dropbox führte beim Klick auf den Link zu einer Medikamenten-Webseite. Bildquelle: Eleven Security Blog

Dank immer besserer Spam-Filter der E-Mail-Provider geht die Zahl der Spam-Nachrichten zurück. Dennoch sollte man auch in Zukunft besonders vorsichtig sein bei E-Mails mit verlockenden Angeboten, da weiterhin gefährliche Schadsoftware in Spam-Mails enthalten ist. Sie sollten keine Mails unbekannter Herkunft öffnen und auch bei Nachrichten von bekannten Onlinediensten genau hinschauen. Und das sollten Sie auch mit Ihren Kindern ausführlich besprechen.

1.9   Fantastilliarden von Datenspuren

Wie viele Daten gibt es und wie schnell vervielfachen sie sich? Indem ich dieses Buch schreibe, dann Mails versende, mit meinen Kindern über WhatsApp kommuniziere und für meine Daten auch noch einen Cloud-Dienst benötige, trage ich, wie Milliarden anderer Menschen, jede Minute zu mehr Daten bei. Das kann man (noch) in Zahlen ausdrücken. Die Menschheit verfügte zu Beginn des Jahres 2013 über ein weltweit gespeichertes Datenvolumen von über zwei Zettabyte (das ist eine 2 mit 21 Nullen oder zwei Trilliarden Byte). Doch das ist, so erklärt der Verband der deutschen Internetwirtschaft eco auf seinem Jahreskongress am 6. Mai 2013 in Köln, erst der Anfang beim Sammeln unvorstellbar großer Datenmengen. »Durch die eichhörnchenartige Sammelwut der Menschen, potenziert durch die allgegenwärtige Digitalisierung, wird sich die weltweite Datenmenge alle zwei Jahre verdoppeln und dadurch Datenberge in Fantastilliardenhöhe erzeugen«, sagt Dr. Béla Waldhauser, Leiter der Kompetenzgruppe (KG) Datacenter Infrastruktur im eco-Verband, zum Trend »Big Data«. Um das zu veranschaulichen, stellen Sie sich den aktuellen Datenbestand der Menschheit auf iPads gespeichert und gestapelt vor, das ergäbe ein Bauwerk, das etwa genauso lang wie die Chinesische Mauer wäre, also mehr als 21.000 Kilometer!

Bei allem, was Sie online tun, hinterlassen Sie Daten. Das merken Sie recht schnell, wenn Sie zum Beispiel bei Amazon bestimmte Bücher recherchiert haben. Bei Ihrem nächsten Besuch werden Ihnen diese Bücher und weitere Vorschläge aus dem Themenbereich angezeigt – alles, ohne dass Sie bei Amazon überhaupt eingeloggt sind. Sind Sie bei Facebook und »liken« Sie bestimmte Dinge? Garantiert bekommen Sie innerhalb weniger Tage passende Werbung dazu angezeigt. Dazu erfahren Sie mehr in Kapitel 3.

Hinweis

Zum Onlineverhalten hat BITKOM 2011 eine Studie publiziert: Häufig werden Onlineprofile sowohl aus privaten als auch aus beruflichen Gründen veröffentlicht.

»Gut jeder zweite Internetnutzer macht davon Gebrauch, wobei es hier deutliche Unterschiede zwischen den Altersgruppen gibt. Mehr als drei Viertel (78 Prozent) der 14- bis 29-Jährigen stellen Angaben zu ihrer Person online. 30- bis 49-Jährige tun dies zu 53 Prozent, 50- bis 64-Jährige zu 33 Prozent und über 65-Jährige nur noch zu 23 Prozent. Mit deutlichem Abstand (48 Prozent) werden soziale Netzwerke am häufigsten für die Erstellung von Onlineprofilen genutzt. Besonders aktiv sind hier Internetnutzer zwischen 14 und 29 Jahren. Etwa drei Viertel von ihnen (74 Prozent) geben persönliche Informationen über soziale Netzwerke preis. Mit steigendem Alter sinkt die Nutzung kontinuierlich ab, bleibt aber im Vergleich zu anderen Möglichkeiten, wie Blogs oder eigenen Homepages, auf hohem Niveau. Immerhin jeder Fünfte über 65-Jährige (19 Prozent) stellt über soziale Netzwerke persönliche Angaben von sich online. Im Vergleich zwischen den Geschlechtern nutzen Frauen soziale Netzwerke etwas häufiger als Männer zur Veröffentlichung persönlicher Angaben (50 Prozent vs. 46 Prozent).«

Quelle: Datenschutz im Internet – Eine repräsentative Untersuchung zum Thema Daten im Internet aus Nutzersicht, BITKOM, 2011

Jeder Website-Betreiber hat ein Interesse daran herauszufinden, wie viele Besucher sich auf seinen Seiten bewegen. Anhand der IP-Adresse kann er zum Beispiel sehen, wie lange die Seite und welche Inhalte konkret besucht wurden. Dieselben Informationen haben zum Beispiel Onlinezeitungen oder Diensteanbieter wie Facebook oder auch Suchmaschinen und E-Mail-Dienste wie Google.

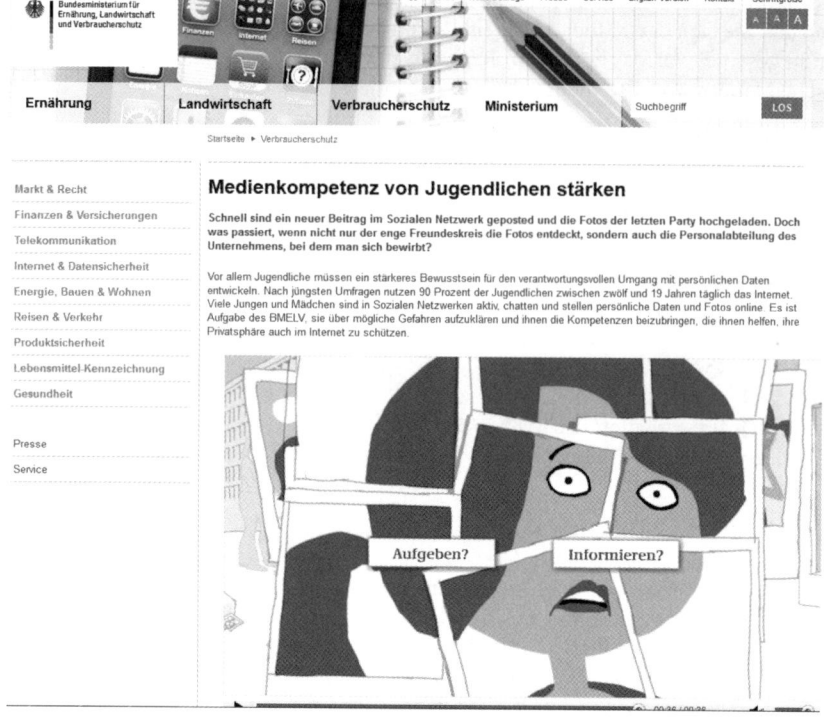

Abb. 1.10: Ein Video des Verbraucherministeriums zum Thema Datenspuren informiert Jugendliche zum bewussteren Umgang mit ihren Daten.

Tipp

Jedes Unternehmen und jede Behörde muss Ihnen auf Ihre Anfrage hin sämtliche Daten, die über Sie gespeichert sind, schriftlich nennen. Das regelt § 34 des Bundesdatenschutzgesetzes. Mehr dazu finden Sie in Kapitel 11.

1.9.1 Quantify yourself – gezählt, gewogen, gemessen

Noch so ein neuer englischsprachiger Begriff: *Quantified-Self-Dienste*. Solche Dienste erfassen und werten persönliche gesundheitsbezogene Daten aus. Meist in Form von Apps auf dem Smartphone helfen sie, die körperliche Fitness zu steigern, oder beim Abnehmen – und gerade hier sind gesundheitsbewusste Jugendliche angesprochen, die mit dem coolen Smartphone alles steuern lassen.

Ein einfaches Beispiel: Nike bietet eine einfach und gut gemachte kostenlose App an, die das Laufverhalten dokumentiert. Man speichert das Programm auf dem

Smartphone und aktiviert GPS und läuft los – die gesamte Strecke wird aufgezeichnet, und man weiß genau, wie viele Kilometer man in welcher Zeit gelaufen ist. Das wird perfekt grafisch aufbereitet und macht zugegebenermaßen Spaß. Ich gebe ein paar persönliche Daten wie mein Gewicht ein, und schon misst die App gleich meinen Kalorienverbrauch beim Laufen. Wäre ich jetzt 14 Jahre alt, hätte ich das dringende Bedürfnis, meine tollen Joggingrunden mit anderen zu teilen.

Abb. 1.11: Die Running-App von Nike

Wenn ich meine Daten bei `Nikeplus.de` speichern will, richtet Nike mir sogar ein Konto ein. In den Datenschutzbestimmungen, die unter den Einstellungen der App zu finden sind, steht übrigens, dass Nike meine »persönlichen Informationen, die ich aktiv an die Nike EU-Website oder andere Nike-Websites übermittelt habe, in der zentralen Nike-Datenbank in den USA speichern« wird.

Es gibt andere Quantified-Self-Apps, die entweder per GPS oder durch kleine mit Bewegungssensoren versehene Geräte – Armbänder, Brust- oder Pulsgurte – versendet werden. Jede Aktivität oder auch das Nichtstun werden gespeichert und analysiert. Diese Daten können auf dem eigenen Computer gespeichert werden. So entstehen Trainingsprogramme. Als Nutzer kann man sich zu den Themen dann in Foren und Blogs mit anderen Usern austauschen, Fotos und Rezepte posten und Tipps geben.

Die Webseite »Surfer haben Rechte« (www.surfer-haben-Rechte.de) kritisiert diese Dienste im Hinblick auf den Datenschutz, da diese nur funktionieren, wenn man persönliche, teilweise höchst sensible Daten eingibt. Diese Daten verbleiben nämlich nicht auf Ihrem Rechner, wenn Sie Auswertungen brauchen oder Ihre Erkenntnisse teilen. Sie werden auf den Servern der Anbieter oder in einer Cloud gespeichert – vermutlich unverschlüsselt.

Diese Daten können in die falschen Hände geraten, wenn sie Hackerangriffen zum Opfer fallen. Der Verbraucherzentrale Bundesverband e. V. (vzbv) hat Quantified-Self-Dienste stichprobenartig untersucht. Die Anbieter räumen sich »in ihren Allgemeinen Geschäftsbedingungen und Datenschutzbestimmungen umfassende Rechte hinsichtlich der Nutzerdaten« ein, etwa die Nutzung für Werbezwecke.

Aus körper- und gesundheitsbezogenen Daten in Kombination mit bestimmten Verhaltensmustern lassen sich sehr genaue Rückschlüsse auf die jeweilige Person ziehen. Dass der 35-jährige Hans Müller aus Hamburg, der mit seinem Samsung-Handy mit der Gerätekennung 1234105b6c7890 und dem Betriebssystem Android 4.2 über das Mobilfunknetz der Telekom telefoniert und im Internet surft und jeden Morgen bei einem Pulsschlag von 130 seine 10 Kilometer an der Alster entlangjoggt, um weitere 5 Kilogramm an Gewicht zu verlieren und seinen Body-Mass-Index von 30 weiter zu reduzieren, ist nicht nur für den eigenen Diensteanbieter von Interesse, sondern weckt unter Umständen auch Begehrlichkeiten Dritter, wie Werbeunternehmen, Krankenkassen oder Versicherungen.

Quelle: www.surfer-haben-rechte.de

Sie sollten sich dazu einmal die Checkliste auf der oben genannten Webseite ansehen.

Vorsicht

Und dann auch noch PRISM!

PRISM ist ein seit 2007 bestehendes, als streng geheim eingestuftes und von der amerikanischen National Security Agency (NSA) geführtes Programm zur Überwachung und Auswertung von elektronischen Medien und elektronisch gespeicherten Daten. Laut einer zuerst von der Washington Post und dem britischen Guardian im Juni 2013 veröffentlichten Präsentation sind an dem Programm neun der größten Internetkonzerne und Dienste der USA beteiligt: Microsoft (u. a. mit Skype), Google (u. a. mit YouTube), Facebook, Yahoo!, Apple, AOL und Paltalk. Die Diskussionen dazu sind in vollem Gange. Unter www.prism-break.org finden Sie Hinweise, welche Software und Onlinedienste Sie nutzen können, wenn Sie sich nicht ausspionieren lassen wollen.

1.10 Zusammenfassung

Dieses erste Kapitel hat Ihnen einen groben Überblick über die wichtigsten Gefahren im Netz gegeben. Von Spam, Viren und Trojanern haben Sie wahrscheinlich schon gehört, andere, neue Gefahren werden nicht zuletzt dank des Internets schnell bekannt gemacht.

Wie anfällig ein Smartphone für Attacken aus dem Netz ist, wissen vor allem die Kinder nicht, die ohne ihr Handy kaum leben können. Ihren Rechner – das sehen Sie im nächsten Kapitel, können Sie für Ihre Kinder sicher machen, beim Handy wird es schwieriger, weil Sie kaum Zugriff darauf haben. Zu den Sicherheitseinstellungen der Smartphones kommen wir in Kapitel 8.

Wichtig für Sie als Erziehungsberechtigte ist, sich der aktuellen und potenziellen Gefahren bewusst zu sein. Noch wichtiger ist, dass Sie sich mit Ihren Kindern zusammensetzen und über die Gefahren sprechen.

Kapitel 2

Der erste Schritt: den Rechner sicher machen

Vor Ihnen liegt ein ausführliches Kapitel: Sicherheitseinstellungen. Nehmen Sie sich dafür bitte genügend Zeit. Denn Sicherheit fängt zu Hause an, beim eigenen Rechner, Tablet-PC und Smartphone.

Die wichtigsten Grundeinstellungen für Windows und Windows 8 werden in diesem Kapitel beschrieben, beginnend mit dem in Windows 8 integrierten Defender. Außerdem stelle ich Ihnen eine kostenlose Antivirensoftware, eine Kinder- und eine Jugendschutzsoftware vor, die Sie kostenlos auf Ihren Rechner laden können. Den KinderServer dürfen wir dankenswerterweise von jugendschutz.net verwenden – er ist auf der beiliegenden CD installiert. Und schließlich kümmern wir uns um Ihren Browser. Auch da gibt es bei den gängigsten – dem Mozilla Firefox und dem Internet Explorer – einiges zu beachten und einzustellen.

2.1 Virenschutz von Windows 8: der Defender

Das englische Wort »defend« bedeutet »verteidigen«. Das ist die Aufgabe des Defenders, der nichts anderes ist als eine Antivirensoftware. Wir werden im Laufe dieses Kapitels sehen, dass der allein nicht ausreicht, aber Sie sollten ihn nicht ignorieren, sondern mit dem Defender alle notwendigen Sicherheitseinstellungen überprüfen und notfalls korrigieren.

Hinweis

Übersicht über die wichtigsten Schutzfunktionen in Windows 8: Als Erstes ist der *Defender* zu nennen – darauf gehe ich gleich weiter ein. Bereits beim Start wird geprüft, ob das System Ihres Rechners manipuliert wurde. Dann finden Sie den auch schon installierten *SmartScreen*: Er schützt neben dem Internet Explorer auch andere Browser wie Firefox oder Chrome direkt vor bösartigen Webseiten und Apps. Dateien werden vor dem Download gecheckt. Das schauen wir uns in diesem Kapitel später genauer an.

Im Paket enthalten sind ein Kinderschutz und die Verschlüsselungsfunktion *Bitlocker*. Mit einer Gesten-Anmeldung (»Bildkennwort«) kann man sich statt mit einem Passwort auch über eine festgelegte Geste anmelden. Das ist eine interessante Variante bei PCs mit Touchscreen.

Integriert ist auch in Windows 8 eine Firewall – eine Brandschutzmauer. Wie auch unter Windows 7 finden Sie die dazugehörigen Einstellungen in der Systemsteuerung. Die Windows 8-Firewall ist um die Einstellmöglichkeiten für Apps ergänzt. Sie können direkt bestimmten Apps den Zugriff über das Netz erlauben und verbieten und finden auch hier die Unterscheidung nach den verschiedenen Netzwerkstandorten wie öffentlich oder privat. Die Firewall unter Windows 8 sperrt standardmäßig nur den ausgehenden Datenverkehr. »Über Sinn und Unsinn von Personal Firewalls«, so schreibt das Bundesamt für Sicherheit in der Informationstechnik, »streiten sich die Fachleute noch immer. Denn Desktop Firewalls – wie sie auch genannt werden – sind, wenn man sich an die wichtigsten Grundregeln zum sicheren Surfen hält, fast überflüssig. Wichtig ist, dass das Betriebssystem, der Browser, der E-Mail-Client und die Anwendungen so sicher wie möglich konfiguriert sind. Solange das der Fall ist, Sie nichts aus unsicheren Quellen herunterladen und auch sonst vorsichtig im Internet unterwegs sind, stellt eine Personal Firewall nicht unbedingt einen zusätzlichen Schutz dar.«

Eine der Grundregeln ist, dass Sie Sicherheit nicht durch eine einzelne Software erreichen, sondern immer nur durch ein Zusammenspiel von verschiedenen Faktoren, die das Risiko begrenzen.

Wo aber finden Sie den Defender? Bei der Vielzahl von Apps, die Windows 8 Ihnen anbietet, gibt es eine simple Lösung, das passende Programm zu finden, ohne lange suchen zu müssen.

Sie geben, nachdem Sie Ihren Rechner gestartet haben, nur die ersten Buchstaben »def« von Defender ein. Windows zeigt Ihnen sofort die richtige App dazu. Mit einem einfachen Klick auf WINDOWS DEFENDER öffnet sich das Programm.

Abb. 2.1: Der Windows Defender ist das Antivirenprogramm bei Windows 8.

Das mit der Eingabe über den Startbildschirm funktioniert übrigens auch so mit allen anderen Apps.

In einer Übersicht sehen Sie den aktuellen Stand Ihres Virenschutzes. Achten Sie darauf, dass der Echtzeitschutz eingeschaltet und die Viren- und Spywaredefinitionen aktuell sind.

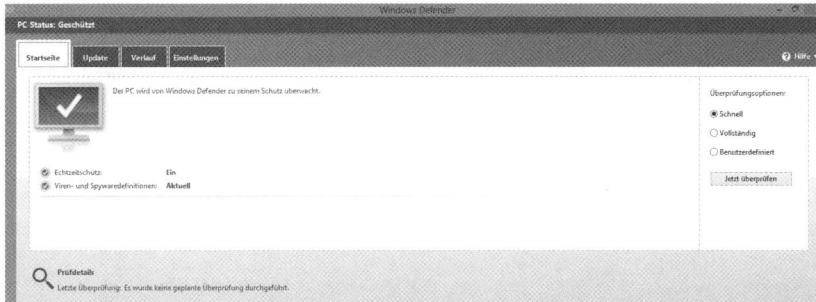

Abb. 2.2: Die Startseite des Defenders

Sie können Ihren Rechner durch Auswählen der Überprüfungsoptionen im rechten Bereich des Defenders nach Schadsoftware durchsuchen – und zwar SCHNELL, VOLLSTÄNDIG oder BENUTZERDEFINIERT. Indem Sie auf JETZT ÜBERPRÜFEN klicken, startet der Defender seine Suche. Das kann je nach Menge Ihrer Programme und Dateien ganz schön lange dauern.

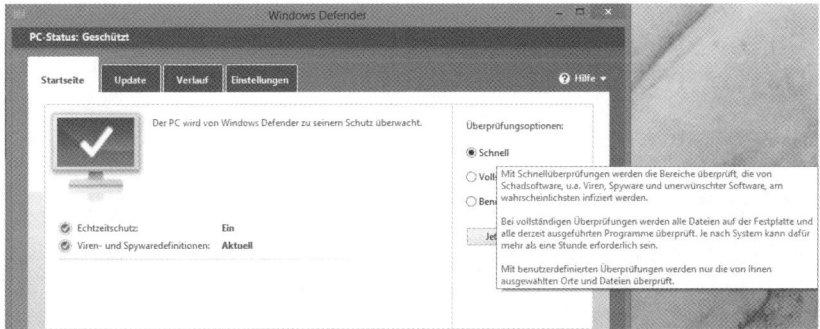

Abb. 2.3: Überprüfen Sie regelmäßig Ihre Programme und Dateien mit dem Defender.

Tipp

Wie der Defender arbeitet, kann man testen: Es gibt nämlich im Internet sogenannte Testviren, die Sie sich versuchsweise herunterladen können, etwa bei Ikarus (www.ikarus.at). Passieren kann dabei nichts, aber Sie sehen, ob und wie das Sicherheitssystem Ihres Rechners arbeitet. Sie laden ein Testvirus herunter, und Ihr Computer müsste Ihnen eine Warnung ähnlich wie in der nachfolgenden Abbildung (»Malware erkannt«) geben und das Virus unter Quarantäne stellen. Unter VERLAUF im Defender sehen Sie, ob und welche Viren entdeckt wurden. Unter DETAILS EINBLENDEN wird Ihnen die Liste der Quarantäne-Daten eingeblendet.

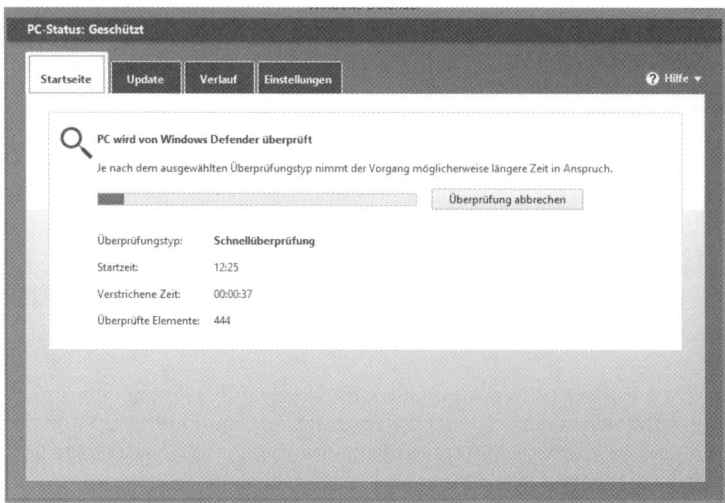

Abb. 2.4: Bei der Überprüfung zeigt ein grüner Balken den Fortschritt der Überprüfung an.

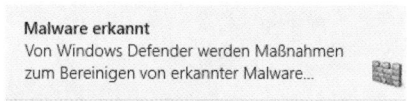

Malware erkannt
Von Windows Defender werden Maßnahmen
zum Bereinigen von erkannter Malware...

Abb. 2.5: Malware erkannt

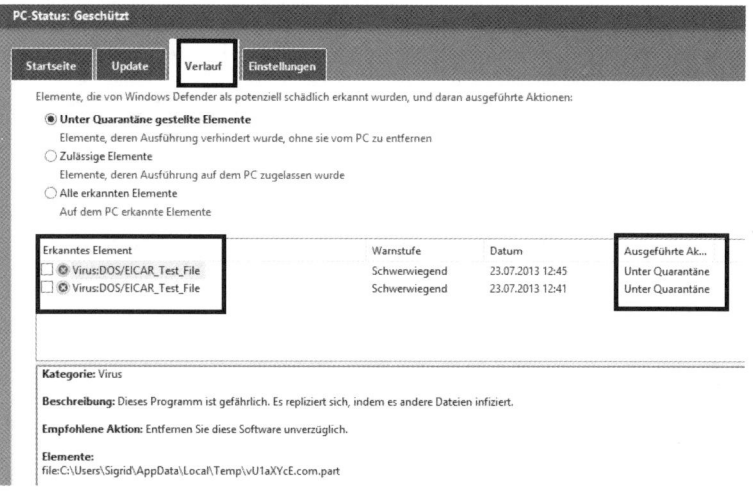

Abb. 2.6: Schadsoftware unter Quarantäne

Sie müssen Ihren Defender nicht aktualisieren, denn die Updates werden automatisch eingespielt. Im Reiter UPDATE können Sie das überprüfen. Und über den AKTUALISIEREN-Button können Sie jederzeit das Programm auf den neuesten Stand bringen.

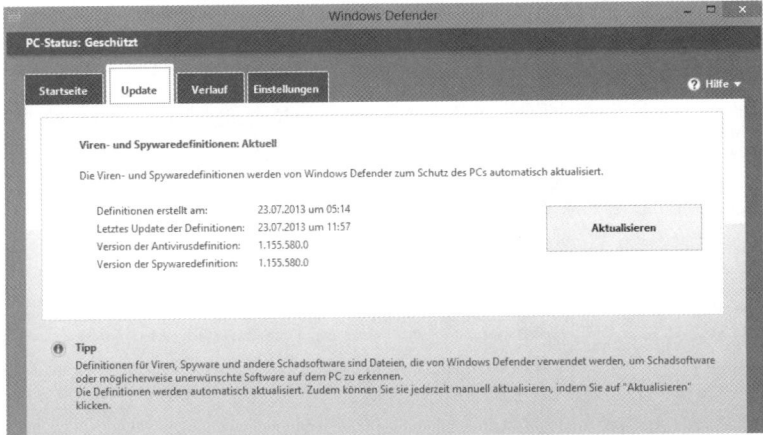

Abb. 2.7: Der Defender wird automatisch aktualisiert.

Schließlich werfen wir noch einen Blick auf die EINSTELLUNGEN des Defenders. In der Grundeinstellung ist der Echtzeitschutz aktiviert.

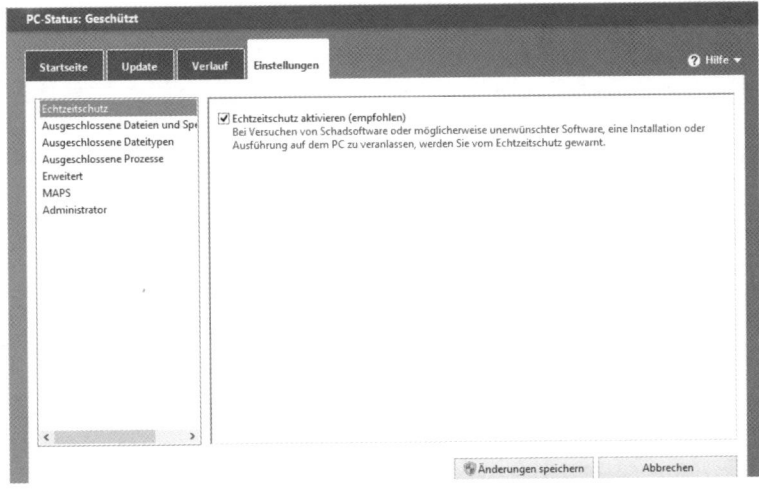

Abb. 2.8: Der Echtzeitschutz sollte immer aktiviert sein.

Wenn Sie sehr viele Dateien haben und mehrere Speicherorte – also mehrere Fest-
platten oder USB-Sticks –, können Sie einzelne Speicherorte und Dateien von der
Überprüfung ausschließen, dann geht es etwas schneller.

Unter ERWEITERT legen Sie die Einstellungen fest, wie die Überprüfung grundsätzlich ausgeführt werden soll. Sie sollten schließlich das Entfernen von Dateien
unter Quarantäne nach einigen Tagen einstellen, damit Schadsoftware nicht versehentlich zu lange im System bleibt.

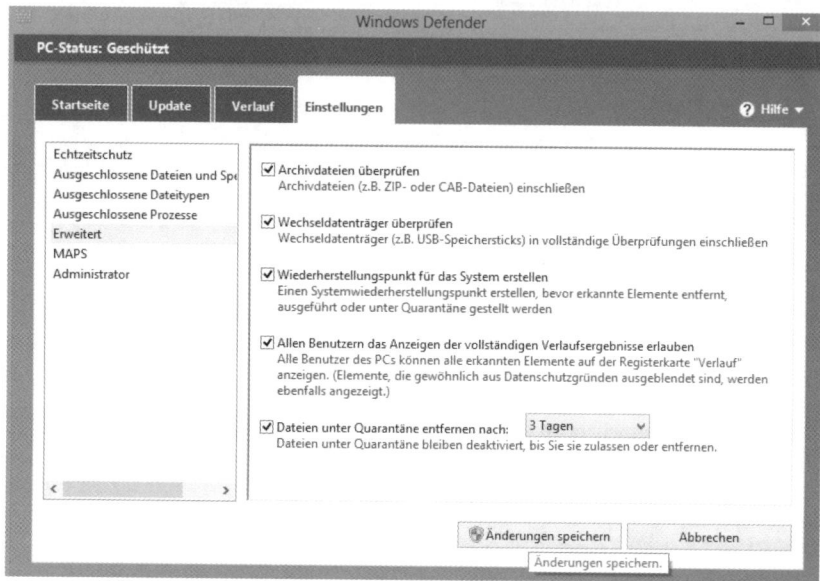

Abb. 2.9: Erweiterte Einstellungen des Defenders

Wählen Sie als Nächstes MAPS. Das ist der *Microsoft Active Protection Service*, über
den Ihr Rechner Schadsoftware an Microsoft sendet. Entscheiden Sie selbst, ob Sie
diese Datenübermittlung wünschen – ich habe mich, wie in der nachfolgenden
Abbildung zu sehen, dagegen entschieden.

Als Letztes wählen Sie noch ADMINISTRATOR. Setzen Sie einen Haken bei WINDOWS
DEFENDER AKTIVIEREN – damit erhalten alle Benutzer eine Warnung, falls Ihr Computer von Schadsoftware angegriffen wird.

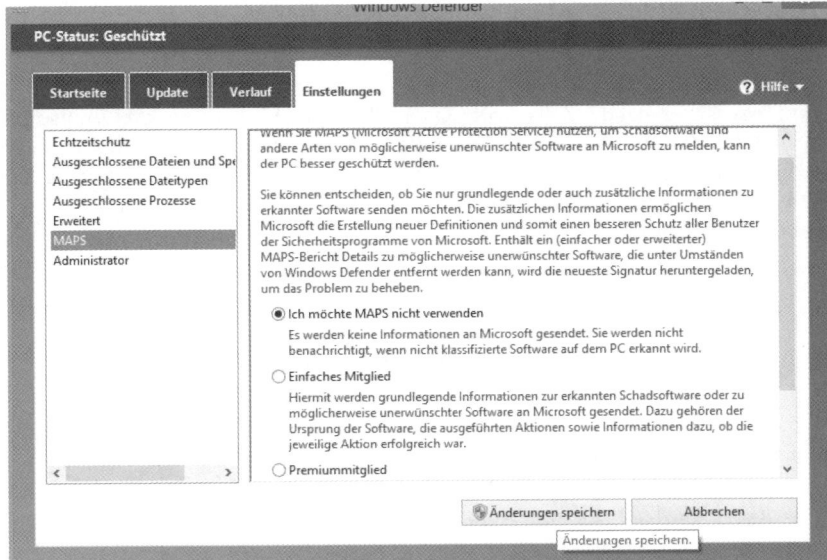

Abb. 2.10: Einstellungen für Microsoft Active Protection Service (MAPS)

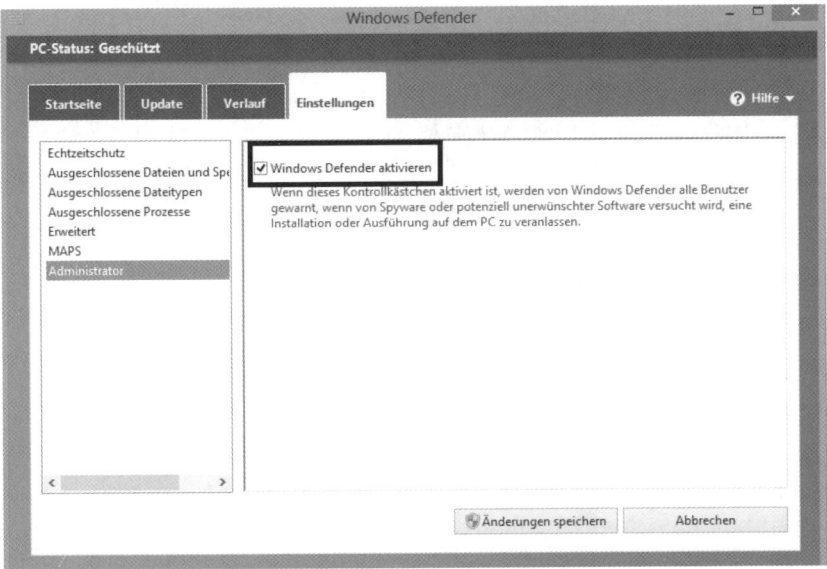

Abb. 2.11: Aktivieren Sie den Defender, damit alle Benutzer bei Spyware und anderer Schadsoftware gewarnt werden.

Mit diesen Einstellungen ist Ihr Rechner »basisgeschützt«, wie mehrere Fachzeitschriften schreiben. Das bedeutet: Sie müssen trotzdem höllisch aufpassen, dass Ihr Rechner nicht infiziert wird.

Denn inzwischen hat die Zeitschrift COMPUTER BILD vier kostenlose Virenscanner getestet, darunter auch den Windows Defender. Demnach ist das Risiko, sich ein Virus einzufangen, beim Einsatz dieser Scanner mindestens 15-mal höher als mit kostenpflichtiger Antivirensoftware, denn die neuen Viren bereiten allen Programmen Probleme.

Gehackte Webseiten, E-Mail-Anhänge, soziale Netzwerke: Die Infektionsquellen für Viren sind vielfältig. Trotzdem sichern viele Nutzer ihre Computer ausschließlich mit Gratis-Software. Die häufig verwendeten Gratis-Schutzprogramme Avira Free, Avg Free, Avast Free und der in Windows 8 eingebaute Defender von Microsoft enttäuschten allesamt im COMPUTER BILD-Test. Im Vergleich mit der Konkurrenz schnitt Free Antivirus 2013 von Avira zwar noch am besten ab (Testergebnis: 3,15), doch bietet die Software über den Basisschutz hinaus nur wenig Sicherheit. Neue Schädlinge erkennt sie vielfach nicht, das Infektionsrisiko liegt 15-mal höher als bei einer guten kostenpflichtigen Variante.

Ebenfalls unzuverlässig bei der Bekämpfung neuer Störenfriede ist Antivirus Free 2013 (Testergebnis: 3,19) von Avg. Besonders heikel: Das Programm schwächelt außerdem beim Onlinebanking-Schutz. Dagegen punktet Free Antivirus 8 von Avast (Testergebnis: 3,48) bei der Abwehr unbekannter Viren, gleichzeitig schützt es aber nur mäßig vor bekannten Eindringlingen. Die wenig benutzerfreundliche Installation senkte zudem das Testergebnis. Als völlig ungeeignet präsentierte sich der Windows Defender. Alle wichtigen Schutzfunktionen fielen im Test durch, was zur Abwertung auf die Note »mangelhaft« führte.

Immerhin drücken die Gratis-Programme beim Arbeiten am Computer nur wenig auf die Bremse: Beim Surfen im Internet waren kaum Verzögerungen spürbar. Doch PC-Nutzer sollten sich im Klaren sein: Wer lediglich auf kostenlose Schutzsoftware setzt, geht ein Risiko ein und spart womöglich am falschen Ende. Zugegeben: Auch ein kostenpflichtiges Internet-Schutzpaket bietet keine 100-prozentige Sicherheit. Doch dank besserer Schutztechniken und wichtiger Extras wie Firewall und E-Mail-Werbefilter lässt sich die Gefahr von Virenbefall und Datenklau deutlich senken. Eine Investition, die sich lohnen kann.

Quelle: COMPUTER BILD

Die Tests von COMPUTER BILD werden auch von anderen bestätigt. Der Defender erkennt 98 bis 99 Prozent der gerade gängigen Malware, so das Ergebnis aktueller Tests des unabhängigen Labors AV-Test (`http://av-test.org`). Damit bildet er zwar einen guten Basisschutz, macht Zusatzlösungen aber nicht unverzichtbar. Gegen die wirklich neuen Zero-Day-Bedrohungen schütze Microsoft nur zu 81 bis 82 Prozent, erklärt AV-Test-CEO Andreas Marx. Zero-Day-Bedrohungen treten am selben Tag auf, an dem die Schwachstelle entdeckt wurde oder sehr kurz danach. Entwickler haben dadurch kaum Zeit, die Software und deren Nutzer zu schützen.

Einige Produkte wie der aktuelle Testsieger Bitdefender (http://www.bitdefender.de) haben im Januar und Februar 2013 selbst bei bislang unbekannten Bedrohungen eine praktisch perfekte Trefferquote erreicht. Von allen Fachmedien wird der Bitdefender gelobt, ein Grund also, ihn zu testen.

2.1.1 Alternative: Bitdefender

Bei einigen kostenlosen Programmen wie dem Norton Antivirus gibt es (noch) Probleme mit dem Windows Defender. Sollten Sie ein solches Programm kaufen und installieren, wird der Defender automatisch deaktiviert.

Dies passiert auch beim Bitdefender. Der Bitdefender kostet Geld, doch Sie können kostenlos eine englischsprachige Version herunterladen und das Programm erst einmal ausprobieren. Im Internet, zum Beispiel bei www.chip.de, werden die kostenpflichtigen und kostenlosen Programme zum Download angeboten.

Eine solche Installation sehen Sie nachfolgend abgebildet:

Sie wählen auf der ausgewählten Webseite – hier Chip.de – ZUM DOWNLOAD.

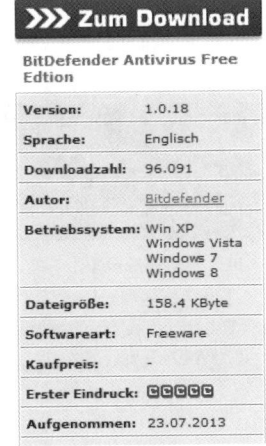

Abb. 2.12: Starten Sie den Download.

Abb. 2.13: Das Programm fragt Sie, ob Sie die Datei speichern möchten.

Bestätigen Sie das Speichern der Datei. Je nach Einstellung werden Sie gefragt, ob Sie das Programm zulassen wollen, auch das bestätigen Sie.

Im nächsten Schritt müssen Sie die Lizenzvereinbarung akzeptieren. Wenn ein Haken bei I Accept the terms of the license agreement gesetzt ist, klicken Sie Next an.

Abb. 2.14: Akzeptieren Sie die Lizenzvereinbarung.

Die Installation startet und sucht sich einen Speicherort in den Programmdateien. Ignorieren Sie zunächst den Quickscan, d.h., Sie drücken **nicht** auf Start.

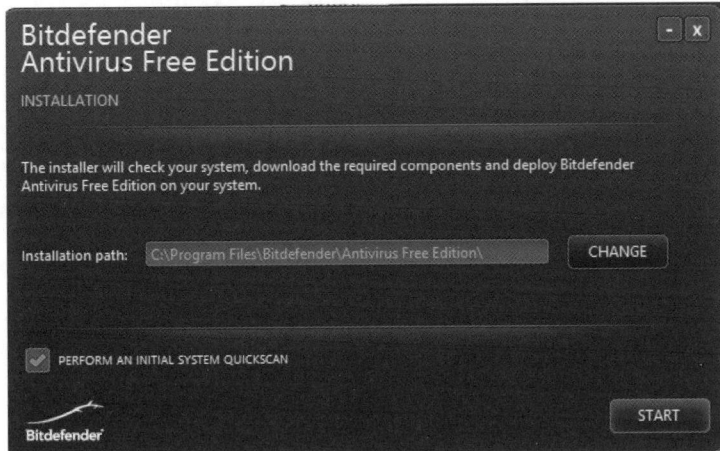

Abb. 2.15: Bitdefender wird in den Programmdateien gespeichert.

Den Fortschritt der Installation können Sie beobachten.

Abb. 2.16: Bitdefender ist fast komplett installiert.

Wenn der Download des Programms beendet ist, wird Ihnen der in folgender Abbildung zu sehende Bildschirm angezeigt. Klicken Sie auf FINISH zum Beenden. Eventuell werden aber vorher andere Antivirenprogramme entfernt, und ein Neustart Ihres Rechners wird nötig. Das passiert normalerweise alles automatisch.

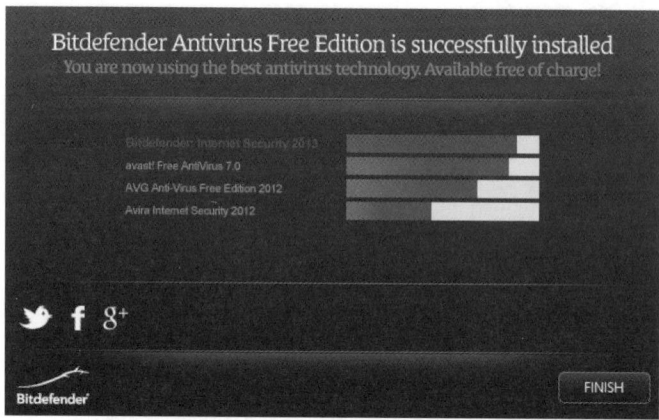

Abb. 2.17: Die erfolgreiche Installation des Bitdefenders

Sie haben nun ein Icon mit einem dicken B auf Ihrem Bildschirm, und wenn Sie dieses mit Doppelklick auswählen, erscheint am Bildschirmrand ein eigenes Fenster: Sie sehen, dass Ihr Rechner gegen Viren abgeschirmt (VIRUS SHIELD) und der AUTO SCAN aktiviert (ON) ist.

Abb. 2.18: Der Bitdefender überwacht Ihren Rechner permanent.

Sie sehen auch, dass eine Datei unter Quarantäne steht. Schauen wir uns das an (SHOW FILES). Klicken Sie auf EVENTS (auf Deutsch: »Ereignisse«).

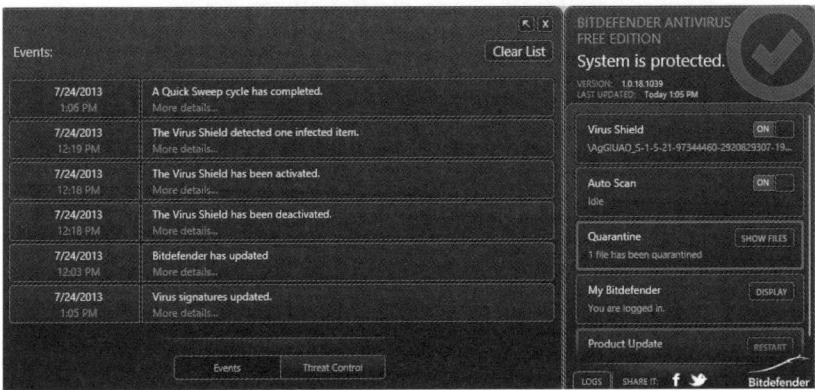

Abb. 2.19: Der Bitdefender hat den Rechner durchforstet.

Sie sehen eine Liste von allen bisherigen Aktivitäten des Bitdefenders – zum Beispiel hat er das System gescannt und ein Virus unter Quarantäne gestellt – das ist noch die Testdatei aus dem Abschnitt über den Windows Defender!

Mit einem Klick auf das zweite Event THE VIRUS SHIELD DETECTED ONE INFECTED ITEM. treffen Sie diesen alten Bekannten wieder.

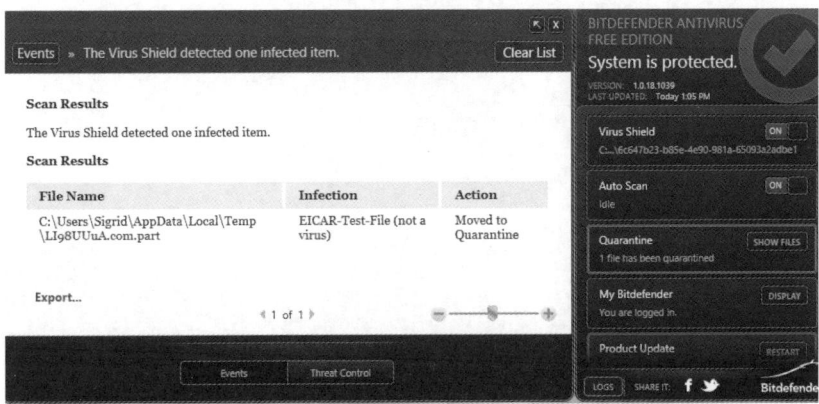

Abb. 2.20: Bitdefender stellt verdächtige Dateien unter Quarantäne.

Was deaktiviert wurde, ist der Windows Defender.

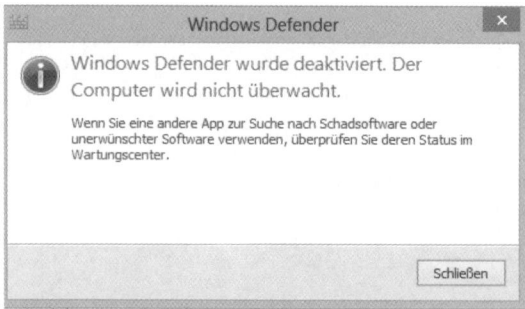

Abb. 2.21: Der Windows Defender ist deaktiviert.

Sie sollten sich als Nächstes bei Bitdefender anmelden, denn unter `https://my.bitdefender.com` finden Sie einige interessante Möglichkeiten, Ihren Rechner zu schützen. Auch können Sie hier die Sprache auf Deutsch einstellen. Um das Programm dauerhaft mit Updates zu versorgen, müssen Sie sich innerhalb der ersten 30 Tage sowieso mit einer Mailadresse registrieren.

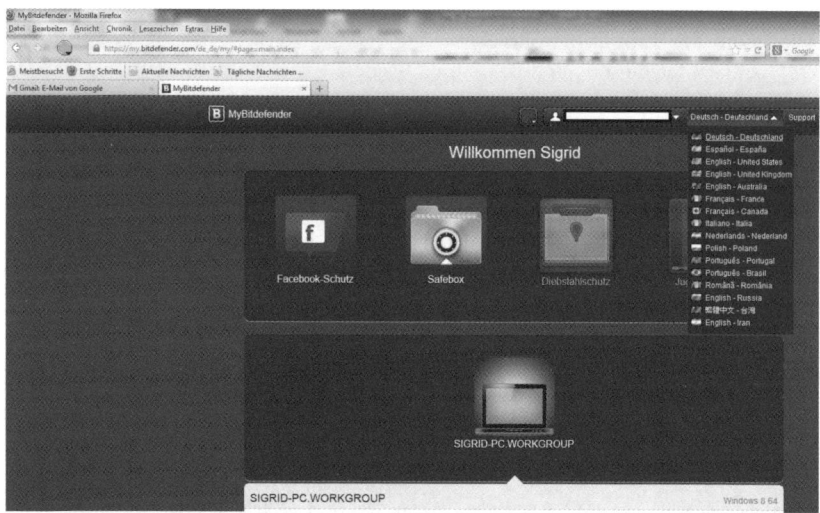

Abb. 2.22: Sie können sich beim Bitdefender über Ihr Google-Mail-Konto oder über Facebook anmelden.

Einrichten lässt sich über diese Seite ein Facebook-Schutz. Dazu kommen wir noch einmal in Kapitel 3.

Sie können auch andere Programme ausprobieren, denn so gut wie jeder Antivirensoftware-Hersteller bietet Testversionen an. Dieses Programm hat in Tests momentan am besten abgeschnitten, das mag sich in einigen Monaten aber wieder ändern.

Sie sollten daher ab und zu Testberichte über Schutzsoftware lesen und ausprobieren, Schaden richten diese Programme jedenfalls nicht an. Und auch wenn es etwas Mühe macht, Sie geben Ihren Kindern nur durch eigene Erfahrung wichtige Tipps weiter.

2.2 Benutzerkonten sicher anlegen

Als Elternteil sollte es so sein, dass nur Sie die Administratorrechte für Ihren PC haben und weitere Benutzer nur mit Standardrechten ausgestattet sein dürfen. Wenn Ihre Kinder eigene PCs besitzen, sollten Sie genau überlegen, ab wann Ihr Kind die Administratorrechte bekommen soll. Der Vorteil: Andere können an den Einstellungen Ihres Gerätes nichts ändern. Das ist aber nur sicher, so lange Sie Ihren Administrator-Account mit einem Passwort schützen. Außerdem sollten Sie jedes weitere Konto mit einem Passwort schützen.

Alle Sicherheitseinstellungen finden bei Windows 8 wie auch bei Windows 7 in der Systemsteuerung statt. Wie bei der Suche nach dem Defender geben Sie »Systemsteuerung« einfach über die Tastatur ein oder auch »Benutzer«, denn bei Windows 8 kommt man über solche Suchen wirklich sehr schnell zum Ziel.

Abb. 2.23: Benutzerkonten und Sicherheitseinstellungen über die Systemsteuerung

In den Einstellungen – erkennbar an dem Zahnradsymbol – ändern Sie Ihr Passwort und legen weitere Benutzer an.

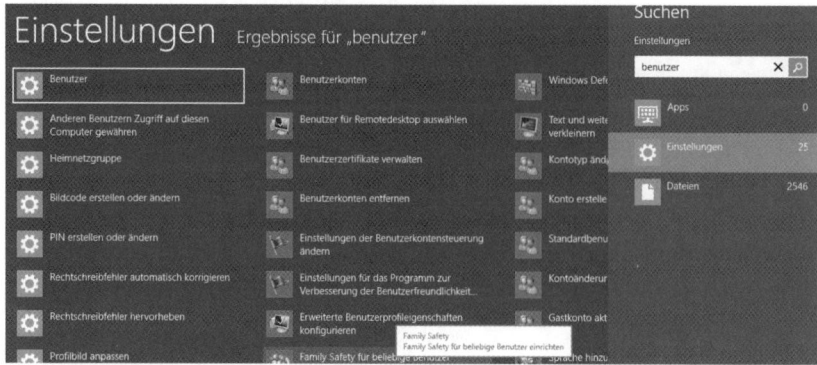

Abb. 2.24: Benutzerverwaltung unter Windows 8

Abb. 2.25: Grundsätzliche Einstellungen für Benutzer

Bei der Suche nach »Benutzer« sehen Sie alle wichtigen Einstellungen – hier werden wir uns einige Einstellungen genauer ansehen.

2.2.1 Sicherheit für Kinder – Family Safety

Entweder Sie wählen BENUTZERKONTEN und legen Konten für Ihre Kinder an oder Sie gehen direkt auf FAMILY SAFETY FÜR BELIEBIGE BENUTZER. Das ist alles sehr einfach, und Sie können sich gleich mit den FAMILY SAFETY-Einstellungen vertraut machen.

Mit *Family Safety* überwachen Sie das Surfverhalten Ihrer Kinder und können Webseiten zulassen und blockieren.

In der Abbildung sehen Sie, dass schon ein Konto für ein Familienmitglied angelegt wurde. Ich füge noch ein zweites hinzu. Klicken Sie dafür auf ERSTELLEN SIE

EIN NEUES BENUTZERKONTO. Wenn Sie bzw. der neue Nutzer ein Microsoft-Konto hat oder haben soll, lassen sich viele Einstellungen der Apps automatisch verwalten. Aus Sicherheitsgründen ist es vor allem bei jüngeren Kindern besser, kein Microsoft-Konto zu verwenden, die benötigen das nicht unbedingt. Für Sie kann das praktisch sein, wenn Sie mehrere Microsoft-Geräte und -Software verwenden. Ich beschränke mich hier auf die lokalen Einstellungen. Deshalb wählen Sie unten links auf dieser Seite OHNE MICROSOFT-KONTO ANMELDEN.

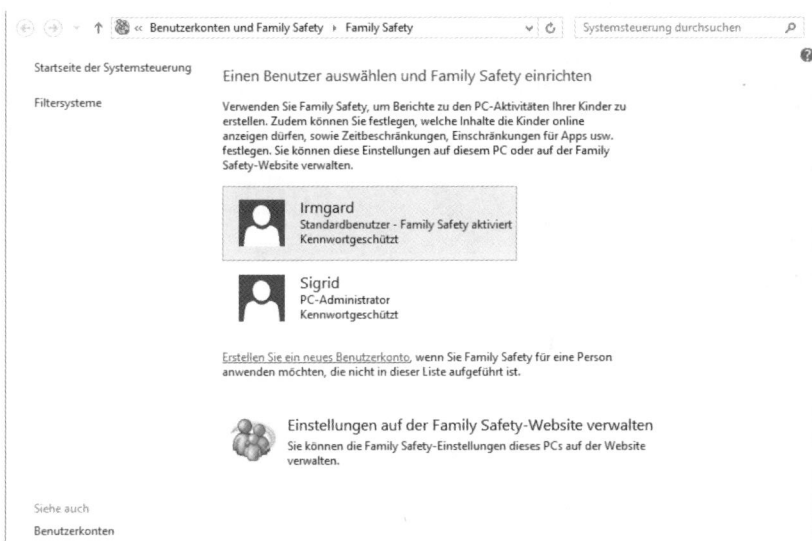

Abb. 2.26: Family Safety bei Windows 8 einrichten

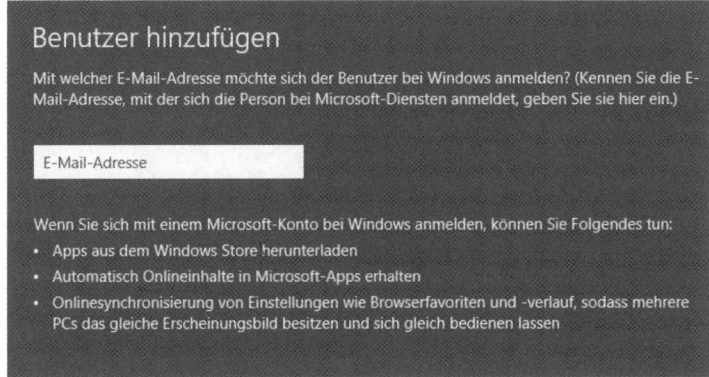

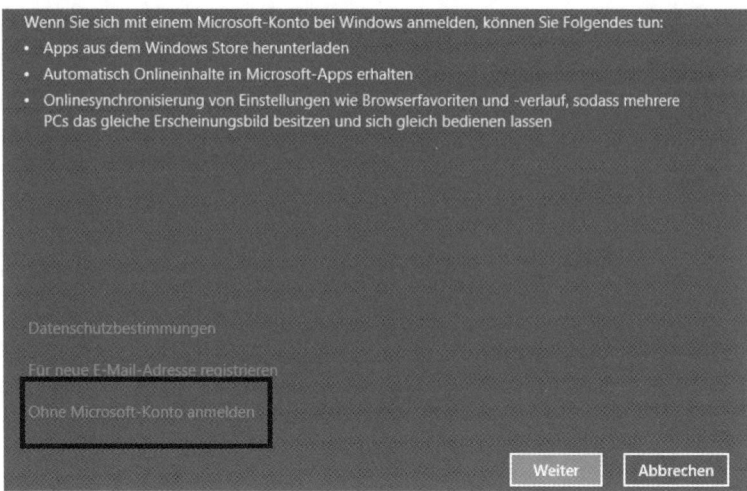

Abb. 2.27: Benutzer hinzufügen

In der nächsten Ansicht wählen Sie LOKALES KONTO.

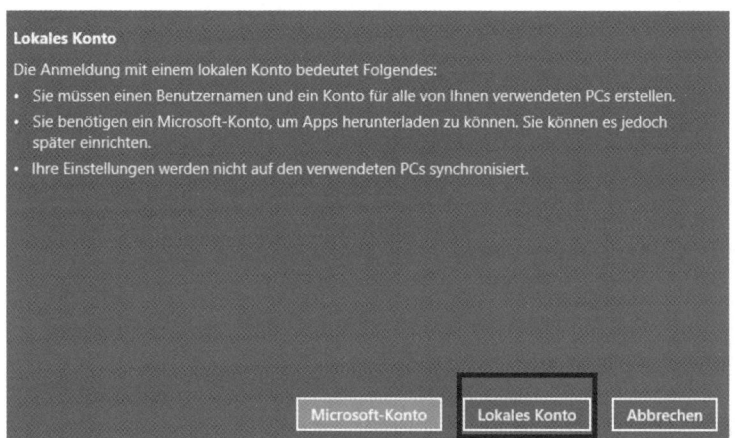

Abb. 2.28: Wählen Sie für Kinder ein lokales Konto.

Hier geben Sie den Benutzernamen – hier ist es »Sam« – und ein Kennwort ein.

Das Programm fragt Sie gleich, ob es sich um das Konto eines Kindes handelt. Setzen Sie einen Haken, damit Family Safety aktiviert wird, und klicken Sie auf FERTIG STELLEN.

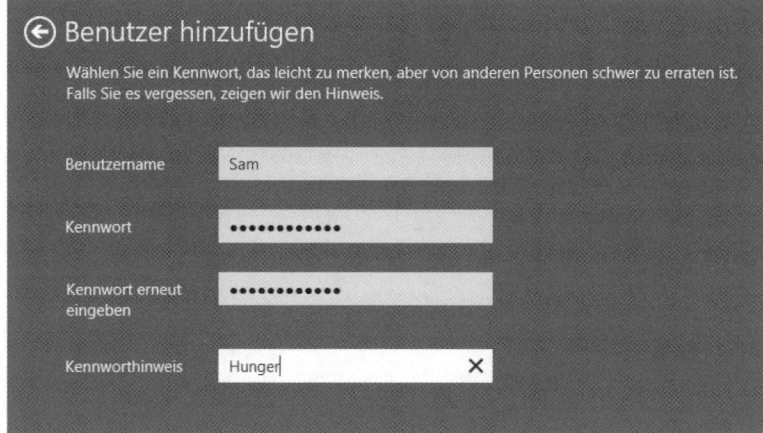

Abb. 2.29: Denken Sie an ein gutes Passwort für den neuen Benutzer.

Abb. 2.30: Das Konto für den neuen Benutzer ist angelegt und muss noch fertiggestellt werden.

Jetzt ist Sam in der Liste der Benutzer mit aufgeführt.

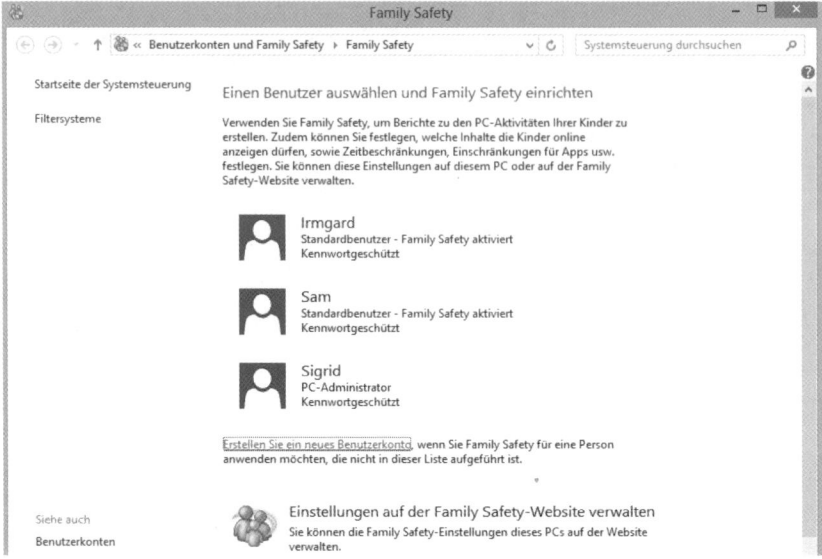

Abb. 2.31: Der neue Benutzer hat jetzt sein eigenes Konto auf Ihrem PC.

Wichtig

Das A & O: Passwörter

Bevor es weitergeht mit den Einstellungen, ein paar Sätze zu den Passwörtern. Kennwörter bzw. Passwörter – ohne die geht es nicht. Und im Laufe der Zeit brauchen Sie mehr als nur eines. Deshalb für Sie und Ihre Kinder hier die wichtigsten Regeln.

- Ihr Passwort sollte aus Klein- und Großbuchstaben und Zahlen bestehen. Ideal sind auch ein oder mehrere Sonderzeichen. Legen Sie jedoch kein Passwort fest, das nur aus Kleinbuchstaben besteht.

- Wählen Sie Passwörter, die nicht im Wörterbuch stehen. Hacker testen mit spezieller Software automatisch Passwörter, die sie aus Wörterbüchern lesen, und versuchen so, Ihr Passwort zu erraten. Extra erwähnen muss man wohl nicht mehr, dass Sie **nicht** Ihren Namen, den Ihrer Kinder, Ihrer Haustiere oder Großeltern wählen sollten! Auch nicht Ihr Geburtsdatum!

- Notieren Sie Ihre Passwörter nicht digital auf Ihrem Rechner. Schreiben Sie Ihre Passwörter niemals in eine unverschlüsselte »Passwortdatei« auf Ihrem Computer. Wenn Sie es unbedingt aufschreiben müssen, notieren Sie es auf ein Blatt Papier. Und auch dann niemals zusammen mit dem Benutzernamen und dem Namen des jeweiligen Onlinedienstes.

- Nutzen Sie niemals die KENNWORT SPEICHERN-Funktion auf fremden Rechnern in einem Internetcafé, bei Freunden oder auf der Arbeit. Auch sollten Sie sich über den Abmelden-Link ordnungsgemäß vom jeweiligen Onlinedienst abmelden und nicht nur den Browser schließen.

- Wählen Sie ein Passwort von mindestens 8, besser 10 bis 12 Zeichen. Je länger ein Passwort ist, desto schwerer ist es zu erraten. Allerdings sind lange Passwörter auch schlechter zu merken. Ein Beispiel: $HI_myMo7I – das sind die Anfangsbuchstaben des Titels einer amerikanischen Fernsehsendung. Das $-Zeichen steht für Amerika, die Buchstaben sind die Anfangsbuchstaben von der Sitcom »How I met your Mother«, kombiniert mit zwei Zahlen und zwischendurch einem Unterstrich. Auch lassen sich einige Buchstaben mit Sonderzeichen ersetzen: das »a« durch »@«, »s« durch »§« usw.

- Versuchen Sie es mit Zufallspasswörtern aus einem Passwort-Generator. Die gibt es als Freeware online. Aber sicher haben Sie so viel Fantasie, dass Sie Ihre eigenen Passwörter erstellen. Nach den Erkenntnissen zweier Experten von Deloitte Research war es möglich, ein 8-stelliges Passwort mithilfe eines Computers in fünfeinhalb Stunden zu knacken, obwohl es aus Groß- und Kleinbuchstaben und Sonderzeichen bestand.

- Die Seite www.datenschutzbeauftragter-info.de hat noch einen Tipp für Passwörter für unterschiedliche Anmeldeseiten: eine Kombination aus Passwortstamm und spezieller Endung. Die Endung könnte dann durch ein spezielles Zeichen eingeleitet werden. Beispiel: JMi!@dWz@gmT+fb (fb = Facebook); JMi!@dWz@gmT+e (e = E-Mail) – und so weiter.

Einschränkungen, Zeitlimits, Webseiten zulassen und blockieren

Nun lege ich fest, was Sam darf und was er nicht darf. Wählen Sie dafür unter FAMILY SAFETY die BENUTZEREINSTELLUNGEN. Sam ist gerade mal sieben Jahre alt und bekommt ziemlich viele Einschränkungen. Bei älteren Kindern wählen Sie entsprechend andere Einstellungen.

Sie legen nun die Einstellungen fest, indem Sie EIN – EINSTELLUNGEN ERZWINGEN und auch EIN – INFORMATIONEN ZUR PC-VERWENDUNG ERFASSEN aktivieren, wenn Sie die Internetaktivitäten Ihres Kindes sehen wollen. Wählen Sie dann den obersten Punkt WEBFILTERUNG. Jetzt sehen Sie das nachfolgende Fenster und können BESTIMMTE WEBSITES ZULASSEN ODER BLOCKIEREN.

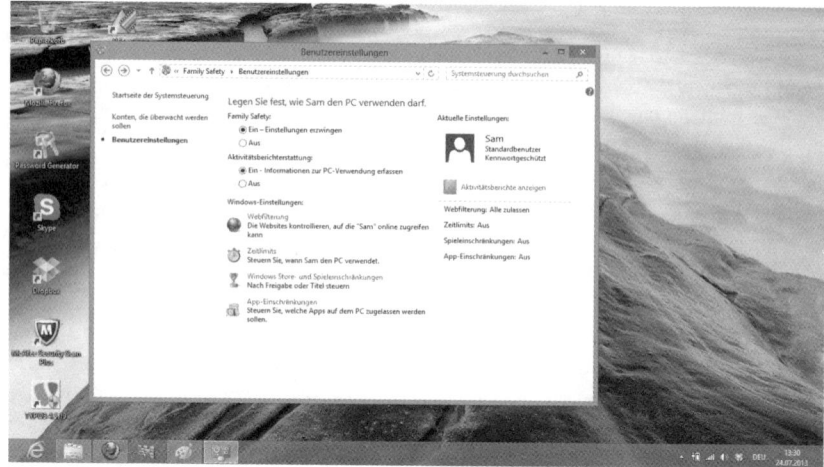

Abb. 2.32: Die Einstellungen für Kinder nehmen Sie in der Systemsteuerung unter
FAMILY SAFETY vor.

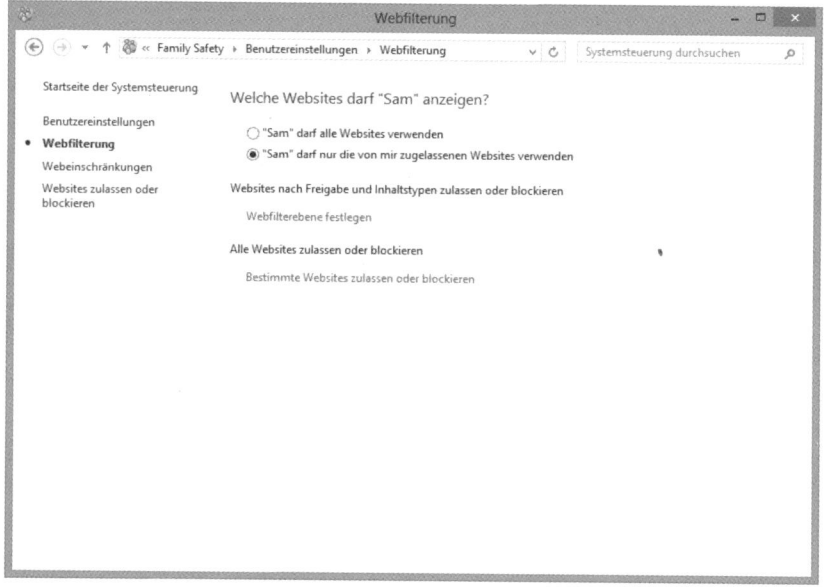

Abb. 2.33: Webseiten für Kinder filtern

Nun entscheiden Sie, welche Webseiten Sam sehen darf. Wenn Sie den zweiten Punkt unter »SAM« DARF NUR DIE VON MIR ZUGELASSENEN WEBSITES VERWENDEN wählen, können Sie BESTIMMTE WEBSITES FÜR »SAM« ZULASSEN ODER BLOCKIEREN.

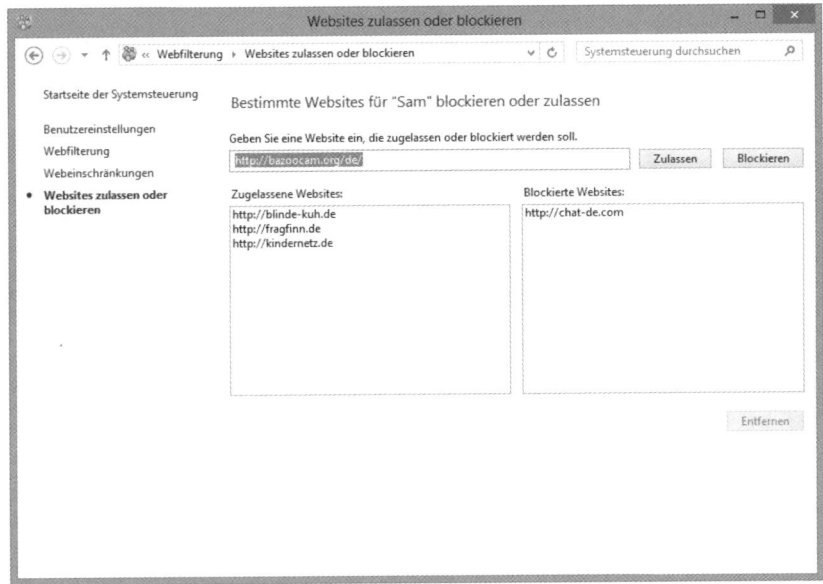

Abb. 2.34: Einzelne Webseiten zulassen oder blockieren

Tragen Sie hier einige Webseiten ein.

Nun ist es sehr mühsam, aus den Milliarden von Webseiten mit nicht jugendfreiem Inhalt hier alle einzutragen – da werden Sie nie fertig! Das oben genannte Beispiel chat.de.com ist so eine Seite: Das ist ein Chatportal, in dem man sich anhand der gezeigten Online-User einen Chatpartner aussuchen kann. Die Webcam muss man zulassen, und schon steht man in der Liste der Chatpartner. Was Sie da teilweise zu sehen bekommen, ist garantiert nicht jugendfrei. Aber es gibt viele verschiedene Namen für diese Portale, findige Kinder und Jugendliche haben die schnell entdeckt.

Besser ist es also, dass solche Seiten gar nicht erst angezeigt werden. Daher wählen Sie die WEBFILTEREBENE.

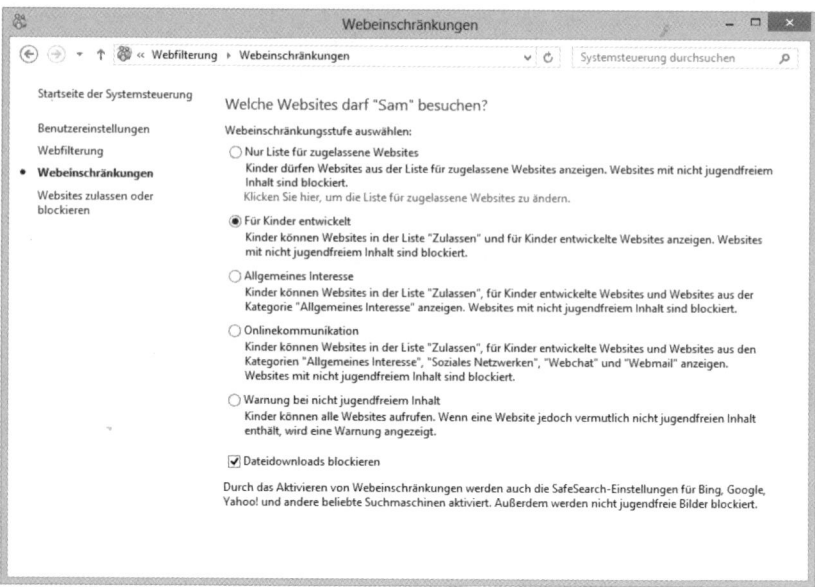

Abb. 2.35: Altersgerechte Einstellungen für Kinder

Über diese Einstellungen regeln Sie, welche Seiten grundsätzlich blockiert werden.

Nun kümmern Sie sich noch um die zeitlichen Beschränkungen, an welchen Tagen Sam wie lange online sein darf. Unter ZEITGUTHABEN wählen Sie die Stunden und Minuten aus.

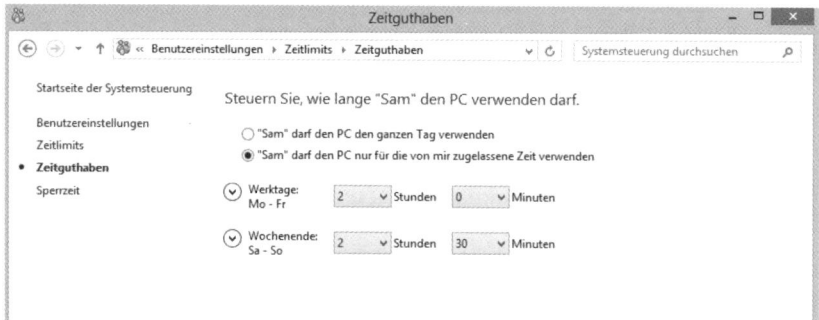

Abb. 2.36: Kinder bekommen eine bestimmte Zeit am PC zugewiesen.

Außerdem können Sie bestimmte Tage blockieren. Diesen Punkt finden Sie unter SPERRZEIT.

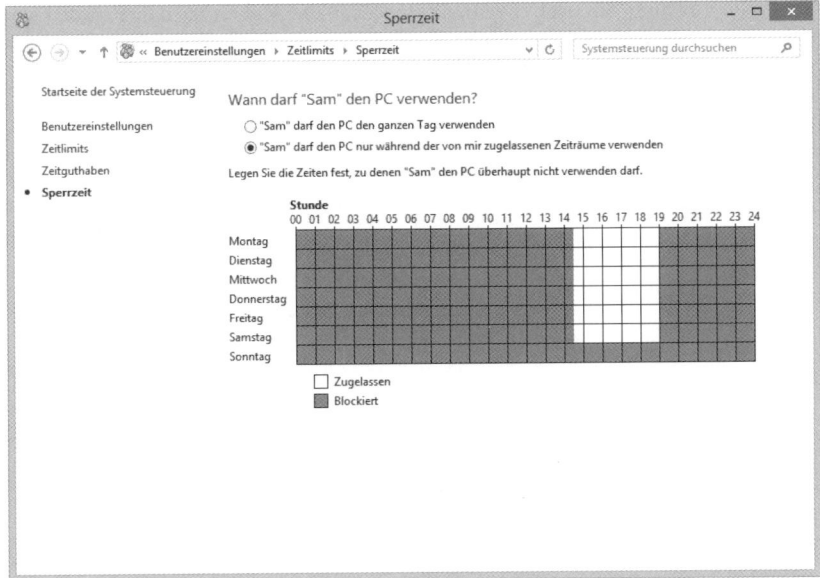

Abb. 2.37: An einzelnen Tagen lassen sich bestimmte Stunden der Computernutzung blockieren.

Ideal sind hier für jüngere Kinder alle Zeiten zwischen 14 Uhr und 19 Uhr. Wenn Ihr Kind diese Zeit überschreitet, blockiert der PC.

Kinder, die gerade intensiv mit etwas beschäftigt sind, betteln immer um ein paar Minuten länger, und die Entwickler von Family Safety haben auch daran gedacht. Ihr Kind kann um zusätzliche Zeit bitten, woraufhin Sie sich mit Ihrem Passwort einloggen müssen und eine zusätzliche Zeitspanne erlauben können.

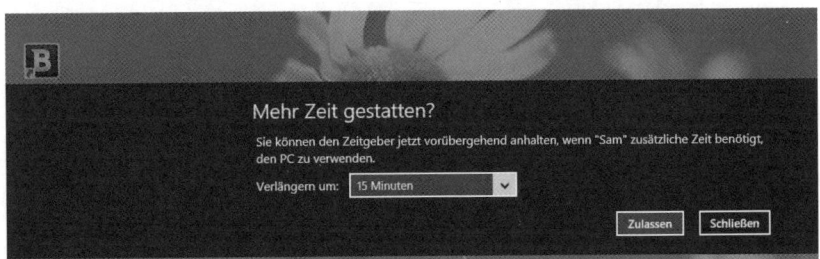

Abb. 2.38: Sie können Ihrem Kind zusätzliche Zeit am PC einräumen.

Schließlich können Sie noch die Spiele einschränken. Gehen Sie dabei ähnlich vor wie bei den vorherigen Einstellungen, indem Sie die Auswahl auf SAM DARF NUR DIE ZUGELASSENEN SPIELE UND WINDOWS STORE-APPS VERWENDEN einschränken.

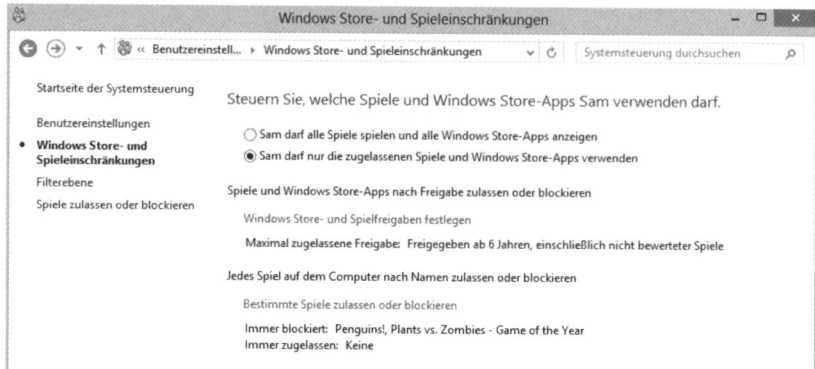

Abb. 2.39: Spieleeinschränkungen der Benutzer

Nun können Sie einzelne Spiele auswählen oder immer blockieren.

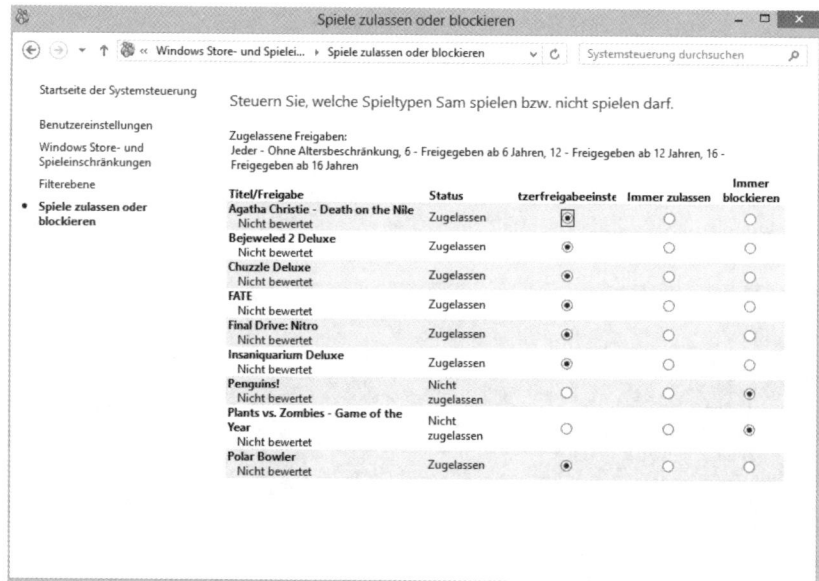

Abb. 2.40: Spiele zulassen oder blockieren

2.3   Kinder surfen mit dem KinderServer

Alternativ oder ergänzend zu Family Safety gibt es den *KinderServer* für Kinder bis zwölf. Der KinderServer ist ein Programm, das den Aufruf bestimmter Internetseiten verhindert. So können Kinder keine Internetseiten besuchen, egal ob zufällig oder absichtlich, die nicht kindgerecht sind. Das heißt, freigegeben sind Seiten, die ein Alterskennzeichen für Kinder bis zu zwölf Jahren tragen. Das sind ca. 11.000 Webseiten, die sich unter den geprüften Angeboten der Kindersuchmaschinen fragFINN (www.fragfinn.de) und Blinde Kuh (www.blinde-kuh.de) befinden. Diese beiden Seiten sollten Sie als Startseite bzw. in der Lesezeichen- oder Favoritenliste Ihres Browsers einrichten – wie das geht, beschreibe ich später.

Entwickelt wurde das Programm von der AG KinderServer: Das ist ein Projekt zur Förderung des Kinder- und Jugendschutzes. Der KinderServer wird betrieben und verantwortet von der LPR-Trägergesellschaft für jugendschutz.net gGmbH in Ludwigshafen.

Was sind die Vorteile? Der KinderServer lässt sich auf allen Rechnern einrichten: unter Windows (auch älteren Betriebssystemen als Windows 8), auf dem Mac, nur im Browser oder in bestimmten Browsern oder im gesamten Betriebssystem. Der Proxy des KinderServers funktioniert unabhängig von den »verschiedenen Software-Tools in Browsern, Betriebssystemen, Spielekonsolen und diversen Endgeräten, DSL-Boxen oder Netzwerk-Komponenten. Sie können und dürfen den KinderServer-Proxy auch im Netzwerk einer Schule, eines Kindergartens, Jugendzentrums oder einer anderen Einrichtung nutzen, in der Kinder im Internet surfen«, so heißt es dazu auf der Webseite www.kinderserver-info.de.

Hinweis

Ein *Proxyserver* ist ein Computer, der zwischengeschaltet ist zwischen dem Computer des Benutzers und dem Internet. Mit einem Proxy kann die Nutzung des Internets protokolliert oder der Zugriff auf eine Website blockiert werden. Die *Firewall* des Proxyservers blockiert bestimmte Websites oder Webseiten aus verschiedenen Gründen – hier aus Kinderschutzgründen. Der KinderServer also blockiert Webseiten, die er nicht für Kinder geeignet einschätzt, und leitet sie nicht an den Rechner des Kindes weiter.

Über den KinderServer lernen Kinder, mit Medien umzugehen, im Vordergrund steht der Spaß an den Inhalten, das sind ausgewählte Seiten. Der KinderServer ist unabhängig, d.h., Kinder können auch ohne Eltern sicher online gehen. Dennoch, so lauten die Empfehlungen des Betreibers, ist es gut, wenn Sie für Ihr Kind in der Nähe und ansprechbar sind.

Außerdem braucht man nur einen PC für alle, denn durch Umschalten können Kinder auf geschützten Seiten surfen und Erwachsene ohne Einschränkung.

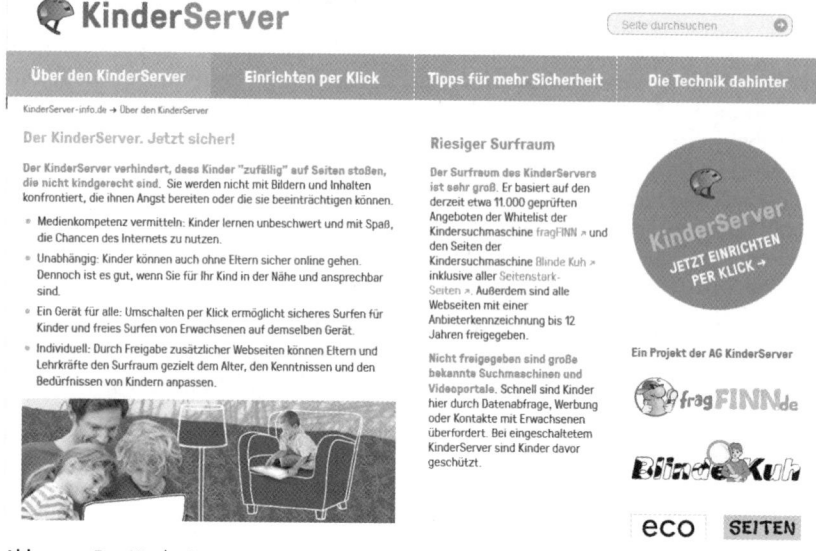

Abb. 2.41: Der KinderServer

2.3.1 Den KinderServer herunterladen und einrichten

Ich zeige Ihnen, wie Sie den KinderServer auf Ihrem Windows-Rechner installieren. Unter www.kinderserver-info.de/einrichten-per-klick finden Sie
ebenfalls auch die Downloads und Anleitungen für alle Varianten, etwa wenn
Sie nur den KinderServer für den Browser einrichten.

Von der beiliegenden CD oder von der Webseite starten Sie das Programm mit
einem Klick. Klicken Sie auf DATEI SPEICHERN. Klicken Sie, damit die Installation
beginnen kann, auf ANNEHMEN der Lizenzvereinbarung.

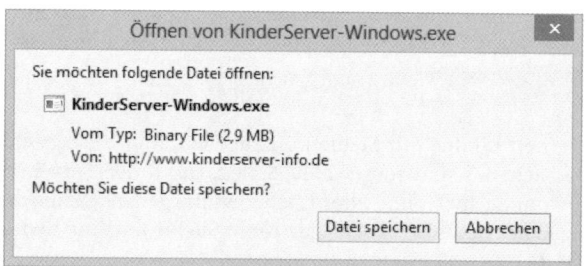

Abb. 2.42: Sie werden wieder gefragt, ob Sie die Datei speichern möchten.

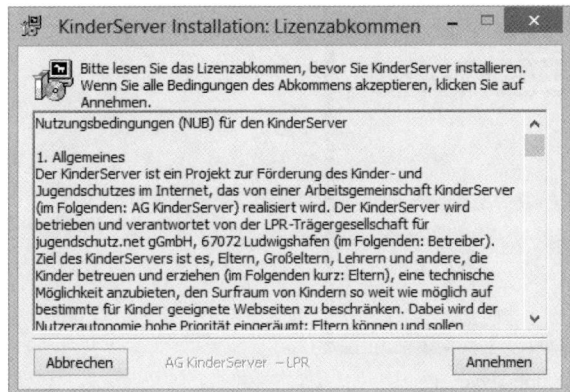

Abb. 2.43: Als nächstes müssen Sie die Nutzungsbedingungen ANNEHMEN.

Klicken Sie auf WEITER, nachdem Sie die zu installierenden Komponenten gewählt haben.

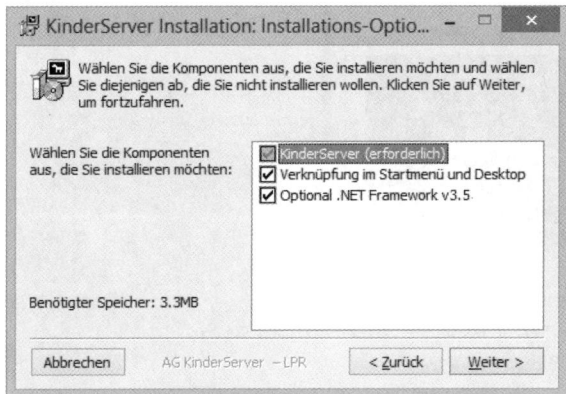

Abb. 2.44: Sie wählen die Komponenten, die Sie installieren möchten.

Nun wird der Speicherort festgelegt. Wenn Sie mit dem vorgeschlagenen Speicherort einverstanden sind, wählen Sie INSTALLIEREN, ansonsten DURCHSUCHEN Sie Ihren Rechner nach einem anderen Speicherort.

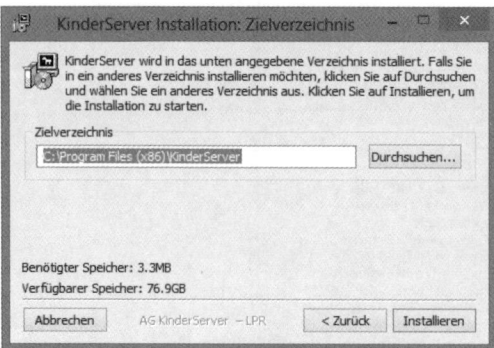

Abb. 2.45: Speicherort für den KinderServer

Die Installation dauert nicht lange. Klicken Sie, wenn Sie dieses Bild sehen, auf BEENDEN.

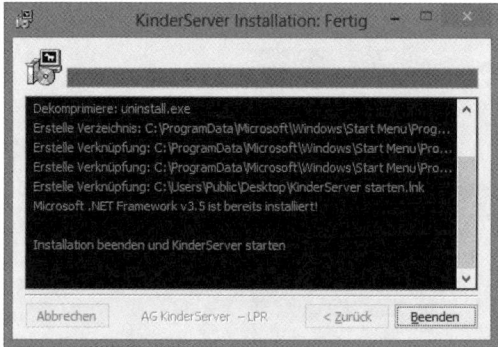

Abb. 2.46: Wenn Sie den KinderServer gespeichert haben BEENDEN Sie das Installationsprogramm.

Der KinderServer ist fast einsatzbereit, aber Sie benötigen ein Elternpasswort.

Falls Sie das Passwort einmal vergessen, gibt es eine Sicherheitsfrage.

Wichtig

O je, die Sicherheitsfrage! So einfach wie mit »Name des Haustieres« kommen Sie nicht davon. Die Sicherheitsfrage erscheint ja, wenn Sie auf »Passwort vergessen« klicken, also zu Hause an Ihrem PC. Kinder finden diese Funktion in kürzester Zeit und haben keine Hemmungen, die Funktion anzuklicken.

Vermutlich kennen sie auch den Namen des Haustieres! Und möglicherweise auch den Mädchennamen der Oma. Die Frage und die Antwort dürfen also ruhig ein wenig komplizierter sein. Vielleicht der Name des Haustieres rückwärts geschrieben – »Max« wird also zu »Xam«. Wenn Sie hier noch ein Sonderzeichen einbauen und Groß- und Kleinschreibung wechseln, wird es schwieriger zu erraten sein.

Abb. 2.47: Ein gutes Passwort ist beim KinderServer notwendig.

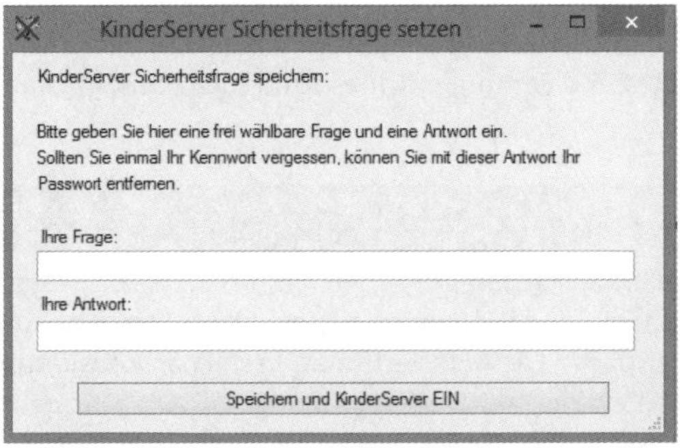

Abb. 2.48: Sicherheitsfrage beim KinderServer

Klicken Sie auf KINDERSERVER EIN, wenn Sie ein Passwort eingesetzt haben. Sie brauchen dieses Passwort auch immer zum Ausschalten des KinderServers.

Auf Ihrem Desktop haben Sie nun ein neues Symbol, einen grünen Helm.

Mit einem Doppelklick auf den Helm startet das Programm, und Sie schalten den KinderServer wieder ein.

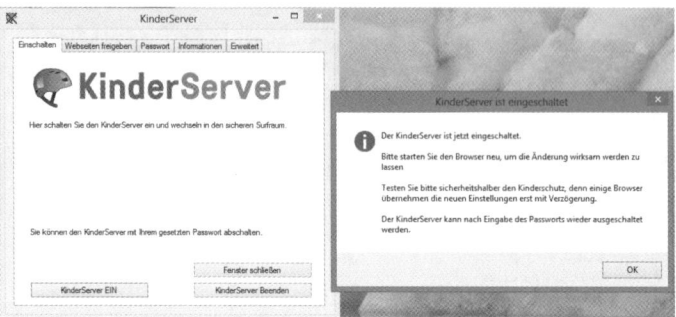

Abb. 2.49: Der KinderServer ist nun eingeschaltet.

Den Browser müssen Sie neu starten, damit der KinderServer arbeiten kann. Je nachdem, welche Seite bei Ihnen als Startseite eingerichtet ist, bekommen Sie einen Hinweis, dass der Zugriff auf diese Seite verweigert ist. Mit einem Doppelklick auf den Helm können Sie den KinderServer weiter einstellen, zum Beispiel Webseiten freigeben oder Ihr Passwort ändern. Denn der KinderServer ist streng – sehr streng: YouTube, Nachrichten, Wikipedia – das alles ist gesperrt. Indem Sie einzelne Webseiten hier eintragen und auf LISTE SPEICHERN klicken, lassen Sie auch Seiten zu, die der KinderServer vorher gesperrt hat.

Ein Nachteil: Wenn Sie mal nicht aufpassen und vergessen haben, den KinderServer einzuschalten, kann ein listiges und computeraffines Kind hier schnell Seiten eintragen.

Hinweis

Der KinderServer startet nicht automatisch beim Rechnerstart. Er ist nach eigenen Informationen der Entwickler als Tool für spontane und begleitete Internetbesuche der jüngsten Internetnutzer gedacht. Die Autostartfunktion soll nach Auskunft von jugendschutz.net im Rahmen einiger weiterer Optimierungen bis spätestens Jahresende 2013 umgesetzt sein. Weitere Optimierungen sind Updates beim Firefox und ein Tool, das das Zurücksetzen eines vergessenen Passwortes ermöglicht. Wenn Sie einen ständigen Schutz des Windows-Rechners mit größerem Funktionsumfang und auch Autostart benötigen, wird die Installation eines anerkannten Jugendschutzprogramms empfohlen.

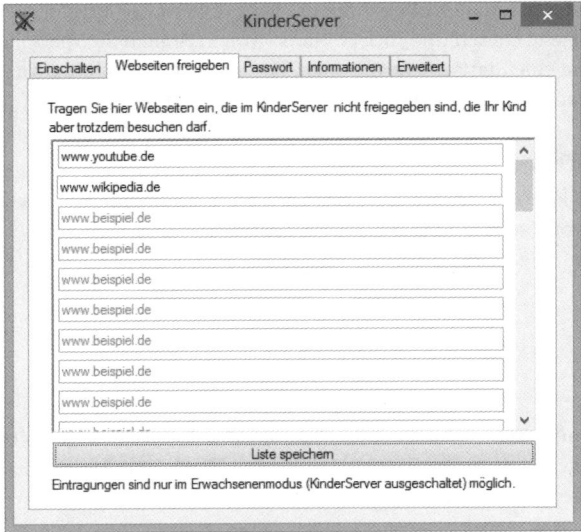

Abb. 2.50: Webseiten beim KinderServer zulassen

2.3.2 Mit dem KinderServer arbeiten

Wenn Sie beispielsweise die Suchmaschine Google für sich als Startseite angelegt haben, wird schon der Zugriff verweigert.

Abb. 2.51: Die Startseite – hier Google – wird verweigert, wenn der KinderServer eingeschaltet ist.

Damit Ihre Kinder nicht jedes Mal ein Frusterlebnis haben, wenn sie auf der von Ihnen eingestellten Startseite landen und nicht weiterkommen, sollten Sie spezielle Kinderseiten anlegen und eine Startseite bestimmen. In diesem Teil beschränke ich mich auf den Internet Explorer, der in Ihrem Windows-Paket enthalten ist.

Favoriten und Startseite anlegen

Im Internet Explorer 10 können Sie sich die Seiten schnell einrichten. Das Sternsymbol steht für die Favoriten, also häufig besuchte Seiten. Die drei Symbole verändern ihre Farbe, wenn Sie mit der Maus darüberfahren.

Mit einem Rechtsklick auf den Stern erscheint ein Kontextmenü – wählen Sie hier FAVORITENLEISTE aus. So erscheint im Browser eine neue Zeile, und Sie können später alle Favoriten nebeneinander anordnen.

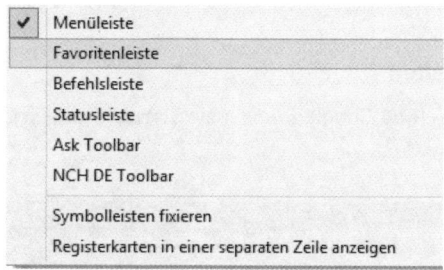

Abb. 2.52: Aufrufen der Favoritenleiste

Gehen Sie nun auf eine Seite, die Sie als Startseite festlegen wollen, zum Beispiel www.physikfuerkids.de. Klicken Sie auf den Stern mit dem grünen Pfeil in der neuen Favoritenleiste. Die neue Webseite wird eingefügt.

Bei Windows führen viele Wege zum Ziel. Mit einem einfachen (Links-)Klick auf den gelben Stern rechts oben auf Ihrem Browserbildschirm öffnet sich ein Kontextmenü mit der Option ZU FAVORITEN HINZUFÜGEN. Klicken Sie diese Möglichkeit an. Sie sehen die nachfolgende Abbildung mit einem Namensvorschlag für die neue Favoritenseite. Über diese Möglichkeit können Sie diese Webseite auch anders benennen und in Ordnern anlegen. Über HINZUFÜGEN legen Sie den Favoriten in einer Liste an.

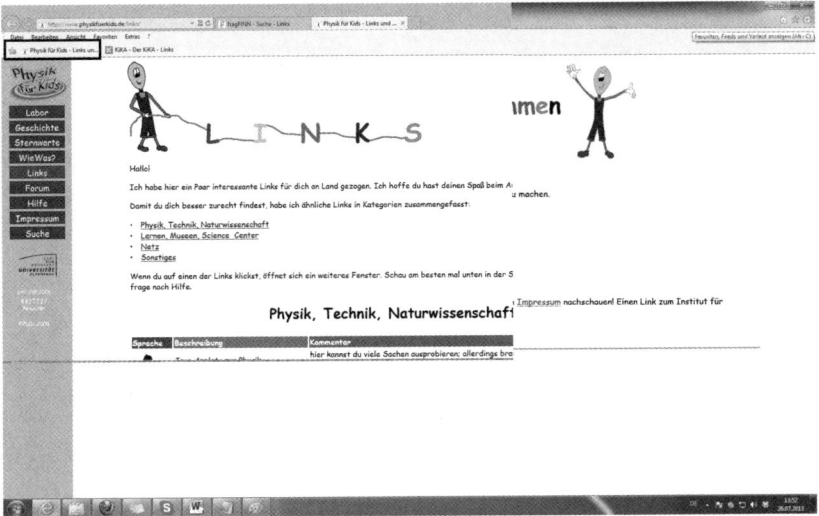

Abb. 2.53: Favoriten hinzufügen über die Favoritenleiste

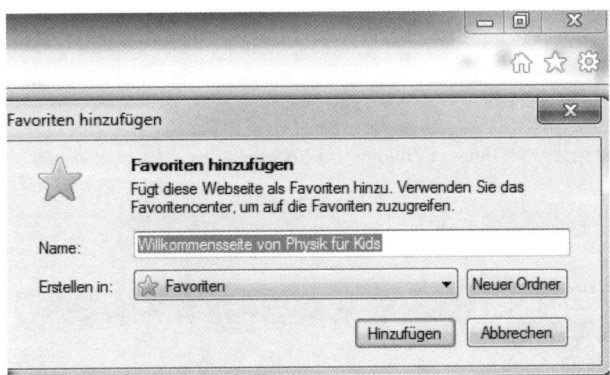

Abb. 2.54: Favoriten benennen und in Ordnern sortieren

Probieren Sie aus, welche Möglichkeit für Sie und Ihre Kinder besser und einfacher ist.

Eine Startseite sollten Sie nun auch noch anlegen.

Abb. 2.55: Anlegen einer Startseite im Internet Explorer 10 bei Verwendung des KinderServers

Abb. 2.56: Die Kindersuchmaschine fragfinn.de ist als Startseite eingerichtet.

2.3.3 Schutzsoftware für Kinder und Jugendliche ab zwölf

Der KinderServer ist für kleinere Kinder geeignet, für Jugendliche wird ein anderes Programm empfohlen, das in der Bedienbarkeit etwas einfacher ist: das Jugendschutzprogramm *JusProg* (www.jugendschutzprogramm.de). Es ist in der Basisversion kostenlos. Mitglieder von JusProg e. V. sind vorwiegend Unternehmen der deutschen Internetwirtschaft aus verschiedenen Branchen, darunter Verlage, Produzenten von Computerspielen, Anbieter von Onlinebezahlsystemen, Mobilfunkanbieter, Webportale und auch traditionelle Erotikunternehmen.

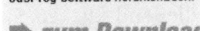

* Was ist Jugendschutzprogramm.de?
* Wer ist JusProg?
* Was ist die JusProg-Software?
* ⇒ Jetzt downloaden
* JusProg für Smartphones
* Adressen & Links
* Website vorschlagen / prüfen
* Label-Generator

* Über uns
* Support
* FAQ & Hilfe
* Beirat
* Verein
* Für Seitenbetreiber
* Impressum

Jetzt schnell und bequem die **JusProg Software** herunterladen!

Willkommen auf Jugendschutzprogramm.de

Jugendschutzprogramm.de ist eine Filtersoftware, die Eltern auf Ihrem Computer installieren können, damit Ihre Kinder sicher vor Erotik und Gewalt im Internet surfen können.

Der Einsatz der Jugendschutzprogramm.de Filtersoftware ist freiwillig und kostenlos.

⇒ zum Download

JusProg-Jugendschutzprogramm staatlich anerkannt

Die Kommission für Jugendmedienschutz der Landesmedienanstalten hat das JusProg-Jugendschutzprogramm als erstes Jugendschutzprogramm offiziell nach § 11 JMStV anerkannt. Mehr dazu in der **KJM-Pressemitteilung**

Was ist Jugendschutzprogramm.de? **mehr**

Abb. 2.57: Auf der Startseite von JusProg kann man das Jugendschutzprogramm herunterladen.

JusProg hat wie der KinderServer auch eine Filterliste, diese umfasst mehrere Hunderttausend Einträge mit Internetseiten aus der ganzen Welt und allen Bereichen. Das Programm sperrt also über eine schwarze Liste solche Webseiten, die sich nicht für Kinder und Jugendliche eignen. Man kann alternativ den Internetzugang auf unbedenkliche Seiten beschränken, die in einer weißen Liste stehen. Beide Filterlisten können Sie mit eigenen Adressen ergänzen. Bei der Erstellung dieser Liste kann es nach Angaben des Softwareanbieters vereinzelt zu nicht ganz korrekten Einstufungen kommen, die laufend händisch überarbeitet werden. »Grundsätzlich ist jedoch ein ausreichendes Maß an Jugendschutz nur möglich mit einer im Zweifelsfall etwas strengeren automatischen Einstufung der zu bewertenden Seiten.«

Wichtig

Das Programm läuft unter Windows 7, Vista und XP, bei Windows 8 gibt es momentan noch Einschränkungen, die nach Informationen des Herstellers demnächst behoben sein sollen. Im Test hat leider das Betriebssystem Windows 8 versagt, auf Windows 7 lief es einwandfrei. Es ist zu hoffen, dass die Hersteller hier möglichst bald nachbessern.

Die einzelnen Download-Schritte funktionieren wie alle anderen Downloads auch. Eventuell müssen Sie noch eine .NET-Erweiterung von Microsoft herunterladen, bei Windows 8 ist diese aber vorhanden. Auch unter Windows 7 oder Vista ist das aktuelle .NET installiert, wenn Sie alle Aktualisierungen von Microsoft (die regelmäßigen Updates) bekommen.

Bei der kostenfreien Version müssen Sie keinen Lizenzschlüssel eingeben, eingeben müssen Sie aber ein Elternpasswort und die berühmte Sicherheitsfrage. Dann legen Sie grundsätzlich für alle Benutzer die Altersstufe fest. Sie ändern diese später bei den einzelnen Benutzern – wenn Sie die angelegt haben. Falls nicht, sollten Sie das, wie in Abschnitt 2.2 beschrieben, nachholen. Anschließend klicken Sie auf INSTALLIEREN.

Nach der Installation startet der Rechner neu. Mit einem Rechtsklick auf das Icon von JusProg können Sie nun den PC jugendsicher machen. Bei allen Veränderungen geben Sie Ihr Elternpasswort ein und melden sich an.

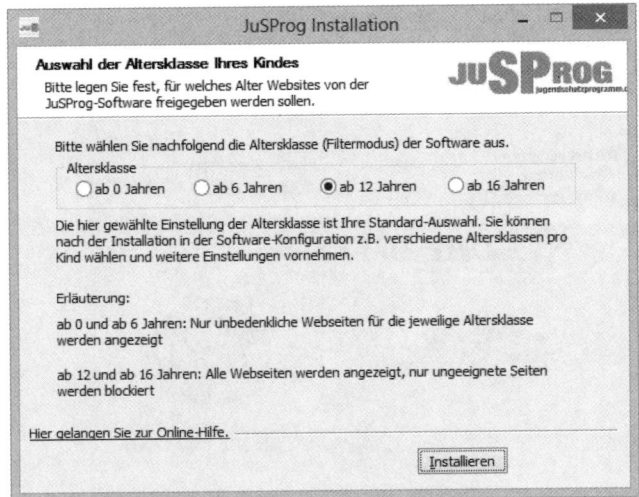

Abb. 2.58: JusProg lässt sich zunächst allgemein einstellen.

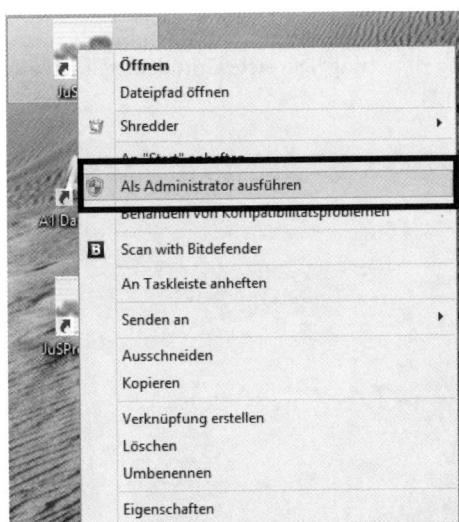

Abb. 2.59: Veränderungen am Jugendschutzprogramm JusProg führt der Administrator durch.

In einer übersichtlichen Oberfläche sehen Sie als zweiten Menüpunkt BENUTZER-PROFILE EINRICHTEN.

Abb. 2.60: Benutzerprofile einrichten

Alle in Windows angelegten Benutzerprofile sind sichtbar. Wählen Sie Benutzer aus, die Sie verändern möchten – zur Erinnerung: Die erste Grundeinstellung war ab zwölf Jahren – sie gilt für alle Benutzer.

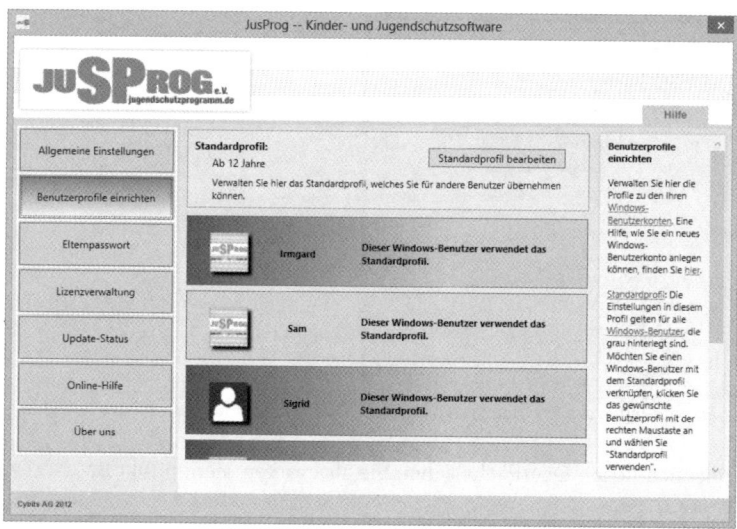

Abb. 2.61: Jeder Benutzer kann seine eigenen Jugendschutzeinstellungen bekommen.

Gut gefällt mir, dass im rechten Bereich bei den Einstellungen Erklärungen stehen. So auch, wie Sie unter Windows die Benutzerprofile einrichten.

Werfen wir noch einen Blick auf die Einstellungen – hier eine Übersicht. Diese sehen Sie, wenn Sie einen Benutzer, etwa SAM, ausgewählt haben.

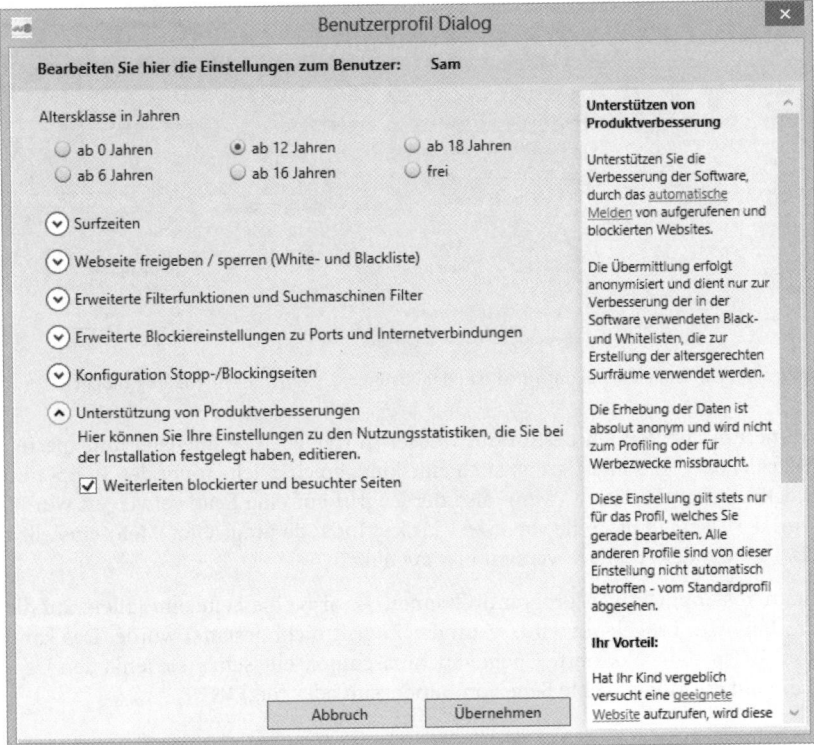

Abb. 2.62: Übersicht über die individuellen Einstellungen von JusProg

Bei der kostenlosen Version können Sie leider nicht alle Funktionen ausführen. Dazu zählt das Einstellen der Surfzeiten, diese Funktion bleibt inaktiv. Einstellen können Sie auch nicht die Option ERWEITERTE BLOCKIEREINSTELLUNGEN ZU PORTS UND INTERNETVERBINDUNGEN – Chats abstellen geht also nicht. Und nicht möglich ist die Option ERWEITERTE FILTERFUNKTIONEN.

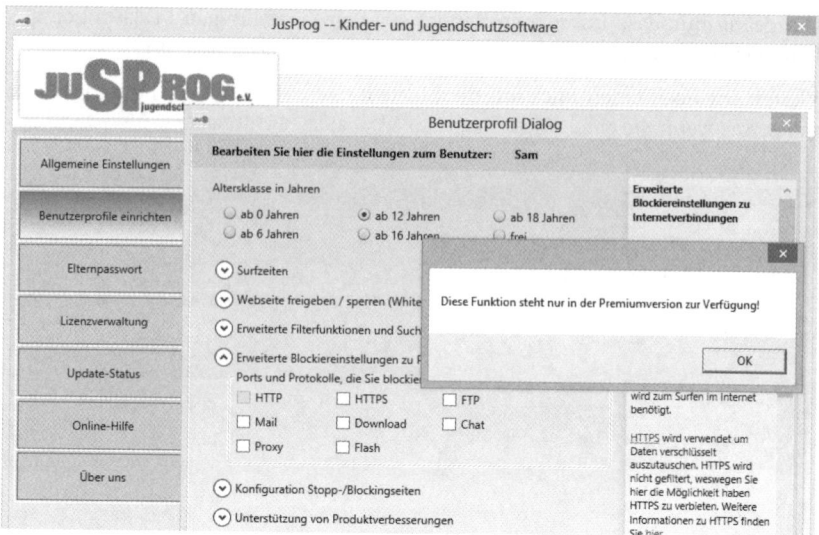

Abb. 2.63: Nicht alle Einstellungen sind in der kostenlosen Variante von JusProg möglich.

Immerhin: Sie können bestimmte Webseiten freigeben (Whiteliste) und sperren (Blackliste). Vorkonfiguriert ist auch eine kindgerechte Seite unter der Stopp- und Blockingseiten-Funktion. Wenn also der Zugriff auf eine Seite verweigert wurde, wird der User auf die Seite von www.klick-tipps.de umgeleitet. Mehr einstellen lässt sich in der Freeware-Version hier auch nicht.

Beim kostenpflichtigen Programm können Sie also eine Seite einrichten, auf die der Benutzer umgelenkt wird, wenn der Zugriff nicht gestattet wurde. Das kann zum Beispiel die blockierte Google-Suchmaschinenseite sein – sie lenkt den User dann auf die kindgerechte Seite von Blinde Kuh oder fragFINN.

Vorsicht

COMPUTER BILD hat JusProg getestet. Dabei stellten die Tester fest, dass »die Software auch viele politisch ausgerichtete Seiten mit einer netten »Hoppla ...«-Einblendung blockiert. Dazu zählten etwa Wikileaks, die Bayernpartei oder die Ökologisch-Demokratische Partei. Außerdem sei der Schutzfilter leicht zu umgehen. Die Tester hatten eine Art Umleitung eingebaut, wobei ein Internetserver die Ursprungsadresse des Browsers verschleiert hatte. Und schon waren Seiten mit Gewaltinhalten und Pornografie wieder da.

Quelle: www.computerbild.de/artikel/Pressemitteilung-10-Maerz-2012-7362617.html

Tipp

Die Zeitschrift COMPUTER BILD bietet unter www.computerbild.de/downloads/sicherheit/kindersicherung-internet-509 verschiedene Programme zum Kinder- und Jugendschutz zum Download an, darunter auch kostenpflichtige Programme. Die Softwareentwickler bringen alle paar Monate neue Versionen heraus, es lohnt sich also, auf den Internetseiten der diversen Computerzeitschriften nachzulesen. Lesen Sie auch ab und zu die Bewertungen der User – hier äußern sich auch Jugendliche, die erklären, wie sie die Sicherung umgangen haben.

2.4 Sichere Browser? Internet Explorer 10, Firefox und Google Chrome

Regelmäßig stellen Computerexperten und natürlich auch Benutzer wie Sie und ich die Frage nach dem sichersten Browser. So einfach lässt sich das nicht beantworten, denn ständige Updates, Neuerungen, aber auch neue Bedrohungen durch Trojaner oder Phishing liefern sich gewissermaßen einen Wettbewerb. Mal hat der Internet Explorer die Nase vorn, mal Google Chrome. Die einen loben Mozilla Firefox, die anderen schwören auf Opera.

Der von Microsoft in Windows 8 mitgelieferte Internet Explorer 10 jedenfalls hat gut abgeschnitten. Er ist auch für Windows 7 verfügbar und enthält zum Beispiel die Schutzfunktion SmartScreen.

2.4.1 SmartScreen-Filter des Internet Explorers

Der SmartScreen-Filter im IE 10 ist eine Funktion, mit der Sie Phishing-Websites erkennen können. Der SmartScreen-Filter kann Sie auch vor dem Herunterladen oder Installieren von Schadsoftware schützen. Er schützt Sie also vor dem Datenklau und teilt Ihnen vor dem Download eines Programms mit, ob es möglicherweise gefährlich ist. Dazu überprüft SmartScreen, ob es in einer Internetdatenbank verzeichnet ist.

Schlägt SmartScreen beim Download eines Programms Alarm und Sie sind dennoch sicher, dass es keine Gefahr darstellt? Dann klicken Sie einfach auf AUSFÜHREN, WEITERE INFORMATIONEN und TROTZDEM AUSFÜHREN.

SmartScreen bietet einen guten Schutz – allerdings hat dieser auch einen Haken: Microsoft erhält darüber jede Menge privater Daten, unter anderem Infos zu sämtlichen Programmen, die Sie installieren, und Ihre aktuelle IP-Adresse.

Falls Sie ein gutes Schutzpaket wie Norton CBE einsetzen, können Sie den Smart-Screen gefahrlos abschalten. Denn Ihre Sicherheitssoftware überprüft ebenfalls, ob Downloads ein Risiko darstellen und Internetseiten gefährlich sind. So funktioniert das Ausschalten:

Tippen Sie auf dem Windows 8-Startbildschirm »Wartungscenter« ein und klicken Sie im Suchfenster auf EINSTELLUNGEN und WARTUNGSCENTER. Im neuen Fenster klicken Sie auf WINDOWS SMARTSCREEN-EINSTELLUNGEN ÄNDERN. Markieren Sie per Klick KEINE AKTION und klicken Sie auf OK.

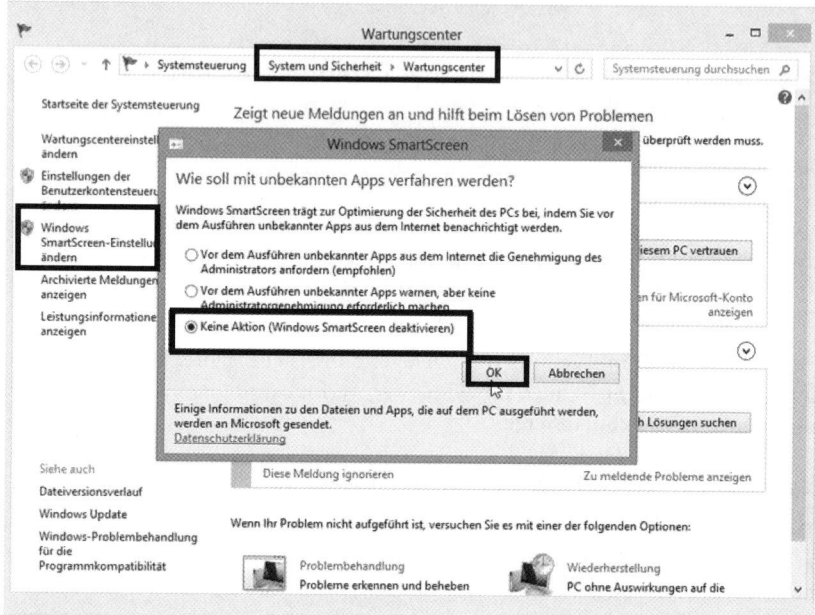

Abb. 2.64: SmartScreen-Einstellungen deaktivieren

2.4.2 Do Not Track

»Do Not Track«: Damit verspricht der IE 10 etwas mehr Schutz für die Privatsphäre. »Do not track« bedeutet »Nicht verfolgen«. Denn viele Webseitenbetreiber versuchen, über Cookies Informationen über Ihr Surfverhalten herauszubekommen. Durch die neue »Do Not Track«-Funktion soll die Analyse des Surfverhaltens verhindert werden oder, salopp gesagt, der Webseitenbetreiber wird darüber informiert, dass er nicht schnüffeln darf. Das Problem ist, dass diese Einstellung nicht verpflichtend für Webseitenbetreiber ist.

2.4

Sichere Browser? Internet Explorer 10, Firefox und Google Chrome

Alle Sicherheitseinstellungen machen Sie unter dem Zahnradsymbol oben rechts im Internet Explorer, am einfachsten geht das mit einem Linksklick auf das Symbol.

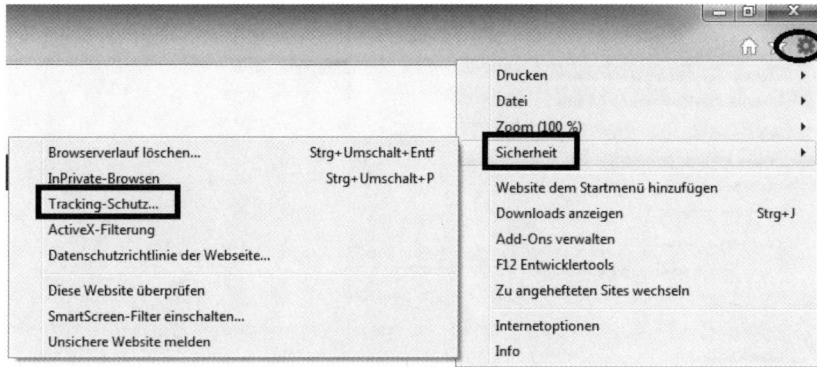

Abb. 2.65: Sicherheitseinstellungen im Internet Explorer 10

Zum Aktivieren von »Do Not Track« klicken oder tippen Sie auf dem Startbildschirm INTERNETOPTIONEN ein und klicken im Suchfenster auf EINSTELLUNGEN und INTERNETOPTIONEN. Im neuen Fenster klicken Sie auf den Reiter ERWEITERT und suchen nach dem Eintrag. Ist hier ein Häkchen gesetzt, ist die Funktion aktiv.

Sie finden in Ihrem Browser rechts neben der Lupe im Adressfeld ein kleines blaues Symbol. Wenn Sie das sehen, ist der Tracking-Schutz aktiviert. Mit einem Klick auf die Schaltfläche TRACKING-SCHUTZ DEAKTIVIEREN schalten Sie ihn aus.

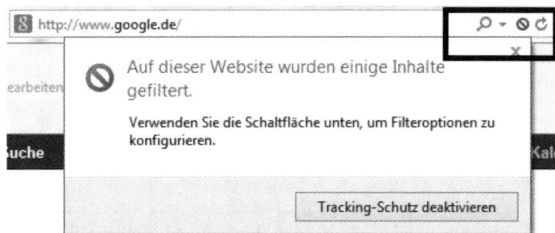

Abb. 2.66: Tracking-Schutz deaktivieren

Weitere Einstellungen zur Sicherheit

Im Internet Explorer finden Sie alle wichtigen Einstellungen – wie eben schon erwähnt – unter EXTRAS.

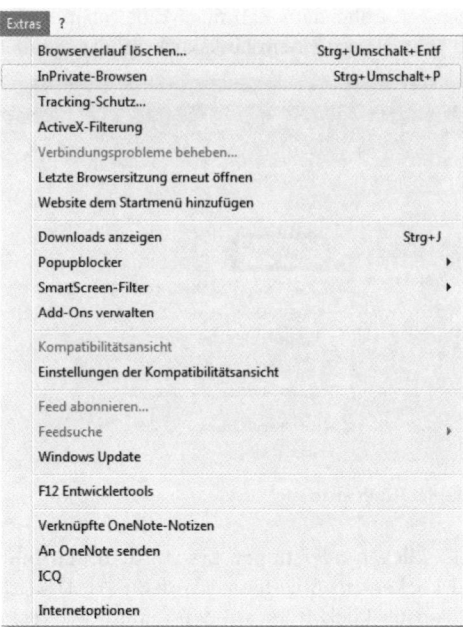

Abb. 2.67: Wichtige Sicherheitseinstellungen des Internet Explorers unter EXTRAS

Einstellung beim IE	Was passiert?
Browserverlauf löschen	Löscht den Verlauf der gespeicherten Internetseiten im Browser. Bei einzelnen Optionen wie Formulardaten kann man Haken setzen oder weglassen.
InPrivate-Browsen	Verhindert, dass der IE Daten über die Browsersitzung speichert. Dazu gehören Cookies, temporäre Internetdateien, Verläufe sowie weitere Daten; Symbolleisten und Erweiterungen sind standardmäßig deaktiviert.
Tracking-Schutz	Über »Do Not Track« sollen keine Informationen über Useraktivitäten erfasst werden. Wie die besuchten Websites diese Anweisung handhaben, ist von den Datenschutzbestimmungen der jeweiligen Website abhängig.
Popupblocker	Ein Popupblocker ist eine Funktion oder ein Programm, das das unerwünschte Öffnen von zusätzlichen Browserfenstern, den sogenannten Popups, unterbindet. Die Funktion sollte immer aktiv sein. Man kann aber eine Liste von Websites anlegen, auf denen Popups erlaubt sein sollen. Diese gibt man unter POPUPBLOCKEREINSTELLUNGEN ein.

Tabelle 2.1: Die wichtigsten Einstellungen im Internet Explorer zum Thema »Sicher surfen«

Einstellung beim IE	Was passiert?
SmartScreen-Filter	Funktion, mit der Sie Phishing-Websites erkennen können. Der Filter kann Sie auch vor dem Herunterladen oder Installieren von Schadsoftware schützen. Er teilt Ihnen vor dem Download eines Programms mit, ob es möglicherweise gefährlich ist. Dazu überprüft SmartScreen, ob es in einer Internetdatenbank verzeichnet ist.

Tabelle 2.1: Die wichtigsten Einstellungen im Internet Explorer zum Thema »Sicher surfen«

Browsereinstellungen Firefox

Beim Browser Mozilla Firefox finden Sie die wichtigsten Einstellungen unter EXTRAS – EINSTELLUNGEN.

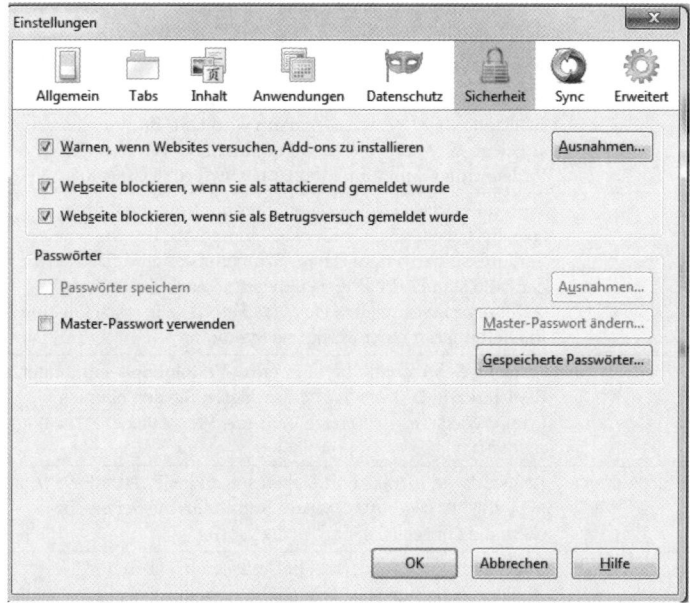

Abb. 2.68: Sicherheitseinstellungen im Mozilla Firefox – hier Schutz vor Phishing

Tipp

Testen Sie mal, ob der Phishing-Filter aktiviert ist: Unter der Adresse http:// www.mozilla.org/firefox/its-a-trap.html finden Sie eine Testseite. Wenn Sie diese aufrufen und die Seite wird blockiert, dann arbeitet der Filter.

Abb. 2.69: Der Phishing-Filter beim Firefox meldet einen Phishing-Versuch – dies ist allerdings nur ein Test.

Einstellung beim Firefox	Was passiert?
Chronik (Browserverlauf) löschen	Registerkarte DATENSCHUTZ: Wählen Sie FIREFOX WIRD EINE CHRONIK NIEMALS ANLEGEN, dann wird kein Browserverlauf angelegt. Wenn Sie ANLEGEN gewählt haben, löschen Sie den Verlauf unter dem Link KÜRZLICH ANGELEGTE CHRONIK.
Privater Modus	Verhindert, dass Firefox Daten über die Browsersitzung speichert, dazu gehören Cookies, temporäre Internetdateien, Verläufe sowie weitere Daten; Symbolleisten und Erweiterungen sind standardmäßig deaktiviert. Je nach Einstellung wählt man DATEI/NEUES PRIVATES FENSTER. Es erscheint eine Einstellung mit einer Maske als Symbol.
Verfolgung	Tracking-Schutz heißt beim Firefox »Verfolgung« – unter der Registerkarte DATENSCHUTZ. Markieren Sie den obersten Punkt: WEBSITES MITTEILEN, DASS ICH NICHT VERFOLGT WERDEN WILL.
Pop-up-Fenster blockieren	Registerkarte INHALT und Haken setzen bei POP-UP-FENSTER BLOCKIEREN; unter AUSNAHMEN kann man die Seiten checken, die dort gelistet sind, und LÖSCHEN.
Phishing-Filter (SmartScreen-Filter)	Registerkarte SICHERHEIT: Hier müssen bei allen drei Punkten Haken gesetzt sein (siehe Abbildung oben): WARNEN, WENN WEBSITES VERSUCHEN, ADD-ONS ZU INSTALLIEREN WEBSEITE BLOCKIEREN, WENN SIE ALS ATTACKIEREND GEMELDET WURDE WEBSEITE BLOCKIEREN, WENN SIE ALS BETRUGSVERSUCH GEMELDET WURDE

Tabelle 2.2: Die wichtigsten Einstellungen im Mozilla Firefox zum Thema »Sicher surfen«

Browsereinstellungen Google Chrome

Abb. 2.70: Der Browser von Google heißt »Chrome«.

Einstellungen in Google Chrome: Sie klicken auf die drei waagerechten Balken – das Chrome-Menü (wenn Sie mit der Maus darüberfahren, erscheint der Text GOOGLE CHROME ANPASSEN UND EINSTELLEN) – rechts oben neben dem Stern. Im Kontextmenü finden Sie weiter unten die EINSTELLUNGEN und den VERLAUF.

Einstellung bei Google Chrome	Was passiert?
Verlauf (Browserdaten) löschen	VERLAUF anklicken und dann den Button BROWSER-DATEN LÖSCHEN.
Inkognito–Modus (InPrivate-Browsen)	Anonymes Surfen bedeutet, dass die geöffneten Webseiten oder heruntergeladenen Dateien nicht im Browser- oder Download-Verlauf aufgezeichnet werden. Alle neuen Cookies werden sofort gelöscht, wenn alle geöffneten Inkognito-Fenster geschlossen werden. Über die drei waagerechten Balken – Chrome-Menü –wählt man NEUES INKOGNITO-FENSTER. Ein neues Fenster wird geöffnet, hier kann man nun inkognito surfen.
Verfolgung	Siehe Inkognito-Modus

Tabelle 2.3: Die wichtigsten Einstellungen in Google Chrome zum Thema »Sicher surfen«

Einstellung bei Google Chrome	Was passiert?
Pop-up-Fenster blockieren	Im Chrome-Menü über EINSTELLUNGEN und ganz unten auf der Seite ERWEITERTE EINSTELLUNGEN ANZEIGEN. Unter dem Abschnitt DATENSCHUTZ auf INHALTSEINSTELLUNGEN klicken und dort bis POP-UPS scrollen. Den Punkt ANZEIGE VON POP-UPS FÜR KEINE WEBSITE ZULASSEN (EMPFOHLEN) markieren.
Phishing-Filter (SmartScreen Filter) und andere Sicherheitseinstellungen	Im Chrome-Menü über EINSTELLUNGEN und ganz unten auf der Seite ERWEITERTE EINSTELLUNGEN ANZEIGEN. Dort Haken setzen bei PHISHING- UND MALWARE-SCHUTZ AKTIVIEREN. Unter dem Abschnitt DATENSCHUTZ auf INHALTSEINSTELLUNGEN klicken und dort alle wichtigen Einstellungen markieren bzw. die Markierung entfernen: LOKALE DATEN NACH BEENDEN DES BROWSERS LÖSCHEN, DRITTANBIETER-COOKIES UND WEBSITEDATEN BLOCKIEREN, FRAGEN, WENN EINE WEBSITE VERSUCHT, DEN MAUSZEIGER ZU DEAKTIVIEREN (EMPFOHLEN).

Tabelle 2.3: Die wichtigsten Einstellungen in Google Chrome zum Thema »Sicher surfen«

Tipp

Die Webseite »Watch your Web« (www.watchyourweb.de) richtet sich gezielt an Jugendliche und erklärt auch genau die Sicherheitseinstellungen verschiedener Browser. Neben dem Thema Datenschutz und Privatsphäre findet man auch Antworten auf Fragen zu Verbraucherschutz, Urheberrecht, Abzocke und Abofallen im Netz oder auch Handy- und Internetsicherheit. »Watch your Web« möchte verbraucher- und datenschutzrelevante Informationen für Jugendliche verständlich und interessant darstellen.

Tipp

Abb. 2.71: Bei Google den SafeSearch-Filter aktivieren

Ganz zum Schluss noch ein Tipp für die Suchmaschine Google – die wohl am häufigsten verwendet wird. Sofern sie nicht durch einen Kinderschutzfilter blockiert ist, bietet Google den sogenannten SafeSearch-Filter an – das funktioniert bei jedem Browser, nicht nur beim Chrome. Sie öffnen dazu den Browser und die Google-Suche. Ganz unten rechts auf der Seite finden Sie die EINSTELLUNGEN. Wählen Sie im Kontextmenü die SUCHEINSTELLUNGEN. Es öffnet sich eine neue Seite. Klicken Sie auf SAFESEARCH.

SafeSearch: aktivieren oder deaktivieren

Viele Personen möchten nicht jugendfreie Inhalte in ihren Suchergebnissen gerne vermeiden, insbesondere wenn auch Kinder den Computer benutzen. Mit SafeSearch-Filtern können Sie in Ihren Browsereinstellungen festlegen, dass nicht jugendfreie Inhalte aus Ihren Suchergebnissen herausgefiltert werden. Kein Filter ist zu 100 Prozent genau. SafeSearch hilft Ihnen aber dabei, die meisten dieser Inhalte zu vermeiden.

SafeSearch aktivieren oder deaktivieren

1. Rufen Sie die Seite "Sucheinstellungen" unter www.google.com/preferences auf.
2. Aktivieren Sie im Bereich "SafeSearch-Filter" das Kontrollkästchen neben "Anstößige Ergebnisse filtern", damit sowohl sexuell eindeutige Videos und Bilder als auch Ergebnisse aus den Google-Suchergebnisseiten gefiltert werden, die mit eindeutigen Inhalten verlinkt sein könnten. Wenn Sie dieses Kontrollkästchen deaktiviert lassen, werden die relevantesten Ergebnisse für Ihre Suchanfrage bereitgestellt und unter Umständen auch unangemessene Inhalte zurückgegeben, wenn Sie danach suchen.
3. Klicken Sie unten auf der Seite auf **Speichern**.

Wenn Sie in Ihrem Google-Konto angemeldet sind, können Sie den SafeSearch-Filter sperren, damit andere die Einstellung nicht ändern können. Dazu klicken Sie auf **SafeSearch sperren**.

SafeSearch-Einstellungen jetzt bearbeiten

SafeSearch sollte eingestellt bleiben, solange Cookies auf Ihrem Computer aktiviert sind ☐ . Die SafeSearch-Einstellungen werden jedoch möglicherweise zurückgesetzt, wenn Sie Ihre Cookies löschen.

+ Weitere Informationen

Im jetzt erscheinenden Fenster finden Sie eine Erklärung, was mit den Safe-Search-Filtern in den Browsereinstellungen festgelegt wird, nämlich »dass nicht jugendfreie Inhalte aus Ihren Suchergebnissen herausgefiltert werden. Kein Filter ist zu 100 Prozent genau. SafeSearch hilft Ihnen aber dabei, die meisten dieser Inhalte zu vermeiden«. Klicken Sie auf die blaue Schaltfläche SAFESEARCH-EINSTELLUNGEN JETZT BEARBEITEN. Dann gelangen Sie wieder zur vorherigen Ansicht, in der Sie nun einen Haken setzen bei ANSTÖSSIGE ERGEBNISSE FILTERN. Jetzt klicken Sie auf den Link direkt daneben: SAFESEARCH FÜR ÄNDERUNGEN SPERREN. Über Ihre Anmeldung bei Google aktivieren Sie dann SafeSerach. Wenn die SafeSearch-Sperre für Ihren Browser aktiviert ist, sehen Sie farbige Bälle oben auf allen Suchseiten.

2.5 Windows 7

Wie Sie Ihre Sicherheitseinstellungen unter Windows 7 vornehmen, ist sehr gut beschrieben auf den Webseiten von Verbraucher Sicher Online (`www.verbraucher-sicher-online.de`).

Abb. 2.72: Die Seite von Verbraucher sicher online gibt viele Tipps zur Sicherheit von PCs.

2.6 Zusammenfassung

Das Kapitel heißt »Den Rechner sicher machen« – eigentlich hätte ich schreiben müssen: »einigermaßen sicher machen«. »Einstellungen immer wieder überprüfen« wäre vielleicht der bessere Titel gewesen! All die Filter und Einstellungen lassen sich wieder löschen, wenn Sie Ihre Kinder über Ihren Benutzernamen surfen lassen. Die wichtigste Regel ist daher zunächst, eigene Benutzer ohne Administratorrechte anzulegen. Hier geben Sie altersgerechte Einstellungen vor.

Dann brauchen Sie sichere Passwörter. Rechnen Sie mal nach, wie viele Passwörter Sie im Alltag benötigen. Da kommen viele zusammen, wenn Sie Ihren Rechner, den PC im Büro, Onlinebanking, Ihr Facebook- und Twitter-Konto und alles andere, was Sie sonst noch brauchen, addieren.

Eine Virenschutzsoftware schadet nicht; getestet habe ich den Bitdefender in der kostenlosen Variante. Der ist nun schon seit ein paar Wochen auf meinem Rechner, und ich bin sehr zufrieden mit seinen gelegentlichen Warnungen und Checks. Allerdings besuche ich nur Seiten im Internet, die ich kenne, öffne niemals unbekannte E-Mails oder gar Anhänge von E-Mails. So habe ich zumindest einen Basisschutz. Getestet habe ich auch den in Windows 8 integrierten Defender – auch damit ist nichts schiefgegangen, und die Funktionalität ist einfach zu handhaben.

Die beste Kinderschutzsoftware nützt nichts, wenn Kinder sie umgehen können. Daher ist sie zwar geeignet für kleine Kinder, für die größeren müssen Sie aber mit 'ran und Einstellungen am besten mit ihnen zusammen anlegen und klare Bedingungen fürs Surfen im Internet festlegen.

Außerdem sind Sie das Vorbild. Wenn Sie einen allzu sorglosen Umgang mit Daten, Webseiten und Passwörtern vorleben, werden Ihre Kinder es nicht unbedingt besser wissen.

Mit so viel Sicherheitsbewusstsein schicke ich Sie jetzt in die Welt der Kinder und Jugendlichen – in die sozialen Netzwerke.

Kapitel 3

Fünf Freunde und der Facebook-Gigant – über das Leben in sozialen Netzwerken

Wenn Eltern darüber nachdenken, wie sie den PC für ihre Kinder sicher machen, dann kommen sie nicht um Facebook herum. Facebook, das ist die Nummer 1 der sozialen Netzwerke, *der* Treffpunkt im Internet überhaupt. In Deutschland gab es im Februar 2013 über 25 Millionen Nutzer. Über eine Milliarde, also praktisch jeder siebte Mensch auf der Erde, nutzt es jeden Monat. Ihre Kinder sicher auch. Facebook erlaubt es Kindern ab 13 Jahren mitzumachen. Aber das zu umgehen ist ein Leichtes.

In diesem Kapitel gehen wir Schritt für Schritt durch eine Facebook-Anmeldung. Sie erfahren, wie Sie bei einer Facebook-Anmeldung Ihre Privatsphäre schützen und welche Datenschutzeinstellungen Sie bei Facebook vornehmen können. Hier liegt reichlich Arbeit vor Ihnen, denn es gibt eine unüberschaubare Anzahl von Einstellungen.

3.1 Soziale Netzwerke – was ist das eigentlich?

Millionen Menschen pflegen Kontakte und Freundschaften über das Internet. Der bekannteste Anbieter ist wohl Facebook, dicht gefolgt von studiVZ und Xing. In sozialen Netzwerken wie diesen legt man ein persönliches Profil an: Es enthält grundlegende Angaben zur Person, Informationen zu Hobbys und vieles mehr. Hinzu kommen Infos über Lieblingsmusik, Kochrezepte, Filme, Fotos von Urlauben, manchmal sind es Partyfotos. Und je nachdem, was Sie gerade neu einstellen und mit wem Sie virtuell verbunden sind, erfahren alle von den Veränderungen.

Facebook hat durchaus seinen Nutzen, denn man kann Kontakte zu Freunden und Bekannten aufbauen, wiederentdecken, über weite Entfernungen halten, Fotos, Videos und Texte teilen, über Themen diskutieren und die Aktivitäten von Verbänden und Vereinen verfolgen. Bei der Flutkatastrophe im Frühjahr 2013 wurden unbürokratisch und unglaublich schnell Spenden- und Hilfeaufrufe organisiert und Helfer eingeteilt. Zum Beispiel die Fluthilfe Dresden: Man zeigt dort Bilder, bei wem die Spenden angekommen sind, Nadine teilt mit, dass sie noch eine Rattancouch abzugeben hat ... bei der Flut 2002 gab es das noch nicht.

Abb. 3.1: Über Facebook perfekt organisiert: die Fluthilfe

Facebook ist auch deshalb so beliebt, weil es kostenlos ist. Doch stimmt das wirklich? Nicht ganz, denn Sie zahlen mit Ihren Daten. Facebook, Xing, StudiVZ, Twitter nutzen vergleichbare Technologien. Sie alle sammeln Daten und veröffentlichen diese, mal mehr wie Facebook, mal weniger wie Xing, wo man einen kostenpflichtigen Premium-Account bekommen kann. Man muss sich dessen bewusst sein und genau hinsehen, um nachzuvollziehen, was da alles gesammelt und, wie wir jetzt wissen, vom US-Geheimdienst NSA möglicherweise gesichtet wird.

Grundsätzlich stellt man als Benutzer nämlich zwei Arten von Informationen zur Verfügung: persönliche Angaben, die abgefragt werden und die man daher bewusst angibt. Hinzu kommen andere Nutzungsdaten, die aus den Aktionen auf der Webseite herausgelesen werden – wenn Sie also bei irgendeinem Hinweis oder Thema »Gefällt mir« anklicken oder jemandem eine kurze Nachricht schreiben. Diese Daten werden nicht nur von Bekannten gelesen, sondern auch von anderen Personen – etwa aus der Werbung.

Nicht zu unterschätzen sind bei sozialen Netzwerken die Sicherheitslücken. Hierdurch gelangen die dort gespeicherten Daten ungewollt in die Hände Dritter. So informieren sich viele Arbeitgeber vor Bewerbungsgesprächen in den Profildatenbanken über ihre Bewerber. Schließlich können Banken durch diese Daten auf die Kreditwürdigkeit ihrer Kunden Rückschlüsse ziehen.

Bei allen bekannten Portalen kann man sein Profil auf »privat« stellen, sodass nur Freunde es sehen können. Trotzdem ist Vorsicht geboten, da der Datenschutz bei den verschiedenen Netzwerken sehr unterschiedlich geregelt ist. Wie soziale Netzwerke datenschutzkonform gestaltet werden können, erfährt man beispielsweise auf der Website des Landesbeauftragten für den Datenschutz Rheinland-Pfalz.

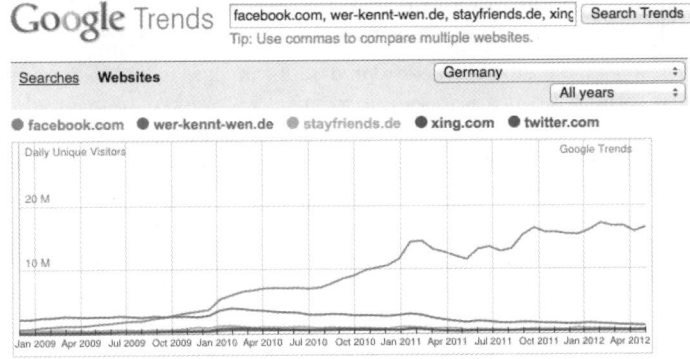

Abb. 3.2: Facebook ist das beliebteste soziale Netzwerk. Quelle: gruppenwissen/flickr

Hinweis

Datenschutzkonforme Gestaltung sozialer Netzwerke

Insbesondere sind folgende rechtliche Rahmenbedingungen einzuhalten:

- Anbieter sozialer Netzwerke müssen ihre Nutzer umfassend gemäß den gesetzlichen Vorschriften über die Verarbeitung ihrer personenbezogenen Daten und ihre Wahl- und Gestaltungsmöglichkeiten unterrichten. Das betrifft auch Risiken für die Privatsphäre, die mit der Veröffentlichung von Daten in Nutzerprofilen verbunden sind. Darüber hinaus haben die Anbieter ihre Nutzer aufzuklären, wie diese mit personenbezogenen Daten Dritter zu verfahren haben.

- Die Aufsichtsbehörden weisen darauf hin, dass nach den Bestimmungen des Telemediengesetzes (TMG) eine Verwendung von personenbezogenen Nutzungsdaten für Werbezwecke nur zulässig ist, soweit die Betroffenen wirksam darin eingewilligt haben. Bei Werbemaßnahmen aufgrund von Profildaten müssen die Betroffenen nach den Bestimmungen des Bundesdatenschutzgesetzes (BDSG) mindestens eine Widerspruchsmöglichkeit haben. Die Aufsichtsbehörden empfehlen, dass die Anbieter die Nutzer selbst darüber entscheiden lassen, ob – und wenn ja, welche – Profil- oder Nutzungsdaten zur zielgerichteten Werbung durch den Anbieter genutzt werden.

- Die Aufsichtsbehörden erinnern weiterhin daran, dass eine Speicherung von personenbezogenen Nutzungsdaten über das Ende der Verbindung hinaus ohne Einwilligung der Nutzer nur gestattet ist, soweit die Daten zu Abrechnungszwecken gegenüber dem Nutzer erforderlich sind.

- Für eine vorauseilende Speicherung von Daten über die Nutzung sozialer Netzwerke (wie auch anderer Internetdienste) für eventuelle zukünftige Strafverfolgung besteht keine Rechtsgrundlage. Sie wird insbesondere auch nicht durch die Regelungen zur Vorratsdatenspeicherung vorgeschrieben.

- Schließlich weisen die Aufsichtsbehörden darauf hin, dass das TMG die Anbieter dazu verpflichtet, das Handeln in sozialen Netzwerken anonym oder unter Pseudonym zu ermöglichen. Dies gilt unabhängig von der Frage, ob ein Nutzer sich gegenüber dem Anbieter des sozialen Netzwerks mit seinen Echtdaten identifizieren muss.

- Die Anbieter sind verpflichtet, die erforderlichen technisch-organisatorischen Maßnahmen zur Gewährleistung der Datensicherheit zu treffen. Sie müssen insbesondere einen systematischen oder massenhaften Export oder Download von Profildaten aus dem sozialen Netzwerk verhindern.

- Bei der datenschutzfreundlichen Gestaltung von sozialen Netzwerken kommt den Standardeinstellungen – zum Beispiel für die Verfügbarkeit von Profildaten für Dritte – eine zentrale Bedeutung zu. Die Aufsichtsbehörden fordern die Anbieter sozialer Netzwerke auf, datenschutzfreundliche Standardeinstellungen für ihre Dienste zu wählen, durch die die Privatsphäre der Nutzer möglichst umfassend geschützt wird. Diese Standardeinstellungen müssen besonders restriktiv gefasst werden, wenn sich das Portal an Kinder richtet. Der Zugriff durch Suchmaschinen darf jedenfalls nur vorgesehen werden, soweit der Nutzer ausdrücklich eingewilligt hat.

- Der Nutzer muss die Möglichkeit erhalten, sein Profil auf einfache Weise selbst zu löschen. Schließlich sollten die Anbieter sozialer Netzwerkdienste die Einführung von Verfallsdaten oder zumindest automatische Sperrungen erwägen, die von den Nutzern selbst festgelegt werden können.

Quelle: `www.datenschutz.rlp.de`

Dann wollen wir doch mal nachsehen, ob das bei Facebook zutrifft.

3.2 Ihr Kind ist bei Facebook – so bleibt die Privatsphäre erhalten

»Ich habe 712 Freunde auf Facebook. Hurra!« – Darauf sind viele Kinder und Jugendliche stolz. Das hat natürlich mit der Realität nichts zu tun. Facebook-Freunde sind bis auf einige Ausnahmen eigentlich nur Kontakte – mal flüchtig, mal enger. Als »Freunde« werden bei Facebook solche Nutzer bezeichnet, mit denen man sich vernetzt. Hierfür müssen »Freundschaftsanfragen« gestellt werden. Die kann man anschließend bestätigen oder »ignorieren« oder auch »ablehnen«. Hierüber wird der, der die Freundschaftsanfrage stellt, aber nicht informiert.

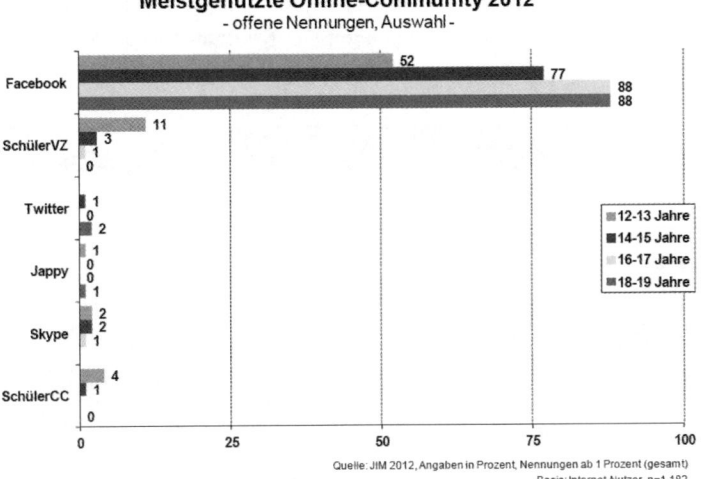

Abb. 3.3: Quelle: Medienpädagogischer Forschungsverbund Südwest/JIM-Studie 2012

»Befreundet« zu sein bedeutet bei Facebook in erster Linie, dass man selbst Einblick in die Aktivitäten (oder gar das Leben?) anderer bekommt. Das geht in alle Richtungen, denn auch über sich selbst werden alle Arten von Informationen gepostet: Nachrichten, Bilder, Videos zum Beispiel.

Freundschaftsanfragen sind häufig, vor allem nach Partys sind es immer mehr als sonst. Die Gefahr ist groß, dass auch Fremde durch die in Facebook völlig sorglos voreingestellten Sicherheits- und Privatsphäre-Einstellungen Einblicke in das Privatleben erhalten. Deshalb sollte man sich die Funktion, die eine Kategorisierung der Freunde ermöglicht, genau ansehen. Hierfür können sogar eigene Listen erstellt werden: Den Kontakten, die hier zusammengefasst sind, können anschließend bestimmte Inhalte zugänglich gemacht werden. Andere Kontakte haben keinen Zugang zu diesen Inhalten.

Wie Facebook tickt und was alles an Einstellungen bei Facebook möglich, unnötig und nötig ist, erfahren Sie am besten, wenn Sie sich selbst anmelden oder einmal kritisch Ihre eigenen Einstellungen überprüfen. Zu diesem Zweck hat sich meine minderjährige Nichte Irmgard (das ist nicht ihr richtiger Name) unter Aufsicht erstmalig bei Facebook angemeldet. Sie können ihr über die Schulter schauen oder die Schritte am Ihrem Rechner nachvollziehen.

Tipp

Bevor Sie aber alle Ihre Daten in die Felder eingeben, sollten Sie sich die Zeit nehmen, die Datenverwendungsrichtlinien unten auf der Facebook-Seite genau durchzulesen. Da es in der Vergangenheit viel Kritik an Facebook gab, ist hier einiges passiert.

Abb. 3.4: Facebook und der Datenschutz

Die Frage ist: Werden also die Nutzer umfassend gemäß den gesetzlichen Vorschriften über die Verarbeitung ihrer personenbezogenen Daten und ihre Wahl- und Gestaltungsmöglichkeiten unterrichtet? Wenn man sich die Zeit nimmt und genau liest – ja. Allerdings sehr verschachtelt, auf unterschiedlichen Seiten, nicht immer verständlich und klar. Irmgard hat nicht alles verstanden und war leicht genervt …

Wichtig

Jeder vierte Teenager schützt Daten in Communitys nicht

Jeder vierte Jugendliche schützt in Internetgemeinschaften seine Privatsphäre nicht ausreichend. So zeigen 19 Prozent der jungen Nutzer die meisten ihrer Daten nicht nur Freunden, sondern allen Mitgliedern des Netzwerks oder sogar allen Internetnutzern. Weitere 4 Prozent wissen nicht, für wen die Infos sichtbar sind. Das hat eine repräsentative Umfrage im Auftrag des Hightech-Verbandes BITKOM ergeben. »Viele Netzwerke bieten detaillierte Einstellungen zur Privatsphäre an«, sagt der ehemalige BITKOM-Präsident Prof. Dr. August-Wilhelm Scheer. »Gerade Jugendliche sollten diese Möglichkeiten nutzen. Vieles, was leichtfertig für alle sichtbar ins Netz gestellt wird, bleibt dort für immer.«

BITKOM rät insbesondere jüngeren Teenagern und deren Eltern, mit privaten Angaben sparsam umzugehen. »Für Kinder ist ein hohes Maß an Datenschutz wichtig. Wer zu viel preisgibt, macht sich leichter angreifbar.« Jeder zweite junge Nutzer von Internetcommunitys nennt dort seinen vollen Vor- und Nachnamen (44 Prozent) und seinen Beziehungsstatus, also die Angabe, ob er gerade Single ist oder einen festen Freund oder Freundin hat (50 Prozent). Die E-Mail-Adresse nennen 41 Prozent. »Solche Angaben sollten in der Regel nur Freunde und gute Bekannte sehen«, so Scheer.

Quelle: Pressemitteilung BITKOM v. 27.1.2011

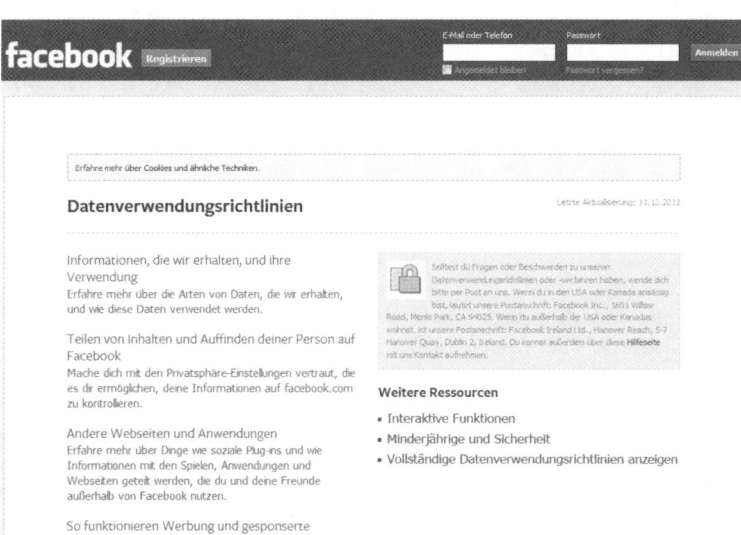

Abb. 3.5: Facebook informiert ausführlich über die Verwendung der Daten.

Es folgt noch ein »Aber«: Ein minderjähriges Kind kann und wird sich das alles niemals so genau durchlesen wie Sie und ich gerade. Ein Beispiel zu dem Punkt »Informationen, die wir über dich erhalten« (`https://de-de.facebook.com/about/privacy/your-info`):

> *Manchmal erhalten wir von unseren verbundenen Unternehmen bzw. unseren Werbepartnern, Kunden und anderen Dritten Daten, die uns (oder ihnen) bei der Schaltung von Werbeanzeigen sowie dem Verständnis der Onlineaktivität behilflich sind und Facebook allgemein verbessern. Beispielsweise unterrichtet uns ein Werbetreibender unter Umständen darüber, wie du auf eine auf Facebook oder auf einer anderen Webseite platzierte Werbeanzeige reagiert hast, um so die Wirksamkeit der betreffenden Werbeanzeige zu messen – und ihre Qualität zu verbessern.*

Aktivitäten der Nutzer können also genau beobachtet und analysiert werden. Wenn Ihr Kind oder Enkel zu Facebook möchte, helfen Sie. Gehen Sie mit ihm oder ihr die Anmeldung durch. So stellen Sie sicher, dass er/sie sich auch als Minderjähriger anmeldet, was grundsätzliche Auswirkungen auf die Profileinstellungen hat.

Tipp

Die Initiative Klicksafe stellt speziell zu Facebook eine Reihe von Informationen zusammen, wie man die Privatsphäre so einstellt, dass nicht jede Aktivität genauesten nachverfolgt werden kann: `www.klicksafe.de` unter dem Punkt THEMEN/FACEBOOK. Die Website von Klicksafe ist Bestandteil vom Safer Internet Programm der Europäischen Union. In Deutschland ist die Landeszentrale für Medien und Kommunikation (LMK) Rheinland-Pfalz gemeinsam mit der Landesanstalt für Medien (LfM) Nordrhein-Westfalen mit der Umsetzung beauftragt.

3.2.1 Anmeldung bei Facebook als minderjähriger Nutzer

Wir hatten ja schon festgestellt, dass Kinder ab 13 Jahren Facebook nutzen dürfen. Also melde ich meine Nichte als die 13-jährige Irmgard an. Den Profilnamen kann man später sogar ändern – doch Facebook überprüft das. Wir haben dafür auch extra eine Mailadresse über Google Mail angelegt, in der der Name Irmgard übrigens nicht vorkommt, damit man nicht unbedingt aus dem Usernamen und der Mailadresse Rückschlüsse auf den richtigen Namen ziehen kann. Außerdem ist das Adressbuch dieser neuen E-Mail noch leer – wir sehen gleich, warum das sinnvoll ist. Auch der Ort, den Irmgard angegeben hat, ist nicht der Ort, an dem sie lebt – sie hat Riesa gewählt. Wir wollen sehen, wie sich das Ganze über einen längeren Zeitraum überhaupt entwickelt.

Abb. 3.6: Registrierung bei Facebook

Nun möchte Facebook dabei helfen, Freunde über E-Mail-Adressen zu finden. Das ist eigentlich praktisch und geht schnell. Irmgard und ich möchten das aber nicht, sondern überspringen den Schritt. Warum? Es findet ein Abgleich mit dem persönlichen E-Mail-Konto statt. Dabei durchsucht Facebook automatisch das E-Mail-Adressbuch, das bei der Anmeldung benutzt worden ist, und zwar nach Namen, die möglicherweise auch schon bei Facebook sind. Und alle diese Daten werden gespeichert. So landen auch Namen, Telefonnummern und sonstige Kontaktdaten von Leuten bei Facebook, die mit Facebook vielleicht nur verbindet, dass sie zufällig in einem Adressbuch gespeichert sind. Ein leeres Adressbuch ist also von Vorteil.

Dasselbe gilt auch, wenn man sein Konto über ein Mobiltelefon einrichtet oder auf diesem nachträglich die Synchronisierung der Kontakte einschaltet. In diesem Fall wird das komplette Adressbuch des Telefons übertragen.

Freunde findet man auf Facebook auch ohne das Adressbuch.

Klicken Sie also unbedingt auf DIESEN SCHRITT ÜBERSPRINGEN. Es erscheint ein zweites Bestätigungsfenster. Hier müssen Sie erneut auf ÜBERSPRINGEN klicken.

Im nächsten Schritt geht es zu den Profilinformationen.

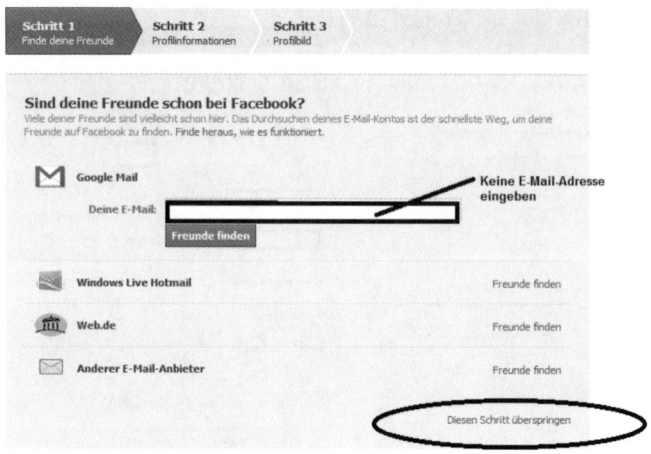

Abb. 3.7: Facebook möchte die Adressbuchdaten verwenden – geben Sie hier besser keine E-Mail-Adresse ein.

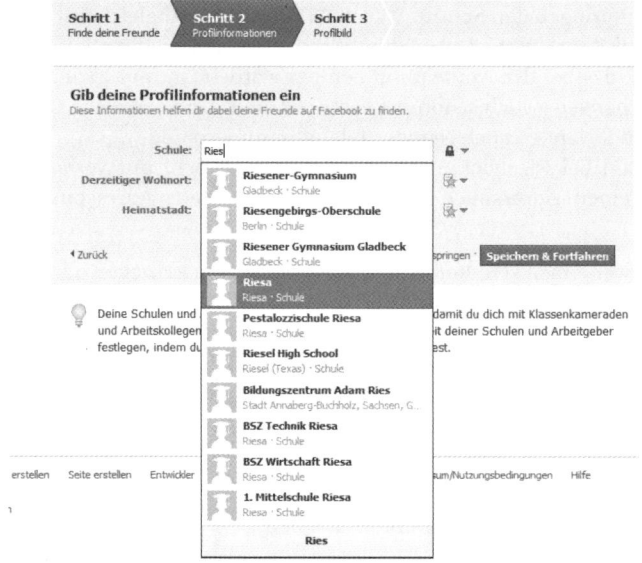

Abb. 3.8: Profilinformationen bei Facebook

Sinnvoll ist, für jede Einstellung zu überlegen, wer das sehen darf: NUR ICH zum Beispiel ist markiert mit einem Schloss, das sieht also niemand, ENGE FREUNDE werden mit einem Stern markiert.

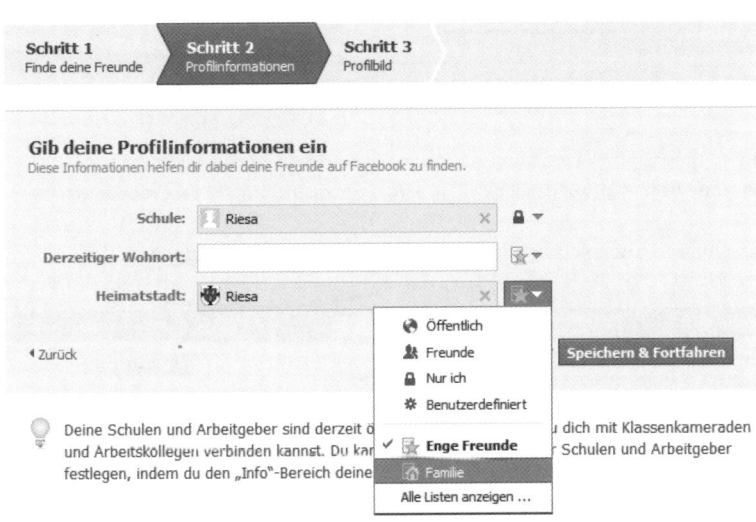

Abb. 3.9: Profilinformationen bei Facebook

Vorsicht

»Öffentlich« bedeutet bei Minderjährigen, dass »Freunde von Freunden«, die auf Facebook registriert sind, das Profil sehen können. Ist Ihr Kind aber als volljährig angemeldet, kann jeder, der auf Facebook registriert ist, das Profil sehen. Daher unbedingt einen Haken bei ÖFFENTLICH entfernen.

Um bei Facebook registriert zu sein, muss man über seine E-Mail die Registrierung abschließen und eventuell einen Code eingeben.

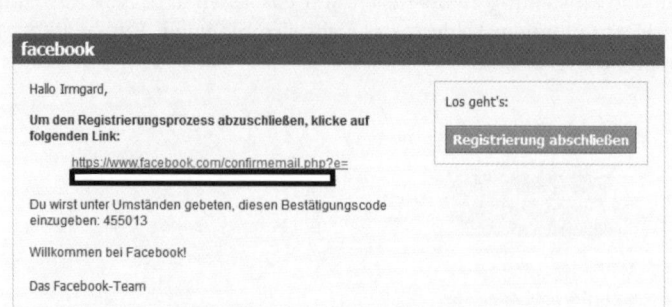

Abb. 3.10: Wenn man auf den Link klickt, wird die Registrierung bei Facebook abgeschlossen.

Das ist dann auch schon alles, und man kann Facebook nutzen.

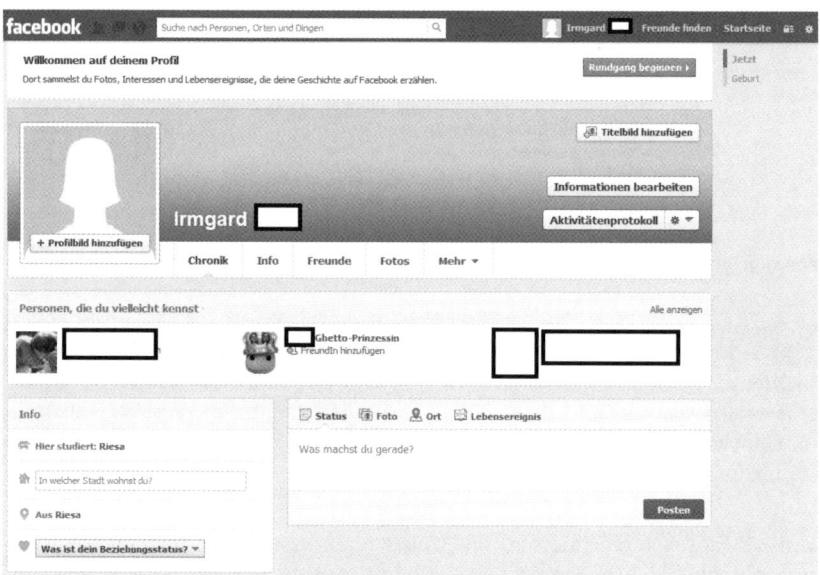

Abb. 3.11: So sieht das noch ziemlich leere Profil der 13-jährigen Irmgard aus.

Privatsphäre-Einstellungen

Die Einstellungen auf Facebook im Bereich PRIVATSPHÄRE untersuchen wir genauer. Es gibt sowohl im linken Menü den Punkt PRIVATSPHÄRE als auch oben rechts ein Schloss. Klickt man das an, sieht man, welche Privatsphäre-Verknüpfungen vorhanden sind. Hier kann man diverse Einstellungen auch wieder ändern.

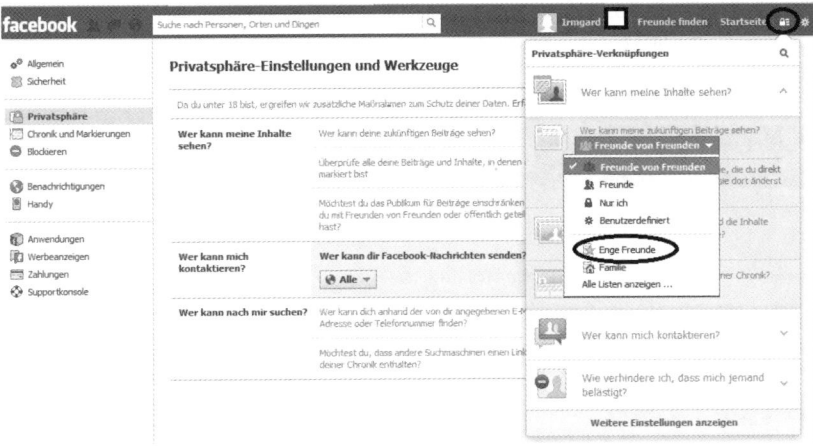

Abb. 3.12: Privatsphäre-Einstellungen bei Facebook

Gut zu wissen: Alle Einstellungen lassen sich an dieser Stelle definieren. Gut ist auch, dass man bestimmte Personen, die einen belästigen, blockieren kann.

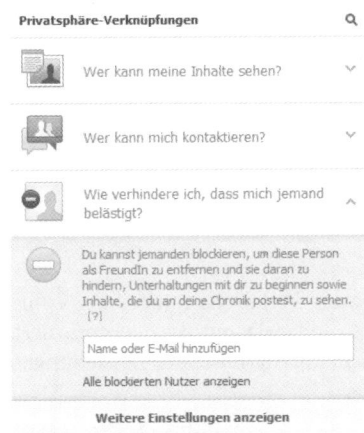

Vorsicht

Im Oktober 2013 hat Facebook angekündigt, eine wichtige Beschränkung für Jugendliche aufzuheben: Nun können sie ihre Postings allen Facebook-Usern zugänglich machen, also öffentlich posten. Die Standard-Einstellung war bisher so, dass Jugendliche ihre Kommentare oder Bilder nur mit Freunden und Freunden von Freunden teilen konnten. Es soll jedoch Warnhinweise geben, dass bei der öffentlichen Einstellung die Beiträge dann von jedem Nutzer gesehen werden können. Bei neuen Konten aber ist es immerhin so, dass die Postings auf den eigenen Freundeskreis eines Jugendlichen beschränkt werden. Die Standardeinstellung kann natürlich von den cleveren Jugendlichen jederzeit geändert werden.

Es gibt noch weitere Informationen auf dieser Seite: Unter ERFAHRE MEHR oben auf der Seite PRIVATE EINSTELLUNGEN UND WERKZEUGE findet man weitere Hinweise.

Abb. 3.13: Auf Facebook sollte man alle Hinweise zum Thema Datenschutz lesen.

Auf diesen Seiten wird erneut auf die unterschiedlichen Nutzungsmöglichkeiten zwischen Minderjährigen und Volljährigen hingewiesen.

Werbeanzeigen bei Facebook

Facebook verdient Geld mit Werbung. Wenn man die falsche Einstellung wählt, wird sogar Ihr Gesicht für Werbeanzeigen verwendet. Damit das nicht passiert, hier noch eine wichtige Einstellung: Über das Zahnradsymbol der Einstellungen gehen Sie im linken Menü auf WERBEANZEIGEN.

Wählen Sie hier die Einstellung NIEMAND, denn so verhindern Sie, dass Facebook Werbung mit Ihrem Gesicht macht, ohne dass Sie das merken. Das kann nur passieren, wenn man etwas »liked« – also gut findet. Ihr Gesicht kann also im Zusammenhang mit der Werbung bei allen Facebook-Kontakten auftauchen.

Auch beim zweiten Punkt sollte man die Option NIEMAND wählen, dann erscheint der eigene Name nicht mehr bei irgendeiner Werbung. Umgehen kann man das alles auch, indem man gar nichts mehr liked!

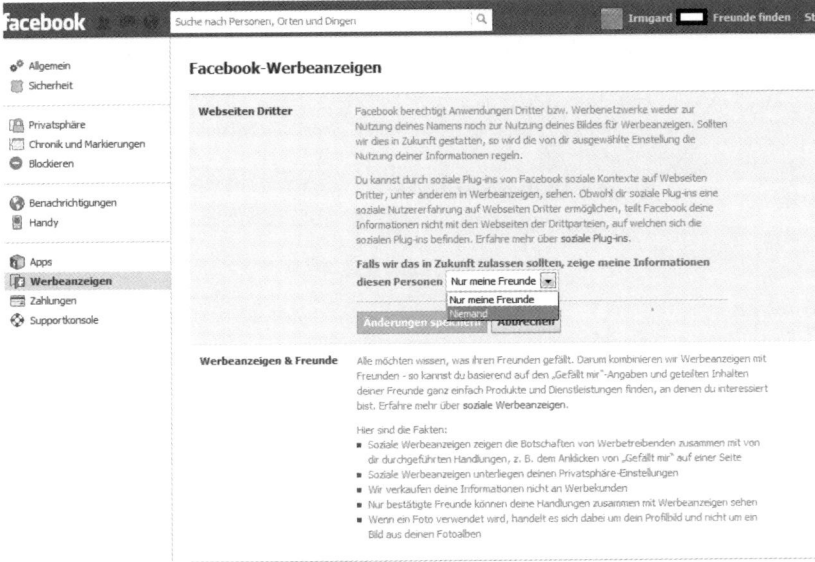

Abb. 3.14: Verhindern Sie, dass Facebook Werbung mit Ihrem Gesicht macht.

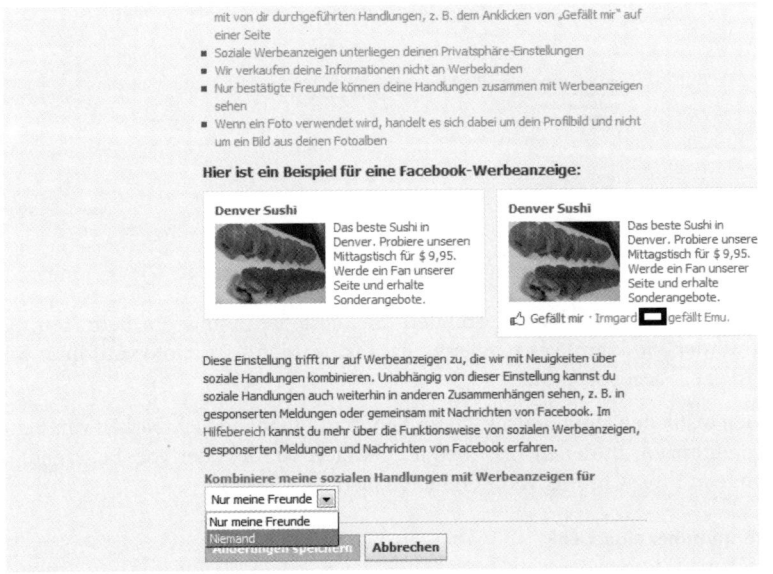

Abb. 3.15: Einstellungen bei Werbeanzeigen

Chronik- und Markierungseinstellungen

Rigide Einstellungen auf dieser Seite – wieder unter den Einstellungen im linken Menü CHRONIK UND MARKIERUNGSEINSTELLUNGEN – bewirken, dass nicht einfach jeder in der persönlichen Chronik posten darf. Auf diese Weise verhindern Sie auch Spam.

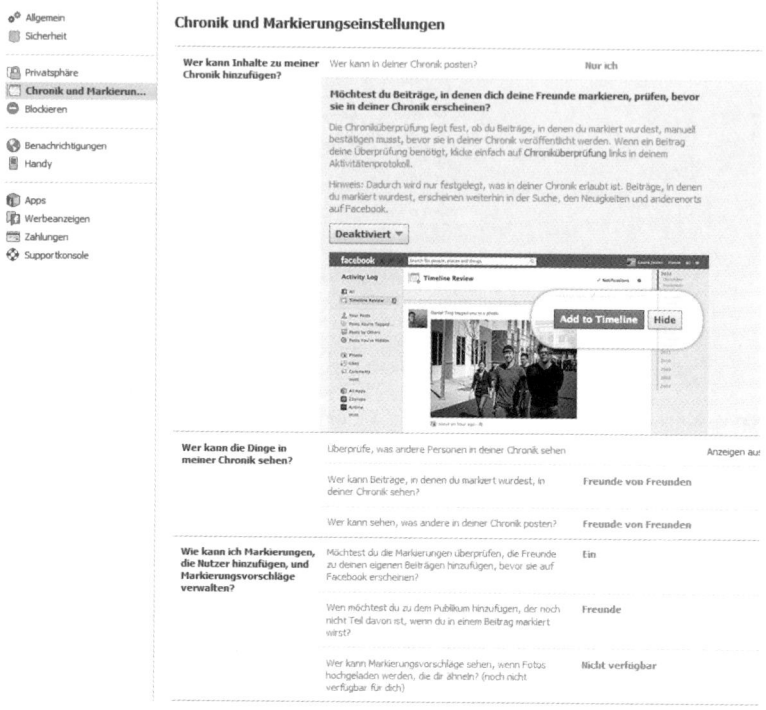

Abb. 3.16: Chronik- und Markierungseinstellungen

Mit der zweiten Einstellung verhindern Sie, dass Sie in anderen Beiträgen markiert werden. So könnte es passieren, dass Irmgard auf Partyfotos mit ihrer Markierung auf Facebook landet.

Mit den restlichen Optionen auf dieser Seite kann man die Sichtbarkeit von Beiträgen eingrenzen, in denen man bereits markiert wurde, oder von Beiträgen, die Freunde in Ihrer Chronik veröffentlicht haben.

Telefonnummer eingeben?

Da ja inzwischen alle Kinder ein Handy haben, wollen sie ihre Nummer auch allen mitteilen – aber muss das auch bei Facebook sein?

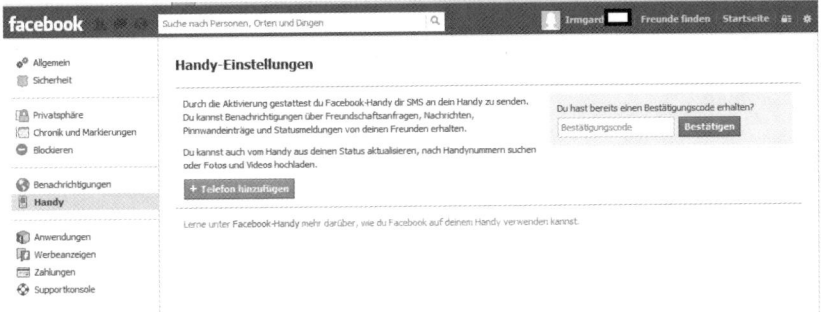

Abb. 3.17: Die Handyeinstellungen bei Facebook

Hier ist es sicherer, keine Nummer einzugeben. Freunden kann man die Nummer ja geben.

Wenn man Facebook mobil nutzen will, muss man sie angeben. Hier sollten Sie mit Ihrem Nachwuchs genau klären, ob Facebook auf dem Handy unbedingt sein muss, denn das Ablenkungspotenzial ist sehr groß.

Welche Daten sammelt Facebook?

Die Webseite iRights.info (irights.info) hat dazu einen sehr guten Überblick verfasst. Die Daten, die Facebook über den einzelnen Nutzer sammelt, lassen sich kategorisieren. Wie wir schon gesehen haben, sind das zunächst die Registrierungsdaten, also Name, Wohnort, Geburtstag, Geschlecht und E-Mail-Adresse. Diese Angaben sind Pflicht. Freiwillig kann man dann weitere persönliche Informationen preisgeben, etwa welche Schule man besucht hat.

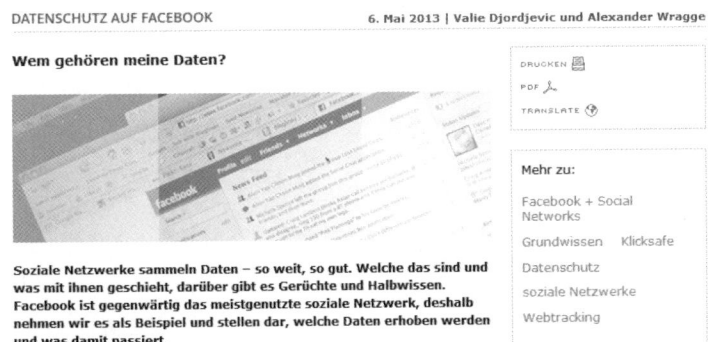

Abb. 3.18: Die Seite iRights.info hat viele Tipps zum Thema Datenschutz bei Facebook zusammengestellt.

Facebook speichert alles, was man auf den Seiten tut. Unsere 13-jährige Irmgard war noch nicht allzu aktiv, aber immerhin hat sie ein Foto hochgeladen – nicht von sich, sondern von ihrer Katze. Und nun hat sie eine Freundschaftsanfrage bekommen.

Abb. 3.19: Eine Freundschaftsanfrage bei Facebook

Die akzeptiert sie – und nun bekommt sie jede Menge Vorschläge für Freunde.

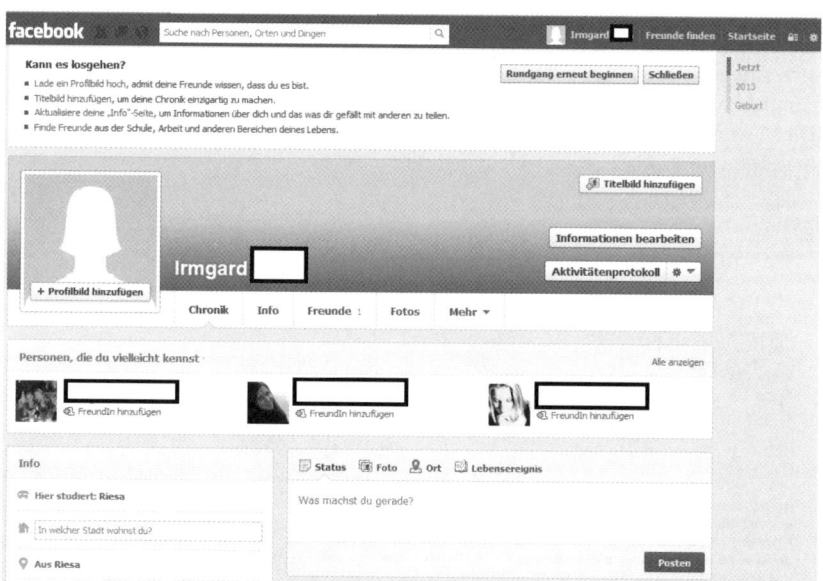

Abb. 3.20: Facebook schlägt Freunde vor!

Und weil sie gerade nichts Besseres zu tun hat, bastelt sie ein wenig an ihrem Profil. Sie lädt ein Profilbild hoch – natürlich kein Porträt, nur eine Landschaft. Sie nennt einige Fernsehsendungen, ein Buch und Musik, die sie mag.

Kritisch: Ort eingeben

Gerade für Kinder ist es kritisch, bei Einträgen einen Ort anzugeben, an dem sie sich gerade aufhalten. Dabei können sie auch Personen hinzufügen, die sich ebenfalls an diesem Ort befinden. Das müssen diese noch nicht einmal bestätigen, sie können es nachträglich nur löschen.

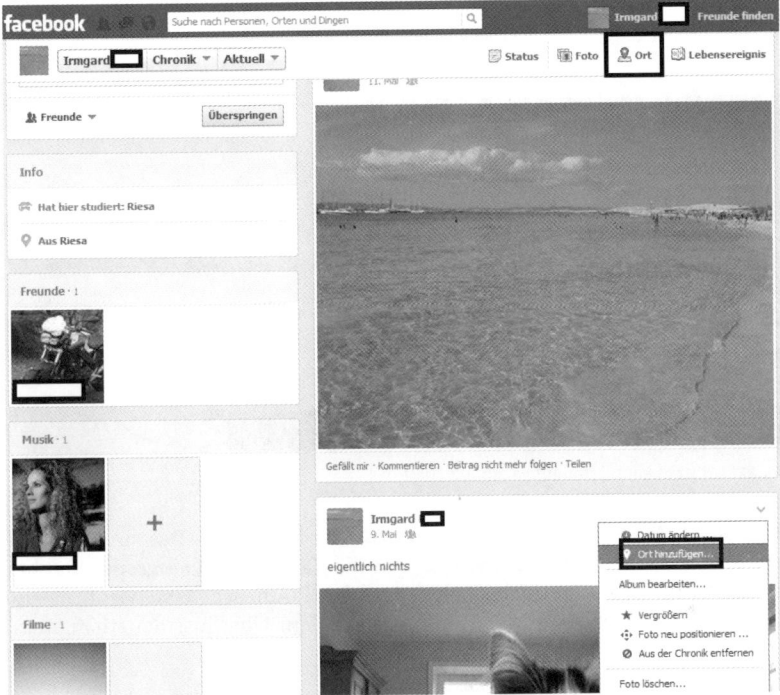

Abb. 3.21: Details wie die Ortsangabe sollte man lieber nicht angeben.

Solche Details wie die Ortsangabe sollten Kinder nicht im Internet veröffentlichen. Denn wenn erst einmal ein Stalker, möglicherweise als falscher Freund getarnt, ein Kind im Visier hat, ist die Ortsfunktion ein wichtiger Hinweis.

Prüfen Sie als Eltern immer mal wieder, ob Ihr Kind von einer anderen Person hinzugefügt wurde. Diese Information sollte so bald wie möglich vom Profil entfernt werden.

Chatten und Fotos

Da Irmgard nun einen Facebook-Freund hat, kann sie auch mit ihm chatten – auch diese Kommunikation wird übrigens gespeichert. Wenn es sich dabei um enge Freunde handelt, ist das ganz praktisch.

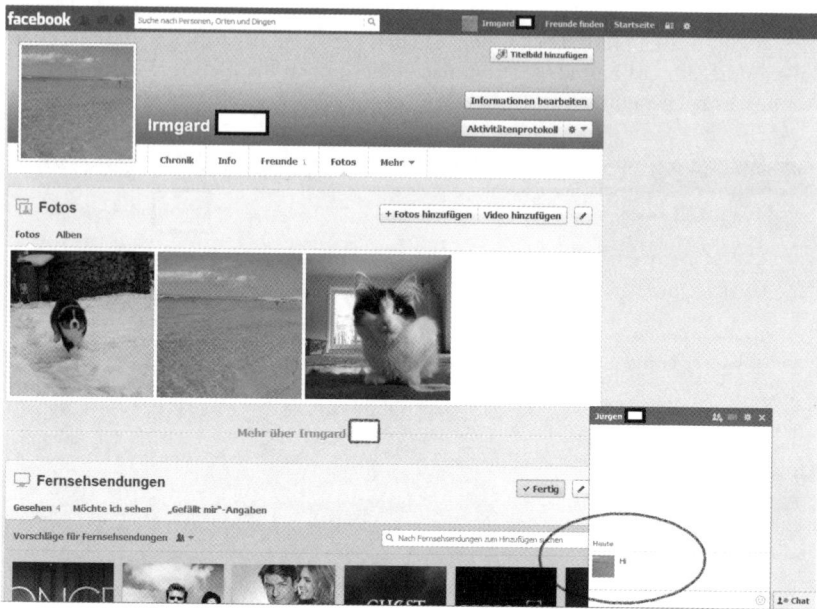

Abb. 3.22: Irmgard kann jetzt auf Facebook chatten.

Zu den Fotos: Auch die enthalten Daten: nämlich Metadaten. Das sind Informationen über das Datum des Bildes, alles, was die Kamera darüber gespeichert hat. Facebook kennt aber natürlich auch Irmgards IP-Adresse. Und wenn sie ihr Smartphone für Facebook einsetzt und sich zu allem Überfluss dauerhaft eingeloggt hat, erfährt Facebook, wo sie sich aufhält.

»Gefällt mir« das?

Das »Liken« – also die »Gefällt mir«-Angaben – wird natürlich auch erfasst. Anhand lediglich dieser Angaben haben britische Forscher bei einer Untersuchung von 58.000 Facebook-Nutzern in den USA herausgefunden, ob sie männlich oder weiblich sind und welche Glaubensrichtung sie verfolgen. Diese Daten werden zu Facebook übermittelt. Dafür muss man noch nicht einmal bei Facebook eingeloggt sein oder einen Facebook-Account unterhalten oder gar auf den GEFÄLLT MIR-Button geklickt haben.

Die Forscher fanden zum Beispiel dies heraus: So sei ein LIKE für die US-Satire-sendung »Colbert Report« ein guter Indikator für hohe Intelligenz. Ein LIKE für »Harley Davidson« deutet auf das Gegenteil hin – wie das wohl alle Harley-Fahrer sehen? Wer bei der Hip-Hop-Gruppe Wu-Tang Clan auf LIKE klickt, ist wahrscheinlich heterosexuell. Ein LIKE für die Schwulenrechte-Kampagne »No H8« hingegen deutet auf Homosexualität hin. Der Witz dabei: Nur fünf Prozent der Nutzer, die die Forscher als schwul einstuften, hatten bei einer solchen Seite auf GEFÄLLT MIR geklickt. Wie kann das sein? heise Security hat das erklärt:

Für den Like-Button baut die Webseite einen sogenannten iFrame ein. Das ist eine kleine Miniseite innerhalb der Seite, deren Quelltext von Facebook selber stammt. Ruft man etwa eine Spiegel-Online-Seite auf, bettet diese sofort den Facebook-Frame ein – also bevor der Anwender auf »Gefällt mir« geklickt hat. Konkret führt etwa das Öffnen einer Spiegel-Online-Seite zu folgendem Aufruf des Browsers:

GET http://www.facebook.com/plugins/like.php?locale=de_DE&

href=http%3A%2%2Fwww.spiegel.de%2F...oo.html... HTTP/1.1

Host: www.facebook.com

Referer: http://www.spiegel.de/.../0,1518,758141,00.html

Cookie: datr=12...f; lu=T...XQ; c_user-100...20; sct=13...539; ...

Dabei sendet der Browser an Facebook unter anderem als Referer die URL der gerade geöffneten Spiegel-Seite. Außerdem schickt er dem Facebook-Server auch das von ihm bereits früher gesetzte Cookie. Ist der Anwender gerade in einem anderen Fenster bei Facebook angemeldet, enthält das seine Sitzungs-ID. Damit kann Facebook diesen Aufruf der Spiegel-Seite einer konkreten Person zuordnen.

Quelle: www.heise.de

Aber auch Nutzer, die überhaupt nicht bei Facebook angemeldet sind, senden auf Seiten mit aktiven Facebook-Elementen Daten an Facebook. Hier sind Cookies am Werk. Der Browser schickt – je nach Sicherheitseinstellung – dieses Cookie bei jeder Verbindung mit einem Facebook-Server ungefragt mit.

Tipp

Ein *Cookie* ist im Englischen ein harmloser Keks, auf einem Computer ist es eine kleine Textdatei, mit deren Hilfe die Server einzelne Besucher der Seiten wiedererkennen. Wenn man eine Internetseite besucht, speichert der Server diese kleine Datei auf dem Computer des Nutzers ab. Davon merkt man nichts. Das ist vor allem für Onlineshops interessant, um dem Besucher Produkte anzubieten, die er beim letzten Besuch angesehen hatte.

Es gibt aber auch andere Cookies, bei denen bestimmte Informationen nur auf dem eigenen heimischen Computer gespeichert werden. Das ist zum Beispiel der Fall, wenn jemand seinen Benutzernamen oder sein Kennwort speichert und diese das nächste Mal wieder da sind, wenn man seine E-Mails liest.

Übrigens gehen auf vielen Websites vergleichbare Informationen auch an Twitter oder Google.

Um das zu verhindern, kann man etwa im Browser Firefox Cookies von Drittanbietern blockieren. Dann sendet der Browser bei eingebetteten Inhalten anderer Anbieter keine Cookies an den Server.

Gehen Sie im Firefox auf EXTRAS/EINSTELLUNGEN/DATENSCHUTZ. Aus dem Auswahlmenü wählen Sie NACH BENUTZERDEFINIERTEN EINSTELLUNGEN ANLEGEN. Bei COOKIES VON DRITTANBIETERN AKZEPTIEREN darf kein Haken gesetzt sein.

Damit funktionieren allerdings außer dem LIKE-Button unter Umständen auch andere übergreifende Funktionen nicht mehr.

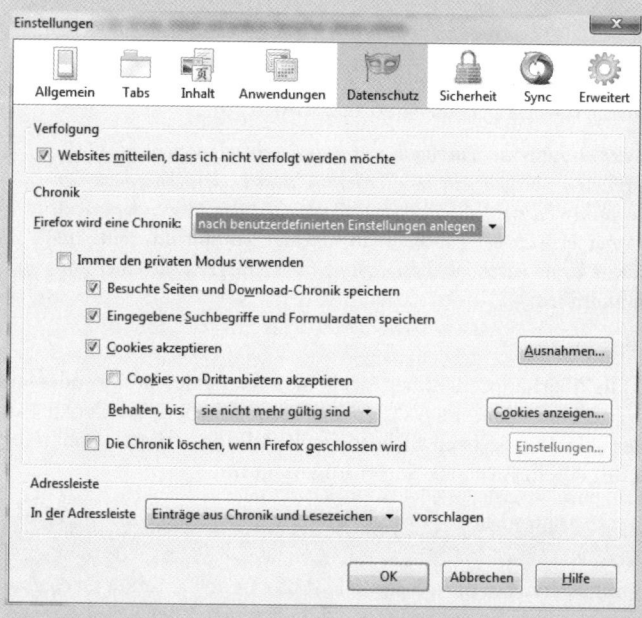

Abb. 3.23: Cookies von Drittanbietern kann man sperren.

Tipp

Beim Internet Explorer 10 wählen Sie in den EINSTELLUNGEN/INTERNETOPTIONEN die Registerkarte DATENSCHUTZ. Dort schieben Sie den Schieberegler von der Grundeinstellung MITTEL auf HOCH.

Abb. 3.24: Einstellungen für Cookies im Internet Explorer

Hinweis

Vorerst vom Tisch: die Gesichtserkennung bei Facebook

EU-Datenschützer haben einen Sieg gegen Facebook errungen: Das soziale Netzwerk ist ihrer Forderung nachgekommen und hat sämtliche Daten zur Gesichtserkennung seiner europäischen Nutzer gelöscht.

Bereits 2012 hat Facebook die umstrittene Gesichtserkennung eingestellt. Nun folgte der nächste Schritt:»Auch die angekündigte Löschung der bisher erfassten biometrischen Daten ist (...) kontrolliert worden«, heißt es in einer Pressemitteilung der Hamburger Datenschutzaufsichtsbehörde.»Hierzu hat Facebook überprüfbare Auszüge aus dem benutzten Programmcode vorgelegt.« Die Entfernung der kritisierten Elemente wurde auch von irischen Datenschützern bestätigt.

Es ist nicht zu erwarten, dass Facebook diese Funktion in Europa in absehbarer Zeit wieder einführen wird. Für amerikanische User gilt das jedoch nicht.

Werbung kann man bei Facebook aber auch ausblenden. Dazu muss man mit der Maus über die Anzeige fahren, wobei ein kleines x aktiviert wird.

Abb. 3.25: Mit der Maus aktiviert man die Möglichkeit, Werbeanzeigen bei Facebook zu löschen.

Mit einem Klick auf das x wird die Anzeige gelöscht, aber Facebook will wissen, warum. Darauf reagiert man am besten gar nicht.

Abb. 3.26: Facebook will die Gründe für das Löschen einer Werbeanzeige wissen.

Damit ist die Werbung aber nicht dauerhaft gelöscht.

Das Programm Adblock Plus kann helfen: In den Browsern Mozilla Fireox, Internet Explorer und Google Chrome können Sie den Adblock Plus als ein Addon, ein zusätzliches Programm, über die Einstellungen finden, dann herunterladen und auch aktivieren. Wenn der Adblocker aktiviert ist, haben Sie vor Werbeanzeigen bei Facebook und auf etlichen anderen Internetadressen Ruhe. Was passieren kann: Einige Internetseiten haben einen Teil des Angebots blockiert, denn sie finanzieren sich ja über Werbung. Dann können Sie Adblock Plus vorübergehend deaktivieren.

Listen auf Facebook

Dann gibt es bei Facebook noch die Möglichkeit, Listen anzulegen – Listen mit Namen von Personen, die bestimmte Inhalte sehen dürfen. Dies macht beispielsweise Sinn, wenn Fotos von einem Sportverein nur mit den Vereinsmitgliedern geteilt werden sollen. Es gibt drei Arten solcher Listen auf Facebook: Unter PRIVATSPHÄRE kann man die Einstellungen vornehmen und hier sollte man über die Option BENUTZERDEFINIERT die Listen anlegen. Weitere Informationen zum Thema Freundeslisten finden sich auch im Hilfebereich von Facebook unter www.facebook.com/help.

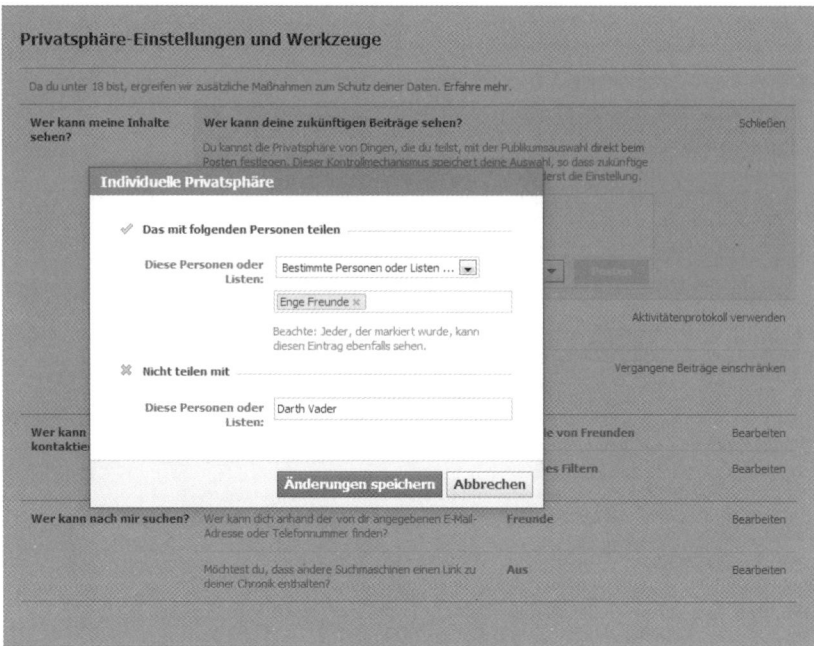

Abb. 3.27: Listen auf Facebook anlegen unter PRIVATSPHÄRE

Hinweis

Kritik an Facebook von iRights.info

Die Datenschutzexpertin Seda Gürses, Expertin für Datenschutz und Privatsphäre im Internet an der Leuvener Universität (COSIC/ESAT) in Belgien, hat sich in einem Interview mit iRights.info zum »Machtgefälle zwischen Datenschutz-Aufsicht und Facebook« geäußert. Besonders Facebook gerate immer wieder in die Kritik, intransparent mit Nutzerdaten umzugehen.

Die österreichische Studenteninitiative Europe versus Facebook beklagt, es sei für den Nutzer von Facebook »fast unmöglich zu sehen, was wirklich mit den vielen Daten passiert«. So würden »entfernte Daten« weiter gespeichert. Nutzer würden mit »unverständlichen und sich widersprechenden Nutzungsbedingungen« konfrontiert. Die Gruppe pocht darauf, dass Facebook dem Nutzer in vollem Umfang Auskunft darüber gibt, welche Daten das Unternehmen über ihn gesammelt hat.

Schon jetzt verbucht die Gruppe Erfolge. »So musste Facebook den Nutzern mehr Daten rausrücken, die Gesichtserkennung abschalten oder Löschungsfristen verkürzen«, kommentiert Sprecher Max Schrems in einer Erklärung (Dezember 2012). Allerdings ist die Initiative mit Facebooks Schritten nicht zufrieden und strebt ein umfangreiches Gerichtsverfahren an, das schließlich beim Europäischen Gerichtshof landen könnte. »Eine Entscheidung dort hätte Signalwirkung für die gesamte Online-Industrie«, so Schrems.

Klagewelle weltweit

Schon heute ist Facebook weltweit mit einer Reihe von Klagen konfrontiert. In den USA sehen Nutzer ihre Privatsphäre verletzt und fordern in einer Sammelklage bis zu 15 Milliarden Dollar Schadensersatz.

In Deutschland verklagt der Verbraucherzentrale Bundesverband (vzbv) das Unternehmen. Die Einwilligung der Nutzer in die Datenweitergabe erfolge speziell bei von Anwendungen (»Apps«) wie Spielen, Umfragen und Wissenstests intransparent.

Der vzbv erhielt bereits bei einer anderen Klage gegen Facebook in erster Instanz Recht. Dem Nutzer hatte das Unternehmen nicht klar genug kommuniziert, dass automatisch sein Adressbuch ausgelesen wird, um neue Freunde zu finden (»Freundefinder«), urteilte im April 2012 das Landgericht Berlin (Az. 16 O 551/10). Allerdings legte Facebook Berufung ein.

Auch auf die neuerliche Klage im Fall der Apps reagierte Facebook zunächst mit Unverständnis. Man sei industrieweit führend in Sachen Transparenz. Außerdem gewähre man wie kaum ein anderes Netzwerk Nutzern Einfluss darauf, in welcher Art und Weise private Daten an Anbieter von Fremdanwendungen weitergegeben werden.

Ende Dezember 2012 stellte Facebook neue Privatsphäre-Einstellungen vor, die es dem Nutzer erleichtern sollen, über die Datenweitergabe zu entscheiden. Dass dies offenbar nötig ist, zeigte jüngst eine Beschwerde von Randi Zuckerberg. Die ältere Schwester des Facebook-Gründers Mark Zuckerberg beklagte sich über die tausendfache Verbreitung eines Familienfotos im Netz. Sie hatte wohl die falschen Privatsphäre-Einstellungen gewählt, als sie das Bild eines Weihnachtsessens mit dem Bruder auf Facebook teilte.

Derzeit werden zahlreiche dezentrale soziale Netzwerke erprobt, darunter Diaspora, Friendica und Lorea. Die Idee dahinter: Die Daten werden nicht zentral bei einem Unternehmen, sondern auf Servern der Nutzer gespeichert. Auch analysieren und nutzen Unternehmen sie nicht für Werbezwecke. Allerdings bleibt fraglich, ob die alternativen Netzwerke absehbar mit Facebook konkurrieren können, das laut Unternehmensangaben mehr als 1 Milliarde Nutzer zählt. Zumindest der Datenschutz-Verein FoeBuD versucht, die Facebook-Alternativen bekannt zu machen.

Unklare Rechtslage beim Webtracking

Gürses weist im Fall von Facebook und anderen Diensten wie Webmail daraufhin, dass Privatsphäre-Einstellungen immer nur begrenzt wirken. »Man darf nicht vergessen, dass der Diensteanbieter immer Zugang zu allen Daten hat«, so Gürses. »Wir sind über den Punkt hinaus, wo wir komplette Kontrolle über unsere Daten ausüben können.«

Sorgen bereitet Gürses in diesem Zusammenhang das Webtracking. Mithilfe von sogenannten Cookies wird das Nutzungsverhalten im Internet überwacht. Neben normalen Cookies, die beim Besuch einer Internetseite im Browser gespeichert werden, gibt es »Supercookies« und »Zombie-Cookies«, die auf dem Endgerät des Nutzers nicht leicht zu identifizieren und schwer zu löschen sind. Wer die Informationen zu welchem Zweck sammelt und mit wem sie geteilt werden, kann der Nutzer nicht unbedingt nachvollziehen.

»Bei sozialen Netzwerken hat man immerhin eine Firma, die einem gegenübersteht, mit der man irgendwie reden kann, auch wenn es einen großen Machtunterschied gibt«, so Gürses. »Bei Webtracking weiß ich nicht mehr, wer mich beobachtet, wer meine Daten sammelt und sie unter sich austauscht.« Hier brauche man Gesetze, die regeln, was erlaubt ist und was nicht.

Quelle: `http://irights.info/datenschutzexpertin-machtgefalle-zwischen-datenschutz-aufsicht-und-facebook/9082`

Anmeldung bei Facebook mit einem Pseudonym

Eine strittige Frage: Darf man Facebook anonym nutzen? Die Facebook-Nutzungsbedingungen verlangen, dass der Nutzer seinen echten Namen angibt und nicht ein Pseudonym (siehe Facebook-Nutzungsbedingungen und Richtlinien, Registrierung und Sicherheit der Konten, Punkt 4). Nutzer, die gegen diese Regel verstoßen, darf das Netzwerk aussperren.

Gegen den Klarnamenzwang hat das Unabhängige Landeszentrum für Datenschutz (ULD) Schleswig-Holstein geklagt. Der Grund: Das deutsche Telemediengesetz (§ 13 Abs. 6) verpflichtet Anbieter dazu, die anonyme oder pseudonyme Nutzung zu ermöglichen, wenn das technisch machbar und zumutbar ist. Allerdings wies das Oberverwaltungsgericht Schleswig in zweiter Instanz die Klage im April 2013 ab. Die Argumentation: Das deutsche Telemediengesetz greife hier nicht, sondern das Recht in Irland, wo die Facebook-Filiale sitzt, die unter anderem für Europa zuständig ist. Und in Irland gibt es kein entsprechendes »Recht auf Anonymität«. So muss man sich also an die Nutzungsbedingungen halten oder riskieren, aus Facebook ausgeschlossen zu werden. Noch ist Irmgard aber angemeldet.

verbraucherzentrale
Bundesverband

Checkliste Soziale Netzwerke

Diese Liste hilft ihnen, einige wichtige Dinge im Umgang mit Sozialen Netzwerken richtig zu machen. Schritt für Schritt, zum Ausdrucken und Ausfüllen. Prüfen Sie ihr Onlineverhalten!

☐ **Profil- und Privatsphäreneinstellungen**

- Lassen Sie möglichst nur Freunde und Bekannte Ihre Angaben sehen.
- Prüfen Sie, ob Ihr Profil für Suchmaschinen auffindbar ist. Stellen Sie dies gegebenenfalls aus.

☐ **Profildaten prüfen**

- Selbstdarstellung macht Spaß. Aber lassen Sie sich nicht verführen, tragen Sie nur ein, was notwendig ist und Sie wirklich preisgeben wollen.

☐ **Freundschaften/Kontakte**

- Viel Freund, viel Ehr? Wenn Sie sich nicht sicher sind, ob Sie mit dieser Person in Kontakt stehen wollen, lehnen Sie im Zweifel ab. Bestätigte Kontakte sehen mehr von Ihren Daten.

☐ **Chef/Angestellter/Kollege liest mit**

- Wer sich öffentlich negativ zum Beispiel über seine Arbeitgeber oder Kollegen äußert, muss mit Konsequenzen rechnen.

☐ **Veröffentlichen**

- Veröffentlichen Sie nur Dinge, an denen Sie selbst auch das Urheberrecht besitzen.
- Fragen Sie andere Personen vor Veröffentlichung von Bildern und Videos, ob sie einverstanden sind. Keine Bilder und Videos hochladen, die kompromittierend sind!

☐ **Vorsicht bei Apps!**

- Einige Soziale Netzwerke erlauben das Hinzufügen von Applikationen (Apps) wie Spiele und Umfragen. Seien Sie vorsichtig: Sie geben der Anwendung Zugriff auf viele persönliche Daten und häufig auch auf Daten von Ihren Freunden.

☐ **Kinder informieren und helfen**

- Helfen Sie Ihrem Kind bei seinen Profileinstellungen.
- Reden Sie mit Ihrem Kind über die Gefahren von Beleidigungen und Belästigungen.

☐ **Löschen des Profils**

- Häufig wird das Profil nur deaktiviert. Dann werden Ihre Daten nicht gelöscht, sondern verbleiben auf den Rechnern des Sozialen Netzwerks. Achten Sie daher darauf, dass Ihre Daten tatsächlich gelöscht werden, wenn Sie das wollen.

Überall ein Häkchen gesetzt? Gut so. Aber bleiben Sie kritisch! Und schauen Sie bald wieder auf surfer-haben-rechte.de und informieren Sie sich, wie Sie sicher im Netz unterwegs sein können. Haben Sie schon unseren Newsletter abonniert? Sie können ihn unter www.surfer-haben-rechte.de/newsletter bestellen. Passen Sie gut auf sich auf!

Abb. 3.28: Checkliste des Bundesverbandes der Verbraucherzentralen (vzbv) zum Thema »Surfer haben Rechte« in sozialen Netzwerken

Facebook lässt einen Einblick in die persönlichen Daten zu. Doch nach Informationen der Initiative Europe versus Facebook ist das nur ein kleiner Teil der Daten. Angeblich gibt es 84 Datenkategorien, von denen man aber nur 39 herunterladen kann. Ein österreichischer Student forderte bei Facebook eine Kopie der gespeicherten Daten seines Profils an. Er bekam eine CD mit 57 Datenkategorien und den Hinweis, dass weitere Informationen aufgrund des Geschäftsgeheimnisses nicht weitergegeben werden.

Wenn man bei Facebook angemeldet ist, kann man unter den KONTOEINSTELLUNGEN unter ALLGEMEIN auf LADE EINE KOPIE DEINER FACEBOOK-DATEN HERUNTER klicken.

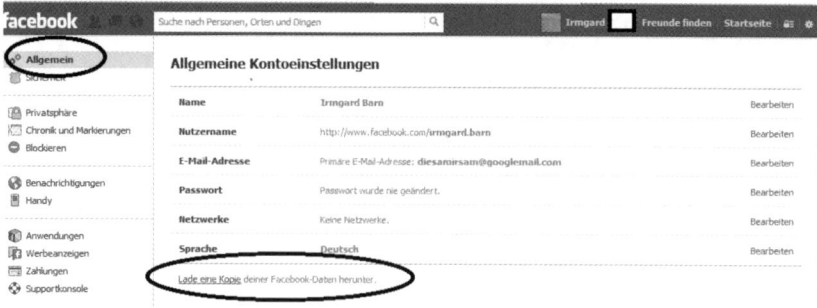

Abb. 3.29: Ein Blick in die bei Facebook gespeicherten Daten – das dauert aber ein paar Tage.

Man folgt dem Link, um das Archiv aufzubauen. Gehen Sie auf MEIN ARCHIV AUF-
BAUEN und bestätigen Sie. Facebook teilt mit, dass es das Archiv erstellt und man
eine E-Mail erhält, sobald dieser Prozess abgeschlossen ist. Der Download kann
auch schon mal eine Weile dauern.

Abb. 3.30: Das Archiv bei Facebook herunterladen bedeutet, es zunächst zu beantragen.

Ein paar Tage später gibt es eine E-Mail-Benachrichtigung, dass nun eine Kopie
der persönlichen Daten verfügbar ist.

Abb. 3.31: Hier muss man nun sein Passwort eingeben.

Nach Eingabe des Passwortes und einem Klick auf ARCHIV HERUNTERLADEN sind die Daten hoffentlich sichtbar.

Lade deine Informationen herunter

Erhalte eine Kopie von den Dingen, die du auf Facebook geteilt hast.

Dies ist eine Kopie persönlicher Informationen, die du auf Facebook geteilt hast. Um deine Informationen zu schützen, bitten wir dich, dein Passwort neu einzugeben, um zu bestätigen, dass es sich um dein Konto handelt. Erfahre mehr darüber, wie du eine Kopie deiner Informationen herunterladen kannst.

Du kannst auch ein erweitertes Archiv herunterladen, um den Verlauf deines Kontos nachzuvollziehen. Enthaltene Informationen

Achtung: Schütze dein Archiv

Dein Facebook-Archiv enthält vertrauliche Informationen, wie z.B. deine eigenen Pinnwand-Beiträge, Fotos und Profilinformationen. Denke daran, wenn du dein Archiv speicherst oder verschickst.

Abb. 3.32: Archiv bei Facebook herunterladen

Den Download der *.zip*-Datei muss man noch mit OK bestätigen. Jetzt aber!

Abb. 3.33: Die *.zip*-Datei öffnet man standardmäßig mit dem Windows-Explorer.

Abb. 3.34: Dateien werden auf dem Rechner gespeichert.

Die Dateien liegen nun im Windows-Explorer. Eine der *.html*-Dateien öffne ich einmal – hier kann man zum Beispiel auf PROFIL oder FOTOS klicken und sieht, was dazu bei Facebook online ist. Interessant ist, dass alle Infos über die Kamera gespeichert sind – auch das Datum. Zum Glück nicht auch noch der genaue Ort ...

Abb. 3.35: Sogar Informationen über die Kamera werden gespeichert.

Wir halten fest: Irmgard ist erst ein paar Tage angemeldet, sie hat noch so gut wie nichts gepostet. So langsam bekommt man eine Vorstellung davon, wie viele Daten in einem Jahr bei einem aktiven Facebook-User zusammenkommen.

Wir belassen es dabei – so ein Profil sollte sich jeder Facebook-Nutzer aber mal zusenden lassen.

3.2.2 Zum guten Schluss: BigBrother Award

Als kleines Studentenportal hat Mark Zuckerberg im Jahr 2004 Facebook gegründet, und wo stehen wir fast zehn Jahre später? Es gibt personalisierte Profile, Verknüpfungen mit Freunden, den berühmten »Gefällt mir«-Button, Freundefinder. Und um was geht es bei alledem? Es geht um die Sammlung, Zusammenführung und Verwertung der Nutzerdaten zur Profilbildung. Als soziales Netzwerk ist Facebook alles andere als eine soziale Einrichtung, auch wenn die Nutzung für die Mitglieder kostenlos ist. Man bezahlt mit seinen Daten, aber nicht immer ist einem das bewusst.

Nicht unverdient wurde Facebook am 1. April 2011 vom Datenschutzverein FoeBuD der »BigBrotherAward« verliehen. Der Negativpreis geht an Personen und Organisationen, die sich der öffentlichen Überwachung verdächtig gemacht haben. Ein Auszug aus dem Text:

Und das ist unser BigBrotherAward-Preisträger: Facebook!

Facebook, das nette »soziale« Netzwerk, lässt George Orwells »Big Brother« blass vor Neid werden. Hier wächst eine »Gated Community« globalen Aus-

maßes heran. Eine abgeschlossene Gesellschaft, in der ein Konzern die Regeln macht. Eine Datenkrake mit unendlichem Appetit – und die Leute begeben sich freiwillig in ihre Fangarme und füttern sie.

Die Fakten: Facebook sammelt alles an Daten, was sie bekommen können. Nicht nur Name, Adresse, Profilbild, Telefon, Handynummer, Fotos, Texte, Statusupdates, Aufenthaltsort, Nachrichten an Freunde, besuchte Webseiten und, und, und ...

Facebook beruft sich auf die Zustimmung der Nutzer, denn es steht alles in den Geschäftsbedingungen. Doch wer liest vor Einrichtung seines Facebook-Zugangs tatsächlich die Geschäftsbedingungen und Datenschutzerläuterung? Der Text umfasst rund 50.000 Zeichen (das ist mehr als die amerikanische Verfassung) und ist juristisch und technisch ziemlich komplex. Die Textmenge ist keineswegs ein Hinweis darauf, dass Facebook Datenschutz wichtig wäre, sondern vielmehr ein klassischer Fall, wo heikle Fakten in der puren Textmenge versteckt werden.

Quelle: http://www.bigbrotherawards.de/2011/.comm1

Tipp

Elternkontrolle auf Facebook mit Bitdefender

Der Sicherheitssoftware-Hersteller Bitdefender (die Antivirensoftware haben Sie in Kapitel 2 schon kennengelernt) bietet auch ein Programm an, mit dem Eltern ein wenig Kontrolle über das Facebook-Konto ihrer Kinder bekommen.

Mit der Jugendschutz-Funktion (*Parental Control*) sollen Eltern in der Lage sein, »ihre Kinder aktiv vor gefährlichen Onlineaktivitäten zu schützen, indem sie das Verhalten ihrer Sprösslinge im Web beobachten können. Die Facebook-Monitoring-Funktion erlaubt es, den Account der Jungs und Mädels im Auge zu behalten, ohne zwangsläufig auf der »Freunde-Liste« der Kinder stehen zu müssen. Die Eltern können sogar kleine Reports anfordern zu Kommentaren, Postings, Fotos und angegebenen Interessen ihrer Nachkömmlinge«. So weit die eigenen Angaben des Herstellers. Ob Sie das für sich und Ihre Kinder in Anspruch nehmen wollen, sollten Sie zumindest mit Ihren Kindern diskutieren.

3.3 Facebook-Account löschen

Wenn Ihre Kinder heranwachsen, lässt das Interesse an Facebook irgendwann nach, und mancher möchte seinen Account löschen. Das ist leichter gesagt als getan.

Tipp

Notfall: Jemand nutzt meinen Namen in einem Facebook-Account

Das ist natürlich auch schon passiert: Jemand hat bei Facebook ein Profil mit Ihrem Namen angelegt. Diese Person kann nun ohne Ihr Wissen bei Facebook angemeldet sein. Wenn, was auch vorkommt, es sich nicht um eine einfache Namensgleichheit handelt, ist es wichtig, schnell und richtig zu reagieren. Dafür hat der Hamburgische Beauftragte für Datenschutz und Informationsfreiheit eine Broschüre herausgegeben unter dem Titel »selbst & bewusst«. Das können Sie tun:

Das betreffende Profil bei Facebook umgehend zur Löschung anmelden.

Dazu auf das Symbol neben NACHRICHT SENDEN klicken und die Option MELDEN/BLOCKIEREN wählen. Im darauf folgenden Menü markiert man DIESE CHRONIK GIBT VOR, EINE ANDERE PERSON ZU SEIN, ODER IST EINE FÄLSCHUNG und folgt den weiteren Anweisungen.

Wenn man selbst keinen Facebook-Account hat, kann man im Hilfe-Bereich nach Begriffen wie »missbrauch melden« suchen und bekommt Hinweise für das weitere Vorgehen.

Facebook prüft die Identität und bittet um eine Kopie oder einen Scan bzw. Fax des Personalausweises. Hier sollten Sie keine unnötigen Daten offenlegen. Machen Sie zuvor eine Kopie des Ausweises und verbergen Sie mit einem dunklen Textmarker auf der Kopie alle nicht relevanten Informationen wie Adresse, Ausweisnummer, weitere Vornamen, Geburtsort, Augenfarbe.

Das bearbeitete Dokument kopieren Sie noch einmal und senden die Kopie eingescannt an Facebook.

Unter KONTOEINSTELLUNGEN bietet Facebook die Option zum Deaktivieren des Kontos, allerdings ist das keine endgültige Kündigung, sondern eine Stilllegung. Alle Daten bleiben vorhanden.

Es gibt aber eine spezielle Kündigungsseite: Geben Sie im Hilfe-Bereich den Begriff »kündigen« ein. Den direkten Link verrate ich Ihnen aber auch: `https://www.facebook.com/help/delete_account`.

Die Löschung wird aber nicht sofort aktiv. Erst wenn 14 Tage vergangen sind, ohne dass man sich eingeloggt hat, wird wirklich gelöscht. Ruft man in der Zwischenzeit sein Konto noch einmal auf, ist die Löschung widerrufen.

Nach der Zwei-Wochen-Frist dauert es dann noch weitere 90 Tage, bis die Daten auch wirklich gelöscht sind.

Abb. 3.36: Ein Facebook-Konto kann man löschen.

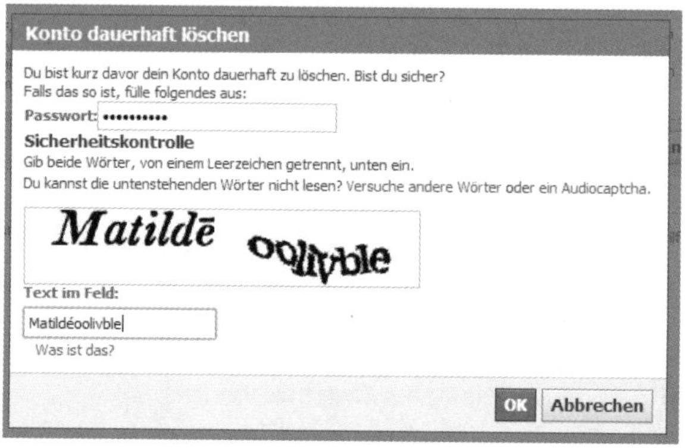

Konto dauerhaft löschen

Du bist kurz davor dein Konto dauerhaft zu löschen. Bist du sicher?
Falls das so ist, fülle folgendes aus:
Passwort: ••••••••••
Sicherheitskontrolle
Gib beide Wörter, von einem Leerzeichen getrennt, unten ein.
Du kannst die untenstehenden Wörter nicht lesen? Versuche andere Wörter oder ein Audiocaptcha.

Matildē oolivble

Text im Feld:
Matildéoolivble|
Was ist das?

OK Abbrechen

Abb. 3.37: Nach Eingabe des Passwortes und der Sicherheitskontrolle bestätigt man das Löschen.

3.4 Zusammenfassung

Ein ganzes Kapitel für Facebook – ich habe mich weitaus länger mit den Einstellungen befasst als Irmgard, die mit ihren sparsamen Angaben so gut wie keine Freunde gefunden hat. Andere Jugendliche machen das natürlich ganz anders, und daher wäre es gut, wenn Sie Ihren Kindern bei den Einstellungen helfen.

Die wichtigsten Einstellungen zur Privatsphäre und zum Datenschutz kennen Sie jetzt:

- Achten Sie darauf, dass sich Ihre minderjährigen Kinder auch wirklich als Minderjährige anmelden.
- Lassen Sie Facebook nicht auf Adressbuchdaten zugreifen.

- Klären Sie mit Ihrem Kind, dass es nicht sofort jede Freundschaftsanfrage annimmt.

- Die Facebook-Freunde sollten Sie als Eltern eigentlich kennen.

- Facebook soll den Namen oder das Bild des Kindes nicht zu Werbezwecken an Dritte weitergeben. Diese Einstellung sollte man dazu einrichten: Auf die KONTOEINSTELLUNGEN oben rechts klicken, dann im linken Menü auf WERBE-ANZEIGEN.

- In den Privatsphäre-Verknüpfungen kann man Personen blockieren.

- Ihr Kind sollte besonders vorsichtig sein beim Hochladen von Fotos. Klären Sie mit Ihrem Kind, um welche Fotos es sich handelt und ob Sie oder Ihr Kind Urheber der Bilder ist. Im Zweifel drohen Klagen wegen Urheberrechtsverletzungen.

Kapitel 4

Wir wollen doch nur spielen ...

Kinder und Jugendliche haben einen riesigen Spaß daran, online zu spielen. Und natürlich reagieren auch sie auf die magischen Worte »gratis« und »kostenlos«. Warum auch nicht? Aber nicht alles, was kostenlos angepriesen ist, bleibt auch kostenlos. Es drohen hohe Ausgaben, wenn teure Zusatzausrüstung eingekauft wird, weil sonst der Superheld nicht weiterkommt oder Holz für Schiffe dringend benötigt wird und sich ein Expansionsprojekt verzögert.

Auch kritisch ist zu bewerten, wenn Kinder durch zu vieles und intensives Spielen eine emotionale Bindung zum Spiel oder zu den Figuren aufbauen und natürlich viel Zeit am Rechner verbringen. Da ist der Weg zur Spielsucht möglicherweise nicht weit.

In diesem Kapitel beschäftigen wir uns ausführlich mit Computerspielen – mit Werbung auf den kostenlosen Spieleseiten, Datenschutz, Raubkopien, Kosten und Gefahren.

4.1   Kostenlose Spiele – Browsergames

Es gibt zwei Arten von Browserspielen: Die einen verbrauchen relativ wenig Zeit und können meist ohne eine Registrierung für den jeweiligen Moment gespielt werden. Diese Spielart ist auch als *Casual Game* bekannt. Andere Browsergames wiederum kosten richtig viel Zeit und sind auf einen längeren Zeitraum angelegt, außerdem muss man konstant teilnehmen. Ein Spieler muss sich hier vorab registrieren, um dann beispielsweise eine fiktive Welt aufzubauen und sich mit anderen Spielern zu vernetzen. Dies ist die Kategorie der *Social Games*.

Die Social Games laufen ebenso wie Browsergames im Internet über einen Browser wie den Internet Explorer bzw. Firefox oder Apples Safari und können ohne eine vorherige Installation direkt online gespielt werden. Der einzige Unterschied ist also die Registrierung. Social Games sind ganz oft in Social Communities (wie Facebook) integriert. Die Spiele sind also nur spielbar, wenn der Nutzer auch in diesen Netzwerken registriert ist.

4.1.1   Beispiel FarmVille2 und der Datenschutz

Wie kostenlos ein Onlinespiel ist, wollen wir doch mal sehen, denn meistens gibt es neben der virtuellen Währung des Spiels auch die Möglichkeit, mit echtem

Geld die »knackigen« Features zu kaufen, die einen dann weiterbringen. Fangen wir mal vorsichtig an mit *FarmVille 2* – das kann man jedoch nur spielen, wenn man schon bei Facebook registriert ist.

Zu FarmVille schreibt Anonym-Surfen.com: »Die amerikanische Firma Zynga startete das kostenlose Facebook-Spiel erst im Juni 2009. Jeder Mitspieler hat bei FarmVille einen kleinen Bauernhof. Dort bestellt der Spieler die virtuellen Felder und kümmert sich um seine Hühner und Kühe. Die erzeugten Waren können dann auf einem virtuellen Markt an andere Spieler verkauft werden. Diese Spiele, die innerhalb solcher sozialen Netzwerke laufen, werden unter dem Überbegriff Social Games zusammengefasst. Ebenso wie klassische kostenlose Browsergames laufen sie im Browser ab und erfordern keinen Download eines Spielclients. Das Registrieren und Spielen ist, wie bei Browsergames üblich, kostenlos. Die Hersteller verdienen ihr Geld durch kostenpflichtige Erweiterungen, die die Spieler zum Beispiel über einen PayPal-Account oder über das Handy erwerben können.«

Abb. 4.1: FarmVille kann man nur bei Facebook spielen.

Das kostenlose Bauernhofspiel FarmVille2 von Zynga ist der Nachfolger des mit rund 40 Millionen Spielern monatlich erfolgreichen FarmVille. Wie auch beim Vorgänger geht es darum, einen Bauernhof zu bewirtschaften: Kühe müssen gemolken und Pferde gestriegelt werden, Felder werden bepflanzt und beackert, es wird geerntet und anschließend der Ertrag verarbeitet und verkauft, um an Geld zu kommen. Ab einem gewissen Punkt allerdings entstehen dem Teilnehmer Kosten: etwa um die Fähigkeiten seiner Spielfigur zu verbessern, das Ende des Programms zu erreichen oder um auf das nächste Level nicht bis zum nächsten Tag warten zu müssen. Das klingt doch recht harmlos. Erst einmal spielen – dann sehen wir weiter, so die Devise. Das wird jetzt getestet.

Der erste Eindruck: Ganz nett, einfach gemacht, schöne 3-D-Grafik, Vögel zwitschern, und Kühe muhen im Hintergrund. Ich ernte ein paar Tomaten und schaue mir das alles an. Aber gibt es eigentlich irgendwo Datenschutzrichtlinien oder Hilfe? Wenn ich Informationen brauche, muss ich auf eine HILFE-Seite klicken.

Abb. 4.2: Hilfe bei Farmville2 – es geht dann aber nur auf Englisch weiter.

Von dieser Seite aus geht es dann in englischer Sprache weiter. Nach einigem Suchen findet man endlich ganz unten auf der Facebook-Seite die DATENSCHUTZ-RICHTLINIEN.

Abb. 4.3: Datenschutzrichtlinien und Nutzungsbedingungen bei FarmVille2

Wenn Sie die alle durchlesen wollen, haben Sie einiges zu tun. Darin steht unter anderem in den Nutzungsbedingungen, dass der Spieleanbieter Zynga sich »das Recht vorbehält, nach eigenem Ermessen Teile dieser Nutzungsbedingungen und seiner Datenschutzerklärung jederzeit zu ändern, anzupassen, hinzuzufügen oder zu entfernen. Eventuell werden Sie zusätzlich über die Änderungen informiert, beispielsweise per E-Mail oder Mitteilungen im Service«. Eine ziemlich schwammige Erklärung, denn wer hat schon Zeit, sich immer und immer wieder neu zu informieren, wie die Nutzungsbedingungen aktuell sind?

Und was den Datenschutz betrifft, »gestatten Sie Zynga den Zugang zu bestimmten Informationen aus Ihrem Profil der betreffenden Website«. Informationen, die Sie bei Facebook eingegeben haben – aus diesem Profil lässt sich, wie wir gesehen haben, ziemlich viel ablesen. Auch hier müssen Sie mehr als zwei Mal hinsehen, was genau gemeint ist. Jedenfalls geben Sie Ihre Facebook-Daten preis. Und das sind nicht wenige! Mir persönlich reicht das, dazu habe ich keine Lust.

Tipp

Sie sehen schon an diesem einfachen Beispiel: Wenn Sie Ihren Kindern Onlinespiele erlauben, dann suchen Sie unbedingt die Datenschutzbestimmungen, AGB oder Nutzungsbedingungen. Lesen Sie sich alles durch, seien Sie wachsam und weisen Sie Ihre Kinder immer wieder darauf hin, dass man, wenn man einmal angemeldet ist, schon viele Daten eingetragen hat – das lässt sich kaum rückgängig machen.

4.1.2 Beispiel Anno online und die Rubine-Währung

Ganz ohne Facebook kommt das Spiel *Anno online* des Herstellers Ubisoft aus. Hier kann man sich schon vor der Anmeldung über alle Bestimmungen informieren – so sollte es immer sein. Momentan – das ist im April 2013 – existiert eine Open-Beta-Version von Ubisoft, d.h., Änderungen bis zur endgültigen Version werden möglicherweise noch kommen, und Fehler sind auch noch möglich.

Unter anderem sehen die Datenschutzbestimmungen unter Ziffer 4 vor, dass sich ein Minderjähriger mit diesen Bestimmungen auseinanderzusetzen habe und diese mithilfe der Eltern oder anderen Erziehungsberechtigten bzw. gesetzlichen Vertretern verstehen muss. »*Den Eltern bzw. gesetzlichen Vertretern empfiehlt UBISOFT, die Onlineaktivitäten ihrer Kinder zu überwachen. Um die persönlichkeits- und datenschutzrechtlichen Belange der Kinder zu schützen, rät UBISOFT ausdrücklich zu überwachen, dass die Kinder niemals personenbezogene Daten ohne die vorherige Zustimmung der Eltern bzw. Vertretern preisgeben.*« So weit, so gut – allerdings kann man die Alterseingabe machen, wie man will – wer soll es auch prüfen? Grundsätzlich dürfen Kinder unter sieben Jahren nicht an dem Spiel teilnehmen. Bei Minderjährigen bis 14 muss ein Elternteil verpflichtend die E-Mail-Adresse mitteilen. Diese Anmeldung muss man dann bestätigen.

Abb. 4.4: Anno online hat seine Datenschutzerklärung gut sichtbar platziert.

Bis jetzt ist alles noch kostenlos, aber wenn ich wirklich vorankommen will, ein Schiff oder Bauholz kaufen, kostet das: und zwar Rubine.

Hinweis

Zu seinem Monetarisierungsmodell sagt Ubisoft, dass es lediglich eine Möglichkeit ist, das Spiel zu beschleunigen, aber keineswegs unfaire Vorteile gegenüber anderen Spielern habe. Alle Spielziele von Anno online sind auch im kostenlosen Spiel erreichbar. Andere sind nicht allzu begeistert, denn man hat, wenn man nichts kauft, Wartezeiten, zum Beispiel wenn Holz hergestellt wird, von ca. 20 Minuten.

Was sehr deutlich wird: Im Shop hat man eine gute Übersicht, wie viele Rubine man für sein Geld bekommt – das fängt bei harmlosen 1,99 Euro an (360 Rubine) und endet bei stolzen 99,99 Euro. Und für 360 Rubine bekommt man nicht allzu viel – allein eine große Rinderherde kostet 3490 Rubine. Erwachsene haben vielleicht das Geld, aber Kinder sollten nicht ihr ganzes Taschengeld in Rubine investieren. Notfalls gibt es die Spiele der Anno-Serie als CD zu kaufen – gebraucht schon für wenige Euro.

Hinweis

Anno 1602 ist das erste Computerspiel aus der Anno-Serie. Das Spiel entstand aus einem Gemeinschaftsprojekt der österreichischen Firma Max Design und der deutschen Firma Sunflowers. Das Spiel wurde bis zum Januar 2002 über zwei Millionen Mal verkauft und war damals somit das meistverkaufte Spiel, das im deutschsprachigen Raum entwickelt wurde.

Abb. 4.5: Die Rubinewährung bei Anno online

4.1.3 Spieleempfehlungen für Kinder

Das Angebot an Onlinespielen ist unüberschaubar, aber zum Glück gibt es wirklich gute Seiten im Internet, die Eltern weiterhelfen. Das Gute an den Seiten ist, dass sie immer wieder aktuelle Infos einstellen, neue Spiele bewerten und Empfehlungen aussprechen. Dennoch sollten Sie als Eltern die Spiele ruhig selbst testen.

Eine wichtige Adresse ist das Internet-ABC (`www.internet-abc.de`).

Abb. 4.6: Die Startseite von `www.internet-abc.de`

Unter dem Menüpunkt SPIEL- UND LERNSOFTWARE öffnet sich ein Auswahlmenü. Hier wählen Sie, welche Art von Spiel Ihr Kind interessiert, geben ein, ob Sie ein Spiel für den PC oder die PlayStation etc. suchen, und grenzen das Alter ein.

Onlinespiele

Wir versuchen es einmal mit Onlinespielen, wobei es da nicht allzu viel Auswahl geben dürfte. Daher lassen wir bei der Suche alle Genres zu. Klicken Sie auf den Button ABSENDEN.

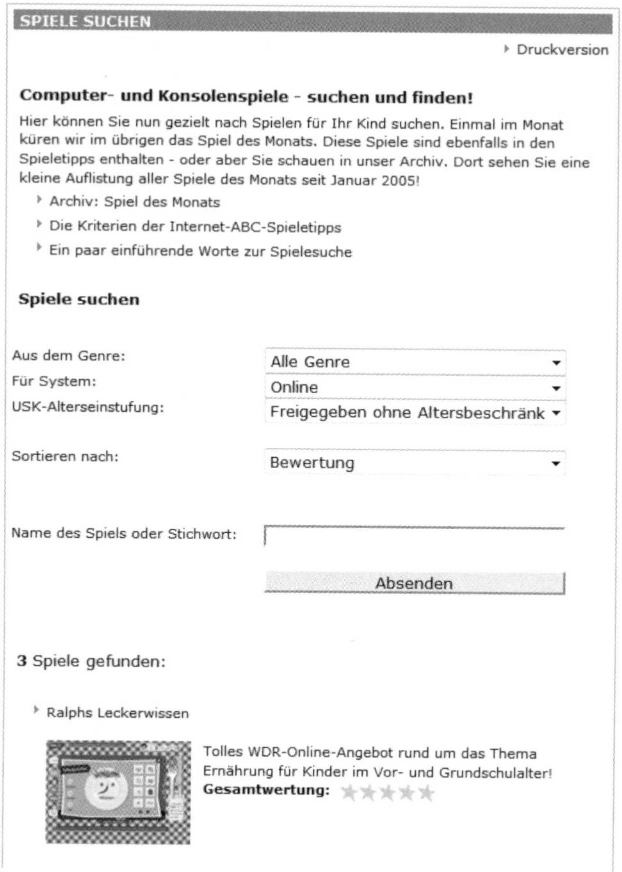

Abb. 4.7: Suche nach einem Onlinespiel für Kinder

O. K., *Ralphs Leckerwissen* steht ganz oben – es geht um Ernährung. Ein Klick auf den Titel des Spiels führt zunächst auf eine Seite, die nähere Infos zu dem Spiel liefert.

Das Spiel ist für Kinder ab fünf, hat fünf Sterne und ist ein Angebot vom WDR, dem Westdeutschen Rundfunk. Es geht zum Beispiel um die Frage, warum Milch überkocht, was hinter den Begriffen Glutamat, Chinolingelb oder Vanillin steckt oder was Farb- und E-Stoffe eigentlich sind. Das integrierte *Ralph füttern*-Spiel ist für Kinder abwechslungsreich. Dann findet man noch kleine Zaubertricks mit Lebensmitteln – mit ein paar Überraschungen. Hier lernen auch Eltern noch etwas.

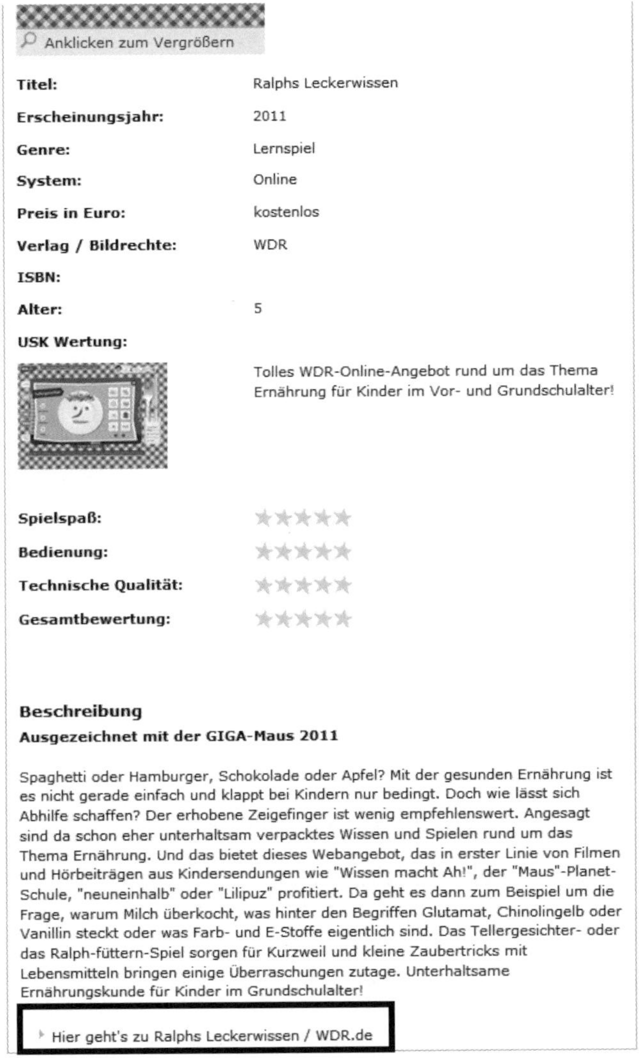

🔍 Anklicken zum Vergrößern

Titel:	Ralphs Leckerwissen
Erscheinungsjahr:	2011
Genre:	Lernspiel
System:	Online
Preis in Euro:	kostenlos
Verlag / Bildrechte:	WDR
ISBN:	
Alter:	5
USK Wertung:	

Tolles WDR-Online-Angebot rund um das Thema
Ernährung für Kinder im Vor- und Grundschulalter!

Spielspaß:	★★★★★
Bedienung:	★★★★★
Technische Qualität:	★★★★★
Gesamtbewertung:	★★★★★

Beschreibung
Ausgezeichnet mit der GIGA-Maus 2011

Spaghetti oder Hamburger, Schokolade oder Apfel? Mit der gesunden Ernährung ist es nicht gerade einfach und klappt bei Kindern nur bedingt. Doch wie lässt sich Abhilfe schaffen? Der erhobene Zeigefinger ist wenig empfehlenswert. Angesagt sind da schon eher unterhaltsam verpacktes Wissen und Spielen rund um das Thema Ernährung. Und das bietet dieses Webangebot, das in erster Linie von Filmen und Hörbeiträgen aus Kindersendungen wie "Wissen macht Ah!", der "Maus"-Planet-Schule, "neuneinhalb" oder "Lilipuz" profitiert. Da geht es dann zum Beispiel um die Frage, warum Milch überkocht, was hinter den Begriffen Glutamat, Chinolingelb oder Vanillin steckt oder was Farb- und E-Stoffe eigentlich sind. Das Tellergesichter- oder das Ralph-füttern-Spiel sorgen für Kurzweil und kleine Zaubertricks mit Lebensmitteln bringen einige Überraschungen zutage. Unterhaltsame Ernährungskunde für Kinder im Grundschulalter!

▸ Hier geht's zu Ralphs Leckerwissen / WDR.de

Abb. 4.8: Onlineempfehlung eines Spiels für Kinder ab fünf Jahren

Ganz unten auf der Seite kommt man über einen Link auf das Spiel.

Es geht also auch ganz ohne Geld, ganz ohne Registrierung – eine Wohltat!

Abb. 4.9: Das Spiel Ralphs Leckerwissen vom WDR

Spiele für den Computer

Die Seite vom Internet-ABC gefällt mir so gut, dass ich auch noch gleich nach Spielen für den PC suche.

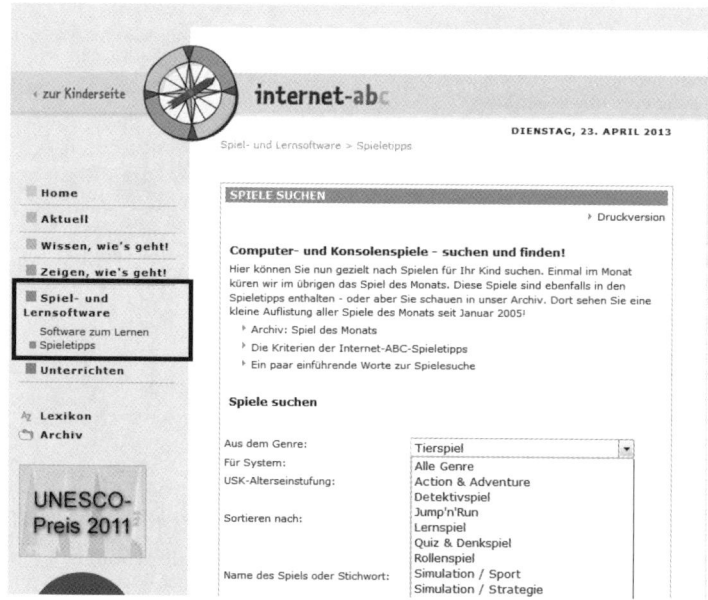

Abb. 4.10: Nach geeigneten Spielen kann man unter www.internet-abc.de suchen.

Mit einem Klick auf den Button ABSENDEN bekommen Sie eine Auswahl an Spielen angeboten.

16 Spiele gefunden:

▸ World of Zoo

Quietschbunt und fröhlich, alles ein wenig größer und dennoch nicht langweilig, nicht lahm oder gar simpel kommmt diese Tiersimulation daher!
Gesamtwertung: ★★★★★

▸ Meine Tierklinik in Australien

In der australischen Tierarztpraxis warten etliche Herausforderungen auf die Spielerinnen und Spieler. Dazu gehört neben gründlichem Fachwissen auch unternehmerisches Know-how.
Gesamtwertung: ★★★★★

▸ Meine Tierarztpraxis in Australien

Als fürsorglicher Tierarzt Tiere im fernen Australien heilen und gleichzeitig viel über die Tier- und Pflanzenwelt lernen.
Gesamtwertung: ★★★★★

▸ Wild Earth Africa

Kletternde Leoparden in den Bäumen, badende Elefanten und Giraffen beim Blätterfressen
Gesamtwertung: ★★★★★

Abb. 4.11: Empfohlene Spiele

Ich entscheide mich für *Meine Tierklinik in Australien* – das stand bei meiner Suche auf Platz 2.

Das Spiel ist mit fünf Sternen bewertet und kostet 25 Euro. Es ist auch für Nintendo DS erhältlich und kann außerdem auch gebraucht gekauft werden!

Zwischenfazit: Der Spielerfolg bei den Onlinespielen ist stark abhängig von der aufgewendeten Zeit des Spielers. Erfolgreich als Spieler ist man nur, wenn man sich regelmäßig in der Spielewelt aufhält. Kinder und Jugendliche, die von der Spielewelt fasziniert sind, können Schule oder Hobbys auf diese Weise sehr vernachlässigen.

Was die Geschäftsmodelle von Social Games betrifft, sind diese für Kinder und Jugendliche nicht immer durchschaubar. Wie bei den Handy-Abos landet man hier schnell in Kostenfallen, über die Sie mit den Kindern sprechen sollten. Es gibt Browsergames, die klar und deutlich sagen, was man darf und kann und was es kostet, wenn man mehr will. Es gibt daneben eine Vielzahl von Spielen, bei denen man nicht so recht durchblickt, und hier ist erst einmal Vorsicht geboten.

Tipp

Ohne Hilfe geht es daher nicht. Suchen Sie Spiele über Seiten wie das Internet-ABC aus, um einen Überblick und Empfehlungen zu bekommen.

Abb. 4.12: Das Spiel Meine Tierklinik in Australien

Spiele fürs Smartphone

Immer mehr Spiele werden auch für das Smartphone angeboten: *Mobile Games* oder *Handygames* heißen die. Ein Beispiel ist das kostenlose Spiel *Fruit Ninja*.

Abb. 4.13: Das Spiel Fruit Ninja ist fürs Smartphone.

Das Spiel ist simpel: Es gilt, von unten nach oben geworfene Früchte zu zerteilen, möglichst mehrere mit einem Schnitt, um einen Kombinationsbonus zu ergattern. Das vertreibt schon mal die Wartezeit im Bus. Es gibt unzählige solcher Spiele, jede Menge Seiten, auf denen Spiele-Apps angepriesen werden.

Kritisch bewerten Websites wie Klicksafe.de oder das Internet-ABC, dass die Handygames keine gesetzliche Alterskennzeichnung haben. Wie bei den Online-spielen liegt das daran, dass diese Spiele nicht auf Trägermedien wie DVD vertrieben werden, daher fallen sie nicht in den Zuständigkeitsbereich der Unterhaltungssoftware Selbstkontrolle. Die Spiele werden meistens über WAP- oder Internetverbindungen des Handys beziehungsweise über Bluetooth verbreitet.

Hinweis

Die Abkürzung *WAP* steht für *Wireless Application Protocol*, die Grundlage für die mobile (drahtlose) Nutzung von Onlinediensten. Diese Technik dient dazu, Internet – und andere Inhalte (Websites, Bilder, Musik etc.) an kleine Handydisplays und die langsameren Übertragungsraten anzupassen. WAP wird verstärkt abgelöst durch »richtiges« Internet auf dem Handy. Über *Bluetooth* funktioniert die Datenübertragung zwischen Geräten über kurze Distanz per Funktechnik – kostenlos.

Jedoch wird in Handygames (oder auch über andere Medien) nicht selten sehr deutlich und häufig für kostenpflichtige Angebote wie Abonnements oder Mitgliedschaften geworben, und das kann richtig teuer werden. Viele Handygames brauchen natürlich eine ständige Internetverbindung. Bei Kindern und Jugendlichen ohne Internetflatrate kann ein solches Spiel arg das Taschengeld verbrauchen. Daher müssen Sie als Eltern das »Kleingedruckte« in der Spielbeschreibung genau lesen und regelmäßig die Handyrechnung prüfen. Die Spiele selbst kosten oft nichts oder nur wenige Euros. Prüfen Sie auch, ob Einschränkungen möglich sind, die von Eltern zum Schutz von Kindern und Jugendlichen eingerichtet werden können. So können Sie zum Beispiel unbeabsichtigte Klicks auf Werbebanner verhindern.

Allerdings bekommen viele Apps durch die Anbindung an Facebook einen größeren Reiz als vorher. Der Spieler ist nicht mehr allein im Spiel, sondern kann sich mit seinen Facebook-Freunden messen. Facebook nutzt diese Anbindung natürlich und empfiehlt dem Nutzer Apps im eigenen App-Zentrum und Spiele, die von Freunden gespielt werden.

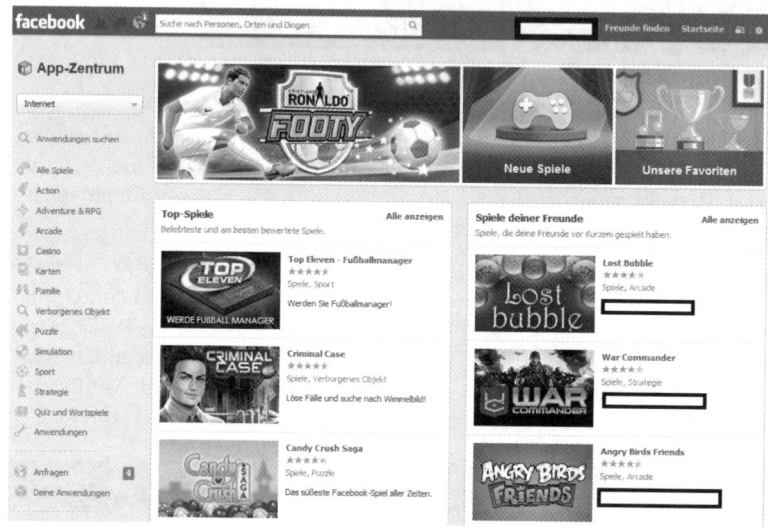

Abb. 4.14: Spieleempfehlungen bei Facebook – hier werden Namen von Spielern genannt – aus Datenschutzgründen sind sie hier aus der Abbildung entfernt.

Sie geben Ihre Daten weiter, auch wenn Sie es gar nicht so richtig merken: Durch die Anbindung einer App an Facebook melden Sie sich bei dieser automatisch an. Mit einer Bestätigung werden häufig allgemeine Informationen des Profils, der Geburtstag und die E-Mail-Adresse an die App weitergegeben. Dann sind unter den Apps ganz viele, die einfordern, auf dem jeweiligen Profil posten zu dürfen. Irgendwo versteckt in den Nutzungsbedingungen steht das. In der folgenden Abbildung sehen Sie rechts unter SPIELEN, was man alles zulässt: Durch das Anklicken erhält diese App allgemeine Informationen eines Users, seine E-Mail-Adresse, und diese App darf Namen des Users posten.

Immerhin steht es ganz deutlich da – man sollte sich also bewusst sein, was man tut, wenn man dabei mitmacht.

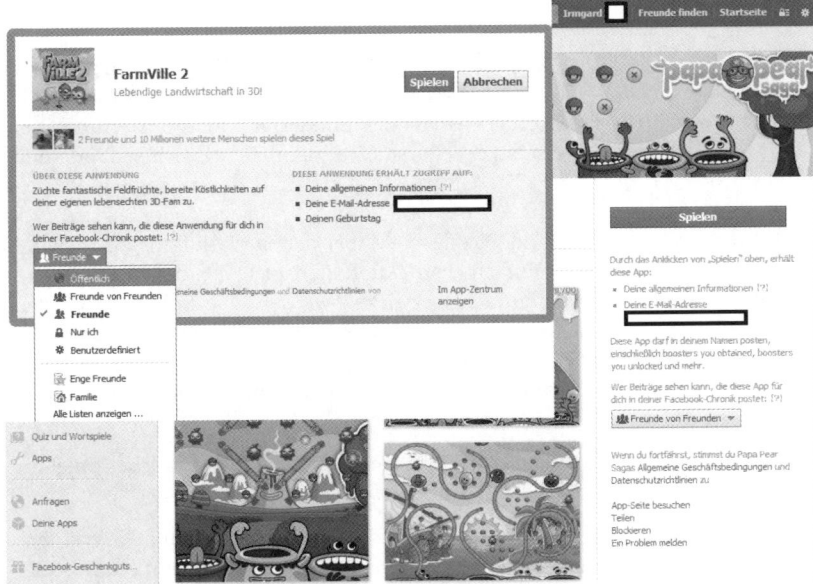

Abb. 4.15: Wer Spiele bei Facebook spielt, gibt seine Daten preis.

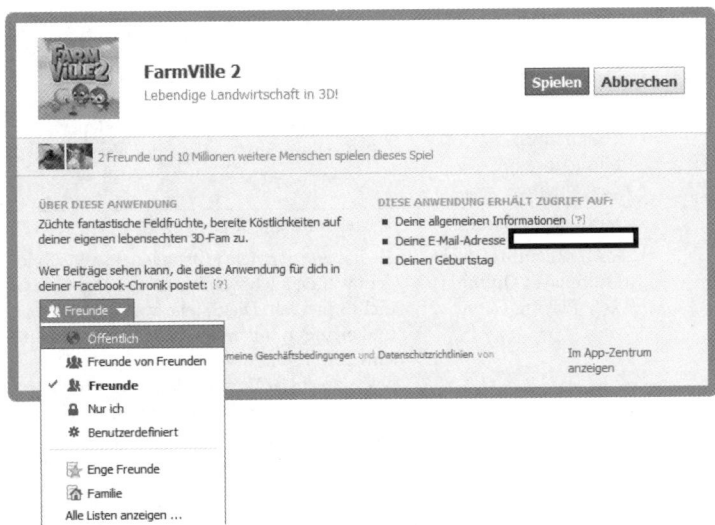

Abb. 4.16: Bei Facebook muss man genau hinsehen, wenn man sich für Spiele anmeldet.

Schauen Sie also genau hin! Im Zweifel – nicht spielen!

Wichtig

In der Broschüre »Handy ohne Risiko« des Bundesfamilienministeriums gibt es einige wichtige Hinweise zu Spielen, die auf dem Handy vorinstalliert sind, und solchen, die man kauft. Diese Spiele sind meistens frei zugänglich. Problematisch sind zum Beispiel die Erotikgames oder die Kriegsspiele. Bei den Erotikgames gibt es Karten und Puzzlespiele, bei denen Nacktfotos als Gewinn winken. Oder man findet einfach gestrickte Rollenspiele, bei denen Frauen im Comicstil in sexuelle Handlungen verwickelt werden. Die Spiele verwenden eine sexistische Sprache und transportieren problematische Rollenbilder. In der Beschreibung des Spiels *Geile Hausfrauen WG* heißt es: »Kümmere Dich gut um Deine ganz eigene virtuelle Hausfrau. Nur dann wird sie immer geiler und gehorcht Dir!«

Erziehungsberechtigte sollten daher erst einmal selbst prüfen, welches Spiel für ihr Kind geeignet ist und ob sie es zulassen.

Dazu noch ein Hinweis zu den App-Stores: Eltern sollten mit ihren Passwörtern sehr vorsichtig sein und sie niemals automatisch speichern. Denn sonst ist der Kauf wirklich ein Kinderspiel. Wenn dann noch die Kreditkartendaten hinterlegt sind, können Kinder auch einkaufen, sich aber auch Trailer von Horrorfilmen ansehen und die Filme später (kostenpflichtig) herunterladen.

Onlinespiel	Arten	Erklärung und Beispiele
Browsergames	Single Player Games auch bekannt als: Flashgames, Minigames, Casualgames	oft Onlineversionen von klassischen digitalen Spielen wie Tetris, Pac Man und Solitaire, meist kostenfrei, weil sie auf Spieleportalen mit Werbung zur Verfügung stehen
	Multiplayer Games	Strategie-, Plan-, Rollenspiele
	MMORPG (Massively Multiplayer Online Role-Playing Game)	Sie haben sehr viele Mitspieler, und das Spiel geht weiter, auch wenn man selbst gerade nicht mitspielt. Die Spieler wählen Rollen und erfinden mit anderen Spielern gemeinsam den weiteren Verlauf des Spiels. Das bekannteste ist World of Warcraft (WOW) mit über 1 Mio. Spielern allein in Europa. Um Zugang zu WOW zu bekommen, muss man jedoch eine Software kaufen und eine monatliche Gebühr zahlen.

Tabelle 4.1: Kleine Übersicht über die verschiedenen Onlinespiele

Onlinespiel	Arten	Erklärung und Beispiele
Netzwerkspiele	PC oder Konsole	werden nur über das Internet mit mehreren Spielern gespielt, fast jedes normale PC-Spiel verfügt heute über einen Mehrspielermodus. Durch Flatrates und schnelle Übertragungen wird diese Spielform immer beliebter. Der größte Anteil sind taktische Kampfspiele wie Ego-Shooter-Spiele, bei denen der Spieler als eigene virtuelle Spielfigur agiert. Die Spieler können einzeln oder in Teams gegeneinander antreten. Beliebteste Spiele sind Call of Duty, Modern Combat oder verschiedene Sportspiele wie FIFA 11.
Advergames	können mit Gewinnspielen gekoppelt sein	sollen ein Produkt, ein Unternehmen oder eine Sichtweise vermarkten. Sie werden entweder auf der entsprechenden Website gespielt oder im Rahmen von Marketingkampagnen in andere Websites eingebunden, um das Produkt bekannt zu machen. Häufig sind sie mit Gewinnspielen, Datenabfragen und Social Bookmarks verbunden, um die Verbreitung durch die Usergemeinschaft zu nutzen. Das bekannteste Spiel ist Moorhuhn.
Handygames oder Mobile Games	auf dem Mobiltelefon	meist einfache Versionen von PC- und Onlinespielen; Spiele für zwischendurch wie Fruit Ninja oder Angry Birds

Tabelle 4.1: Kleine Übersicht über die verschiedenen Onlinespiele (Forts.)

4.2 Das Bezahlsystem bei Internetspielen

Kritisch zu bewerten ist die Bezahlung über das Handyguthaben. Dafür müssen Nutzer zumindest ihre Telefonnummer angeben – Daten, die Kinder eigentlich nicht preisgeben sollten. Schlimmer noch, wenn über Anrufe bezahlt wird. Wie ist die Rechtslage da bei Minderjährigen?

Ein Beispiel vom Landgericht Saarbrücken: Eltern müssen nicht für 0900-Anrufe eines 13-jährigen Gamers bezahlen. Hier hatte ein 13-Jähriger 2008 das Spiel *Gladiatus – Hero of Rome* gespielt. Er kaufte diverse kostenpflichtige Extras – die uns schon bekannten Rubine – und bezahlte durch einen Anruf auf eine teure 0900-Nummer. Er vertelefonierte so über den Telefonanschluss seiner Eltern etwa 2.800 Euro. Es kam, wie es kommen sollte – der Fall landete vor Gericht. Das Landgericht Saarbrücken entschied: Die Eltern des 13-Jährigen müssen das Geld nicht bezahlen. Auch wenn der Jugendliche den 0900-Dienst genutzt habe, dürfe die Firma dafür kein Geld fordern. Denn sie begehe durch das Inkasso eine unzulässige Rechtsausübung nach § 242 BGB, und außerdem sei es sittenwidrig, für den Vertrieb kostenpflichtiger »Features« aus unwirksamen Rechtsgeschäften mit beschränkt Geschäftsfähigen über 0900-Nummern abzurechnen. Die Richter begründen weiter: »*Wer sich angesichts der offenkundigen Attraktivität des Spieles für Minderjährige einerseits und der leichten Verfügbarkeit der Bezahlmöglichkeit Telefon andererseits darauf zurückzieht, man wisse schließlich nicht, wer der Anrufer sei, nimmt letztlich in Kauf, dass in einer nicht unbedeutenden Anzahl von Fällen beschränkt Geschäftsfähige ohne Wissen oder Einverständnis der Eltern entsprechende Anrufe tätigen, und profitiert sehenden Auges davon*« (Landgericht Saarbrücken, Urteil v. 22.06.2011 – Az. 10 S 60/10).

Andere Gerichte haben schon anders und zu Ungunsten der armen Eltern entschieden.

4.2.1 Abzocke

Die Seiten im Internet – und nicht nur bei Spielen – sind voller Abzocke, etwa Gratisdownloads von Spielen. Solche Angebote, die gerade auch Jüngere interessieren, lassen sich zwar zunächst scheinbar kostenlos nutzen. Die Rechnung dafür flattert dann aber später meist per Anwalt ins Haus. Über Onlineregistrierungen kann es passieren, dass ein Kind völlig ahnungslos ein Abonnement abschließt – im Kleingedruckten zwar erwähnt, aber als Abo nicht deutlich sichtbar angekündigt. Solche Abzockermethoden sind leider weit verbreitet. Solche scheinbaren Verträge und Abos sind jedoch immer nichtig. Zum einen, weil die Kinder bei den Angeboten gar keinen Vertrag abschließen wollten. Zum anderen, weil Verträge mit Minderjährigen ohne Genehmigung der Eltern nicht gültig sind.

Abb. 4.17: Klicksafe.de gibt verschiedene Flyer zu wichtigen Themen des Kinder- und Jugendmedienschutzes heraus.

Weitere Infos zum Thema Abzocke finden Sie in einem Flyer von Klicksafe in Zusammenarbeit mit der Verbraucherzentrale NRW unter www.klicksafe.de. Zum Thema Rechtslage bei Geschäften übers Internet finden Sie in Kapitel 11 weitere Hinweise.

4.3 Zu viel Werbung auf Kinderspielseiten

Auf Internetseiten blinkt und leuchtet es manchmal ununterbrochen. Und auf jeder zweiten geprüften Kinderspielseite im Internet gibt es Probleme mit der Werbung. Im Rahmen von Gewinnspielen werden zudem zu viele Daten von Kindern abgefragt. Zu diesem Ergebnis kam das Projekt »Verbraucherrechte in der digitalen Welt« des Verbraucherzentrale Bundesverbandes (vzbv), bei dem insgesamt 52 Internetauftritte für Kinder untersucht wurden.

Mit seinem Marktcheck wollte der vzbv erfassen, ob die Betreiber von Kinderspieleseiten die gesetzlichen Standards in Bezug auf Werbung und Datenschutz einhalten. Ergebnis: Werbung und redaktionelle Seiteninhalte sind in vielen Fällen nicht hinreichend getrennt. Ferner werden bei der Teilnahme an Gewinnspielen nicht erforderliche persönliche Daten abgefragt.

Ein Beispiel ist die Spieleseite für Mädchen namens Girlsgogames.de – ein Anbieter aus den Niederlanden, der mit kostenlosen Spielen wirbt.

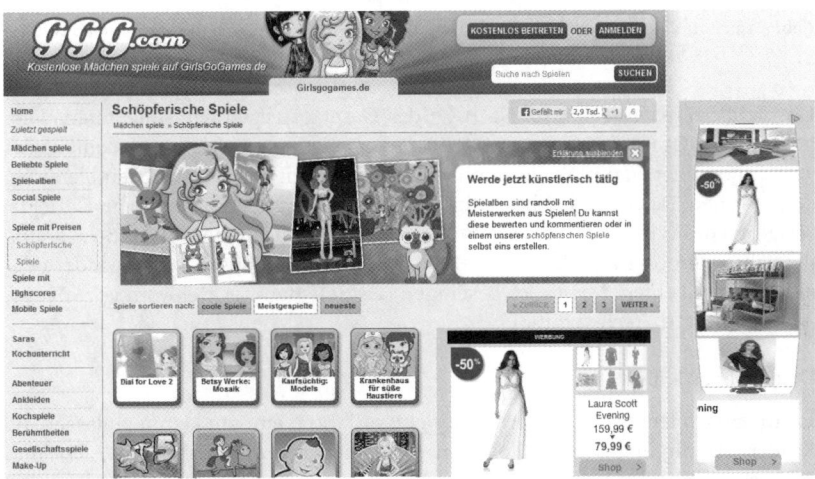

Abb. 4.18: Die Spieleseite von Girlsgogames.de steckt voller Werbung.

Wenn man sich für ein Spiel entschieden hat, bekommt man allerdings zuerst eine sogenannte Pre-Roll-Werbung präsentiert: Die Werbeinblendung steht vor dem eigentlichen Spiel. Beim Klick auf das Werbemittel wird das Video angehalten und die Zielseite des Werbers in einem neuen Fenster geöffnet.

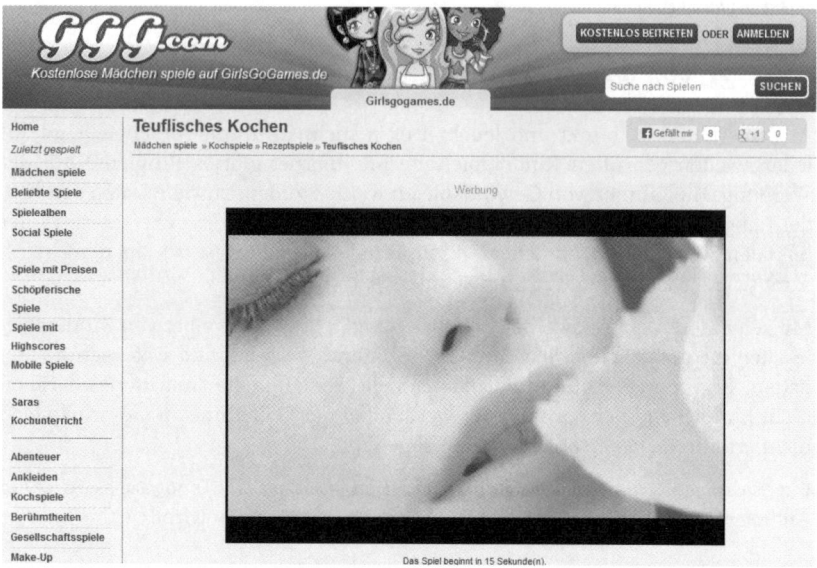

Abb. 4.19: Statt eines Spiels über »Teuflisches Kochen« muss man erst die Werbung abwarten. Das hat der vzbv bemängelt.

Das geht bei jedem Spiel so. Nach § 7 des Gesetzes gegen den unlauteren Wettbewerb (UWG) ist dies eine unzumutbare Belästigung – so sieht es jedenfalls der vzbv – besonders dann, wenn man keine Möglichkeit hat, die Werbeeinblendung abzubrechen. Das Landgericht Berlin bestätigt diese Auffassung in einem Gerichtsverfahren des vzbv insoweit, dass Pre-Roll-Werbung eine unzumutbare Belästigung darstellt, wenn diese nicht nach zehn Sekunden automatisch verschwindet oder sich nicht mit einem Mausklick beseitigen lässt (LG Berlin, Urteil vom 14.09.2010, Az.: 103 O 43/10, rechtskräftig).

Datenabfrage kritisch

Exemplarisch leitete der vzbv zwei Gerichtsverfahren ein, um klären zu lassen, ob Kinder für die Teilnahme an einem Gewinnspiel zur Angabe von Alter und Adresse verpflichtet werden können. »Kinder müssen vor unzulässigen Datenabfragen geschützt werden«, fordert Carola Elbrecht vom Projekt »Verbraucherrechte in der digitalen Welt«. Notfalls müssten gesetzliche Regelungen Rechtsklarheit schaffen: »Die Verabschiedung der EU-Datenschutzgrundverordnung wäre ein

Schritt in die richtige Richtung.« Danach dürfen personenbezogene Daten von Kindern unter 13 Jahren nur mit Einwilligung der Eltern erhoben werden.

Bei der Werbung gegenüber Kindern bewertete der vzbv zum Beispiel Formen als besonders kritisch, die Kinder spielerisch über interaktive Animationen oder ein Quiz zu Vertragsangeboten führen oder die unerwartet als Videosequenzen vor Spielbeginn eingeblendet werden. Dabei ist die Werbung für Kinder oft nicht als solche erkennbar.

Hinweis

Betreiber von Kinderspielseiten haben Fürsorgepflicht

Unternehmer, so erklärt der vzbv, sollten bei ihren Webseiten immer das besondere Schutzbedürfnis der Kinder im Blick haben und ihre Fürsorge- und Kontrollpflichten erfüllen. Jegliche Werbung gegenüber Kindern müsse mit Augenmaß erfolgen. Vor allem jüngere Kinder müssten den Umgang mit ihren eigenen Daten und den Schutz ihrer Privatsphäre erst erlernen. Hier seien auch Eltern und Pädagogen gefordert, die Medienkompetenz von Kindern und deren Urteilsvermögen in Bezug auf Werbung zu stärken.

Tipp

Onlinespiele: Wie die Lebensmittelindustrie Kinder ködert

In einer Pressemitteilung der Verbraucherzentrale Hamburg vom 10. Dezember 2012 heißt es:

»Onlinespiele für Kinder auf Webseiten der Lebensmittelindustrie sind häufig Werbung für stark zucker- und fetthaltige Produkte. Zudem werden persönliche Daten der Kinder erfasst. Die Verbraucherzentrale Hamburg untersuchte zehn Onlinespiele zehn verschiedener Anbieter. Die untersuchten Onlinespiele sind zu finden unter www.vzhh.de. Die wichtigsten Ergebnisse der Untersuchung:

■ Höchstes Kinderfängerpotenzial wurde beim Kinder-Überraschungsei von Ferrero, bei Pom-Bär von funny und Leibniz Zoo von Bahlsen festgestellt. Mit Fragen nach persönlichen Daten und/oder hohen Zuckergehalten in den Produkten vereinten sie die meisten Minuspunkte auf sich.

■ Direkte Verkaufsförderung: Das Spielen mit den beworbenen Produkten oder deren Symbolen fand bei allen untersuchten Spielen statt, etwa bei Paula-Pudding von Dr. Oetker oder Choco-Krispies von Kellogg's. Bei Capri Sonne gab es sogar die direkte Aufforderung »Hol Dir den Beutel aus Gold«.

- Rote Nährwertampel: Fast alle beworbenen Produkte beinhalten eine »Extra Portion Zucker und Fett« statt kalorienärmerer Zutaten. So mussten bei acht von zehn Produkten mindestens eine rote Ampel für Zucker oder Fett vergeben werden.

- Mit Gewinnspielen wurden die Kids noch zusätzlich auf zwei Verpackungen geködert, und viermal gab es auch Spielzeugbeigaben. Datensicherheit: Bei sechs von zehn der untersuchten Spieleseiten werden persönliche Daten wie Name und Alter oder eine Registrierung verlangt.

- Auch Selbstverpflichtungen der Lebensmittelindustrie schützen die Kinder meistens nicht. Denn Hersteller verstoßen gegen ihre eigenen Grundsätze. Einige schaffen sich individuelle Bewertungskriterien, etwa Kellogg's in Form von unrealistisch kleinen Portionsgrößen. Noch schlimmer: Bei 40 Prozent der untersuchten Spiele hatten sich die Unternehmen noch nicht einmal derartigen Selbstverpflichtungen angeschlossen.

Auch die Verhaltensgrundsätze des Deutschen Werberates werden von der Verbraucherzentrale als zu unkonkret eingeschätzt.«

Weitere Informationen: Untersuchung der Verbraucherzentrale Hamburg e. V.

www.ampelcheck.de: Ampelcheck für viele Lebensmittel

www.vzbv.de/cps/rde/xbcr/vzbv/Kinderlebensmittel-Dossier-vzbv-Januar-2012.pdf: Dossier Kinderlebensmittel des Verbraucherzentrale Bundesverband e. V.

www.vzbv.de/10674.htm Pressemitteilung »Kinderspielseiten im Internet – kein rechtsfreier Raum«, Verbraucherzentrale Bundesverband e. V.

4.4 Spielen oder leben in der virtuellen Welt – ab wann beginnt die Spielsucht?

»Im World Wide Web kann ich der Größte sein, hier bin ich stark und mächtig, habe viele Freunde.« So oder so ähnlich empfinden Spieler. Das Internet mit seinen Spielewelten ist ein virtueller Raum, in dem jeder seine individuellen Bedürfnisse, Fantasien und Träume ausleben kann. Und wie leicht ist es doch, Kontakt weltweit aufzunehmen.

Im Internet kann man sich verwandeln, als Avatar oder fiktive Person etwas erleben, was in der realen Welt so unmöglich ist. Man kann sogar Vorlieben und Perversionen ausleben, Frust vergessen, entspannen und gleichzeitig alles unter Kontrolle haben – zumindest denken das viele.

Hinweis

Die JIM-Studie 2012, eine Basisuntersuchung zum Medienumgang der 12- bis 19-Jährigen, hat zum Spielverhalten einige Daten zusammengetragen: Die Beschäftigung mit digitalen Spielen über Computer, Konsole oder Internet ist für insgesamt 42 Prozent aller Jugendlichen im Alltag (täglich/mehrmals pro Woche) von Bedeutung. Dabei nutzen Jungen deutlich häufiger das große Angebot an Spielen und Spielgeräten als Mädchen. Mit steigendem Alter nimmt die Relevanz von Computer-, Konsolen- und Onlinespielen deutlich ab. Gymnasiasten beschäftigen sich etwas weniger mit digitalen Spielen als Real- und Hauptschüler. Beim Spielen am Computer zusammen mit anderen sind Freunde und Bekannte die wichtigsten Spielpartner: 73 Prozent der Jugendlichen, die zumindest selten gemeinsam mit anderen am Computer spielen, tun dies mit Freunden und Bekannten. Zusammen mit den eigenen Geschwistern spielen 27 Prozent der PC-Spieler. In Bezug auf die jugendlichen Spielekonsolen-Nutzer liegen die Werte für Freunde und Bekannte (56 Prozent) und Geschwister (40 Prozent) etwas näher zusammen. Das gemeinsame Spielen mit den eigenen Eltern findet sehr selten statt (Konsole: 4 Prozent, PC: 0 Prozent). Die durchschnittliche Spieldauer beträgt bei den 12- bis 19-Jährigen 56 Minuten an Wochentagen und 77 Minuten am Wochenende. Jungen verzeichnen eine deutlich höhere Nutzung (Mo–Fr: 78 Min.; Sa–So: 112 Min.) als Mädchen (Mo–Fr: 33 Min.; Sa–So: 41 Min.). Die Verweildauer – also die Nutzungszeit der Spieler – liegt an Wochentagen bei 70 Minuten und am Wochenende bei 96 Minuten. Auch hier ergeben sich für die Jungen (Mo–Fr: 84 Min.; Sa–So: 120 Min.) höhere Werte als für die Mädchen (Mo–Fr: 49 Min.; Sa–So: 62 Min.).

4.4.1 Merkmale für Spielsucht

Sabine Grüsser-Sinopoli (ehemals Universität Mainz/Charité Berlin) definiert mindestens drei Merkmale bzw. Kriterien einer Abhängigkeitserkrankung in Bezug auf das Nutzungsverhalten über einen längeren Zeitraum hinweg.

1. Einengung des Verhaltensmusters – Spieler empfinden das Spielen als die wichtigste Tätigkeit. Alles Verhalten wird darauf abgestimmt. Sogar in der Schule oder beim Essen ist der Spieler gedanklich in den virtuellen Welten. Selbst bei Hobbys überwiegt ein unwiderstehliches Verlangen zu spielen.

2. Regulation von negativen Gefühlszuständen (Affekten) – Mit dem Spielen belohnt sich der Spieler, um negative Gefühle wie Stress in der Familie, schlechte Schulnoten oder Streit mit Freunden zu verdrängen.

3. Toleranzentwicklung – Da die Alltagsprobleme nach dem Spiel immer wieder zurückkehren, wird die Spieledosis erhöht, um das positive Erleben aufrechtzuerhalten. So wird immer häufiger und länger gespielt.

4. Entzugserscheinungen – Zittern, Schwitzen Nervosität, Unruhe und/oder Gereiztheit treten auf, wenn ein Betroffener nicht spielt. Diese Entzugserscheinungen treten auch bei sogenannten stoffgebundenen Süchten auf.

5. Kontrollverlust – Der Betroffene ist weder in der Lage, sein eigenes Spielverhalten kritisch zu hinterfragen, noch, zeitliche Einschränkungen durchzuhalten.

6. Rückfall – Der Spieler kann das Spielen auf Dauer nicht mehr einschränken.

7. Schädliche Konsequenzen – Zum Schluss verdrängt das Spielen realweltliche Verpflichtungen wie Schule oder Beruf, Freunde oder Hobbys. Der als frustrierend empfundene Alltag verliert mehr und mehr an Reiz. Dies kann zu psychischen Problemen wie Depression führen.

Quelle: www.Internet-abc.de, in Anlehnung an S. Grüsser-Sinopoli in: Diagnosekriterien nach Grüsser, Wölfling, Johannes Gutenberg-Universität, Mainz

Sollten Sie den Verdacht haben, dass Ihr Kind spielsüchtig ist, suchen Sie professionelle Hilfe. Auf der Website der Klinik und Poliklinik für psychosomatische Medizin und Psychotherapie der Johannes Gutenberg-Universität Mainz gibt es eine Checkliste für Eltern, um einzuschätzen, ob das eigene Kind computerspielsüchtig ist, und für Kinder und Jugendliche gibt es einen Selbsttest (http://www.unimedizin-mainz.de/psychosomatik-alt/patienten/behandlungs-angebote/ambulanzen/ambulanz-fuer-spielsucht/checkliste-computer-spiel.html).

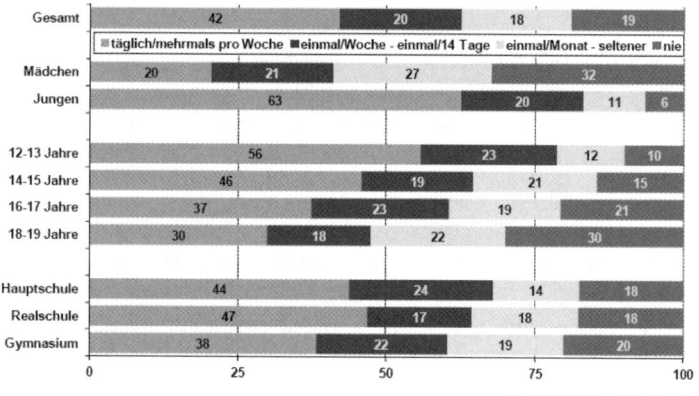

Abb. 4.20: JIM(Jugend, Information Multimedia)-Studie 2012. Wie häufig nutzen Jugendliche Spiele?

4.4.2 Aber sind Computerspiele wirklich so schlimm?

Die Ergebnisse der Studie der Landesanstalt für Medien NRW (LfM) von 2011 haben übrigens ergeben, dass Computerspiele in Deutschland nur zu einem ganz kleinen Teil von Spielern exzessiv genutzt werden. Die meisten Spieler zeigen ein eher unauffälliges Spielverhalten. 0,9 Prozent der computerspielenden Bevölkerung gelten einer Repräsentativerhebung zufolge als gefährdet, 0,5 Prozent als abhängig. Doch auch wenn diese Anteile gering ausfallen, sind Beratungsangebote für problematisches Spielverhalten und die präventive Förderung von Medienkompetenz notwendig. Eine Sogwirkung geht insbesondere von onlinebasierten Spielen aus, in denen der Spieler ein Teil einer Gemeinschaft ist, um die Spielziele zu erreichen. In den Fällen, in denen es zu einer zeitlich exzessiven Computerspielnutzung mit problematischen Auswirkungen auf andere Lebensbereiche kommt, wirken Merkmale von Spieler, Spiel und Spielkontext zusammen. So kann es beispielsweise in »biografischen Übergangsphasen« oder bei persönlichen Problemen zu besonders intensivem Spielen kommen.

Der Studie liegt eine repräsentative Befragung unter Computerspielern zugrunde, durchgeführt vom Hans-Bredow-Institut für Medienforschung Hamburg gemeinsam mit dem Institut für Medienforschung und Medienpädagogik der Fachhochschule Köln. Danach verbringen Personen ab 14 Jahren durchschnittlich etwa 6,25 Stunden pro Woche mit Computerspielen, 17 Prozent von ihnen lassen sich als »extensive Spieler« bezeichnen, die im Durchschnitt mehr als 90 Minuten pro Tag mit Computerspielen verbringen. Unter ihnen sind Männer sowie Jugendliche und junge Erwachsene (14 bis 29 Jahre) überproportional vertreten. Zudem wurden in der Studie exemplarische Spielanalysen und ausführliche Interviews mit Computerspielern sowie Experten aus der Beratungspraxis durchgeführt.

Wenn es also passiert, dass Ihr Kind besonders lange und intensiv am Computer spielt, hat das auch immer mit seiner persönlichen Situation und seinem sozialen Umfeld zu tun. Gefährdet sind daher besonders Jugendliche ohne stabiles soziales Umfeld. Fallen Halt und Anerkennung durch Familie und Freunde weg, wird nach einem Ausgleich in den virtuellen Welten gesucht. »Beliebt sind vor allem Spiele, deren besonderer Reiz durch die Kommunikation und den Austausch mit anderen Spielern entsteht. Problematisch wird es, wenn der virtuelle Freundeskreis den Kontakt zur realen Welt ersetzt. Wer in Familie, Schule oder der Ausbildungsstelle Außenseiter ist, tendiert eher dazu, diese sozialen Misserfolge durch übermäßiges Computerspielen auszugleichen«, heißt es dazu in der Studie der LfM.

Wenn Sie mehr erfahren wollen über die Wirkung von Gewalt in Computerspielen:

```
http://www.klicksafe.de/themen/spielen/computerspiele/gewalt/wir-
kung-wie-wirkt-gewalt-in-computerspielen/s/selbstmord/
```

Positive Potenziale von Spielen

Neben den möglichen Risiken untersuchte die Studie der LfM auch die positiven Potenziale von Computerspielen. Um die Spielanforderungen bewältigen und Spielziele erreichen zu können, benötigen Computerspieler jede Menge Fertigkeiten, die auch in anderen Situationen nützlich werden können. Die Reaktionsfähigkeit bei Geschicklichkeitsspielen, das Bewältigen komplexer Entscheidungssituationen in Strategiespielen und die Organisation des sozialen Miteinanders in Onlinespielen sind Beispiele für solche Kompetenzen. Es gilt Regeln einzuhalten, soziale Gefüge zu unterstützen – wie etwa bei *World of Warcraft*: Hier gibt es Gilden, die bestehen aus mehr als hundert Personen. Sie sind wiederum ein eigenes Gefüge innerhalb der Spielewelt mit speziellen Hierarchien und Pflichten. Wer dort erfolgreich sein will oder gar eine Gilde leiten möchte, benötigt jede Menge Sozialkompetenz und Kommunikationsvermögen. Wer die anderen Spieler im Stich lässt oder Absprachen nicht einhält, fliegt aus der Gilde hinaus.

Wenn Sie als (ungeübter) Elternteil je versucht haben, bei einem Spiel gegen Ihre Sprösslinge anzutreten, können Sie sich die Blamage ungefähr vorstellen. Für die meisten Computerspieler geht es bei ihrem Hobby aber nicht um die Förderung von Kompetenzen, sondern um Unterhaltung, Spaß und den Kontakt mit Freunden.

Wie für jedes andere Hobby gilt auch für das Computerspielen: Eltern sollten ihre Kinder dabei nicht allein lassen, sondern sich damit auseinandersetzen. Dies setzt auch ein Verständnis für die Mechanismen der komplexen digitalen Spiele voraus. Professor Dr. Jürgen Fritz von der Fachhochschule Köln, Mitverfasser der Studie, fordert: »Die Spielehersteller müssen die Bindungsfaktoren der Spiele transparenter machen, also erklären, was die Anziehungskraft eines Spiels ausmacht. Es sollte zudem mehr Angebote geben, die Eltern in die Lage versetzen, die Computerspielnutzung ihrer Kinder besser einschätzen und begleiten zu können. Nur dann können die Potenziale von Computerspielen wirklich ausgeschöpft werden.«

4.4.3 Counter-Strike – Taktik auf der LAN-Party oder Verherrlichung von Gewalt?

Wer Kinder etwa zwischen zwölf und 16 Jahren hat, wird, besonders wenn es sich um Jungen handelt, irgendwann mit dem Spiel *Counter-Strike* (für Kenner einfach *CS*) konfrontiert. Es ist der wohl populärste Vertreter des Genres der Taktik-Shooter und für PC, Xbox und PlayStation konzipiert – und auch online spielbar. Die deutsche CS-Version ist ab 16 Jahren freigegeben, aber viele spielen es schon früher – und wenn auch nur, weil sie ältere Brüder haben; Sie merken es schon, die Autorin spricht aus Erfahrung. Dennoch: Achten Sie streng darauf, dass das Spiel nicht von jüngeren Kindern »ausprobiert« wird, auch wenn sie sich noch so geschickt anstellen.

Bei CS wird die Spielfigur aus der Ichperspektive (*Ego-Shooter*) durch die virtuelle Welt gesteuert. Zwei Teams, die »Terroristen« und die »Counter-Terroristen« (die Polizisten), spielen gegeneinander. Gespielt wird in ganz unterschiedlichen Spielumgebungen, den »Maps« wie Ausgrabungsstätten, Militäranlagen, Bahnhöfen, Burgen. Auf den frei zugänglichen Servern im Internet wechselt die Spielumgebung automatisch nach 20 bis 30 Minuten.

Abb. 4.21: Screenshot aus dem Spiel Counter-Strike

Gespielt wird in Spielrunden von 3 bis 5 Minuten. Und natürlich will jedes Team die Runde gewinnen, etwa indem man eine Bombe legt.

Die Statistik eines Spielers hat eine große Bedeutung, denn daran erkennt man seine Spielstärke. Man spielt es aber auch als Wettbewerbsspiel, und da entscheidet das Team das Mannschaftsergebnis. Das sind die gewonnenen Spielrunden. CS ist eigentlich als Mehrspielerspiel (*Multiplayer-Spiel*) konzipiert, in dem es ganze Spielergemeinschaften – die »Clans« – gibt. Im Clanverbund hat jeder Spieler Aufgaben, die nicht direkt mit Action zu tun haben. Der eine muss eine Homepage bauen, andere erarbeiten und koordinieren die Mannschaftstaktiken, auch muss Geld verwaltet werden. Fast wie im richtigen Leben, und tatsächlich werden hier Kompetenzen erlernt, die auch im realen Leben benötigt werden. Das übersehen die Erwachsenen meistens.

Counter-Strike ist besonders beliebt auf LAN-Partys. Eine LAN-Party (kurz: LAN) ist ein Zusammenschluss von privaten Computern, die durch ein lokales Netzwerk (*Local Area Network*) verbunden werden. Wer daran teilnimmt, muss Taktik und Strategie, Teamgeist und auch Durchhaltevermögen beweisen. Eine LAN-Party findet oft unter Freunden bei einem der Teilnehmer zu Hause statt, gerne die ganze Nacht lang. Die meisten Teilnehmer bringen ihre eigenen Rechner mit, dann wird erst einmal gebastelt und verbunden, und mit einer gewissen Portion Toleranz seitens der Eltern, was den Jubel angeht, läuft das Ganze normalerweise friedlich ab.

Zunehmend wird CS auch über das Internet gespielt. Das Schreckensbild des sozusagen autistischen Jugendlichen im verdunkelten Zimmer, der sich die Nächte spielenderweise um die Ohren schlägt, ist statistisch nicht belegt, soll aber vorkommen. Auch hier sollten Eltern rechtzeitig eingreifen und Grenzen setzen.

Abb. 4.22: Eine offizielle LAN-Party: DreamHack 2004 in Schweden

Und CS fasziniert die Jugendlichen. Der Reiz ist übrigens umso größer, wenn Eltern es verbieten.

Dieses Miteinander empfinden wohl die meisten Jugendlichen als faszinierend. Auf großen Events wie der Computerspielmesse Gamescom kann man den Stars beim Spielen zuschauen.

Von CS gibt es eine internationale Version ab 18 Jahren. Achten Sie daher darauf, welche Version auf dem Rechner Ihrer Kinder installiert ist.

Bevor Sie Ihren Kindern Spiele dieser Art verbieten, informieren Sie sich, spielen Sie sogar selbst einmal mit. So kommen Sie mit den Kindern überhaupt erst ins

Gespräch und lernen zu verstehen, was so faszinierend am Spiel ist und warum diese oder jene Aktion so viel Zeit beansprucht.

Wenn Sie Ihrem Kind den Besuch einer LAN-Party gestatten, klären Sie beim Veranstalter, wie er den Jugendschutz regelt. Und Vorsicht: Auf LAN-Partys werden Raubkopien beliebter Spiele gehandelt.

Wichtig

Raubkopien sind illegal

Kinder und Jugendliche sind erfinderisch, wenn es um das Tauschen von Spielen auf dem Schulhof geht. Sie ersteigern Spiele im Internet und laden sie dort herunter. Hierfür gibt es die *Tauschbörsen* und *Sharehoster*. Tauschbörsen sind zum Beispiel BitTorrent, BearShare, EDonkey oder Limewire. Neben Computerspielen kann man auch Musik, Filme oder Software tauschen bzw. teilen. Dazu muss man für andere Nutzer im entsprechenden Tauschbörsen-Programm einen Ordner auf der Festplatte freigeben, und schon können andere auf die Dateien zugreifen, sie hochladen und damit kopieren und wieder weiterverbreiten. Hier aber greift das Urheberrecht: Denn diese Downloads sind im Sinne des Gesetzes Vervielfältigungen – und die sind illegal. Hinzu kommt das Zur-Verfügung-Stellen, denn indem man die kopierten Dateien anderen zugänglich macht, stellt man sie zur Verfügung – eindeutig illegal.

Bei Sharehostern oder One-Click-Hostern bzw. Filehostern hingegen werden die Dateien auf die Server eines Diensteanbieters hochgeladen, das ist so etwas wie eine virtuelle Festplatte. Andere Nutzer können sich hier die Dateien wieder herunterladen. Das Hochladen ist grundsätzlich nach der Privatkopierregelung erlaubt, wenn man selbst oder enge Freunde bzw. Verwandte darauf zugreifen können. Filehoster dienen aber nicht in erster Linie dazu, Dateien online abzuspeichern (hierfür gibt es andere Dienste), sondern vielmehr, sie mit anderen zu teilen. Schon auf den Webseiten des Diensteanbieters wird einem erklärt, wie man die Dateien verteilen kann. Dies ist einfach: Jede Datei hat eine eigene Internetadresse (URL), die einem nach dem Upload angezeigt wird. Diese kann man dann (als Link) entweder per E-Mail verschicken oder in Foren, Mailinglisten, auf Webseiten oder jede andere Art und Weise veröffentlichen. Die Links auf geschützte Dateien zu veröffentlichen ist spätestens eine Urheberrechtsverletzung. Denn hierdurch werden die Dateien, die vorher unauffindbar waren, »öffentlich zugänglich gemacht«. Und dies darf nur der Inhaber der entsprechenden Rechte.

In Bezug auf den Download von Dateien gilt bei den Filehostern das Gleiche wie bei den Tauschbörsen. Computerspiele dürfen generell gar nicht heruntergeladen werden (es sei denn, sie stehen unter einer Open-Source-Lizenz, d.h., ihr Programmiercode ist offen und für andere frei zugänglich). Ein technischer Unterschied zu den meisten Tauschbörsen liegt allerdings darin, dass eine heruntergeladene Datei nicht automatisch auch zum Download angeboten wird.

Tipp

Tipps für Eltern zum Umgang mit Spielen

Die Webseite klicksafe.de, eine Initiative der Europäischen Union, gibt Tipps zum sicheren Umgang mit Farmville, MafiaWars & Co. für Eltern:

»Social Games wie Farmville, MafiaWars & Co. sind aus sozialen Netzwerken wie Facebook oder MySpace längst nicht mehr wegzudenken. Ihr Erfolg beruht auf dem sozialen Miteinander, dem gegenseitigen Wetteifern um Levels und der Einfachheit, mit der sie sich spielen lassen. Das Spielen an sich ist kostenlos – diverse virtuelle Gegenstände oder Premium-Accounts können aber jederzeit mit ›echtem Geld‹ zugekauft werden, um im Spiel schneller voranzukommen. Ein für die Spielehersteller lukratives Geschäftsmodell, das von vielen Seiten zu Recht kritisiert wird. Trotzdem überwiegt für die weltweit millionenfachen NutzerInnen von Social Games der Spaß am Spielen. Damit dieses vor allem für Kinder und Jugendliche weder zu einem ›Zeitfresser‹ noch zu einem ›Geldfresser‹ wird, haben die österreichischen Partner im Safer Internet Programm der EU Tipps zum sicheren Umgang mit Social Games zusammengestellt:

- Spielen Sie mit Ihrem Kind gemeinsam! Social Games bringen Spaß und Entspannung für jede Altersgruppe und können wichtige Kompetenzen (z. B. Zeitmanagement, Multitasking etc.) fördern.

- Suchen Sie interessante Spiele entsprechend dem Alter Ihres Kindes und erforschen Sie sie miteinander. Die gemeinsamen Erfahrungen erleichtern es, die Faszination von Social Games zu verstehen und mit Ihrem Kind besser darüber reden zu können.

- Bei Facebook empfehlenswert sind z. B. FarmTown, Farmville, Café World oder Happy Aquarium. Lassen Sie sich die Spiele von Ihrem Kind erklären! Kinder freuen sich, wenn sie auch einmal in die ExpertInnen-Rolle schlüpfen können. Das hilft Ihnen und Ihrem Kind, alters- und rollenbedingte Barrieren abzubauen.

- Thematisieren Sie den kommerziellen Aspekt dieser Spiele! Vielen Kindern fällt es schwer, »reales« von »virtuellem« Geld zu unterscheiden. Sprechen Sie mit Ihrem Kind über die wirtschaftlichen Absichten der Spielehersteller und formulieren Sie klare Regeln für das Kaufen von virtuellen Gegenständen. Die meisten Social Games können ohne Weiteres gratis gespielt werden.

- Machen Sie Ihr Kind stark gegen den Gruppendruck! Das gegenseitige Messen und Wetteifern um Levels mit den eigenen Freunden ist der wesentliche Anreiz beim Social Gaming. Unterstützen Sie Ihr Kind dabei, mit diesem Gruppendruck umgehen und auch einmal »Nein« sagen zu können. Ziehen Sie beim Darüberreden Analogien zu realen Herausforderungen (z.B. Pokemon-Karten, Markenkleidung, Eisessen etc.).

- Vereinbaren Sie Regeln für das Spielen! Kinder freuen sich selten über Regeln, weil sie diese (zunächst) nur als Einschränkung erleben. Das ist bei Computer- bzw. Onlinespielen nicht anders als in anderen Erziehungsbereichen. Nutzen Sie Ihre positiven Erfahrungen aus diesen anderen Bereichen, um Regeln zu vereinbaren und auf deren Einhaltung zu achten.

- Helfen Sie Ihrem Kind beim Ausstieg aus dem Spiel, wenn es das möchte! Bei Facebook kann beispielsweise jedes Game für das eigene Nutzerprofil blockiert werden, sodass man fortan von diversen Benachrichtigungen, Geschenken oder Einladungen in Ruhe gelassen wird. Die Option DIESE ANWENDUNG BLOCKIEREN steht auf der ANFRAGEN-Seite zur Verfügung. Zeigen Sie Ihrem Kind Alternativen auf! Abseits der sozialen Netzwerke gibt es im Internet viele weitere kostenlose Onlinespiele – auch ganz ohne kommerzielle Interessen. Ausgewählte Spiele, die Spaß machen und anspruchsvoll sind, finden Sie z.B. auf der Website www.klick-tipps.net.

Tipps für Lehrer von dem »Programm Polizeiliche Kriminalprävention der Länder und des Bundes – www.polizei-beratung.de«

- Diskutieren Sie mit den Kindern und Jugendlichen über Computerspiele und ihre positiven wie auch negativen Formen und schaffen Sie Anreize für die Nutzung von empfehlenswerten Lern- und Rollenspielen.

- Nutzen Sie die Möglichkeit, anhand von Computerspielen Medienkompetenz einmal anders zu vermitteln und zum Beispiel im Rahmen eines Schulfestes mit einer LAN-Party eine ganz neue Form von Informatikunterricht an Ihrer Schule zu gestalten.

- Wichtige Tipps und Informationen für die Realisierung finden Sie in der pädagogischen Handreichung »LAN-Party an Schulen«, die auf der Homepage von Lehrer-Online kostenlos als PDF-Datei heruntergeladen werden kann: www.lehrer-online.de/lanparty-copy.php.

- Das Portal bietet darüber hinaus Informationen über Computerspiele, ihre Rolle in der Lebenswelt von Kindern und Jugendlichen sowie weitere Möglichkeiten, diese in der Schule einzusetzen: www.lehrer-online.de/computerspiele.php.

■ Setzen Sie Grenzen dort, wo es notwendig ist. Gewaltspiele und sonstige Computerspiele mit Inhalten für Erwachsene gehören nicht in die Hände von Kindern und Jugendlichen. Sofern Sie auf dem Pausenhof oder in den Pausen zwischen den Schulstunden feststellen, dass Schülerinnen und Schüler CDs mit problematischen Spielinhalten austauschen oder diese von erwachsenen Schülerinnen und Schülern an jüngere abgegeben werden, stellen Sie die Betroffenen zur Rede, nehmen Sie die Spiele notfalls auch in Verwahrung und informieren Sie die Eltern.

Quelle: `http://www.polizei-beratung.de/themen-und-tipps/medienkompetenz/pc-spiele/tipps-fuer-lehrer.html#sthash.PgADs-j6h.dpuf`

Computerspielpreis 2013

Und tatsächlich, wenn man sich eine Weile mit den zahllosen Spielen auseinandergesetzt hat, wird man fündig: Es gibt ausgezeichnete Spiele, gute Spiele, lustige Spiele.

Computerspiele haben sich inzwischen zu einem bedeutenden Bestandteil des gesellschaftlichen und kulturellen Lebens entwickelt. Unabhängig von Alter und sozialer Herkunft nutzen zunehmend alle Gesellschaftsgruppen multimediale, interaktive Unterhaltungs- und Lernangebote. Die Jury des Deutschen Computerspielpreises legt besonderen Wert auf die Prämierung solcher Spiele, die Qualitäten hinsichtlich Pädagogik/Didaktik, Kunst und Kultur, Technik und Innovation sowie selbstverständlich Spielspaß und Unterhaltung aufweisen. Diese Hauptkriterien werden je nach Kategorie unterschiedlich bewertet.

Das sind die Gewinner des Deutschen Computerspielpreises 2013:

■ Kategorie: Bestes Deutsches Spiel – Chaos auf Deponia: Daedalic Entertainment, Hamburg

■ Kategorie: Bestes Kinderspiel – Meine 1. App: appp media, München

■ Kategorie: Bestes Jugendspiel – Tiny & Big: Grandpa´s Leftovers: Black Pants Studio, Kassel

■ Kategorie: Bestes mobiles Spiel – Word Wonders – The Tower of Babel: Chimera Entertainment, München, Games in Flames/Dreamfab, München/Regensburg

■ Kategorie: Bestes Serious Game – Menschen auf der Flucht: Serious Games Solutions, Potsdam

■ Kategorie: Bestes Browsergame – Forge of Empires: InnoGames, Hamburg

■ Kategorie: Bestes Nachwuchskonzept – GroundPlay: HAW Hamburg, Hamburg

Abb. 4.23: Das Spiel *Chaos auf Deponia* hat den Deutschen Computerspielpreis 2013 in der Kategorie »Bestes Deutsches Spiel« gewonnen.

4.5 Xbox, PlayStation & Co.

Befasst man sich mit Spielen, kommt man nicht um die Konsolen wie Xbox, Nintendo Wii und PlayStation herum. Neben der Konsole braucht man ein Bildschirmgerät, dafür wird gerne der Fernseher verwendet. Über ein Steuerungsgerät, den Controller, steuert man das Spiel. Alle modernen Konsolen sind natürlich internetfähig, sodass man von zu Hause mit anderen spielen kann. Die Regeln, die bei Spielen am PC gelten, gelten auch bei den Konsolen.

Bei den Konsolen Wii, Xbox 360 und PlayStation 3 sind im Betriebssystem Jugendschutzmaßnahmen eingebaut, die die Nutzung von nicht freigegebenen Inhalten einschränken oder verhindern. Über die Konsolen kann man aber auch im Internet surfen und Filme sehen. Eltern müssen sich also zwangsläufig auch mit den Kindersicherungen dieser Geräte auseinandersetzen.

Die Handtaschenversion der Konsole sind die *Handhelds*, also tragbare Konsolen. Lautsprecher, Bildschirm und Steuerungselemente sind hier fest eingebunden. Alle modernen Handhelds lassen sich mit dem Internet verbinden. Hier eine kurze Übersicht über Sicherheitseinstellungen bei den gängigsten Geräten:

Xbox

Die Eingabe eines vierstelligen Passcodes schaltet gesperrte Inhalte frei. Diesen Code sollten die Eltern ihren Kindern natürlich nicht verraten.

Die Xbox unterscheidet zwischen Filmen und Spielen. Bei DVDs können Sie eine USK-Beschränkung, bei Games dagegen eine FSK-Beschränkung einstellen. Wenn Ihr Kind zum Beispiel 16 Jahre alt ist, sperren Sie sowohl USK-18- als auch FSK-18-Inhalte. So können keine jugendgefährdenden Spiele und keine Erwachsenenfilme auf der Xbox abgespielt werden. Sie können die entsprechenden Angaben über die Jugendschutz-Einstellungen in der Xbox-360-Systemsteuerung einrichten.

Im Gegensatz zur PlayStation 3 und der Nintendo Wii können Sie an der Xbox 360 auch die Nutzungsdauer der Konsole beschränken. Sie können festlegen, wie viele Stunden pro Woche gespielt werden darf. Ein *Family Timer* greift ein, wenn das Zeitkontingent überschritten ist.

Spiele und Filme lassen sich von einer DVD und als Download über das geschlossene Xbox Live-Netzwerk nutzen, und man kann mit anderen Xbox-Nutzern kommunizieren. Wenn man die Xbox an den PC anschließt, kann man über zusätzliche Software (Windows Media Center) ins Internet. Beim Jugendschutz gibt es keine differenzierten Einstellmöglichkeiten. Man kann nur für alle Benutzer eine Einstellung festlegen, und diese kann nur per Passwort geändert werden (MENÜ > JUGENDSCHUTZ > SPIELALTERSFREIGABE). Die Zugriffsbeschränkung für Spiele und Filme richtet sich nach der Freiwilligen Selbstkontrolle der Filmwirtschaft (FSK) und der Unterhaltungssoftware Selbstkontrolle (USK).

Das Xbox Live-Netzwerk ermöglicht über einen alterseingeschränkten Nutzeraccount für Kinder (hier ist die Eingabe einer Kreditkartennummer erforderlich) die Einschränkung der Kontaktaufnahme mit anderen Spielern, Einschränkung von TV-Aufzeichnungen und Videos mit »anstößigem« Inhalt sowie Filmen ohne Alterskennzeichnung.

Tipp

Überwachen uns bald Spielekonsolen? Viel Kritik gab es an der neuen Xbox One. Sie steht im Verdacht, permanent aufzuzeichnen, wer wann vor dem Fernseher sitzt, wer wie bei welchem Werbespot reagiert und wer wann den Raum verlässt. Bericht bei Spiegel Online: `www.spiegel.de/netzwelt/games/microsoft-konsole-xbox-one-kinect-kamera-schafft-datenschutz-probleme-a-900397.html`.

PlayStation

Über die Kindersicherungsfunktion der PlayStation können Sie ein Passwort einrichten, außerdem können Sie Kindersicherungsstufen einstellen und dadurch bestimmte Inhalte begrenzen. Die Kindersicherungsstufe für Spiele, Blu-ray Discs oder andere Inhalte wird unter EINSTELLUNGEN > SICHERHEITS-EINSTELLUNGEN festgelegt. Wenn Sie diese ändern wollen, geben Sie unter SICHERHEITS-EINSTEL-LUNGEN > PASSWORT ÄNDERN ein Passwort ein. Das voreingestellte Passwort lautet »0000«.

Die Kindersicherungsstufe für Spiele wird unter SICHERHEITS-EINSTELLUNGEN >
KINDERSICHERUNG festgelegt. Zur Wahl stehen AUS und eine von elf Stufen. Die
Wiedergabebeschränkung fällt umso höher aus, je niedriger die Zahl ist.

Auch die Wiedergabe anderer Inhalte als Spiele kann über die Kindersicherung
unter SICHERHEITS-EINSTELLUNGEN beschränkt werden, etwa das Abspielen von
DVDs können Sie stufenweise beschränken. Zur Wahl stehen wieder AUS und
eine von acht Stufen. Zu erwähnen ist auch die Internet-Browser-Startsteuerung:
Darüber lässt sich festlegen, dass der Internetbrowser nicht ohne Passwort gestartet werden kann.

Wichtig

Der Spieleratgeber NRW erklärt ausführlich und mit leider nicht allzu gut lesbaren Screenshots die Einstellungen der Konsolen sehr detailliert.

Quelle: www.spieleratgeber-nrw.de

Nintendo Wii

Die Wii-Konsole lässt ebenfalls Altersbeschränkungen zu. So können bestimmte
Dienste gesperrt oder kann der Zugriff auf Wii-Software – angelehnt an die Alters-
einstufungen durch die USK – eingeschränkt werden.

Die Altersbeschränkungen sind standardmäßig ausgeschaltet. Die Altersbeschränkungen sind in Form einer 4-stelligen PIN (»Geheimzahl«) einzugeben. Nun können Sie schrittweise die Zugriffsbeschränkungen anlegen. So bietet die Wii
Beschränkungen für die verschiedenen Onlinefunktionen. Neben der Geheimzahl
werden diese Einstellungen mit einer Sicherheitsfrage gesichert.

Bei Nintendos aktueller Konsole WiiU können Sie ebenfalls Sicherungsmechanis-
men für Kinder und Jugendliche einrichten, und zwar auf dem Gamepad-Tablet.
Zu jeder Einstellung, die auf dem Tablet vorgenommen werden kann, werden
Erklärungen auf dem Fernsehbildschirm angezeigt.

Die WiiU bietet Einstellungen zur Beschränkung von Videos, Internetfunktionen
und Nintendos eigenem Netzwerk Miiverse.

Mit der Fernbedienung gehen Sie mit dem Cursor auf das Feld für die GEHEIM-
ZAHL, GEHEIME FRAGE/ANTWORT ODER ZUGRIFFSBESCHRÄNKUNG und öffnen die
gewünschte Option durch Drücken der A-Taste.

Unter ZUGRIFFSBESCHRÄNKUNG können Sie auswählen, welche Inhalte Ihre Kinder
uneingeschränkt spielen dürfen. Die Auswahl erfolgt entsprechend der Altersfreigabe gemäß USK.

4.6   Zusammenfassung

Sie haben jetzt einen Einblick in die riesige Welt der Spiele gewonnen. Gute Spiele für Kinder, besonders für kleine Kinder, finden Sie im Internet-ABC. Schauen Sie sich alle Spiele der Kinder und Jugendlichen an, überprüfen Sie die Altersfreigabe gemäß der Unterhaltungssoftware Selbstkontrolle (USK).

Spielen Sie selbst einmal mit, egal, ob am PC oder an der Konsole, und lassen Sie sich von den Kindern die Spiele erklären. Vereinbaren Sie feste Regeln für das Spielen, auch wenn die Kinder dies zunächst nur als Einschränkung erleben.

Wenn Spiele auf dem Smartphone geladen sind, prüfen Sie auch diese Games, vor allem aber die Sicherheitseinstellungen. In Kapitel 8 sehen Sie, dass es auch für Handys die Möglichkeiten der Einschränkungen gibt.

Kapitel 5

Filesharing, Downloads, Copy & Paste – und wie passt das zum Urheberrecht?

Nichts ist so leicht wie ein Download oder das Markieren, Kopieren und Einfügen. Alles, was digital verfügbar ist, lässt sich über das Internet herunterladen, auch Referate und Hausaufgaben.

Beliebt sind die Möglichkeiten zum Austausch von Musik und Filmen. Doch nicht alles, was möglich ist, ist auch rechtens. Gerade bei Jugendlichen ist ja das »Saugen« ganzer Musikalben oder Fernsehserien groß in Mode. Und auch das »Teilen« – und Teilen an sich haben wir ihnen als etwas Gutes beigebracht.

Wir befassen uns in diesem Kapitel mit dem *Filesharing* und seinen Stolperfallen, mit dem Urheberrecht und einer interessanten Lösung namens Creative Commons. Hier gibt es Tipps, wo Kinder und Jugendliche sicher up- und downloaden können. Und Hinweise, was man im Falle einer Abmahnung tun kann, wenn »es« dann doch passiert ist.

5.1 Welche Gefahren drohen beim Filesharing?

Die Benutzung von Filesharing-Programmen und Tauschbörsen steckt voller Gefahren und Überraschungen – nicht selten unschöne. Ein erster Überblick:

Filesharing bedeutet nichts anderes als Dateiaustausch. Dazu gibt es Filesharing-Netzwerke (Tauschbörsen) und man braucht ein Programm – eine Software, um die Dateien überhaupt austauschen zu können. Dabei befinden sich die Daten auf den Computern der Teilnehmer oder Servern, von wo aus sie verteilt werden. Normalerweise kopiert man Daten von fremden Rechnern (Download), während man gleichzeitig andere Daten versendet (Upload). Grundsätzlich können alle Arten von Dateien heruntergeladen und für andere Benutzer der Tauschbörse zur Verfügung gestellt werden. Die meisten der angebotenen Dateien sind Filme, Musikdateien und Computerspiele.

1. Zeit- und Volumenbegrenzungen können überschritten werden: Das passiert, wenn man einen zeit- und/oder volumenbegrenzten DSL-Tarif besitzt. Beim

Filesharing sind die Datenmengen oft viele Megabyte oder Gigabyte hoch, und das braucht Zeit.

2. Viren und Trojaner: Über Filesharing-Netzwerke gelangen immer wieder Viren, Würmer und Trojaner auf die Computer der Benutzer. Sollte man ein Filesharing-Programm verwenden, muss es durch das Virenprogramm laufen. Und: Von jedem gängigen Filesharing-Programm gibt es mittlerweile Fälschungen, die auf gefälschten Webseiten zum Download angeboten werden. Installiert man ein gefälschtes Filesharing-Programm, dann installiert man sich einen Virus, einen Wurm oder Trojaner auf den eigenen Computer.

3. Jugendgefährdende Inhalte: Immer wieder verbirgt sich hinter Dateinamen ein ganz anderer Inhalt, als der angegebene Name vermuten lässt (ein »Fake«). Klicksafe.de warnt davor: »Statt des erwarteten Zeichentrickfilms kann so schnell harte Pornografie oder ein Gewaltfilm über den Computermonitor flimmern, hinter scheinbar harmlosen Bildnamen können sich für Kinder und Jugendliche äußerst verstörende Bilder verstecken.«

4. Abmahnungen: Urheberrechtlich geschützte Musikstücke und Filme werden über Filesharing besonders oft getauscht. Das ist juristisch eine Urheberrechtsverletzung – und die wird inzwischen immer mehr verfolgt. Übrigens bietet nach Informationen von klicksafe.de keines der gängigen Filesharing-Programme echte Anonymität – der Benutzer ist über seine Verbindungsdaten (IP-Adresse) zurückverfolgbar.

Den Abmahnungen widmen wir uns im folgenden Abschnitt genauer.

5.2   Abmahnung – Was tun?

So ungefähr hört es sich an, wenn Sie Post von einer Rechtsanwaltskanzlei bekommen, die sich auf Abmahnungen wegen Urheberrechtsverletzungen spezialisiert hat:

> *... Aufgrund der vorgeworfenen Urheberrechtsverletzung an dem Film XXX fordert die XXX Film GmbH über die Kanzlei XXX die Unterlassung zukünftiger Rechtsverletzungen. ... Sofern Sie dann gegen diese Unterlassungserklärung verstoßen, haben Sie eine empfindliche Vertragsstrafe zu bezahlen, die üblicherweise bei einigen Tausend Euro liegt. Außerdem sollen Sie an die Kanzlei XXX einen pauschalen Betrag in Höhe von € 956,00 bezahlen. Dieser Betrag ist aufgeteilt in € 506,00 Anwaltskosten an XXX für die Abmahnung sowie € 450,00 Schadensersatz für die XXX Film GmbH.*

Der Vorwurf: illegales Herunterladen oder Einstellen von urheberrechtlich geschützten Dateien. Gerade Kinder haben oft keine Ahnung, dass das, was sie da tun, illegal ist – aber mit dem Herunterladen und der Software kennen sie sich natürlich gut aus. Und gemeinhin erzählen sie ihren Eltern nichts davon.

Grundsätzlich dürfen sie sich Dateien anschauen, herunterladen und hören: nämlich für den privaten Gebrauch. Aber Vorsicht bei Downloads aus Musiktauschbörsen wie Napster, eMule, edonkey oder BitTorrent, denn hier lädt man nicht nur Dateien herunter, sondern stellt diese gleichzeitig anderen Nutzern zum Download zur Verfügung. Und da beginnt das eigentliche Problem. Es ist nicht erlaubt, mit dieser Software **urheberrechtlich geschütztes Material** wie kommerzielle Musik oder Filme herunterzuladen. Dazu mehr unter Abschnitt 5.3. Wir bleiben erst einmal bei der Abmahnung.

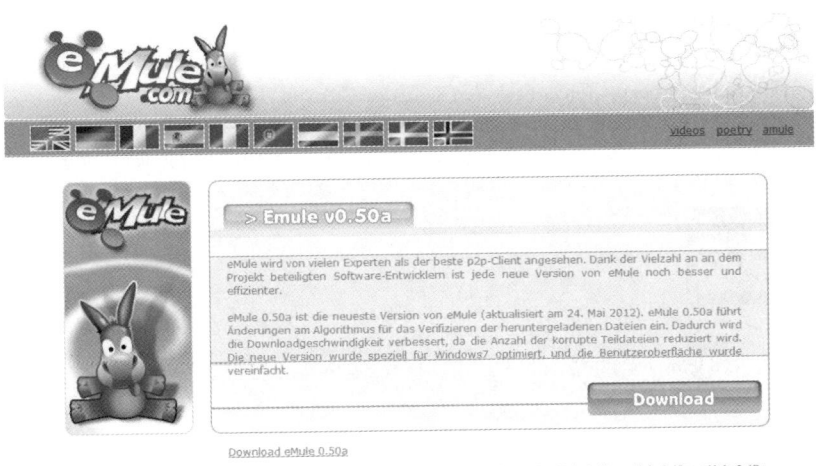

Abb. 5.1: eMule ist eine Internettauschbörse.

Musik-, Film- und Softwarekonzerne gehen seit einigen Jahren massiv gegen Urheberrechtsverletzungen vor. Zusammen mit den Abmahnungen der beauftragten Anwaltskanzleien bekommt man eine vorformulierte Unterlassungserklärung mit sehr kurzer Antwortfrist. Die Schadensersatzforderung zuzüglich der Anwaltskosten erreicht schnell mehrere Tausend Euro. Es droht eine Klage wegen Verletzung der Urheberrechte, und als Eltern müssen Sie reagieren. Ganz wichtig ist jetzt, die gesetzte Frist einzuhalten, sei sie auch noch so kurz.

Was Sie tun können, wenn Sie plötzlich eine Abmahnung wegen Urheberrechtsverletzung erhalten:

- Unterschreiben Sie die dem Abmahnschreiben beigefügte Unterlassungserklärung nicht ohne vorherige rechtliche Beratung.
- Beachten Sie die angegebene Frist. Versäumen Sie diese, kann das erhebliche Nachteile für Sie haben.

- Auch die Verbraucherzentralen helfen in diesen Fällen: zum Beispiel die Verbraucherzentrale Hamburg durch die Abgabe einer modifizierten Erklärung. Die Anwälte bewerten die geforderte Unterlassungserklärung und geben Hinweise, wie die Erklärung modifiziert werden sollte.

Der Bundesgerichtshof (BGH) hat im November 2012 entschieden, dass Eltern für das illegale Filesharing der eigenen Kinder nicht haften, wenn sie das Kind darüber belehrt und informiert haben, Internettauschbörsen nicht zu nutzen. Es reicht daher eine allgemeine Aufklärung, wie sich Kinder im Internet zu verhalten haben. Eltern sind nicht verpflichtet, die Nutzung des Internets durch das Kind zu überwachen, den Computer des Kindes zu überprüfen oder dem Kind den Zugang zu sperren. Eltern müssen die Nutzung des Internets ihres Kind erst dann direkt überwachen, den Computer überprüfen oder ihrem Kind den Zugang zum Internet (teilweise) versperren, wenn sie konkrete Anhaltspunkte für eine rechtsverletzende Nutzung des Internetanschlusses durch das Kind haben – so lautet die Meinung der Richter.

Hinweis

Abmahnung

Eine Umfrage des Bundesverbandes der Verbraucherzentralen hat ergeben: Bis Mitte 2012 wurden in Deutschland insgesamt 4,3 Millionen Menschen wegen Urheberrechtsverletzungen abgemahnt. In der Abmahnung wird ihnen fast immer vorgeworfen, Filme, Fotos oder Musiktitel aus dem Internet heruntergeladen und danach widerrechtlich im Netz verbreitet zu haben.

In Deutschland haben sich etwa 20 bis 30 Kanzleien auf die Abmahnung wegen Urheberrechtsverletzung spezialisiert. In ihrem Auftrag durchforsten sogenannte Anti-Piracy-Agenturen das Internet, um Urheberrechtsverletzungen zu finden. Dabei ermitteln sie die IP-Adresse von Computern, den Titel der geladenen Datei sowie den genauen Zeitpunkt des Ladevorgangs. Mit diesen Informationen weisen die Gerichte meist die zuständigen Provider – also die Internetanbieter – an, die Klaradresse zur Computer-IP an die abmahnende Kanzlei zu übergeben. In der Folge wird eine Abmahnung verschickt.

Und es geht noch weiter: Wenn man zum Beispiel Fotos in sozialen Netzwerken hochlädt, sollte man vorsichtig sein, selbst wenn es Fotos von Freunden auf Facebook sind. Denn ohne Erlaubnis darf man keine Fotos veröffentlichen und verbreiten. Das Recht am Foto liegt nur beim Urheber selbst.

Wichtig

»Bei einer Abmahnung handelt es sich um eine zivilrechtlich formale, schriftliche Aufforderung an den Internetanschlussinhaber, ein bestimmtes Verhalten zukünftig zu unterbinden, das eine konkrete Rechtsverletzung darstellt. Damit wird also ein vorangegangenes Verhalten des Abgemahnten gerügt und ihm die Rechtswidrigkeit seines Verhaltens dargelegt.

Zugleich beinhaltet die Abmahnung ein außergerichtliches Vergleichsangebot des Rechteinhabers, welcher gegen Zahlung der geforderten Summe von einer gerichtlichen Verfolgung der ihm aufgrund der Urheberrechtsverletzung zustehenden Ersatzansprüche absieht. Die Abmahnung stellt dabei eine vom Gesetzgeber vorgesehene Methode dar, um Streitigkeiten aufgrund von Rechtsverletzungen außergerichtlich und dadurch schneller und kostengünstiger als in einem Gerichtsverfahren beizulegen. Die Zustellung der Abmahnung erfolgt durch die Rechtsanwälte der Rechteinhaber in der Regel auf dem einfachen Postweg. Diese ist auch ohne ein Einschreiben gültig, da der Abmahner letztlich nur nachweisen muss, dass die Abmahnung versendet wurde, und nicht, dass diese auch beim Empfänger angekommen ist. Auch ist eine Beilegung einer Vollmacht des Rechteinhabers nicht zwingend notwendig – nur wenige Gerichte vertreten dazu eine gegenteilige Ansicht.«

Quelle: Handbuch Filesharing, CC-Lizenz (BY 3.0) `http://creativecommons.org/licenses/by/3.0/de/`

Quelle(n): Rechtsanwalt Christian Solmecke, LL.M., Kanzlei WILDE BEUGER & SOLMECKE, Köln, `www.wbs-law.de`

Jetzt will die Bundesregierung die Verbraucher vor solchen Kosten besser schützen. Daher beschloss das Bundeskabinett im März 2013 einen entsprechenden Gesetzentwurf. Vorgesehen ist darin unter anderem, dass die Höhe der Abmahnungen von Verbrauchern durch Anwaltskanzleien bei Urheberrechtsverletzungen im Internet künftig gedeckelt wird. Im Entwurf steht, dass bei einer ersten Abmahnung künftig maximal 155,30 Euro in Rechnung gestellt werden dürfen. Das Gesetz soll verhindern, dass sich Anwaltskanzleien mit massenhaften Abmahnungen von Verbrauchern bei Bagatellverstößen gegen das Urheberrecht ihren Lebensunterhalt verdienen.

5.3 Filesharing und das Urheberrecht

Das Gesetz über Urheberrecht und verwandte Schutzrechte (UrhG – Urheberrechtsgesetz) besagt: Wer ein Werk schafft, ganz egal, ob es sich um ein Buch, einen Film oder Musik handelt, der soll auch über dessen Verwendung entscheiden dürfen und dafür entlohnt werden. Das trifft besonders auf Künstler, Musiker und Autoren zu, aber eigentlich auf jeden, der etwas schafft, malt, fotografiert. Man kann selbst entscheiden, was man mit den Stücken, Filmen oder Büchern machen will. Doch mit dem Internet kamen die Tauschbörsen: Musik und Filme ließen sich plötzlich mit wenigen Mausklicks auf den eigenen Computer herunterladen – natürlich umsonst.

Laut einer aktuellen Studie des deutschen Bundesverbandes der Musikindustrie laden sich 4,5 Millionen Deutsche Musikdateien, Filme oder ganze TV-Serien aus dem Internet herunter. Die wirtschaftlichen Schäden durch illegale Downloads veranschlagt die Internationale Handelskammer allein in Deutschland auf 1,2 Milliarden Euro. 34.000 Arbeitsplätze seien dadurch 2008 vernichtet worden. Und so kamen die Abmahnungen ins Spiel.

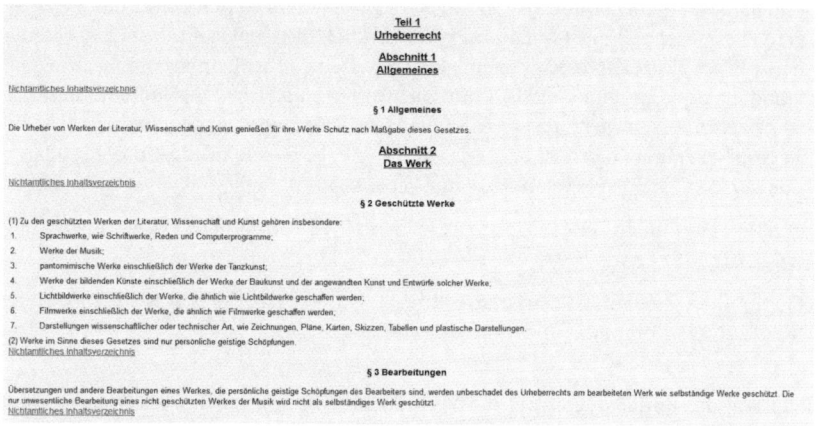

Abb. 5.2: Das Gesetz über Urheberrecht und verwandte Schutzrechte (Urheberrechtsgesetz)

Wie wird man überhaupt beim Filesharing erfasst?

Neben Filmen und Computerspielen ist das Downloaden von Musik bei Kindern und Jugendlichen seht beliebt. In den meisten Fällen handelt es sich dabei um sogenannte Peer-to-Peer-Netzwerke (P2P).

Wichtig

P2P ist die Bezeichnung für die Verbindung von zwei (oder mehr) Computern, meist über das Internet. Dabei sind beide Computer im technischen Sinne gleichberechtigt, sie können also Dateien versenden und empfangen. Der Begriff wird inzwischen über die rein technische Bedeutung hinaus synonym für den Datentausch über das Internet verwendet (*Filesharing*).

Jeder Rechner besitzt eine IP-Adresse: Das ist eine Adresse in Computernetzen, die – wie das Internet – auf dem Internetprotokoll (IP) basiert. Geräte, die an das Netz angebunden sind, bekommen so eine IP zugewiesen und sind damit erreichbar. Aber sie sind über den Provider auch zurückverfolgbar. Film- und Musikgesellschaften können so herausfinden, wer wann einen bestimmten Film oder eine Musikdatei heruntergeladen und für andere angeboten hat.

Allerdings passieren hier auch Fehler. Da die IP-Adressen immer wieder neu zugewiesen werden, kann bei der Zuordnung der IP-Adressen etwas falsch laufen. Der WDR berichtete, dass schon nachgewiesen werden konnte, »... dass bestimmte IP-Adressen, die mit einem unerlaubten Download in Verbindung gebracht wurden, in Wirklichkeit zu diesem Zeitpunkt gar nicht vergeben waren. In anderen Fällen wurde festgestellt, dass die zeitliche Zuordnung der IP-Adressen fehlerhaft war – zum Beispiel weil die Uhren der Computer oder der Software nicht korrekt eingestellt waren«. So wurde der Inhaber eines Internetanschlusses für eine Tat verantwortlich gemacht, die eigentlich ein Nutzer unmittelbar vor ihm begangen hatte, der kurz vorher diese IP-Adresse hatte. Das aber vor Gericht nachzuweisen ist kompliziert und teuer. (Quelle: WDR5, Sendung v. 27.09.2012)

Ansehen erlaubt: Was man bei YouTube, MySpace und anderen Anbietern darf

Bei YouTube, Flickr oder MySpace finden sich ganz viele Inhalte – meist Fotos und Videos, die die Person, die sie ins Internet gestellt hat, nicht selbst geschaffen hat.

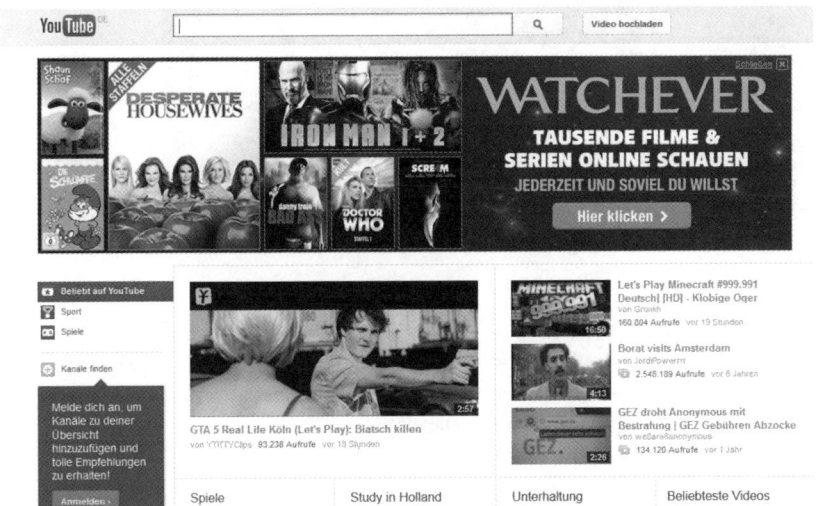

Abb. 5.3: Videodateien von YouTube darf man nicht ohne Erlaubnis des Urhebers verwenden.

Abb. 5.4: Bei Flickr lädt man Fotos und Videos hoch.

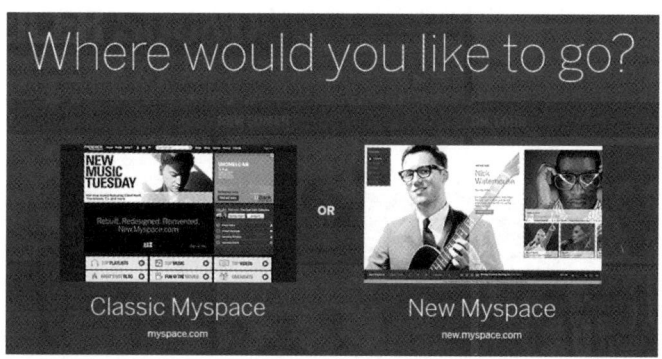

Abb. 5.5: MySpace: Hier kann man kostenlose Benutzerprofile mit Fotos, Videos, Blogs,
Gruppen usw. einrichten.

Videos bei YouTube darf man sich natürlich ansehen: Es ist unerheblich, ob sie
legal oder illegal dort eingestellt wurden. Das gilt natürlich auch für MySpace und
Flickr. Denn die bloße Ansicht eines Werkes ist – anders als unter Umständen ein
Download – urheberrechtlich unproblematisch.

Streaming

Beim Streaming werden keine dauerhaften Kopien auf dem Rechner des Nutzers
gespeichert. Allerdings werden die Dateien, rein technisch gesehen, temporär in
Zwischenspeichern, dem Arbeitsspeicher, oder im Browser-Cache des Empfänger-

rechners gespeichert. Auch solche vorübergehende Speicherungen sind grundsätzlich Vervielfältigungen, auch diese unterliegen dem Urheberrecht. Für sie gilt grundsätzlich auch die Privatkopieschranke und eine andere Ausnahmeregelung, die flüchtige Kopien grundsätzlich zulässt.

Wichtig

Stichwort Privatkopieschranke: Sind Privatkopien erlaubt?

In § 52 regelt das Urheberrechtsgesetz die Privatkopie: Als Privatkopie wird die Kopie eines urheberrechtlich geschützten Werkes für die nicht gewerbliche und nicht öffentliche Nutzung bezeichnet. Die Privatkopie eines rechtmäßig erworbenen Werkes – etwa einer Musik-CD oder eines Hörbuches – ist jedoch nicht zu verwechseln mit der illegalen Schwarzkopie. Mit dem Aufkommen von Aufzeichnungsgeräten wie Tonbandgerät, Video- oder Kassettenrekorder konnten auch Privatpersonen Werke vervielfältigen. Da eine Kontrolle der Haushalte nicht durchsetzbar war, wurde vom Gesetzgeber die legale Privatkopie eingeräumt. Zum finanziellen Ausgleich für die Urheber und Verwerter wurden Urheberabgaben eingeführt. Diese Geräte- und Leermedienabgabe beträgt derzeit in Deutschland zum Beispiel rund 17 Cent für einen DVD-Rohling und 9,21 Euro für einen DVD-Brenner. Für professionelle Hochleistungskopiergeräte werden bis zu 613,56 Euro abgeführt. Juristen streiten, wie viele Kopien im Rahmen der Privatkopieschranke hergestellt werden dürfen. Der Bundesgerichtshof entschied 1978, dass nicht mehr als sieben Kopien zulässig seien.

Weltweit ist die Privatkopie uneinheitlich geregelt: In Deutschland, Österreich und der Schweiz ist die Privatkopie unter gewissen Einschränkungen gesetzlich erlaubt. Innerhalb der Europäischen Union sieht die Richtlinie 2001/29/EG die Möglichkeit der Privatkopie vor, verpflichtet die Mitgliedstaaten jedoch nicht dazu, diese zu erlauben.

Quelle: `wikipedia.de/privatkopieschranke`

Was ist also verboten?

Wenn man selbst eine Fernsehsendung aufgezeichnet hat, darf man sie nicht bei YouTube hochladen. Man darf keine Musikdateien von einer CD oder aus dem Internet in einer Tauschbörse zur Verfügung stellen. Das nämlich sind »öffentliche Zugänglichmachungen«, die nur der Rechteinhaber des Werkes selbst hat. Das gilt auch für Texte. Angenommen, Ihr Kind hat eine Webseite: Es darf keine fremden Texte aus dem Internet kopieren und auf seine Webseite stellen, etwa einen Artikel aus der Zeitschrift BRAVO – nur mit Zustimmung des Autors. Das Urheberrecht wird nicht verletzt, wenn man einen Hyperlink auf einen Text setzt. Was man darf und was nicht, ist auf den Seiten von `www.legal-box.de` zusammengestellt.

Das darf man alles nicht:

- gebrannte Musik-CDs/DVDs verkaufen
- den Kopierschutz knacken und CDs/DVDs brennen
- CD/DVD-Cover von Original-CDs/DVDs bearbeiten, kopieren, verkaufen oder ins Netz stellen
- fremde Musik (also nicht selbst gemachte) in Tauschbörsen zum Download anbieten
- Musik-Download aus Tauschbörsen
- fremde Bilder, Musik, Filme, Texte unerlaubt auf Facebook, in Blogs, Foren posten oder auf die eigene Website stellen
- nicht autorisierte Konzertmitschnitte (Bootlegs) herstellen, kaufen oder verkaufen
- Songs covern (= nachsingen) und zum Beispiel bei YouTube verbreiten
  Quelle: www.legal-box.de

Am besten ist es, sich an diese Regel zu halten: Wer fremde Werke ins Netz stellen will, muss den Rechteinhaber fragen. Im Zweifel lieber nichts verwenden.

5.4 Copy & Paste: So schnell sind Texte geschrieben!

Hausaufgaben, Referate, Schülerzeitschriften – geschrieben wird immer. Oder besser: kopiert und eingefügt? Damit schlagen sich heute die Lehrer herum, aber natürlich finden sie unglaublich schnell heraus, wenn Schüler nicht ihre eigenen Werke abliefern, sondern das Internet bemühen.

Auch für Schülerzeitschriften gilt: Fotos, Grafiken oder Texte dürfen nicht ohne Erlaubnis des Urhebers verwendet werden – auch nicht, wenn die Quelle angegeben wird. Zu Recht können zum Beispiel Fotografen im Nachhinein ein Honorar verlangen, wenn sie herausfinden, dass in einem Beitrag ein Foto aus dem Internet geladen wurde.

5.4.1 Zitieren ist erlaubt

Ausdrücklich ist im Urheberrecht das Zitieren gestattet, ohne den Urheber oder seinen Vertreter, den Rechteinhaber (beispielsweise einen Verlag), um Erlaubnis zu fragen. Das gilt also auch für Zitate im Internet, auf Webseiten oder in Blogs. Auch hier gibt es natürlich ein Aber: Nämlich »sofern die Nutzung in ihrem Umfang durch den besonderen Zweck gerechtfertigt ist«, heißt es dazu im § 51 UrhG. Ganz lange Textpassagen – über mehrere Seiten – fallen nicht darunter. Es muss unbedingt eine innere Verbindung zwischen dem eigenen und dem zitierten Werk bestehen, das Zitat darf das eigene Werk, den eigenen Text, nur unterstützen. Zu viele Zitate, noch dazu, wenn nicht ganz deutlich wird, dass es überhaupt Zitate sind, bedeuten: Plagiat. Und was das bedeutet, haben in jüngster Vergangenheit einige prominente Fälle gezeigt.

5.4.2 Hausaufgabenhilfe: Kostenfalle?

In der Vergangenheit haben Verbraucherschützer immer wieder vor versteckten Kostenfallen im Internet gewarnt, die auf Hausaufgaben-Seiten im Internet lauern. Einige der genannten Seiten gibt es zum Glück nicht mehr, da der Gesetzgeber eindeutig geklärt hat, wie mit Abofallen umzugehen ist. Denn am 1. August 2012 trat die »Button-Lösung« in Kraft: Seitdem können sich Verbraucher auf Onlineportalen nur zu einer Zahlung verpflichten, wenn sie eine Schaltfläche (Button) anklicken, die eindeutig auf eine Zahlungspflicht hinweist.

Mehr zur Button-Lösung finden Sie in Kapitel 6.2.

> **Wichtig**
>
> § 104 Bürgerliches Gesetzbuch besagt, dass Kinder, die das siebte Lebensjahr noch nicht vollendet haben, geschäftsunfähig sind. Kinder unter sieben Jahren können gar keine wirksamen Rechtsgeschäfte tätigen. Minderjährige von sieben bis 17 Jahren können nur mit Zustimmung ihrer Eltern bzw. Sorgeberechtigten Geschäfte abschließen. Ein Vertrag, dem die Eltern nicht zugestimmt haben, ist unwirksam.

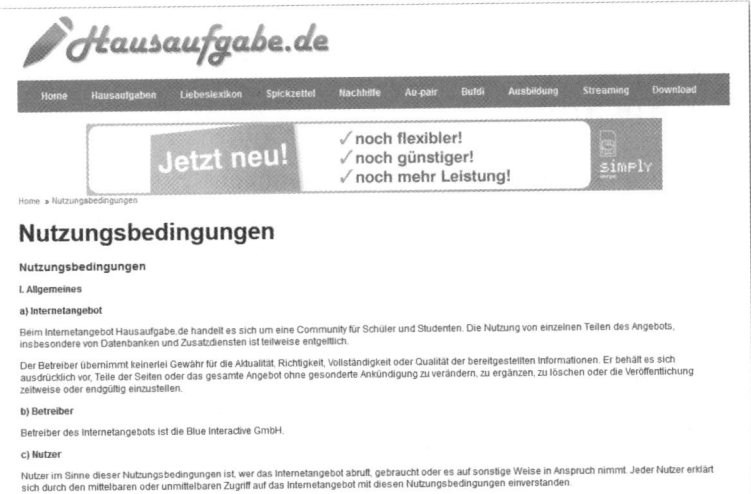

Abb. 5.6: Ein kostenpflichtiges Angebot für Hausaufgaben

In Kapitel 11 finden Sie zu diesem Thema ausführliche Informationen.

5.5   Illegale Downloads verhindern

Viele Drahtlos-Internetanschlüsse (WLAN) sind nicht ausreichend gesichert. Als besonders sicher gilt das WPA2-Verfahren. Der lässt sich in den Drahtloseinstellungen eines Computers auswählen. Hierbei wird der Anschluss nach Expertenaussagen so gut verschlüsselt, dass er ohne den entsprechenden Schlüssel nicht missbraucht werden kann.

Dazu kann man dann auch noch den Zugang auf ganz bestimmte Rechner beschränken, sodass man absolut sicher sein kann, dass niemand von außen ins Internet kommt. Und: Internetrouter können so eingestellt werden, dass sie zu bestimmten Zeiten, etwa in der Nacht, gar nicht ins Internet gehen. Auch auf diesem Weg können Sie also das Risiko eines Missbrauchs minimieren.

In jedem Fall sollte man natürlich mit allen Nutzern in einem Haushalt über die Risiken von illegalen Downloads sprechen. Denn nicht selten kommt es vor, dass sich im Laufe eines Verfahrens herausstellt, dass zum Beispiel doch eines der jugendlichen Kinder etwas heruntergeladen hat und sich der Illegalität möglicherweise gar nicht bewusst war.

5.6   Es geht auch legal! Mit Creative Commons

Wenn man sich an die Regeln hält, findet man viele Inhalte, die frei verfügbar sind. Unbedingt kennen sollten Sie die *Creative-Commons-Lizenz*.

5.6.1   Das kreative Allgemeingut: Creative-Commons-Lizenz

Creative Commons bedeutet so viel wie »kreatives Allgemeingut«. Es ist ein Urheberrechtssystem, das den Herausforderungen des digitalen Zeitalters gerecht wird. Urheber können beispielsweise erlauben, dass andere ihre Werke unter bestimmten Bedingungen kopieren. So soll es Urhebern und Konsumenten einfacher gemacht werden, kreative Werke zu nutzen, zu teilen und zugänglich zu machen.

Creative Commons ist eine gemeinnützige Organisation mit Hauptsitz in San Francisco. 2001 wurde dieses Lizenzsystem vom amerikanischen Verfassungsrechtler Lawrence Lessig sowie weiteren Juristen und Netzaktivisten entwickelt. Creative Commons ergänzt das restriktive Urheberrecht. Es ist ein Modell, das sich an den Grundwerten von Offenheit und Teilhabe orientiert. Für den deutschen Rechtsraum zuständig sind die Europäische EDV-Akademie des Rechts und das Institut für Rechtsinformatik der Universität des Saarlandes. Weltweit wurden bis 2011 Creative Commons an die Rechtssysteme von über 70 Ländern angepasst.

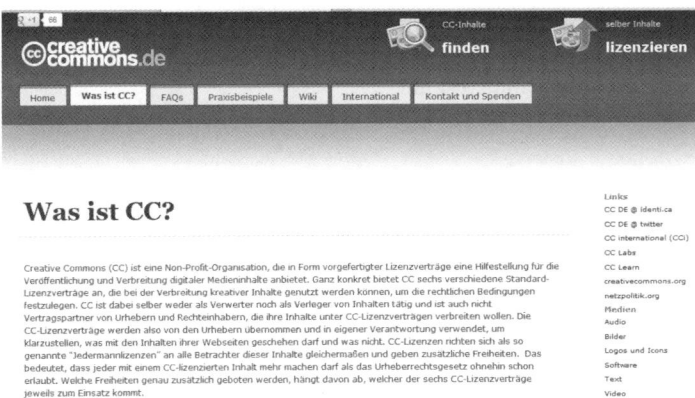

Abb. 5.7: Creative Commons

Inhalte von Creative Commons findet man im Internet: Die Lizenzierung ist so angelegt, dass sie über Suchmaschinen gefunden werden kann. Google, YouTube oder Yahoo und andere erlauben es, nach freien Inhalten zu suchen. Die Internetseite von Creative Commons hat ebenfalls eine Suchmaske: oben auf der Seite unter CC-INHALTE FINDEN.

Wenn man zum Beispiel bei Creative Commons über YouTube nach »lustigen hunden« sucht, wird man sofort zu YouTube geleitet.

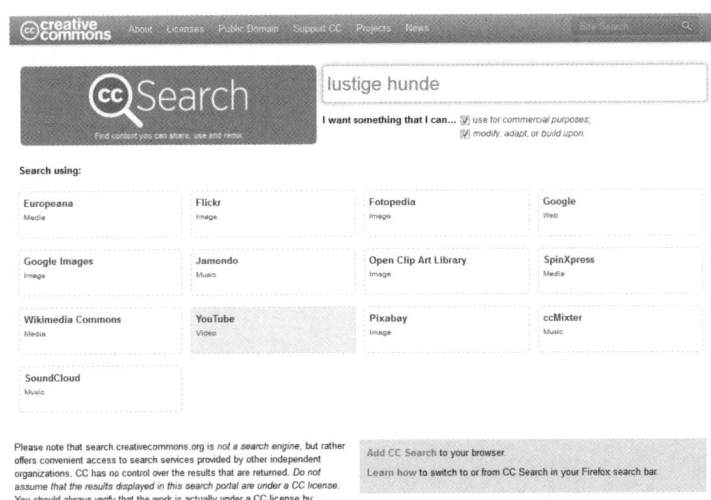

Abb. 5.8: Suche bei Creative Commons

Creative Commons bei YouTube

Auf der Website von YouTube sieht man im Suchfeld die Suchbegriffe, nach denen man die Creative Commons finden kann.

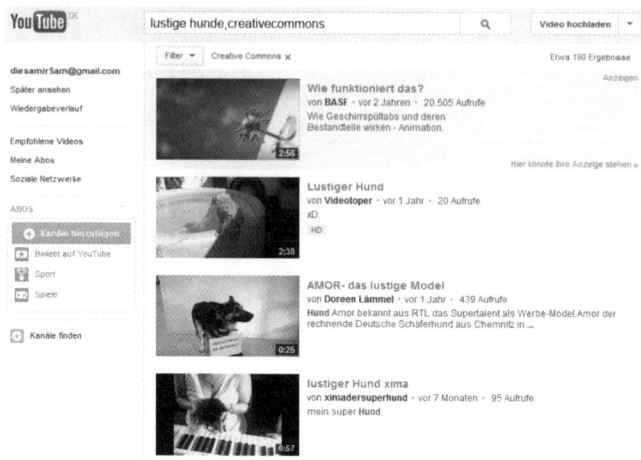

Abb. 5.9: Lustige Hunde bei YouTube

Die erste Auswahl: ein Hundevideo mit der Lizenz zum Weiterverwenden. Will man mehr über die Lizenzen sehen, muss man MEHR ANZEIGEN unter dem jeweiligen Video anklicken. Dort steht, ob man eine Creative-Commons-Lizenz vor sich hat oder die YouTube-Standardlizenz.

YouTube ist übrigens das Video-Internetportal von Google. Google hat inzwischen ein neues Lizenzsystem bei YouTube eingeführt. Ab sofort können Uploader ihre Videos unter eine Creative-Commons-Lizenz stellen. Das macht es einfacher, freie Inhalte zu finden.

> **Hinweis**
>
> **YouTube – Zahlen und Fakten**
>
> - Mehr als 1 Milliarde einzelner Nutzer besuchen YouTube jeden Monat.
> - Jeden Monat werden auf YouTube mehr als 4 Milliarden Stunden Videomaterial angesehen.
> - Pro Minute werden 72 Stunden Videomaterial auf YouTube hochgeladen.
> - 70 Prozent der YouTube-Zugriffe erfolgen außerhalb der USA.

- YouTube gibt es in 53 Ländern und 61 Sprachen.
- 2011 verzeichnete YouTube mehr als 1 Billion Aufrufe. Das entspricht ungefähr 140 Aufrufen je Mensch auf der Erde.

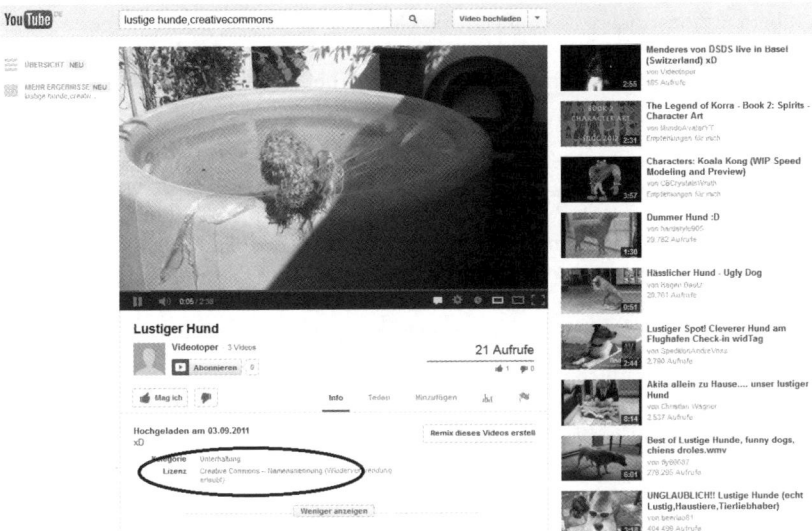

Abb. 5.10: Ein Video auf YouTube, das man weiterverwenden darf

Will man mehr über die Lizenzen wissen, findet man dazu auf YouTube schon reichlich Material.

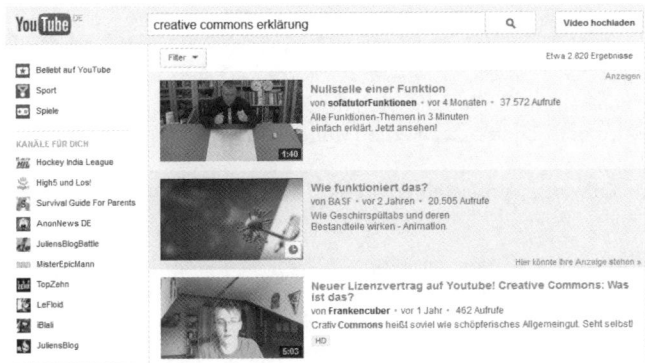

Abb. 5.11: Einige YouTube-Inhalte unter der Creative-Commons-Lizenz

Google hat eine Infoseite zu Creative Commons auf YouTube zusammengestellt.

Framing bei YouTube

Grundsätzlich besagt die YouTube-Standardlizenz Folgendes: Man darf sich ein Video bei YouTube ansehen und auch einen Link auf ein Video in seine Webseite einbetten. Alles andere ist ein Rechtsbereich, in dem sich gerade etwas bewegt. Bei so vielen Aufrufen und dem Einbinden in andere Websites ist nach Einschätzung des Bundesgerichtshofs eine Anpassung des Urheberrechts nötig. Die Richter diskutieren aber, ihre Entscheidung auf den kommerziellen Bereich einzugrenzen.

Denn da gab es den folgenden Fall: Die Klägerin, eine Firma, die Wasserfiltersysteme produziert, hatte einen zwei Minuten langen Film zur Wasserverschmutzung auf YouTube eingestellt. Zwei selbstständige Vertreter eines Konkurrenzunternehmens hatten dieses Video mit ihren eigenen Webseiten per Framing verbunden: Bei einem Klick auf einen elektronischen Verweis wurde der Film vom YouTube-Server abgerufen und in einem auf den Webseiten der Beklagten erscheinenden Rahmen (Frame) abgespielt. Und genau dieses Framing ist unter Juristen umstritten.

Ist das auch »öffentliches Zugänglichmachen« fremder Inhalte? Andere, wie im aktuellen Fall das Oberlandesgericht München, vertreten die Auffassung, Framing sei zulässig. Denn der fremde Inhalt ist auf einer anderen Seite gespeichert und sei dort auch abrufbar gemacht worden. Ein eingebettetes Video sei daher vergleichbar mit einem Link, der nur den Weg zu einem anderen Inhalt weist. Nun soll auch der Europäische Gerichtshof entscheiden. Sollte er in dem Framing einen Verstoß gegen das Urheberrecht sehen, drohen vielleicht auch unzähligen Facebook-Nutzern wieder Abmahnungen. Denn postet man einen Link zu einem YouTube-Video, bindet Facebook automatisch das entsprechende Video in den sogenannten *Embedded Player* ein. So würde schon das Verschicken eines Links eine Urheberrechtsverletzung sein. Es bleibt also abzuwarten, wie die Richter entscheiden. Also auch hier wieder: Vorsicht – lieber die Lizenz checken!

Wichtig

Auf der Seite von iRights.info, die sich intensiv mit dem Urheberrecht beschäftigt, gibt es zu dem Thema noch einen interessanten Aspekt.

»Einbetten von rechtswidrig eingestellten Videos: Mitverbreitung = Mitverantwortung?

Bettet man dagegen Videos ein, die vom jeweiligen Nutzer rechtswidrig auf die Plattform gestellt wurden, kann man unter Umständen als Mitstörer haften. Eine solche Haftung kommt in Betracht, weil man selbst für eine weitere Verbreitung des illegal online gestellten Videos sorgt, indem man über seine Seite einen neuen Zugangskanal eröffnet. Ob das in solchen Fällen tatsächlich so ist, ist bislang nicht gerichtlich geklärt worden.

Wenn das Video allerdings eindeutig rechtswidrig ist, wie es bei pornografischen, Gewalt verherrlichenden oder verfassungsfeindlichen (Stichwort: Hakenkreuze im Video) Inhalten der Fall ist, darf man keinen Link setzen und das Video nicht einbetten. Urheberrechtsverletzungen auf einer Videoplattform zu erkennen dürfte aber »normalen« Nutzern in den seltensten Fällen möglich sein.

Es gilt also auch hier: Rechtliche Recherchen anzustellen wird nicht verlangt, aber eindeutig rechtswidrige Videos sollte man (natürlich) nicht einbetten! Kann man die Rechtswidrigkeit nicht ohne Weiteres erkennen, muss man das Video im Zweifel nur umgehend entfernen, wenn man dazu aufgefordert wird, zum Beispiel vom Rechteinhaber.

In der Regel wird es für die Rechteinhaber aber ohnehin viel sinnvoller sein, bei der Quelle der eingebetteten Videos anzusetzen, also beim Portal, und sich nicht an die Webseitenbetreiber zu wenden, die es eingebettet haben. Wenn das Video von der Plattform verschwindet, sind automatisch auch die eingebetteten Videos nicht mehr sichtbar.«

Dieser Text ist im Rahmen der Themenreihe »Rechtsfragen im Netz« in Zusammenarbeit mit Klicksafe entstanden.

Ausprobieren: Creative Commons bei Flickr

Ähnlich funktioniert das bei Flickr: Gibt man »Creative Commons« in die Suche ein, bekommt man zunächst eine Übersicht über alle Lizenzvarianten.

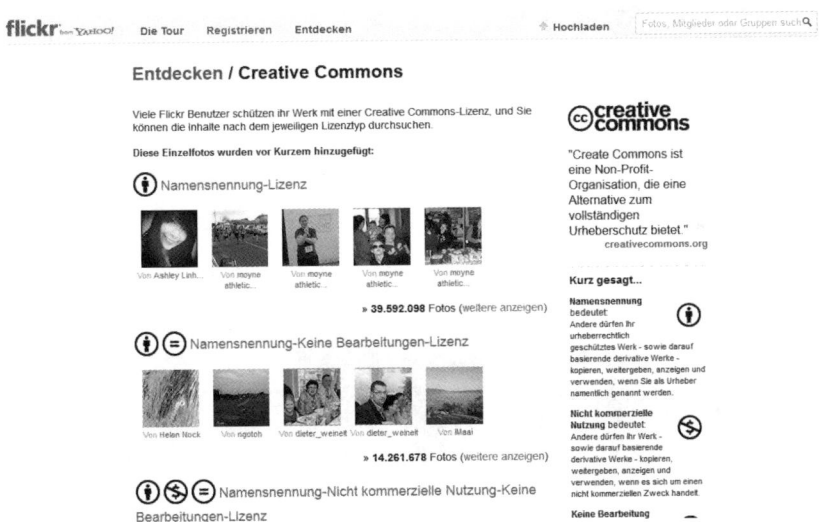

Abb. 5.12: Creative Commons bei Flickr

Es gibt nämlich unterschiedliche Arten von Lizenzen: Man muss den Namen des Urhebers nennen, man darf das Werk verwenden, aber nur nicht kommerziell, man darf es verwenden, aber nicht bearbeiten – also nicht verändern – und schließlich nur unter gleichen Bedingungen weitergeben. Alle Varianten sind miteinander kombinierbar – man muss also im Zweifel genau hinsehen.

Kurz gesagt...

Namensnennung
bedeutet:
Andere dürfen Ihr
urheberrechtlich
geschütztes Werk - sowie darauf
basierende derivative Werke -
kopieren, weitergeben, anzeigen und
verwenden, wenn Sie als Urheber
namentlich genannt werden.

**Nicht kommerzielle
Nutzung** bedeutet:
Andere dürfen Ihr Werk -
sowie darauf basierende
derivative Werke - kopieren,
weitergeben, anzeigen und
verwenden, wenn es sich um einen
nicht kommerziellen Zweck handelt.

Keine Bearbeitung
bedeutet:
Andere dürfen wortgetreue
Kopien Ihres Werks
kopieren, weitergeben, anzeigen und
verwenden, jedoch darf keine
Bearbeitung erfolgen.

**Weitergabe unter
gleichen
Bedingungen**
bedeutet:
Andere dürfen bearbeitete Werke nur
unter der gleichen Lizenz verbreiten,
die auch für Ihr Werk gilt.

Abb. 5.13: Flickr erklärt die CC-Lizenzen.

Das kann man ruhig ausprobieren.

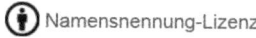 Namensnennung-Lizenz

Von Ashley Linh... | Von moyne athletic... | Von moyne athletic... | Von moyne athletic... | Von moyne athletic...

» moyne athletic club1 ...s (weitere anzeigen)

Abb. 5.14: Auswahl eines Bildes bei Flickr – nur Namensnennung-Lizenz: Hier ist es der Moyne Athletic Club.

Man kann das ausgewählte Bild oder die Bildunterschrift anklicken, dann erhält man eine neue Seite entweder mit dem ausgewählten Einzelbild oder mehreren Bildern des Anbieters.

Abb. 5.15: Fotoauswahl des Moyne Athletic Clubs

Klickt man nun ein Einzelbild an, sieht man auf der rechten Seite die Bestimmungen zu den Lizenzen.

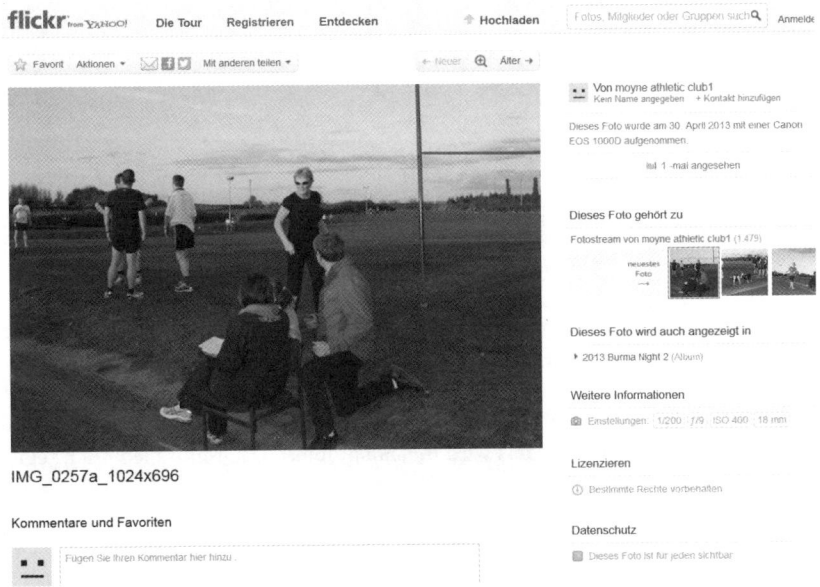

Abb. 5.16: Unter LIZENZIEREN erfährt man, was man mit dem Bild machen darf.

Man klickt auf Lizenzieren Bestimmte Rechte vorbehalten und sieht endlich die CC-Lizenz.

Namensnennung 2.0 US-amerikanisch (nicht portiert) (CC BY 2.0)

Diese "Commons Deed" ist lediglich eine vereinfachte Zusammenfassung des rechtsverbindlichen Lizenzvertrages in allgemeinverständlicher Sprache.

Haftungsbeschränkung

Sie dürfen:

das Werk bzw. den Inhalt vervielfältigen, verbreiten und öffentlich zugänglich machen

Abwandlungen und Bearbeitungen des Werkes bzw. Inhaltes anfertigen

das Werk kommerziell nutzen

Zu den folgenden Bedingungen:

Namensnennung — Sie müssen den Namen des Autors/Rechteinhabers in der von ihm festgelegten Weise nennen.

Wobei gilt:

Verzichtserklärung — Jede der vorgenannten Bedingungen kann **aufgehoben** werden, sofern Sie die ausdrückliche Einwilligung des Rechteinhabers dazu erhalten.

Public Domain (gemeinfreie oder nicht-schützbare Inhalte) — Soweit das Werk, der Inhalt oder irgendein Teil davon zur **Public Domain** der jeweiligen Rechtsordnung gehört, wird dieser Status von der Lizenz in keiner Weise berührt.

Sonstige Rechte — Die Lizenz hat keinerlei Einfluss auf die folgenden Rechte:

Abb. 5.17: Die Lizenzbestimmungen eines Fotos

Die Nutzung von CC ist übrigens vollkommen optional und muss vom Nutzer vorher festgelegt werden. Auch das wird mal ausprobiert. Dazu muss ich mich registrieren bzw. anmelden.

Wichtig

Versuchsweise habe ich mich mal als 13-Jährige ausgegeben – da gab es keine Einschränkungen! Wenn also Ihre Kinder Flickr nutzen, um hier Bilder für alle sichtbar anzulegen, sollten Sie mit ihnen vorher überlegen, ob alle Fotos sinnvoll sind. Die Datenschutzeinstellungen bei Flickr sollten Sie sich genau ansehen.

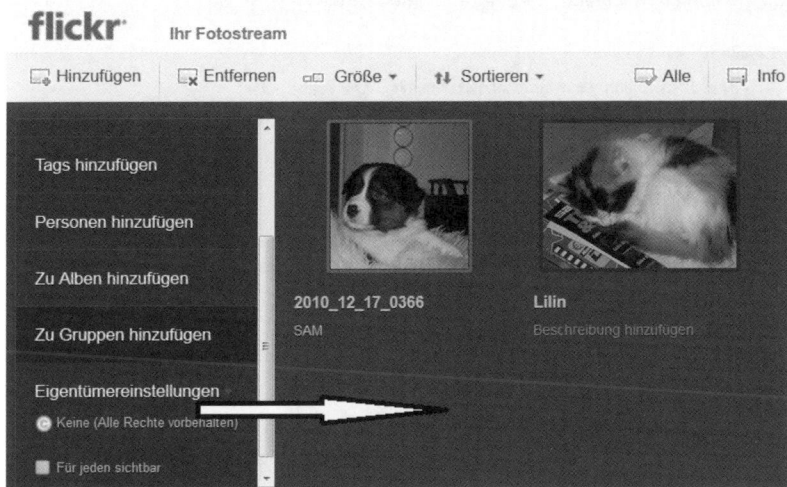

Abb. 5.18: Bilderupload bei Flickr und die Einstellungen

Sie sehen unter den EIGENTÜMEREINSTELLUNGEN, welche Rechte und welche Sichtbarkeit möglich sind.

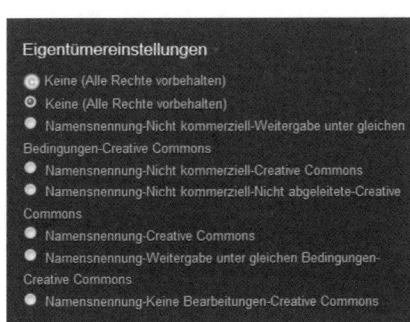

Abb. 5.19: Rechte bei Flickr

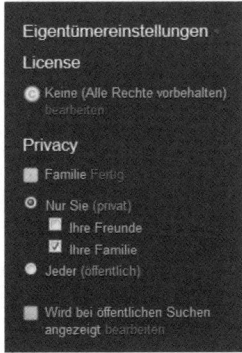

Abb. 5.20: Sichtbarkeit der Daten

Die Einstellungen muss man bei jedem einzelnen Bild vornehmen – die Grundeinstellungen sind so, dass man alle Rechte am Bild besitzt, aber jeder es sehen kann.

Beim Hochladen selbst sehen Sie dann noch einmal eine Übersicht über die Einstellungen.

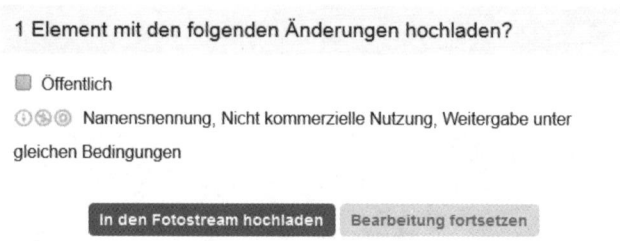

Auch nach dem Hochladen lassen sich die Änderungen verwerfen und neu einstellen: und zwar über BEARBEITEN.

Abb. 5.21: Übersicht über Fotos bei Flickr

5.6.2   Google-Suche mit Nutzungsrechten

Man kann auch schon gleich bei der Google-Suche die Nutzungsrechte definieren – und zwar über die ERWEITERTE SUCHE. Man gibt also ins Google-Suchfeld einen Suchbegriff ein. In meinem Fall sind es Hörbücher für Kinder. Die erweiterte Suche steht bei Google unten auf der Seite.

Erweiterte Suche

Seiten suchen, die...

alle diese Wörter enthalten: `hörbücher kinderhörbücher kostenlos`

genau dieses Wort oder diese Wortgruppe enthalten:

eines dieser Wörter enthalten:

keines der folgenden Wörter enthalten:

Zahlen enthalten im Bereich von: bis

Ergebnisse eingrenzen...

Sprache: Deutsch

Land: alle Regionen

Letzte Aktualisierung: ohne Zeitbegrenzung

Website oder Domain:

Begriffe erscheinen: irgendwo auf der Seite

SafeSearch:

   Aus   Moderat   Strikt

Dateityp: alle Formate

Nutzungsrechte: frei zu nutzen oder weiterzugeben

Erweiterte Suche

Abb. 5.22: Suche bei Google unter ERWEITERTE SUCHE

Klicken Sie auf ERWEITERTE SUCHE.

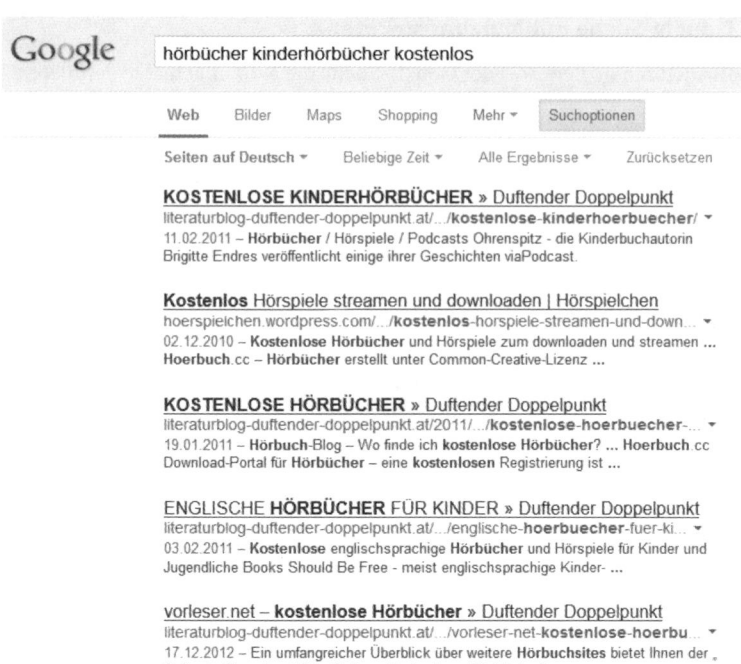

Abb. 5.23: Treffer bei Google: kostenlose Hörbücher

Da sind direkt ein paar Treffer bei!

5.7 Legale Downloads

Wie man legal etwas auf seinen Rechner lädt, probieren wir an mehreren Seiten im Internet einmal aus. Hier jede nur mögliche Seite zu nennen sprengt den Rahmen dieses Buches, aber Sie finden hier eine Auswahl selbst getesteter und von anderen getesteter Seiten.

5.7.1 Musik kostenlos: legale Downloadquellen

Auch wenn der Name etwas anderes vermuten lässt, so ist Tonspion (www.ton-spion.de) eine sichere Quelle für Musik. Die Betreiber durchsuchen aktuell das Internet nach freien Downloadquellen. Rund um die Seite ist allerdings viel Werbung zu sehen.

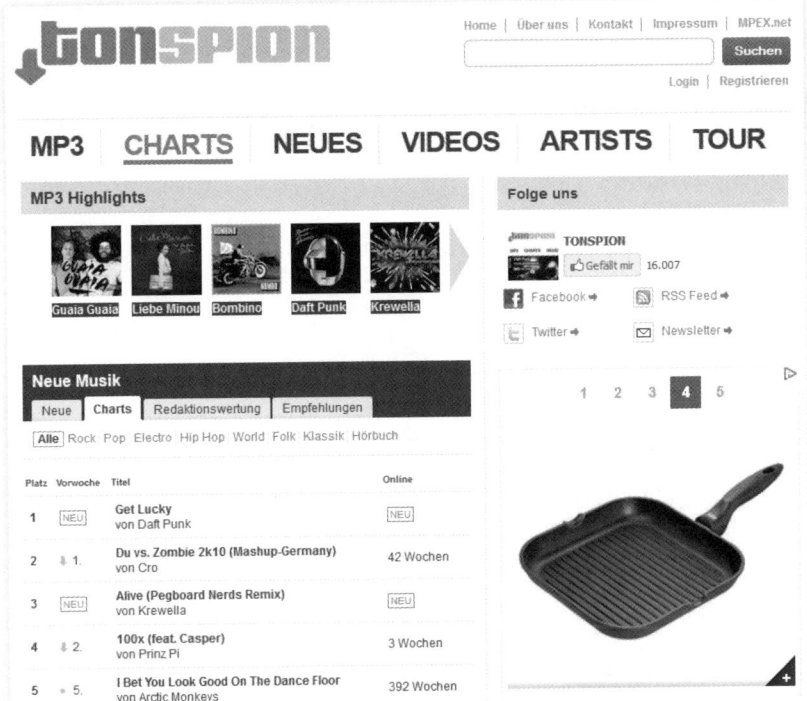

Abb. 5.24: Legale Downloads stellt Tonspion zur Verfügung.

Tonspion sagt selbst:

> Tonspion verweist zum Download auf Angebote, die von Künstlern und Labels mit neuen MP3s versorgt werden, um auf neue Alben aufmerksam zu machen. Da wir zu den diversen Anbietern im WWW verweisen, ist das Angebot legal, und unsere Nutzer sind absolut auf der sicheren Seite. Wir arbeiten seit vielen Jahren intensiv mit den wichtigsten Labels zusammen, darunter alle Major-Plattenfirmen (Universal, EMI, Warner und Sony Music) und unzählige Independent-Labels, die uns regelmäßig kostenlose Musik zur Verfügung stellen. Aus dem Überangebot kostenloser, legaler Musik im Netz stellen wir eine Auswahl redaktionell vor.

Grundsätzlich sind dennoch alle Musikstücke urheberrechtlich geschützt. Unproblematisch ist das Verlinken einer Webseite, sofern sie nicht offensichtlich illegal ist.

Eine andere Quelle für kostenlose Musik ist Spotify – ein Streaming-Dienst, der Songs zum Abruf über das Internet anbietet: nicht als Download, sondern als Stream. Zur Erinnerung: Einen Download kann man kopieren und auf dem MP3-

Player nutzen, ein Audiostream ist nur flüchtig, also temporär und nicht zur Aufnahme oder Weiterverwendung geeignet.

Abb. 5.25: Spotify bietet im Streaming-Verfahren Musik kostenlos an.

Einzig Spotify bietet dauerhaft und uneingeschränkt kostenlosen Zugang. Doch dafür will der Dienst auf das Facebook-Konto zugreifen. Zum Glück geht aber auch ohne Facebook eine Registrierung durch, man muss lediglich mindestens 13 Jahre alt sein (wie bei Facebook).

Abb. 5.26: Registrieren bei Spotify

Dann kann man sich das Programm herunterladen. Man muss es AUSFÜHREN, dann lädt es.

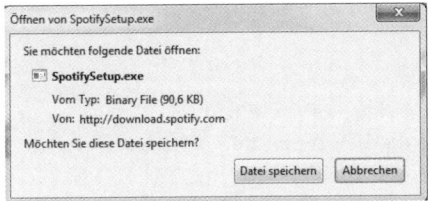

Abb. 5.27: Spotify speichern ...

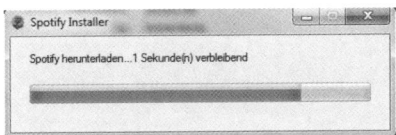

Abb. 5.28: ... und den Fortschritt der Installation sehen

Wenn man sich doch über Facebook anmeldet, muss ja nicht jeder sehen, was man hört. Dafür kann man bei Spotify unter BEARBEITEN und im Kontextmenü über EINSTELLUNGEN die entsprechenden Haken herausnehmen. Außerdem kann man unterhalb seines Benutzernamens eine sogenannte *Private Session* ausführen – auch so wird das, was man hört, nicht an andere weitergegeben.

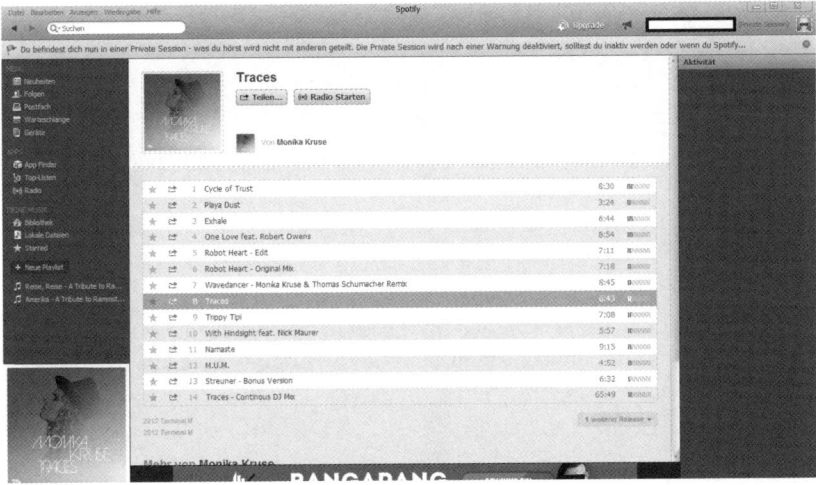

Abb. 5.29: Bei Spotify findet man fast jede Musik.

Man kann sich ganze Playlisten erstellen und sich jede Menge Musik zusammenstellen. Zwischendurch wird allerdings Werbung eingeblendet. Wen das nervt, der kann Spotify auch kostenpflichtig bekommen. In der Premium-Version kann man dann Musik auch offline auf allen Geräten inklusive Smartphone hören.

5.7.2 Hörbücher für Kinder

Auf der Seite www.vorleser.net, einem Angebot des Buchfunk Verlags, gibt es alles Mögliche an Literatur für Kinder, die lieber mal hören als lesen wollen – warum auch nicht –, und das ist kostenlos.

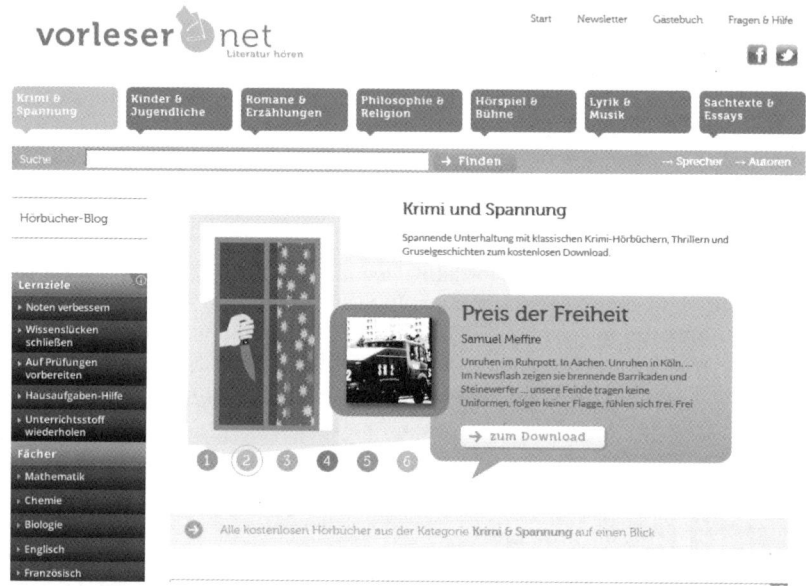

Abb. 5.30: Auf vorleser.net findet man kostenlose Hörbücher, aber auch Lyrik und Hörspiele.

Natürlich findet man dort auch Werbung – etwa links, wenn man auf die Fächer klickt. Wenn man die ignoriert und aus dem Menü zum Beispiel KRIMI & SPANNUNG wählt kommt man nach einigem Probieren zum kostenlosen Download.

Nun schwebt ein neues Fenster herein, wieder mit Werbung, die man ignorieren kann. Man muss noch einmal auf HÖRBUCH DOWNLOADEN klicken.

Abb. 5.31: Download eines Hörbuches

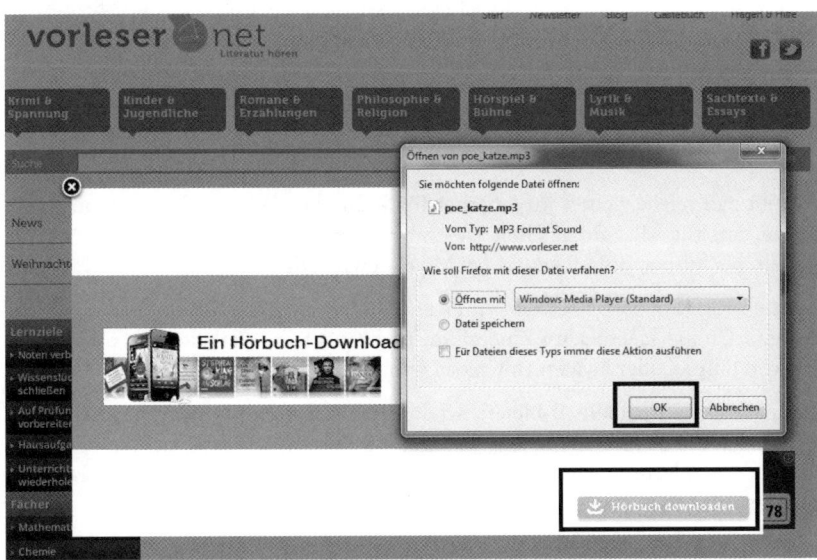

Abb. 5.32: Nach einigen Klicks beginnt der Download.

> **Tipp**
>
> »Nicht alles, was geht, ist auch erlaubt! Downloaden, tauschen, online stellen«
> – so lautet der Titel einer Broschüre zum Thema Urheberrecht im Alltag. Herausgegeben wurde die Broschüre von Klicksafe. Auf 54 Seiten informiert sie ausführlich über das Thema Download und bietet auch Arbeitsblätter zum Thema an.

5.7.3 Filme legal leihen und laden

Kostenlos und legal Filme schauen – das geht natürlich. Es gibt Anbieter wie www.maxdome.de und free.videoload.de, die auch kostenlose Filme anbieten. Andere Anbieter wie Watchever bieten Serien mit der Option, den Dienst 30 Tage lang kostenlos zu nutzen.

> **Wichtig**
>
> Sehr beliebt bei Jugendlichen wie Erwachsenen ist Kino.to: Die Computerzeitschrift Chip online rät jedoch von Kino.to ab. Noch sei nach Ansicht der Gesellschaft zur Verfolgung von Urheberrechtsverletzungen Kino.to urheberrechtlich nicht erfasst und daher auch nicht strafbar. Unter Juristen streite man sich, ob das Ansehen erlaubt ist, da illegal eine Kopie des Films angelegt werde. »Legal hin oder her, auf den Seiten wimmelt es von Abofallen. Also Finger weg!«, warnt die Zeitschrift.

Es gibt zahlreiche Seiten im Internet für kostenlose oder auch kostenpflichtige Filme, auf die alle einzugehen ist etwas langweilig. Und außerdem sind die Regeln bei Filmen dieselben wie bei Musikdownloads.

Speziell für Kinder gibt es den Anbieter Kinderkino (www.kinderkino.de), der wie eine Onlinevideothek für Kinderfilme und Kinderserien arbeitet und das Streaming von Filmen oder legalen Download anbietet.

Außerdem vom selben Anbieter: Kinderfilme kostenlos. Kinderkino bietet mit Kinderkino-Kostenlos.de zudem einen Kinderfilm-Gratisbereich, in dem viele bekannte Kinderfilme kostenlos angeschaut werden können. Dieses Angebot wird regelmäßig aktualisiert.

Abb. 5.33: Filme, Serien und Lernkino auf Kinderkino.de

5.8 Zusammenfassung

Fazit: Am Anfang dieses Kapitels hieß es: Nichts ist so leicht wie ein Download. Nun wissen Sie es: Nichts ist so komplex wie das Urheberrecht.

Sie kennen jetzt die Grenzen des Urheberrechts und die Grauzone beim Filesharing. Sie sind hoffentlich nicht unter den 4,3 Millionen Menschen, die wegen Urheberrechtsverletzungen abgemahnt wurden. Sie wissen jetzt, dass Sie sich bei Inhalten im Internet über Lizenzen informieren können, und kennen die Creative-Commons-Lizenz. Außerdem kennen Sie einige legale Downloadquellen für Musik und Filme und Hörbücher für Kinder.

Kapitel 6

Abofallen und Abzocke

Nicht nur Kinder und Jugendliche werden im Internet gelockt: Gewinnspiele, Grußkarten, Führerscheintests, Seiten mit Spielen oder Softwareprogrammen, Frei-SMS, Routenplanern und Rezeptvorschlägen locken genauso die Erwachsenen. Mit auf den ersten Blick kostenlosen Webangeboten zieht man den ahnungslosen Usern das Geld aus der Tasche.

In diesem Kapitel lernen Sie die am meisten verbreiteten Maschen kennen und vor allem aber, wie Sie damit umgehen und da wieder herauskommen. Sie erfahren etwas über die Button-Lösung und deren Umgehung – und wie Sie sich und Ihre Kinder schützen können.

6.1 Die Abzock-Maschen

Über Suchmaschinen gelangen die meisten Nutzer auf unseriöse Seiten – die allerdings oft seriös gestaltet sind. Dabei sind die Anbieter geschickt und sorgen dafür, dass diese Seiten möglichst weit oben in den Suchmaschinen ausgegeben werden. Sie posten Werbung vor allem bei Google. Ein Beispiel war eine Webseite, die inzwischen abgeschaltet ist: abcload.net. Man musste sich registrieren, um kostenlose Downloads, sogenannte Freeware, zu erhalten. Doch mit der Registrierung wurden 60 Euro pro Jahr fällig. Der Hinweis darauf war so gut versteckt, dass Tausende von gutgläubigen Menschen darauf reingefallen sind.

Tipp

Die Zeitschrift COMPUTER BILD hat eine Datenbank auf der Webseite www.computerbild.de/internet-abzocke eingerichtet – hier kann man eine alphabetisch angelegte Liste einsehen. Viele der dort genannten Seiten existieren nicht mehr und sind teilweise durch ähnliche Seiten ersetzt worden. COMPUTER BILD bietet übrigens auf der Internetseite ein Programm an: den COMPUTER BILD-Abzock-Schutz.

Abb. 6.1: COMPUTER BILD hat eine Datenbank veröffentlicht mit Webseiten, auf denen sich Abofallen verstecken.

Das Programm COMPUTER BILD-Abzock-Schutz habe ich versuchsweise heruntergeladen. Es soll als Add-on (das ist eine Erweiterung) des Browsers vor Seiten warnen, die User abzocken. Danach bin ich auf eine Webseite gegangen, vor der die Webseite Abzockenews.de warnt: www.mega-einkaufsquellen.de.

Auf diese Seite gehe ich im Abschnitt »Umgehung der Button-Lösung« noch genauer ein.

Weitere Tricks: Mit Tests und Gewinnspielen fängt man Kunden. Mit vermeintlich attraktiven Gewinnspielen und scheinbar kostenlosen Tests wird zum Klicken angeregt. Die Kosten der Angebote werden verschleiert.

Zahlreiche Abzocker versenden Spam-Mails. Viele Dienste wie Kontaktbörsen oder Tests aller Art kommen als Werbe-E-Mails ins E-Mail-Postfach.

Abb. 6.2: Warnung vor der Seite www.mega-einkaufsquellen.de

Eine andere Masche lauert auf Filmseiten. Hier locken Abzocker ihre Opfer mit einer eigentlich kostenlosen Video-Abspielsoftware. Klickt man darauf, landet man auf der eigentlichen Abzock-Seite. Man gibt seine Adresse ein, und kurze Zeit später kommt die Rechnung.

Das Problem ist, dass man selten Lust hat, einen langen, umständlich formulierten Text gründlich zu lesen, das Kleingedruckte im Internet ist fast immer genauso kompliziert wie das Kleingedruckte in Papierform. Diese Unachtsamkeit kostet, manchmal sind es nur 25 Euro, manchmal 200 Euro. Kinder lesen die Allgemeinen Geschäftsbedingungen ohnehin wohl eher selten. In manchen Fällen aber findet man den Kostenhinweis lediglich genau dort im Kleingedruckten. Die Verbraucherzentrale Nordrhein-Westfalen hat einen Überblick veröffentlicht, wie Abzock-Seiten gestaltet sind.

- Die Gestaltung dient ebenfalls dazu, den Preis zu verschleiern. Mangelnder Kontrast, hellblaue oder hellgraue Farbe der Schrift sind sehr beliebt. Natürlich ist der Preishinweis nicht fett gedruckt oder anderweitig drucktechnisch hervorgehoben. Auch das Euro-Zeichen (»€«) wird ungern verwendet, »Euro« ausgeschrieben verschwindet deutlich besser im Fließtext. Oft wird auch der Betrag nicht in Ziffern geschrieben, sondern ebenfalls ausgeschrieben (zum Beispiel neun Euro pro Monat statt 9,00 €/Monat).

- Das Häkchen beim Widerruf: Auf manchen Internetseiten verzichtet man angeblich bereits bei der Anmeldung durch schlichtes Setzen eines kleinen Häkchens auf sein gesetzliches Widerrufsrecht. Nach Auffassung der Verbraucherzentrale reicht dieses Häkchen aber nicht aus, um wirksam auf das Widerrufsrecht zu verzichten.

■ Erschlichene Daten: Ein weiterer Köder sind Sach- und Geldgewinne. Da werden Handys, Spielekonsolen, Digitalkameras und vieles mehr ausgelobt. Die versprochenen Gewinne sollen zum einen von den Kosten ablenken und zum anderen kommen die Betreiber so an persönliche Daten. Damit man den Gewinn auch erhält, gibt man natürlich seine persönlichen Daten, wie beispielsweise Name, Anschrift und E-Mail, aber auch Alter und Geschlecht in das dafür vorgesehene Feld ein.

■ Versteckte Anbieter: Die Anbieter verstecken sich in aller Regel. Im Impressum, das zur Informations- und der Anbieterkennzeichnung dient, müssen der Name und die Anschrift des Dienstanbieters stehen, aber auch Daten zur Kontaktaufnahme wie Telefonnummer oder E-Mail-Adresse. Bei unseriösen Anbietern der jeweiligen Seiten ist meistens nur eine Adresse im Ausland angegeben. Hinter deutschen Adressen steckt oft nur ein Briefkasten, hinter Telefonnummern nur eine Bandansage. Außerdem schließen diese Seiten oft nach kurzer Zeit und werden unter leicht geänderten Namen und mit einem neuen Impressum mit der gleichen Masche fortgesetzt. Beliebte Standorte der Betreiber sind Großbritannien samt (ehemaligen) Kolonien, wie zum Beispiel die British Virgin Islands, aber auch die Arabischen Emirate oder die Schweiz.

■ Irreführende Internetadresse: Manche Anbieter verwenden Internetadressen, die weitgehend identisch sind mit denen seriöser Institutionen. Beispiel: »www.berufs-wahl.de« unterscheidet sich allein durch den Bindestrich von »www.berufswahl.de«, der offiziellen Plattform der Bundesagentur für Arbeit zur Studien- und Berufswahl.

Quelle: https://www.vz-nrw.de/abzocke

6.1.1 Die meisten Verträge mit Minderjährigen sind unwirksam

In Kapitel 11 erfahren Sie noch einmal mehr über die Rechtslage – hier zunächst der wichtige Hinweis: Minderjährige, die das siebte Lebensjahr nicht vollendet haben, sind grundsätzlich **geschäftsunfähig**. Ein Vertragsschluss mit ihnen ist daher **unwirksam**.

Vom siebten bis zum vollendeten 18. Lebensjahr sind Minderjährige beschränkt geschäftsfähig. Im Klartext: Die meisten Rechtsgeschäfte, die beschränkt Geschäftsfähige schließen, sind unwirksam, wenn die Eltern **nicht eingewilligt** haben. Als Eltern haben Sie das Recht, dem Kauf oder dem Abonnement nachträglich zuzustimmen oder ihn bzw. es abzulehnen.

Haben Minderjährige den vermeintlichen Vertrag abgeschlossen, sollten die Erziehungsberechtigten dem Anbieter mitteilen, dass der Vertrag unwirksam ist und nicht genehmigt wird. Dabei helfen Musterbriefe, die die Verbraucherzentralen im Internet (zum Beispiel unter www.vz-nrw.de/Abzocke-im-Internet-1) anbieten.

6.1.2 Grundsätzlich gilt das Widerrufsrecht

Bei Geschäften im Internet gelten die Vorschriften über Fernabsatzverträge. Danach kann man den Kaufvertrag innerhalb von zwei Wochen widerrufen oder die Ware zurückgeben. Das gilt auch für Verträge über Waren, die auf Internetauktionen von einem Händler ersteigert wurden. Das gilt aber nicht für extra angefertigte Ware wie Pizza, die man ja auch online bestellen kann.

Der Beginn der Widerrufsfrist setzt zunächst voraus, dass der Käufer schriftlich etwa über eine E-Mail oder mit einem Brief ordnungsgemäß über sein Widerrufsrecht belehrt wurde und der Unternehmer seine Informationspflichten spätestens bei Vertragsschluss vollständig erfüllt hat. Die Frist beginnt dann beim Kauf von Waren, wenn der Käufer die Ware erhalten hat.

Bei »ordentlichen« Händlern ist das kein Problem – spätestens mit der Bestätigungsmail bekommen Sie so eine oder ähnliche Widerrufsbelehrung.

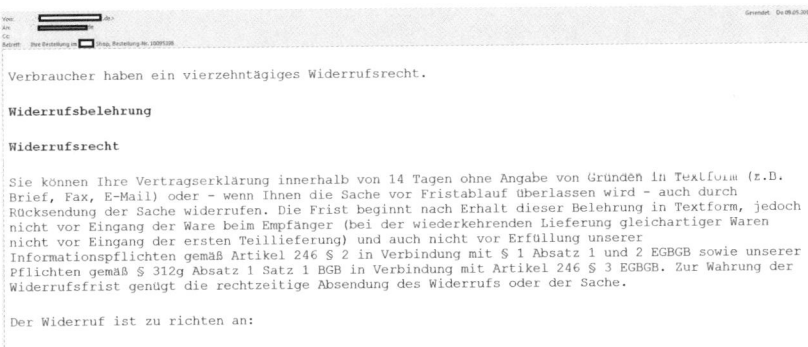

Abb. 6.3: So sieht eine Widerrufsbelehrung aus.

Hinweis

Wermutstropfen beim Onlinehandel

Der Handel im Internet boomt, er ist bequem, das 14-tägige kostenlose Rückgaberecht bei Händlern wie Zalando macht das Leben richtig einfach – man bestellt alles, was einem gefällt, zurückschicken kostet ja nichts. Nach Informationen der Süddeutschen Zeitung wird ungefähr jedes dritte bestellte Produkt zurückgeschickt, das sind über 250 Millionen Retourpakete jährlich. Die Leidtragenden sind die Händler vor Ort, bei denen die Kunden höchstens zum Anprobieren vorbeischauen oder sich beraten lassen. Die Leidtragenden sind auch die unzähligen Paketzusteller, die für Dumpinglöhne die Ware möglichst am Tag nach der Bestellung ins Haus bringen. Das Handelsblatt hat dazu im Mai 2013 den nachdenklich stimmenden Beitrag »Die Schattenseiten des Online-Handels« veröffentlicht.

6.2 Die Button-Lösung

Nach der aktuellen Rechtsprechung kommt ein wirksamer kostenpflichtiger Vertrag im Internet nur dann zustande, wenn sich aus der Beschriftung der Schaltfläche, des sogenannten Buttons – mit dem gibt der Verbraucher seine Bestellung ab –, eindeutig und gut lesbar ergibt, dass er sich zu einer Zahlung verpflichtet.

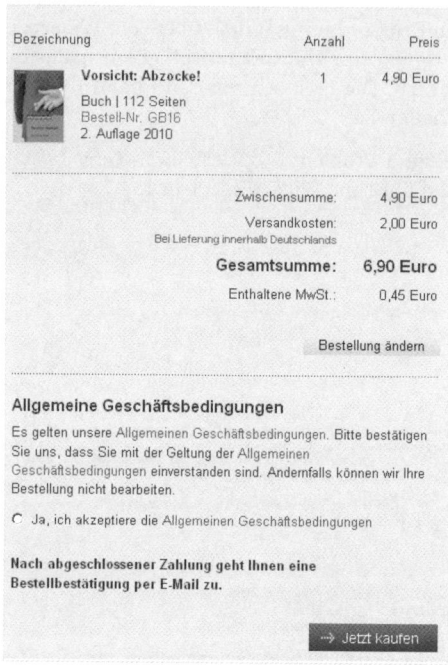

Abb. 6.4: So sieht eine korrekte Bestellung mit Button-Lösung aus – Beispiel der Verbraucherzentrale Nordrhein-Westfalen.

§ 312g Abs. 3 Bürgerliches Gesetzbuch bestimmt, dass der Button mit nichts anderem beschriftet sein darf als mit einer Formulierung »zahlungspflichtig bestellen« oder vergleichbaren Worten. Wenn der Button nur »Bestellen« oder »Anmelden« heißt, kommt kein wirksamer Vertrag zustande, und das bedeutet, man muss nichts zahlen.

Außerdem hat man ein gesetzliches Widerrufsrecht von 14 Tagen: Innerhalb dieser Frist kann man von dem Vertrag zurücktreten – ein Recht, das für die meisten Internetgeschäfte gilt. Und wenn der Anbieter nicht über dieses Widerrufsrecht informiert hat, kann der Vertrag unbefristet widerrufen werden.

Hinweis

Das Gesetz sieht als Beschriftung des Buttons die Formulierung »zahlungspflichtig bestellen« vor. Andere Formulierungen wie »kaufen« sind möglich, solange sie eindeutig auf die Kostenpflicht hinweisen. Die Formulierung muss gut lesbar sein. Grundsätzlich ist die Gestaltung der Schaltfläche frei wählbar, und alle möglichen grafischen Gestaltungselemente sind erlaubt, solange sie eindeutig sind. Allerdings muss die Farbe der Schaltfläche im Verhältnis zum Hintergrund kontrastreich und damit auffällig sein.

6.2.1 Raffiniert: Umgehung der Button-Lösung

Nun hatte der Gesetzgeber gedacht, mit der Button-Lösung wäre die Welt wieder in Ordnung, aber es kommt natürlich anders. Die Button-Lösung gilt nämlich nur für Verbraucher – nicht für Gewerbetreibende, den sogenannten B2B(Business-to-Business)-Bereich. Deshalb ist größte Vorsicht geboten, wenn man eine Bestellung über ein Portal für Geschäftskunden absendet.

Und hier finden wir unsere Seite wieder, vor der COMPUTER BILD gewarnt hatte: www.mega-einkaufsquellen.de.

Abb. 6.5: Achtung: Hier locken Kostenfallen!

Die verlockenden Angebote, die Sie sehen, sind optisch sehr gut präsentiert – wer möchte denn kein MacBook Pro für 199,00 Euro? Aber man muss sich anmelden, um als Händler, Unternehmer oder eBay-Power-Seller dort zuschlagen zu können. Nehmen wir einmal an, Sie sind 14 Jahre alt und träumen vom besagten MacBook. Sie geben eine entsprechende Suche in die Suchmaschine ein und landen zufällig auf dieser Seite. Auch bei Facebook wirbt die Seite.

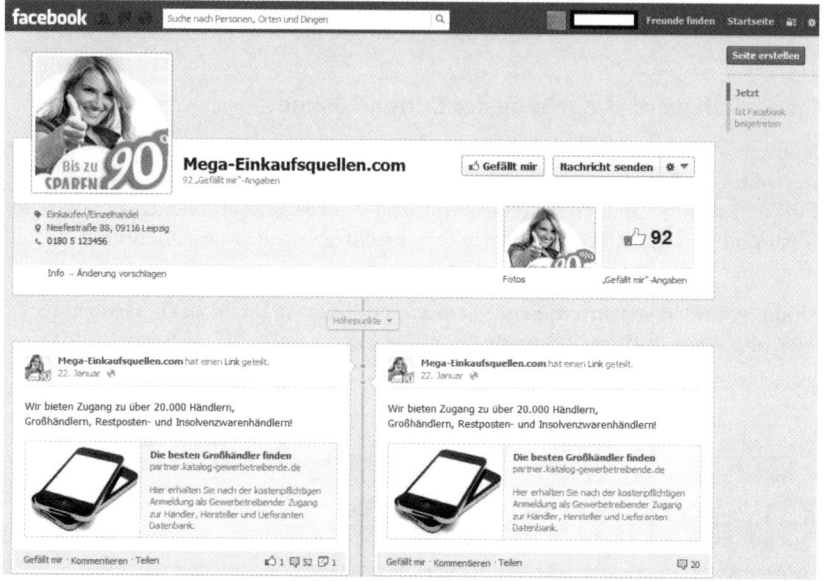

Abb. 6.6: Werbeseite bei Facebook

Die Seite wirbt damit, dass Sie Zugang zu Händlern und Großhändlern bekommen, was immer mit Zugang gemeint ist. Sie denken sich, egal, ich melde mich erst einmal an, mal sehen, was passiert. Dann landen Sie nämlich auf der Seite aus Abbildung 6.7.

Allzu viele Daten werden nicht erfragt – schon gar keine Altersangabe. Ganz oben steht, dass außer Gewerbetreibenden auch »selbständige Freiberufler« die Seite nutzen dürfen. Das ist ja nett – das denkt auch ein 14-Jähriger, der im günstigsten Fall aber nun seine Eltern anspricht und sie fragt, ob das denn nichts wäre, um günstig an das MacBook zu kommen.

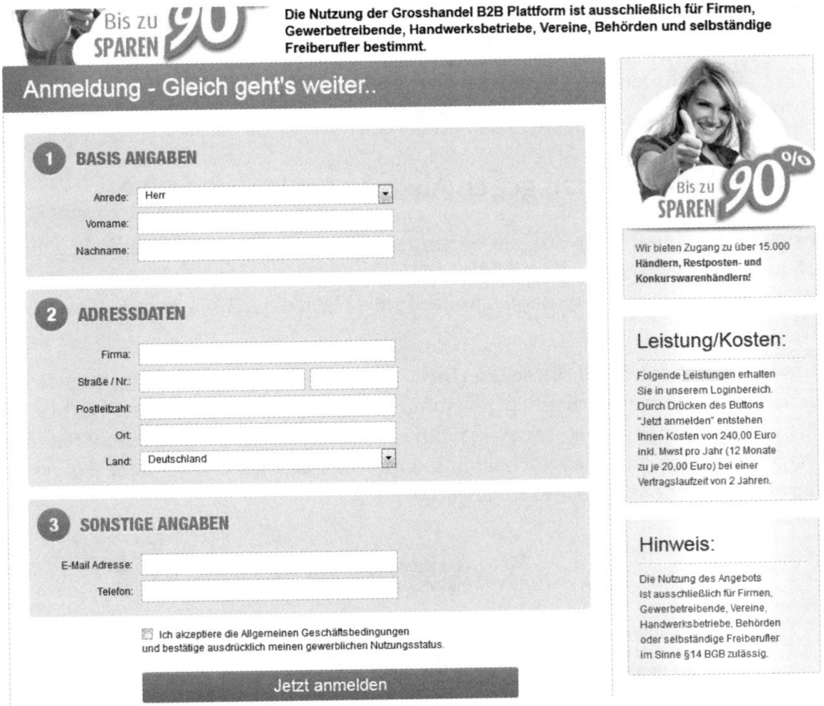

Die Nutzung der Grosshandel B2B Plattform ist ausschließlich für Firmen, Gewerbetreibende, Handwerksbetriebe, Vereine, Behörden und selbständige Freiberufler bestimmt.

Anmeldung - Gleich geht's weiter..

① BASIS ANGABEN

Anrede: Herr

Vorname:

Nachname:

② ADRESSDATEN

Firma:

Straße / Nr.:

Postleitzahl:

Ort:

Land: Deutschland

③ SONSTIGE ANGABEN

E-Mail Adresse:

Telefon:

☑ Ich akzeptiere die Allgemeinen Geschäftsbedingungen und bestätige ausdrücklich meinen gewerblichen Nutzungsstatus.

Jetzt anmelden

Wir bieten Zugang zu über 15.000 Händlern, Restposten- und Konkurswarenhändlern!

Leistung/Kosten:

Folgende Leistungen erhalten Sie in unserem Loginbereich. Durch Drücken des Buttons "Jetzt anmelden" entstehen Ihnen Kosten von 240,00 Euro inkl. Mwst pro Jahr (12 Monate zu je 20,00 Euro) bei einer Vertragslaufzeit von 2 Jahren.

Hinweis:

Die Nutzung des Angebots ist ausschließlich für Firmen, Gewerbetreibende, Vereine, Handwerksbetriebe, Behörden oder selbständige Freiberufler im Sinne §14 BGB zulässig.

Abb. 6.7: Natürlich müssen Sie sich erst einmal anmelden, um in den Genuss toller Angebote zu kommen – denken Sie.

Wenn Sie dieses Buch bis hierhin gelesen haben, werden Sie sich die Webseite ganz genau ansehen und dann endlich den etwas unauffällig gestalteten Hinweis zu den Kosten entdecken: Sie müssen 240 Euro bezahlen, um ein Jahr lang die Webseite überhaupt nutzen zu können. Spätestens jetzt wird Ihnen klar: Das MacBook – sofern Sie es bekommen – kostet nicht 199 Euro, sondern schon 439 Euro, aber die Vertragslaufzeit ist zwei Jahre – das macht jetzt 679 Euro.

Wenn Sie sich anmelden, bekommen Sie nichts weiter als den Zugang zur Internetseite. Ich habe an der Stelle abgebrochen, aber andere sind weitergegangen und haben einschlägig schlechte Erfahrungen gemacht. Sie haben innerhalb der Seite weitere kostenpflichtige Seiten angeklickt, ein mageres Angebot an Adressen gefunden, wo man Schnäppchen bekommen kann, aber vom günstigen MacBook sind Sie weit entfernt. Da Sie sich als Freiberufler oder Händler registriert haben, gilt für Sie die Button-Lösung nicht, also sind Sie an den Vertrag gebunden. Und die 14-tägige Widerrufsfrist gilt auch nicht.

Wenn Sie mehr dazu erfahren wollen, klicken Sie doch einmal auf www.sat1.at/tv/akte/video/aktuelle-tricks-der-abofallen-mafia-clip.

Wenn Sie nicht zahlen, bekommen Sie Abmahnungen, Klageandrohungen, das ganze Programm. Aber einfach kein MacBook ...

6.3 Was kann man gegen Abzocke im Internet tun?

Es ist sinnvoll, bei fragwürdigen Seiten ruhig mal zu googeln, ob es nicht schon Meldungen gibt, dass Nutzer schlechte Erfahrungen mit den Anbietern gemacht haben. Im Fall von www.mega-einkaufsquellen.de gab es sofort eindeutige Hinweise.

Die Verbraucherzentrale Bundesverband veröffentlicht eine Liste von fragwürdigen Anbietern von Internetdienstleistungen unter www.vzbv.de/cps/rde/xbcr/vzbv/Kostenfallen_im_Internet.pdf. Allerdings sind die meisten Seiten, die man dort findet, längst abgeschaltet, und die Übeltäter haben sich neue Adressen besorgt, unter denen sie ihre Inhalte anbieten.

verbraucherzentrale *Bundesverband*

Kostenfallen im Internet
Eine Übersicht über die Verfahren des Verbraucherzentrale Bundesverbandes zu so genannten Kostenfallen im Internet vor und nach Einführung der gesetzlichen „Buttonlösung"

Stand: 26. März 2013

Hinweis: Die Angaben hinsichtlich der Gestaltung der jeweiligen Internetseite sowie hinsichtlich des für das Angebot verantwortlichen Unternehmens beziehen sich stets auf den für das Verfahren maßgeblichen Zeitpunkt unserer Abmahnung. Die aktuelle Gestaltung der Seiten und das heute dafür verantwortlich zeichnende Unternehmen können daher von den damaligen Gegebenheiten abweichen.
Am 01. August 2012 trat das Gesetz zum besseren Schutz vor Kostenfallen im elektronischen Geschäftsverkehr in Kraft (**Buttonlösung**). Danach müssen Unternehmen ihre Kunden unmittelbar vor Absenden der Bestellung deutlich über wesentliche Vertragsbestandteile informieren. Außerdem hat der Anbieter seine Internetseite so zu gestalten, dass der Verbraucher beim Bestellen die kostenpflichtige Transaktion ausdrücklich bestätigt: Der Bestellbutton muss mit einer Beschriftung wie „zahlungspflichtig bestellen" eindeutig auf die Kostenpflicht hinweisen.

Diese Übersicht berücksichtigt auch Verfahren, die nach Inkrafttreten des Gesetzes über die Buttonlösung eingeleitet wurden, gekennzeichnet mit „nach Buttonlösung".

Übersicht nach Anbietern
(alphabetisch)
Direktzugriff durch Anwahl des gewünschten Anbieters
In Klammern: vom entsprechenden Anbieter betriebene Internetseite

1 & 1 Mail & Media GmbH	(web.de, gmx.de)
A – Z internetmedien	(z.B. meine-wunderbare-katze.com)
A. Info Media Ltd.	(bewerbo.com)
Ahnenforschung Ltd.	(genealogie.de)
Antassia GmbH A. Varin	(top-of-software.de)

Abb. 6.8: Übersicht der Verbraucherzentrale Bundesverband: Fragwürdige Anbieter

Auf den Jugendseiten der Verbraucherzentrale Nordrhein-Westfalen – sie heißt checked4you (www.checked4you.de/onlineabzocke) – gibt es Hinweise und Musterbriefe, mit denen man die Verträge anfechten kann. Der Vertragsschluss soll in jedem Fall bestritten werden, er soll außerdem »hilfsweise widerrufen« und zusätzlich wegen »arglistiger Täuschung« angefochten werden.

Weitere Infos zum Thema Rechtsgeschäfte mit Minderjährigen finden Sie in Kapitel 11.

Tipps für Kinder

Webseiten, die mit Gratisangeboten locken, sollte man genau unter die Lupe nehmen. Das heißt nicht, dass jeder Anbieter von kostenlosem Service unseriös ist, aber sie unterscheiden sich nicht sonderlich von den seriösen Dienstleistern. Es hilft alles nichts – ein Blick in die AGB, die Allgemeinen Geschäftsbedingungen, muss sein.

Wichtig ist auch, Beweise zu sichern, denn wenn hinterhältige Webseitenbetreiber auffallen, ändern sie oft das Aussehen ihrer Webseiten. Ein Ausdruck der Originalseite ist also hilfreich. Ausdrucken sollte man auch jeden E-Mail-Kontakt, um später beweisen zu können, dass der Anbieter nicht ordnungsgemäß über Rechte und andere Vertragsbedingungen aufgeklärt hat.

6.4 Abofallen bei Smartphones

Smartphones und Tablet-PCs und ihre Applications – kurz Apps – sind nicht mehr aufzuhalten.

Wie die Wirtschaftswoche im Oktober 2012 berichtete, würden, um möglichst viele Kunden zu erreichen, vor allem beliebte Apps wie *Angry Birds* ins Visier der Kriminellen genommen. Schon kurz nach Erscheinen von *Angry Birds Space* sei eine App des Spiels mit Malware im Netz unterwegs, und innerhalb von drei Tagen wurde das Spiel 10 Millionen Mal geladen.

Es reicht schon, wenn Sie unbeabsichtigt auf das Banner oder eine sich öffnende Internetseite tippen, schon haben Sie ein kostenpflichtiges Abo aktiviert. Das merken Sie erst, wenn Sie über die monatliche Mobilfunkrechnung stolpern und hier Abbuchungen von Drittanbietern auftauchen. Erst hier erfahren viele erstmals von dem angeblichen Vertragsschluss. Wie kann das passieren? Verantwortlich ist das sogenannte WAP-Billing (WAP bedeutet *Wireless Application Protocol*). Das ist ein Übertragungsstandard, um Internetinhalte für Mobiltelefone verfügbar zu machen. Das macht das einfache und schnelle Bezahlen mit dem Smartphone erst möglich, da keine Konto- oder Kreditkartendaten angegeben werden müssen.

Vorsicht

Das Computermagazin c't warnte zum Beispiel vor einer iPhone-App namens *Talking Tom*, einem Spiel für Kinder mit einem sprechenden Kater. Er leert zum Beispiel auf Fingertipp ein Gläschen Milch und schnurrt, wenn man ihn streichelt. Kleinkinder lieben Tom, aber wenn Eltern ihren Sprösslingen dafür das Smartphone überlassen, ist schnell auch ein Werbebanner angetippt. Über den gerät man auf eine WAP-Seite.

Wenn Sie also ein Werbebanner nur antippen, wird Ihre Rufnummer automatisch übermittelt. Damit bekommen die Abzocker den Mobilfunkanbieter heraus und leiten einen Zahlungsvorgang für das angebotene Abo ein.

Damit Sie nicht Opfer dieser App-Abzocke werden, hat die Verbraucherzentrale Nordrhein-Westfalen Tipps veröffentlicht, wie Sie sich wehren können oder wie Sie aus den Abos wieder herauskommen.

6.4.1 Drittanbietersperre

Mittlerweile hat jeder Verbraucher die Möglichkeit, beim Mobilfunkbetreiber eine Drittanbietersperre einzufordern, durch welche man vor unberechtigten Forderungen durch die App-Abzocker geschützt ist.

Hinweis

Gesetz zur Drittanbietersperre

Mit dem 10. Mai 2012 ist im Bereich Kundenschutz eine Änderung des TKG (Telekommunikationsgesetz) in Kraft getreten: Laut § 45d Abs. 3 TKG hat der jeweilige Netzbetreiber der Aufforderung des Verbrauchers, eine Drittanbietersperre einzurichten, unentgeltlich für den Nutzer nachzukommen. Da sich Gratis-Apps durch Werbung finanzieren, gibt es immer mehr unseriöse Anbieter, die dieses an sich legitime Geschäftsmodell missbrauchen. Beim versehentlichen Antippen auf ein Werbebanner schließt man einen Abovertrag, dem man unwissentlich zustimmt und den man somit ungewollt abschließt.

Tipp

Eine Drittanbietersperre bedeutet, dass bei diesem Verfahren die mobile Bezahlfunktion (das oben genannte WAP-Billing), die Handybesitzer oft unwissentlich nutzen, verhindert wird. Der Nachteil ist, dass damit auch seriöse Anbieter, die diese Bezahlungsmethode nutzen, gesperrt werden.

Man kann aber beim Mobilfunkanbieter nachfragen, ob man nur bestimmte Bereiche sperren kann.

Abb. 6.9: Vorsicht bei Gratis-Apps

Tipp

Das WAP-Billing sperren zu lassen bedeutet nur, dass genau dieser Bestell- und Zahlungsweg nicht mehr möglich ist. Über die normale Internetfunktion können weiterhin Dienste in Anspruch genommen werden. Man erhält dann beispielsweise eine Rechnung oder bezahlt etwa per Lastschrift.

Drahtlosnetzwerke (W-LAN) nutzen

Die Abzocker-Masche gelingt nur bei Telefonen, die über die eingelegte SIM-Karte eine Verbindung zum Mobilfunknetz aufbauen. Wer dagegen drahtlos über das heimische Netzwerk (W-LAN) auf das Internet zugreift, ist zumindest in den eigenen vier Wänden geschützt. Das Smartphone sollte so eingestellt sein, dass es zu Hause automatisch vom Mobilfunknetz in das heimische Netzwerk wechselt. Besitzer von Tablets sind nicht betroffen, sofern ihr Gerät keine SIM-Karte enthält.

Rechnung beanstanden

Wer bereits in die Falle getappt ist, kann den entsprechenden Rechnungsposten binnen acht Wochen beanstanden. Die Beschwerde ist an den Anbieter zu richten, dessen Forderung bestritten wird. Über dessen Identität muss der Rechnungssteller, also Ihr Mobilfunkanbieter, informieren. Über den Rechnungssteller können Sie auch die Überweisung des strittigen Betrags stoppen oder die bereits eingezogene Lastschrift zurückholen. Auch dabei hilft ein Musterbrief der Verbraucherzentrale. Wichtig: Unbestrittene Rechnungsposten sollten Sie wie gewohnt zahlen, um keine Sperre des Anschlusses zu riskieren.

Abo beenden

Jedes unerwünschte Abo, das auf der Mobilfunkrechnung auftaucht, sollten Sie beim (oder über den) Anbieter stoppen. Und zwar unabhängig davon, ob Sie die Abrechnung für rechtmäßig halten oder nicht. Das verhindert, dass die Entgelte auch im nächsten Monat auf der Mobilfunkrechnung erscheinen. Kann das Abo nicht einfach über die Internetseite des betroffenen Anbieters beendet werden, gehen Sie mit einem Einwurf-Einschreiben auf Nummer sicher.

Rufnummernbereiche zusätzlich sperren

Die Sperre gegen App-Abzocke beinhaltet keine Sperre für teure Premiumdienste über Rufnummern wie 0900. Wenn Sie auf diese verzichten möchte, müssen Sie eine Sperre des jeweiligen Rufnummernbereichs zusätzlich einrichten.

Quelle: Verbraucherzentrale Nordrhein-Westfalen

6.5 Abo-Kostenfallen innerhalb der Europäischen Union

Das Europäische Verbraucherzentrum Deutschland befasst sich schon seit Langem mit Abo-Kostenfallen als einem Problem, das die Grenzen innerhalb der EU immer wieder überschreitet. Denn für deutsche Verbraucher ist die wichtigste Frage: Wenn die Abo-Falle aus dem EU-Ausland kommt, welches Landesrecht gilt?

Grundsätzlich kann sich der Internetnutzer auf das Recht im eigenen Land berufen, wenn er sich von hier aus unproblematisch auf der Website anmelden konnte.

Nur ein wenig komplizierter wird es, falls zwischen den Parteien die Anwendung eines bestimmten Rechts vereinbart worden ist. Das regeln meistens die Allgemeinen Geschäftsbedingungen des Unternehmers.

Dort kann der Betreiber einer Kostenfalle festlegen, dass das im Land des Unternehmers geltende Recht zum Zuge kommen soll. Doch selbst dadurch – so will es der europäische Gesetzgeber (siehe ROM I-Verordnung, Artikel 4–6) – darf dem Verbraucher kein Nachteil entstehen: Sofern die verbraucherschützenden Vorschriften in seinem eigenen Land günstiger sind, kann er sich auch weiterhin auf sie berufen.

Deutsche Internetnutzer, denen ausländische Betreiber einer Abo-Falle Ärger machen, können also davon ausgehen, dass ihnen die deutschen Verbraucherschutzvorschriften zur Seite stehen.

Für Verbraucher aus anderen EU-Ländern, die in eine Kostenfalle aus Deutschland geraten sind, gelten die hiesigen Vorschriften zum Verbraucherschutz, falls die Anwendung des Rechts im Land des Unternehmers vereinbart worden war. Ob darüber hinaus im Land des Verbrauchers zu seinen Gunsten sogar noch weitergehende Rechte in Bezug auf Abo-Kostenfallen bestehen, wissen die jeweiligen Europäischen Verbraucherzentren.

Quelle: www.vorsicht-im-netz.de/index.php?id=22

6.6 Zusammenfassung

Ein bisschen zu schnell geklickt, nicht aufgepasst, schon ist etwas bestellt oder abonniert. Die Verbraucherzentralen haben hier gute Informationen und Musterbriefe zusammengestellt, daher an dieser Stelle noch einmal der Hinweis auf diese Webseiten:

- Eine Checkliste zum Thema Fallen bei Smartphone-Abonnements finden Sie unter: `http://www.surfer-haben-rechte.de/cps/rde/xbcr/digitalrechte/Checkliste_Abofallen_Smartphone.pdf`

- Zum Thema Button-Lösung gegen Kostenfallen im Internet informiert das Bundesministerium der Justiz: `http://www.bmj.de/DE/Buerger/verbraucher/KostenfallenInternet/kostenfallenInternet_node.html`

- Auch das Bundesamt für Sicherheit in der Informationstechnik hat Infos dazu: `https://www.bsi-fuer-buerger.de/BSIFB/DE/GefahrenImNetz/Kostenfallen/kostenfallen_node.html`

- Und noch einmal die Verbraucherzentrale NRW: `http://www.vz-nrw.de/link461721A.html`

Kapitel 7

Kommunikation pur – Chatten, Bloggen, Twittern, Mailen

Chatten, Skypen, Bloggen oder Twittern und natürlich Mailen – das alles ist schriftliches Kommunizieren. Und das tun Kinder und Jugendliche gerne: Bei Aktivitäten im Internet entfällt mit 45 Prozent fast die Hälfte der Zeit, die die Jugendlichen im Internet verbringen, auf kommunikative Tätigkeiten wie Mailen, Chatten oder die Nutzung sozialer Netzwerke. Dies belegt die JIM-Studie 2012.

Chatten ist deshalb faszinierend, weil man sich einerseits mit Freunden fast ständig austauschen, andererseits aber auch anonym neue Leute kennenlernen kann.

Dieses Kapitel befasst sich ausführlich mit dem Chatten und seinen verschiedenen Formen, und wir probieren einige Chats kurz aus. Um es vorwegzunehmen: Spaß hat das wirklich nicht gemacht. Auch den beliebtesten Instant-Messaging-Dienst für Smartphones, WhatsApp, nehmen wir unter die Lupe und zeigen Alternativen.

Schließlich nehmen wir uns noch das Bloggen und das Microblogging bei Twitter und ganz am Schluss sogar – bei Kindern und Jugendlichen irgendwie altmodisch geworden – das Schreiben von E-Mails vor.

7.1 Faszination Chatten

Das Bayerische Landesjugendamt erklärt auf seinen Webseiten »Eltern im Netz« (www.elternimnetz.de), dass Chats und soziale Netzwerke vor allem bei Kindern und Jugendlichen ab der sechsten Klasse beliebt seien.

Chats und Onlinenetzwerke erweitern die reale Kommunikation. Freundschaften und Beziehungen werden dort heutzutage ganz selbstverständlich virtuell gepflegt und gelebt. Kontaktaufnahme und Kontaktpflege im Internet sind oft die häufigsten Onlinetätigkeiten der Kinder und Jugendlichen.

Kinder und Jugendliche unternehmen in Onlinenetzwerken auch Schritte zur Selbstfindung. Zum einen besteht die Möglichkeit, sich darzustellen. Die Kinder und Jugendlichen untersuchen im Vergleich mit Mitschülern aber auch, wie beliebt sie sind. Die Freundschaftsliste im Profil zeigt ihnen und anderen, wie viele Freunde sie haben. Sie können testen, wie Gleichaltrige auf ihr Profil reagieren. Dadurch erfahren sie Anerkennung, in Einzelfällen aber auch Ablehnung.

Die meisten Eltern dürften sich angesichts ihrer eigenen vergangenen Jugend noch daran erinnern, dass Schwärmereien und Verliebtsein ein zentrales Thema bei Jugendlichen sind. Und was ist leichter, als sich auf einer Onlineplattform diskret über seinen Schwarm zu informieren? Vielen fällt es im Internet leichter als im wirklichen Leben, auf jemanden zuzugehen.

Daran ist zunächst gar nichts Schlimmes, sondern das ist ein wichtiger Entwicklungsschritt ins Erwachsensein.

Da Kinder und Jugendliche immer aber auch einem Gruppenzwang unterliegen, gehört es einfach dazu, sich in Chats, Foren oder sozialen Netzwerken anzumelden. Dazu schreibt die Initiative »Eltern im Netz«:

> *Wenn in der Schule erzählt wird, wie oft, wie lange und mit wem man sich im Internet trifft und wie viele Freunde man dort schon hat, möchte man mitreden können und nicht außen vor stehen. Die Freundschaften der realen Welt werden oft nur ins Internet übertragen. Es entsteht eine virtuelle Parallelwelt.*

Hinweis

Chatten ist Echtzeitkommunikation im Internet. Chatten bedeutet im Englischen »plaudern«, gemeint ist damit, dass sich zwei oder mehrere Personen im Internet unterhalten können – wobei man dazu Text über die Tastatur eingibt. Die Teilnehmer geben sich im Chat normalerweise *Nicknames* (Spitznamen), und statt eines Fotos von sich setzen sie *Avatare* ein: kleine Bilder, die die Teilnehmer symbolisieren. Beliebt und zur Unterstreichung der Kommunikation werden Emoticons eingesetzt. Das sind kleine Symbole, die Stimmungen wie fröhlich oder traurig beschreiben.

Kinder und Jugendliche treffen sich in sogenannten *Chatrooms*. Diese widmen sich unterschiedlichen Themen wie Hobbys, Flirten, Tieren etc. Der Dialog ist für alle lesbar – außer man begibt sich in einen »privaten Raum« (Separee).

7.2 Die Technik: verschiedene Möglichkeiten zu chatten

Der **Webchat** ist für die Nutzerinnen und Nutzer relativ unkompliziert, da die erforderliche Software in die Webseite (HTML-Seite) integriert ist. Es muss also keine zusätzliche Software installiert werden, und der Chat kann ohne große Vorbereitung genutzt werden spin.de ist so eine Seite, die ich ausprobiert habe.

Instant Messaging ist nur nach Installation der entsprechenden (meist kostenlosen) Software auf dem Rechner möglich. Mittels Kontaktlisten treten Nutzerinnen und Nutzer mit ihren Chatpartnern in Verbindung. Beim Instant Messaging wie ICQ und auch WhatsApp (für Smartphones) oder AOL Instant Messaging können die Partner Daten (zum Beispiel Bilder, Videos) austauschen.

Das **Internet Relay Chat** (IRC) benötigt neben der zu installierenden Software auf dem Rechner noch einen Chatserver, damit eine Verbindung aufgebaut werden kann. Wissenschaftsforen nutzen meist den IRC. Quelle: `http://www.chatten-ohne-risiko.net/?id=113`

Abb. 7.1: Chat beim Kinderkanal

7.3 Welche Gefahren bergen Chats?

In Chats wollen Kinder und Jugendliche wie im wirklichen Leben Kontakte pflegen und neue Menschen kennenlernen. Das hat positive Lerneffekte und auch bestimmte Risiken für Kinder und Jugendliche. Denn die Teilnehmer in Chats sind häufig anonym unterwegs, und es kommt immer wieder vor, dass sich ein Erwachsener als Kind oder Jugendlicher ausgibt und versucht, das Vertrauen der Kinder und Jugendlichen zu erschleichen. Ist eine Vertrauensbasis da, werden persönliche Informationen wie Adresse und Telefonnummer erfragt – bis hin zu echten Verabredungen.

Tipp

Lesen Sie dazu den Beitrag in der FAZ »Magst Du Sex haben?« vom 24. März 2013 (`www.faz.net/aktuell/politik/inland/paedokriminelle-im-internet-magst-du-sex-haben-12126066-11.html`). Die Autoren des Beitrags haben sich in verschiedenen Chats wie `Knuddels.de` als minderjährige Mädchen angemeldet – mit erschreckendem Ergebnis.

Auch Mitarbeiterinnen von jugendschutz.net hatten sich als minderjährige Chatterinnen ausgegeben. »Sie erhielten regelmäßig Anfragen nach Telefonsex (TS), Cybersex (CS), Netmeeting- und Cam-to-Cam-Kontakten (Übertragung sexueller Aktivitäten per Webkamera). Diese Anfragen erfolgten teilweise direkt, teilweise erst nach längeren unverfänglichen Vorgesprächen. Chatpartner fragten außerdem nach getragener Kinderunterwäsche und boten entsprechende Bezahlung an. Auch die Zusendung von Fotos der Kinder oder Jugendlichen wurde häufig und teilweise sehr hartnäckig verlangt«, heißt es dazu bei der Bundesprüfstelle für jugendgefährdende Schriften.

Ob das wirklich so schlimm ist? Ich konnte es mir zunächst nicht richtig vorstellen, wurde aber bald eines Besseren belehrt.

Datenschutz ist für die meisten Kinder und Jugendlichen ein allzu abstraktes Thema. Unbeabsichtigt oder ohne sich über die Konsequenzen im Klaren zu sein, plaudern sie über Details aus ihrer Intimsphäre oder der ihrer Freunde. Kindern und Jugendlichen können auch jugendgefährdende Inhalte zugesendet werden, was auch geschieht, wie beispielsweise Videos mit Gewaltdarstellungen, rechtsextreme Texte oder pornografische Aufnahmen.

In Chats kann man sich nie sicher sein, ob das Gegenüber auch wirklich das ist, wofür er oder sie sich ausgibt. Dies gilt auch für Chats, in denen die Benutzer sogenannte Steckbriefe besitzen. Scheinbar persönliche Informationen und Fotos brauchen nicht unbedingt mit der realen Person übereinzustimmen, denn die Registrierungsdaten werden so gut wie nie verifiziert. Bilder lassen sich beliebig hochladen, Hobbys erweitern, ganze Lebensläufe können so entstehen. Personen im Chat, die sich für etwas ausgeben, was sie nicht sind, nennt man *Fakes*. Gerade Kinder und Jugendliche sollten auf diese Fakes hingewiesen werden, da hier die Gefahr durch Sexualstraftäter am größten ist.

Häufiges Chatten kann für Kinder und Jugendliche – ebenso wie für Erwachsene – zu einer Chatsucht werden. Die Chatsucht kann in Verbindung mit einer Onlinesucht auftreten.

7.3.1 Webcam – Spione im Kinderzimmer

Fast alle Laptops, Netbooks und Notebooks haben eine kleine Kamera. Schauen Sie einmal genau hin! Leuchtet das Licht der Kamera?

Ein Fall, der durch die Medien ging: Ein Hacker aus dem Rheinland hatte sich mithilfe eines Trojaners in die Computer von mindestens 150 Mädchen gehackt und die Kinder über die am PC angeschlossene Webcam ausspioniert. Bei der Festnahme liefen auf mehreren Computern des Täters unzählige Videos aus Kinderzimmern. Aufgedeckt wurde der Fall von einem Mitarbeiter vom Berufsverband der Datenschutzbeauftragten Deutschlands (BvD).

Wie konnte das passieren? Über ein Nutzerkonto beim Chatdienst ICQ hatte er dort das Nutzerkonto eines Schülers geknackt. Dieses Konto nutzte er, um an die Mädchen Bilddateien zu senden, die mit dem Trojaner infiziert waren. Sobald das Bild geöffnet wurde, installierte sich der Trojaner unbemerkt auf dem Computer des Opfers – inklusive Zugriff auf die Webcam. Nach Informationen des Westfalen-Blatts hat der Verdächtige den Trojaner auch per E-Mail versandt. Die mit gefälschten Adressen verschickten Nachrichten sollen einen manipulierten Bildschirmschoner enthalten haben.

Wichtig

RAT – Fernsteuerungssoftware

Hinter solchen Angriffen steckt eine Fernsteuerungssoftware (*Remote Administration Tool – RAT*). Das kann seine guten Seiten haben, wenn man zum Beispiel technische Hilfe braucht und über eine Hotline einen Dienstleister auf den Rechner zugreifen lässt, der sich dann die Software ansehen und notfalls Einstellungen reparieren kann. Dazu muss man aber offiziell die Erlaubnis geben. Solche Programme werden aber leider häufig missbraucht, um Personen oder Firmen auszuspionieren, Daten zu klauen – oder eben die Webcam unerkannt zu starten und die Person davor unerkannt zu beobachten. Ein Trojaner infiziert den Rechner mit einem RAT, und man merkt gar nichts davon.

Die Webseite juuuport.de hat einige Tipps zusammengestellt, wie man sich vor RAT schützt. Unter anderem heißt es:

- Nicht leichtfertig auf Links klicken, die man zugesendet bekommt.
- Das gilt besonders, wenn man den Absender nicht kennt.
- Plug-ins für den Browser oder E-Mail-Anhänge sollte man nicht einfach öffnen, ohne zu wissen, was es ist.
- Auf die Aktualität der auf dem Rechner installierten Programme achten und regelmäßig Sicherheitsupdates durchführen – natürlich nur von vertrauenswürdigen Quellen.
- Auf Filesharing mit Leuten, die man nicht kennt, besser verzichten (nicht nur aus Urheberrechtsgründen ...).

Man kann es gar nicht oft genug betonen, aber eine Antivirensoftware sollte auf jedem Rechner installiert sein und auch regelmäßig aktualisiert und benutzt werden. Vertrauenswürdige Websites wie www.chip.de oder www.heise.de bieten über Sicherheitssoftware viele Infos an und testen sie auch. Teilweise kann man Software auch (als Freeware) bei diesen Anbietern herunterladen. Antivirensoftware spürt in der Regel auch Trojaner und andere Schadprogramme auf. Schauen Sie noch einmal in Kapitel 2, da erfahren Sie, wie Sie eine kostenlose Software testen können.

Was tun mit der Webcam?

Bei vielen Webcams kann man erkennen, ob sie gerade an sind, meistens leuchtet ein grünes Lämpchen. Eine externe Webcam kann man schnell vom Rechner trennen, so sind Sie sicher, dass sie nicht einfach angeht. Bei fest eingebauten Webcams wie in den meisten Notebooks geht das nicht. Wenn man die Webcam nicht braucht und sicher sein will, nicht ungewollt beobachtet zu werden, sollte man sie zukleben.

7.4 Geprüft: Seiten für Kinder-Chats

Die sehr zu empfehlende Webseite »Chatten ohne Risiko« (www.chatten-ohne-risiko.net) ist ein gemeinsames Projekt von jugendschutz.net und der Landesanstalt für Kommunikation Baden-Württemberg (LFK). Dort findet man einen Chat-Atlas – dieser enthält kurze Beschreibungen ausgewählter Chats, Communitys und Instant Messenger. Gut ist die Übersicht über die Sicherheitsmaßnahmen der Angebote sowie positive und negative Aspekte, die jugendschutz.net bei eigenen Recherchen dokumentiert hat.

In einer Chat-Liste gibt es Bewertungen, die von »Kein Risiko« wie beim Chat kindernetz.de über »Geringes Risiko« und »Kalkulierbares Risiko für Jugendliche« bis »Hohes Risiko« (etwa wer-kennt-wen.de) reichen.

Abb. 7.2: Chatten ohne Risiko bewertet Chatseiten für Kinder und Jugendliche nach dem Risikofaktor.

Schon Kinder ab 14 Jahren besuchen den Chat Knuddels.de, er ist auch bei Jugendlichen ziemlich beliebt. Hier chatten auch Erwachsene, insgesamt gibt es über eine Million User. Auch dazu hat Chatten ohne Risiko eine Empfehlung abgegeben – »kalkulierbares Risiko«, wenn Jugendliche den Bereich für Unter-18-Jährige nutzen.

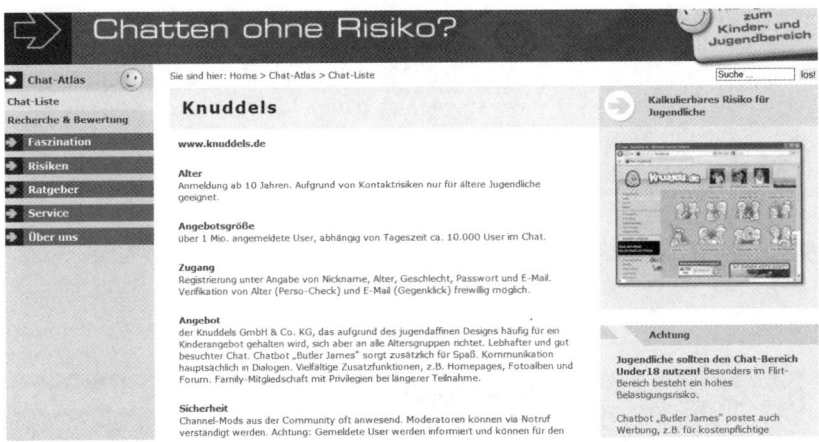

Abb. 7.3: Die Seite Chatten ohne Risiko bewertet `Knuddels.de`

Als positiv wird bewertet, dass es eine Altersdifferenzierung gibt, wodurch der Zugang zu Erotik- und bestimmten Flirt-Channels erst nach Prüfung der Volljährigkeit (dem sogenannten Persocheck) möglich ist.

Nach meiner Test-Anmeldung bei `Knuddels.de` habe ich mich wochenlang nicht mehr auf den Seiten blicken lassen und wurde daraufhin fast täglich über E-Mails vom »Butler James« (einer virtuellen Person) aufgefordert, mich wieder beim Chat zu beteiligen, sonst würde mein Account gelöscht. So etwas kann man auch als Unter-Druck-Setzen auffassen. Nach mehreren Monaten kompletter Inaktivität ist aber bisher gar nichts gelöscht worden – die nervigen Aufforderungen jedoch sind geblieben.

Abb. 7.4: Zahlreiche E-Mails von `Knuddels.de` fordern zum Chat auf.

> ### Hinweis
>
> Wenn Sie aus Sicherheitsgründen Java-Plug-ins deaktiviert haben, kann es Probleme bei `spin.de` geben. Java ist eine sogenannte *Laufzeitumgebung* (*Runtime*), die die Ausführung von Programmen ermöglicht. *Plug-ins* erweitern die Möglichkeiten eines Browsers, Software auszuführen oder bestimmte Medien- und Dateiformate zu verarbeiten. Sie sind aber auch die größten Angriffsziele von Cyberkriminellen, ganz besonders Java. Regelmäßig empfehlen Datenschützer, Java und Plug-ins zu deaktivieren. Wenn Sie Java dennoch verwenden, aktualisieren Sie es regelmäßig, denn die Hersteller müssen immer wieder Sicherheitslücken stopfen.

Abb. 7.5: Java installieren – achten Sie auf regelmäßige Updates.

7.5 Versuch: spin.de

Beliebt ist auch `spin.de`, die Seite hat nach Einschätzung von Chatten ohne Risiko auch ein kalkulierbares Risiko. Hier melde ich mich an.

Abb. 7.6: spin.de ist ein Chat, der ein »kalkulierbares Risiko« hat.

Positiv fällt auf, dass die Betreiber des Chats Hinweise für Jugendliche und für Eltern geben – kalkulierend, dass sich auch jüngere User anmelden und sich vielleicht als ältere User ausgeben. Denn auch wenn die Nutzung der Chats erst ab 16 empfohlen ist, probieren doch viele im Netz alles Mögliche aus.

⤸ spin.de Hilfe- und Informationssystem

Jugendschutz

Das Wichtigste ist: **Triff dich niemals mit jemandem, den du auf spin.de, im Chat oder sonstwo im Internet kennengelernt hast. Rede immer mit deinen Eltern, wenn dir etwas komisch vorkommt.**

Auf den folgenden Seiten findest du viele wichtige Hinweise für dich. Bitte lies dir den Text durch, der deinem Alter entspricht:

- Wenn du ein Kind/unter 14 Jahren bist, klick hier und lies dir bitte diese wichtigen Hinweise durch

- Jugendliche sollten sich diese Hinweise durchlesen

- Erwachsene lesen bitte diese Hinweise über den Umgang mit Kindern und Jugendlichen

- Hinweise für Eltern

◁ Jugendschutz

Zusätzliche Informationen für Eltern

Wir bewachen und verwalten diesen Chat nach unseren besten Möglichkeiten. Trotz allem können wir nicht für ein rundum sicheres Umfeld garantieren.
Unsere Chats richten sich vor allem an Erwachsene und ältere Jugendliche; wir betreiben keine Kinderseite.

Unter www.frag-finn.de und www.blinde-kuh.de finden Sie eine Liste von Webseiten, die von Experten als speziell für Kinder geeignet eingestuft werden. Legen Sie Ihren Kindern den Besuch dieser Seiten nahe.

Allgemein gilt jedoch für das Internet dasselbe wie für alle Medien: Das Internet ist kein Babysitter!
Kinder sind prinzipiell jederzeit in Gefahr, durch Medien überfordert zu werden. Genauso wie empfohlen wird, z.B. Fernsehsendungen für Kinder gemeinsam auszusuchen und am Besten auch mit ihnen gemeinsam zu sehen, empfehlen wir, dass sich Kinder, speziell unter 14, nicht immer alleine im Internet oder in Chats aufhalten sollten - begleiten Sie ihre Kinder gelegentlich im Internet, und seien Sie nach Möglichkeit immer in Rufweite, während Ihr Kind online ist.

Eine Reihe von Tipps:

- Falls Sie es nicht ohnehin schon tun, befassen Sie sich selbst mit dem Medium "Internet". Ihre Kinder tun es sowieso, und Sie sollten wissen, was Sache ist.
  Beachten Sie hierzu auch die Kampagne "SCHAU HIN! Was Deine Kinder machen" des Bundesministeriums für Familie, Senioren, Frauen und Jugend, deren Ziel es ist, "die Öffentlichkeit für das Thema 'Kinder und Medien' zu mobilisieren, um damit insbesondere die Medienkompetenz der Eltern zu stärken."
  Dasselbe Ziel verfolgt auch die Aktion "Kinder sicher im Netz" von u.a. der "Polizeilichen Kriminalprävention der Länder und des Bundes" (ProPK) und der "Freiwilligen Selbstkontrolle Multimedia" (FSM), über die Sie ausführliche Informationen und Tipps rund um die Sicherheit Ihrer Kinder im Internet erhalten, insbesondere auch rund ums Chatten.
- Signalisieren Sie immer Gesprächsbereitschaft! Erinnern Sie Ihre Kinder regelmäßig daran, dass sie mit Ihnen über alles, was sie im Internet erleben, reden können.
- Vereinbaren Sie Zeiten, zu denen Ihre Kinder online sind, und kontrollieren Sie das auch.
- Fordern Sie Ihr Kind auf, die oben genannten Verhaltenstipps zu befolgen.
- Klären Sie Ihr Kind regelmäßig über die Gefahren des Internets auf:
  - ○ Pädokriminelle
  - ○ Gewalttäter

Abb. 7.7: spin.de gibt sich viel Mühe mit dem Kinder- und Jugendschutz.

Unter den »Hinweisen für Erwachsene« stehen klare Worte:

Gar keinen Spaß verstehen wir und der Gesetzgeber, wenn Erwachsene versuchen, Kinder oder Jugendliche in sexuelle Gespräche zu verwickeln, ihnen Fotos zu entlocken oder sie zu Treffen zu überreden. Wenn wir dich dabei erwischen, riskierst du nicht nur, hier lebenslang Hausverbot zu erhalten, sondern auch eine Gefängnisstrafe. Sexuelle Kontakte mit Kindern unter 14 sind Kindesmissbrauch, egal wie sehr du dir einredest, dass das Kind neugierig war oder es wollte. Sexuelle Kontakte mit unter 16-Jährigen ist Verführung Minderjähriger. Rollenspiele mit unter 18-Jährigen, Weitergabe von pornografischen Bildern und Ähnlichem sind ebenfalls strafbar.

Wenn du ein »gutmeinender« Erwachsener bist: Überrede Kinder und Jugendliche nicht dazu, sich zu treffen oder Ähnliches, nur um ihnen vorzuführen, wie unsicher das ist. Du setzt dich damit selbst nur einem schlimmen Verdacht aus und erreichst letztendlich sowieso nichts damit. Es kam im Übrigen auch schon vor, dass Täter genau dies als Ausrede benutzt haben. Vergiss es. Selbst wenn das wirklich deine Absicht war: Niemand glaubt dir, also lass es einfach.

Kinder werden gesondert auf Gefahren in Chats angesprochen.

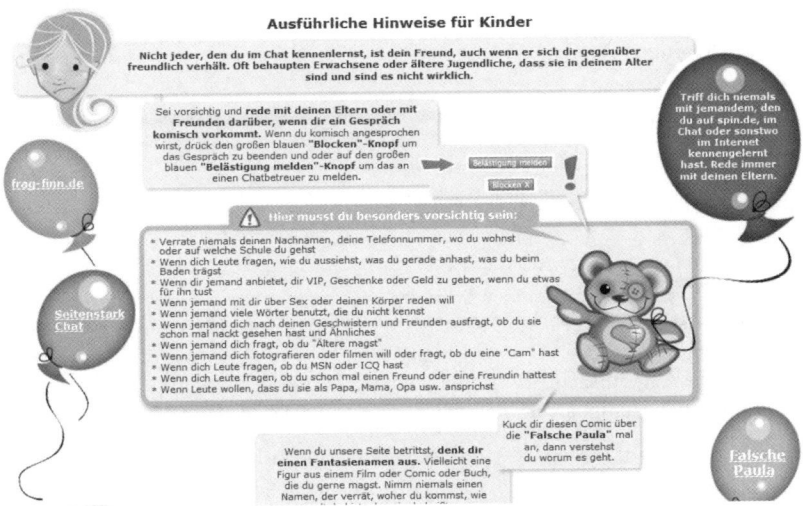

Abb. 7.8: Besonders wichtig bei spin.de sind die Hinweise für Kinder.

Nach der Registrierung kann man sein Profil definieren.

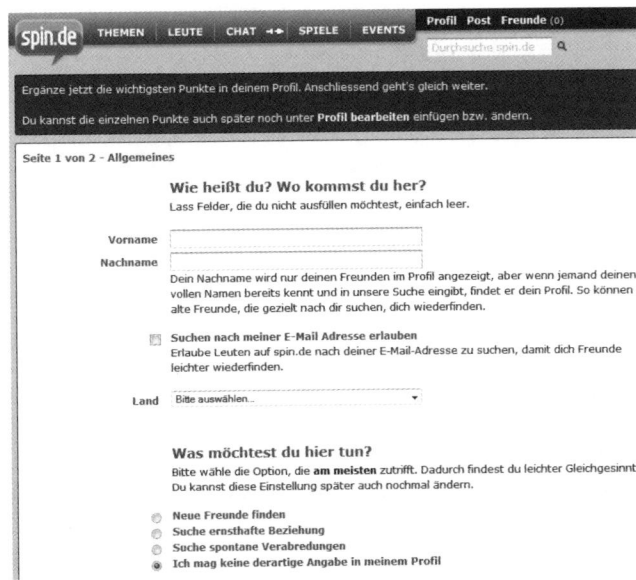

Abb. 7.9: Das Userprofil bei spin.de kann man sehr sparsam ausfüllen.

Zum Schluss allerdings muss man eine Telefonnummer angeben – man bekommt dann über einen Anruf oder eine SMS eine TAN (Transaktionsnummer) und kann so seine Identität bestätigt.

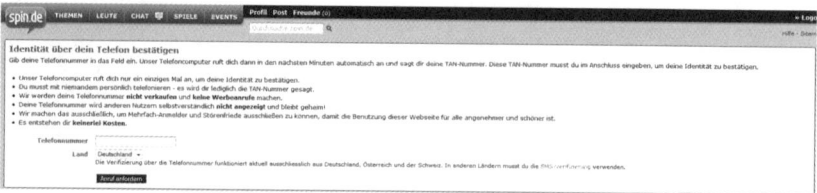

Abb. 7.10: Eingabe der Telefonnummer, damit man die Identität bei spin.de bestätigen kann

Der Anruf erfolgt tatsächlich binnen weniger Minuten, man gibt die übermittelte Nummer ein, bestätigt sie und ist damit registriert. Dann kann es also losgehen.

Ein erster Blick auf die Chats – und man ist in einer anderen Welt!

Abb. 7.11: Es gibt Chats und Privatgespräche bei spin.de.

Da ich ein Fake bin, interessiert mich keine Gruppe wirklich, mit Gothic und anderen Gruppen kann ich gar nichts anfangen. Wenn überhaupt, dann mit COMPUTERFREAKS. Ich klicke die Gruppe an, aber da ist gar nichts los. Immerhin, man hat Themen, über die man konkrete Fragen posten kann, und manchmal findet man hier Gleichgesinnte zu interessanten Themen.

Ich versuche einen anderen Chat – KOCHEN UND BACKEN. Hier bin ich allein mit einem einzigen User, der mich direkt fragt, ob ich etwas trinken möchte. Nun ja, das klingt harmlos, aber auch wenig interessant.

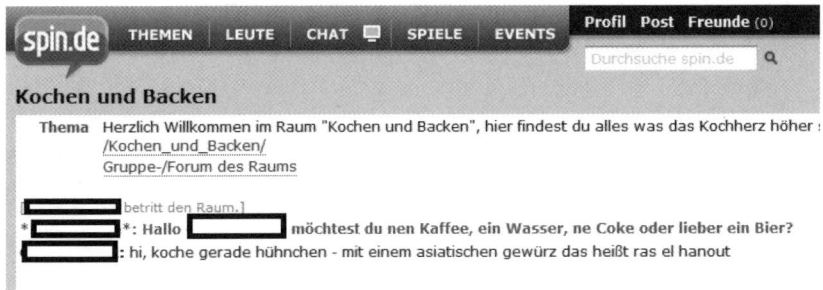

Abb. 7.12: Versuch eines Chats über Kochen

Da ich darauf nicht reagiere, endet dieser Chat sehr schnell. Und so geht es in fast allen Chats.

Fazit: Wenn man Langeweile hat, Leute zum Plaudern sucht und über einen Chat auch mit Freunden und Bekannten chatten will, ist dagegen nichts zu sagen. Geschmackssache ist, ob man – wie viele Erwachsene – die Chatseite als Singlebörse nutzt. Die Gefahren sind offensichtlich, und je nachdem, wie viel Kinder und Jugendliche von sich preisgeben, werden sie von Fremden angequatscht – Vorsicht ist das oberste Gebot. Immer wieder verweisen die Betreiber von spin.de auch darauf hin. Es gibt die Sicherheitstipps für verschiedene Altersgruppen und eine Vorabprüfung von Profilfotos. Es gibt Moderatoren in Foren und Chats, aber deren Anwesenheit ist nicht garantiert. Wenn Chatter bestimmte »bad words« wie »Sex« verwenden, werden sie aus dem Chat geworfen. Man kann nervige User »Blocken«, also dauerhaft sperren. Ein Jugendschutzfilter in Dialogen verhindert problematische Sätze und bricht das Gespräch ab.

Alles in allem dürfte das Risiko hier tatsächlich kalkulierbar sein, wenn sich Kinder nicht älter machen, als sie sind, und sich an die Regeln halten.

Tipp

Geläufige Emoticons

:-)	fröhlich
;-)	zwinkern
:-(	traurig
:-c	unglücklich
:-|	ernst
:-D	lachen
:-O	rufen, schreien

Tipp

>:-o	Wut
o.O	überrascht
B-)	Sonnenbrille
:-x	Küsschen
&:-)	Elvis-Tolle
@--}---	Rose

Tabelle 7.1: Diese Emoticons sollte man beim Chatten kennen – mehr davon findet man bei Wikipedia.

Tipp

Abkürzungen in der Chatsprache – in willkürlicher Reihenfolge

hdgdl	hab dich ganz doll lieb
gn8	gute Nacht
g	grinsen
TS	Telefon-Sex
CS	Cyber-Sex
rofl	roll on floor laughing = sich vor Lachen auf dem Boden wälzen
afk	away from keyboard = bin kurz weg von den Tasten!
cu	see you = tschüss
4u	for you = für dich
thx	thanks = danke
scnr	sorry could not resist = Entschuldigung, konnte ich mir nicht verkneifen
afaik	As far as I know = soweit ich weiß
m2	me too = ich auch

Tabelle 7.2: Diese Abkürzungen sollte man beim Chatten kennen – mehr davon findet man bei Wikipedia.

7.6 Instant Messaging mit ICQ

Nach Informationen der Seite Chatten ohne Risiko birgt der Anbieter ICQ ein hohes Risiko.

Instant Messaging und ICQ

Instant Messaging bedeutet »sofortige Nachrichtenübermittlung«. Das ist ein Programm für Onlinechats und das Versenden kurzer Nachrichten. Die populärsten Programme sind ICQ (das bedeutet so viel wie »I seek you« – »Ich suche dich«) und Skype. Der Windows Live Messenger von Microsoft wurde im April 2013 abgeschaltet und zu Skype überführt.

Die Fakten zum Programm: Bei ICQ installiert man ein etwas mehr als 32 MB großes Programm, das die Kommunikation erst möglich macht. Man schickt Textmitteilungen und auch Dateien von seinem Rechner auf einen oder mehrere andere Computer. Man kann sogar mit Freunden Onlinegames spielen oder Animationen in das Chatfenster des Chat-Freundes einspielen. Über eine eingebaute Audio- und Video-Chatfunktion können alle, die ein Headset und eine Webcam haben, mit ICQ kostenlos telefonieren. Auch unterstützt das Programm Google Talk. Damit lassen sich Google+, Google Mail und Google Talk-Freunde zu einer Kontaktliste hinzufügen und man kann mit ihnen direkt von ICQ aus kommunizieren. ICQ ermöglicht den direkten Zugriff auf soziale Netzwerke wie Facebook.

Klingt komfortabel, aber mir persönlich ist das auch ein wenig unheimlich – alles ist vernetzt, alle Daten sind irgendwie gebündelt. Aber da ich mich in die Welt der Kinder und Jugendlichen hineinversetze und wie alle anderen auch mit ICQ kommunizieren will, lade ich das Programm herunter.

Abb. 7.13: So sieht es aus, wenn Sie ICQ installiert haben.

Das Programm ist rasch installiert, und man muss sich registrieren. Schnell wird klar: ICQ gehört zum Fernsehsender Pro7, da muss man mit Werbung rechnen.

Dass die Werbung allerdings so massiv ist, überrascht.

Abb. 7.14: Werbung begrüßt den neuen User von ICQ.

Ich brauche eine ganze Weile, um mich zurechtzufinden. Links unten gibt es zwei Buttons zum Klicken. Ich wähle ONLINE. Und dann OFFLINE – das bedeutet aber nicht, dass ICQ deaktiviert ist. Da sich das Programm an die Taskleiste heftet, kann man es nur durch Anklicken von BEENDEN ausschalten. Bei Skype ist das ähnlich – sodass Personen, zu denen man aktiv Kontakt hält, immer sehen können, ob man sich eingeloggt hat. Wenn man aber nicht angesprochen werden will, wählt man NICHT STÖREN oder OFFLINE.

Unter MENÜ kann ich meine persönlichen Einstellungen machen. Ich habe mich als ledige 19-jährige Russin ausgegeben, als Foto ein Hundebild eingestellt, sonst nichts.

Diese Einstellungen speichert man und kann sofort loslegen.

Abb. 7.15: Symbole bei ICQ

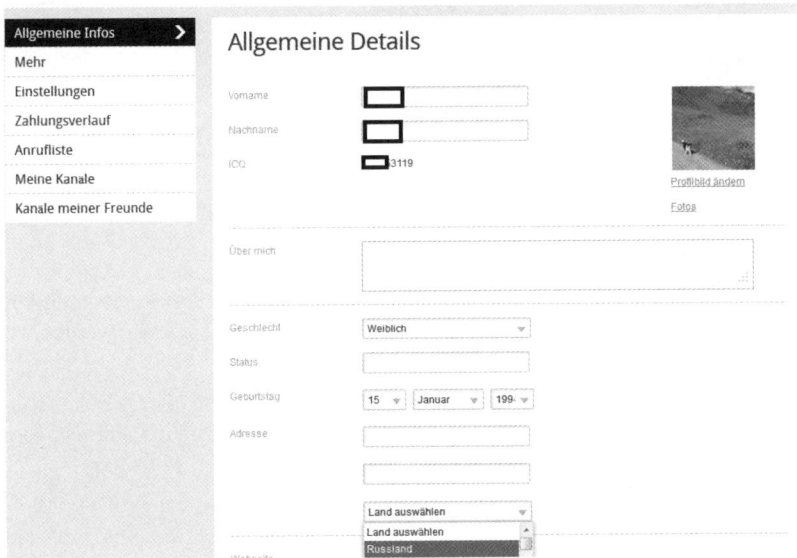

Abb. 7.16: Ein Persönlichkeitsprofil bei ICQ anlegen – je weniger, desto besser

Chats findet man in der oberen Menüleiste, man klickt CHATS an und sieht eine
Vielzahl von Möglichkeiten.

Abb. 7.17: Chats bei ICQ nach Altersgruppen

Man kann sich die verschiedenen Chats als Gast ansehen – oder natürlich mit
einem Nickname.

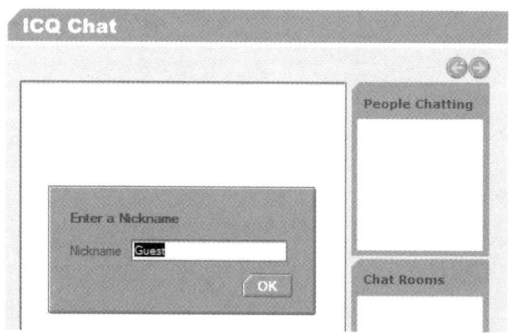

Abb. 7.18: Als Gast in einem Chat bei ICQ anmelden

Ich versuche es als Gast in der Chatgruppe GERMANY. Als Gast kann man sich die Chats ansehen, aber auch mitmachen. Doch angesichts der Anmache (»welches girl zeigt sich gegen bezahlung vor der cam«) verlasse ich diesen Chat so schnell wie möglich. Mehr braucht man zu dem Thema eigentlich nicht zu wissen.

Abb. 7.19: In Chats kommt man schnell zur Sache.

Was denken Sie jetzt als Eltern? Aber es kommt noch schlimmer. Ich probiere es in der Gruppe TEENS. Ich schaue mir die Chats nur an und kommentiere nichts.

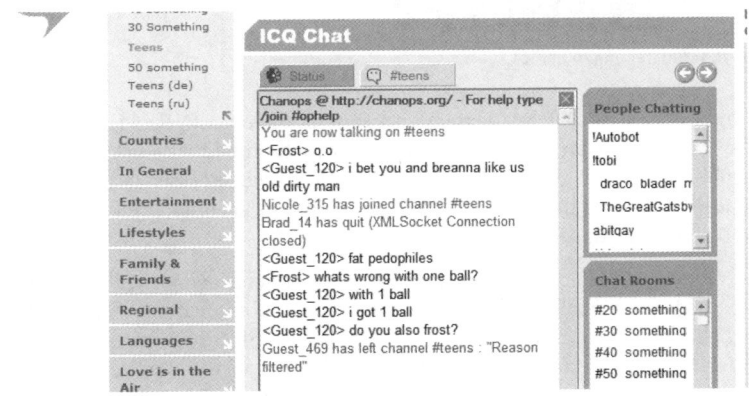

Abb. 7.20: In der Gruppe für Teens ist es noch schlimmer.

Als Eltern sollten Sie Ihre minderjährigen Kinder unbedingt beraten und begleiten, wenn sie sich bei ICQ anmelden. Das Chatten mit Freunden, die man in einer Liste gespeichert hat und mit denen man sich austauscht, ist ja o. k., sich aber in einem freien Chat zu tummeln, hat wirklich nichts außer der Erkenntnis gebracht, dass Kinder hier nichts zu suchen haben. Es gab nur plumpe Anmache und ziemlich sinnloses Chatten nach kurzer Zeit.

7.6.1 Wichtige Einstellungen bei ICQ und Skype

Wenn Sie Ihrem Kind die ICQ-Anmeldung erlauben, gehen Sie mit ihm oder ihr durch die Einstellungen: Über das MENÜ unten links auf der ICQ-Startseite wählen Sie EINSTELLUNGEN.

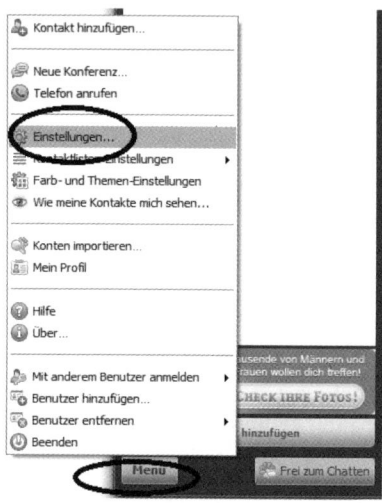

Abb. 7.21: Einstellungen bei ICQ

Da man über ICQ Dateien versenden kann, ist die oberste Regel, dass man niemals Dateien von Unbekannten öffnet und nicht auf Links klickt, die man zugesendet bekommt. Auf diese Weise verbreiten sich die meisten Trojaner, und irgendjemand mit schlimmen Absichten kapert den Rechner, greift Passwörter ab und bedient sich der Identität des Users.

Unter dem Reiter ALLGEMEIN können Sie von vornherein einstellen, dass sich ICQ immer aktiviert, sobald der Rechner startet. Das ist aber nicht zu empfehlen, denn möglicherweise bekommen so viele Leute mit, dass Sie anwesend sind. Entfernen Sie den Haken vor AUTO-START. Setzen Sie aber im oberen Bereich unter »ABWESENHEITS«-MODUS alle Haken, damit andere User immer so schnell wie möglich den Status »abwesend« erhalten.

Auch können Sie einen Ordner auf Ihrem Laufwerk einrichten, wohin Dateien – Bilder oder Dokumente – gesendet werden sollen.

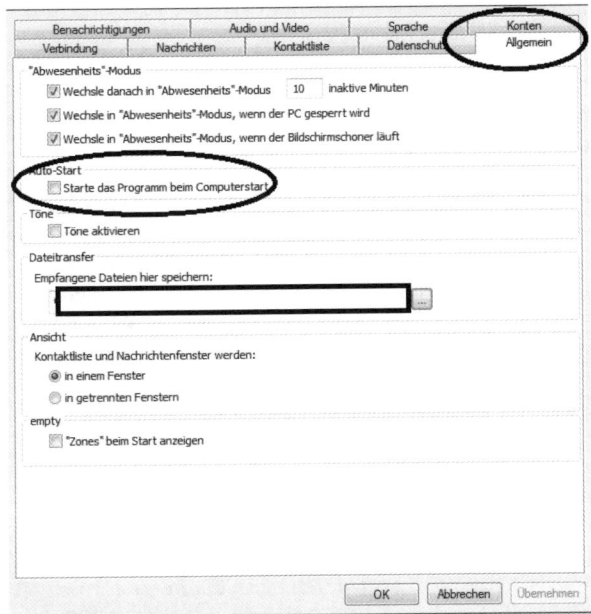

Abb. 7.22: Noch mehr Einstellungen bei ICQ

Unter dem Reiter DATENSCHUTZ können Sie unter anderem Sichtbarkeits-Einstellungen vornehmen. Sie können hier Personen eintragen, mit denen Sie keinen Kontakt wünschen, ebenso solche, für die Sie immer sichtbar sein wollen.

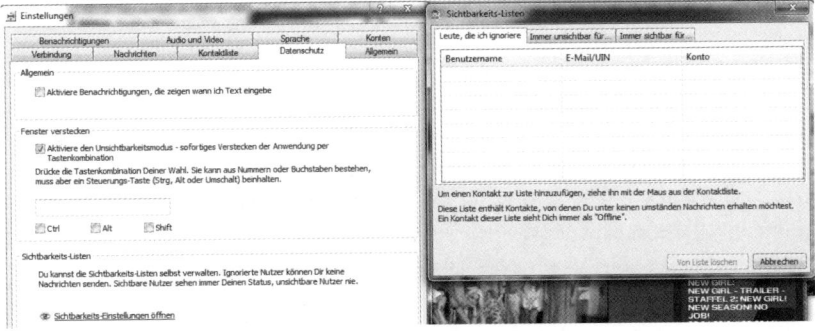

Abb. 7.23: Datenschutzeinstellungen bei ICQ

Schauen Sie sich noch die anderen Einstellungen an. ICQ ist nur so sicher wie diejenigen, die sicher damit umgehen.

7.6.2 Ist Skype sicher?

Chatten – schriftlich und mündlich – über Skype ist eine seit Jahren etablierte Form der Kommunikation. Ist es auch sicher? Mit einem Wort: Nein! Auch wenn eigentlich jeder das Programm benutzt und kennt, muss man sich grundsätzlich darüber im Klaren sein, dass bei Skype gar nichts sicher ist.

Hinweis

Ausspioniert – was Wikipedia über Skype berichtet: Im Februar 2007 wurde bekannt, dass Skype nach dem Start im Verzeichnis für temporäre Dateien eine ausführbare Datei namens *1.com* anlegt, die sämtliche BIOS-Informationen des PCs auslesen kann. Skype selbst erklärt, diese Datei diene der Überprüfung, um Rechner zu identifizieren, damit lizenzpflichtige Extras nur von berechtigten Lizenznehmern installiert und betrieben würden. Im Mai 2013 deckte heise Security nach Hinweis eines Nutzers auf, dass Skype sich das Einverständnis, den kompletten Kommunikationsinhalt des Nutzers mitlesen und auswerten zu dürfen, durch Akzeptieren der AGB und Nutzung des Dienstes nicht nur pro forma erteilen lässt, sondern dass das lückenlose Mitlesen, Durchscannen und Überprüfen mindestens des Skype-Textchats in der Praxis auch tatsächlich durchgeführt wird. Aufgedeckt wurde dies dadurch, dass über den Skype-Chat privat versendete und speziell für diesen Zweck eingerichtete HTTPS-URLs samt Login-Daten kurze Zeit später automatisiert durch eine Microsoft zuzuordnende IP-Adresse abgerufen und überprüft wurden. Heise: »Wer Skype benutzt, muss sich nicht nur damit einverstanden erklären, dass Microsoft alle übertragenen Daten quasi nach Belieben nutzt. Er muss davon ausgehen, dass dies tatsächlich geschieht und der Konzern auch nicht verrät, was genau er mit diesen Daten anstellt.«

Im Juni 2013 wurde mit PRISM ein Überwachungsprogramm des amerikanischen Geheimdienstes NSA bekannt, in dessen Rahmen großflächig ein beträchtlicher Teil des gesamten Internetverkehrs in den USA mitgeschnitten, unbefristet gespeichert und ausgewertet wird. Als Teil des an diesem Programm teilnehmenden Unternehmens Microsoft steht auch Skype unter dem Verdacht, die gesamte über das Netzwerk laufende Kommunikation amerikanischen Geheimdiensten zur Verfügung zu stellen, ohne dass dafür ein besonderer Grund vorliegen muss und ohne dass der Nutzer davon erfährt.

2008 wurde bekannt, dass österreichische Behörden und Polizei Skype abhören können.

Die Datenschutzrichtlinien von Skype legen fest, dass Skype oder andere Stellen auch Kommunikationsinhalte für Behörden zur Verfügung stellen. Die Formulierung lässt offen, ob Skype selbst die Kommunikationsinhalte weitergibt oder nur andere Stellen dabei unterstützt.

Oh je ... Aber wir befassen uns ja mit unserem Nachwuchs und gehen mal davon aus, dass die auch hier keine sensiblen Daten übermitteln wie Sie vielleicht, etwa als Unternehmer, der Kundendaten schützen muss. Dennoch: Wie viele Kinder und Großeltern und andere Verwandte halten über große Entfernungen den Kontakt zu ihren Familien über Skype?

Chatten ohne Risiko jedenfalls stuft Skype auch als hochriskant ein. Denn verknüpft man Skype erst einmal mit Facebook und ist schludrig bei den Sicherheitseinstellungen, sind Rückschlüsse auf die Person möglich.

Sicherheitseinstellungen bei Skype

Am besten gehen Sie auch bei Skype mit Ihrem Kind die Sicherheitseinstellungen durch. Auch hier ist es so, dass Sie alle nur möglichen Einstellungen wie die Anzeige der Telefonnummer oder E-Mail-Adresse auf »privat« setzen sollten.

Beim Foto sollte Ihr Kind nicht unbedingt erkennbar sein. Hunde sind, was ihr Foto im Internet betrifft, unempfindlich.

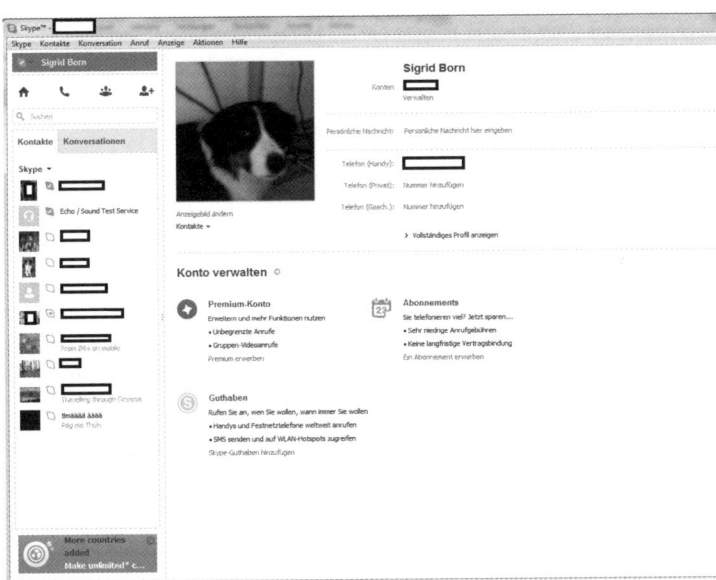

Abb. 7.24: Ein Blick in einen Skype-Account

Mit Skype hat man neben der Chatfunktion die Möglichkeit, Dateien über das Programm auszutauschen und kostenlos mit Videoeinstellungen zu telefonieren. Gespräche über Skype sind generell kostenlos. Das geht aber nur, wenn beide Gesprächsteilnehmer das Programm installiert haben – entweder auf dem PC oder mit der passenden App auf Smartphones und Tablets.

In den OPTIONEN finden Sie die Einstellungen zur Privatsphäre.

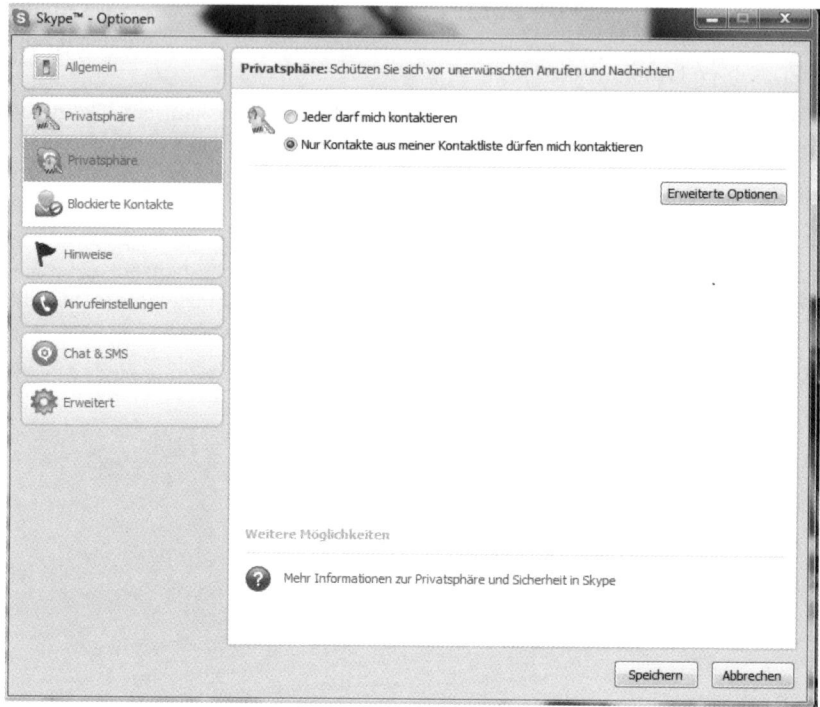

Abb. 7.25: Optionen zu Privatsphäre-Einstellungen bei Skype

Wählen Sie hier unbedingt die Option NUR KONTAKTE AUS MEINER KONTAKTLISTE DÜRFEN MICH KONTAKTIEREN und speichern Sie diese. Das ist nicht nur für Ihre Kinder, sondern auch für Sie wichtig.

Datensparsamkeit ist also auch bei Skype angebracht. Wer Sie kennt – und nur mit denen wollen Sie doch chatten –, braucht nicht extra Ihr Geburtsdatum oder Ihre Telefonnummer. Man braucht sich auch nicht mit seinem echten Namen anzumelden.

Hinweis

Besonders beliebt: der Facebook Messenger

Klar, auch auf Facebook wird gechattet. Neben all den Statusmeldungen und Infos läuft das meistens so, dass die Jugendlichen nach der Schule ihre PCs anmachen, Facebook ist automatisch geöffnet und läuft irgendwo im Hintergrund, dabei wird mit Freunden gechattet. Vielleicht kennen auch Sie jenes ganz typische Facebook-Geräusch, das auf die Dauer ziemlich nervt? Sie wissen dann, dass Ihr Kind wahrscheinlich keine Hausaufgaben macht. Vereinbaren Sie am besten feste Zeiten für diese Kommunikation. Den Ton dafür kann man in den Einstellungen abschalten – klicken Sie auf das Zahnradsymbol neben Ihrem Namen oder dem Ihres Kindes. Sie wählen dann unter BENACHRICHTIGUNGEN den ersten Punkt AUF FACEBOOK und hier rechts auf ANZEIGEN. Hier den Ton deaktivieren, indem Sie den Haken entfernen bei TON ABSPIELEN, WENN EINE NEUE BENACHRICHTIGUNG EINGEHT.

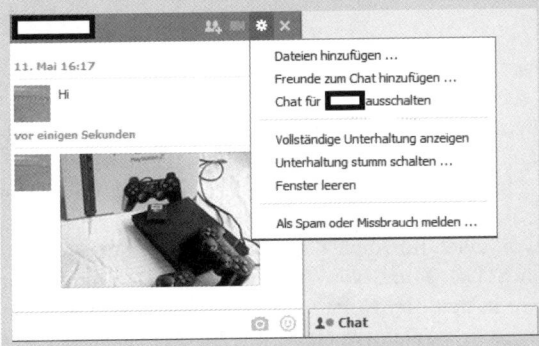

Abb. 7.26: Bei Facebook kann man chatten und Bilder senden.

Tipp

Sichere Chats für Kinder finden Eltern zum Beispiel auf:

www.seitenstark.de (ab 8 Jahren)

www.kindernetz.de (ab 8 Jahren)

www.tivi.de (ab 8 Jahren)

www.mein-kika.de/chat (ab 10 Jahren)

www.juki.de (bis 14 Jahre)

7.7 WhatsApp – Simsen mit dem Smartphone ... ohne Netz und doppelten Boden

Die Zahl der Menschen, die WhatsApp nutzen, wird jeden Tag größer. Über 200 Millionen Menschen weltweit verschicken 20 Milliarden Nachrichten täglich über das Instant Messaging ihres Smartphones. Im Laufe von sechs Monaten ist die Zahl der Nutzer in Deutschland von 9,3 auf 13,7 Millionen gestiegen – das ergab eine Hochrechnung im Mai 2013 aus den App-Charts des Nachrichtenmagazins Focus. Bei Kindern und Jugendlichen ist WhatsApp noch beliebter, weil die SMS selbst kostenlos sind – ein Jahres-Gebührenmodell in Abo-Form ist in Arbeit.

Abb. 7.27: Das Logo von WhatsApp

WhatsApp ist für mehrere Betriebssysteme erhältlich: Es ist für Apple iOS, Android, BlackBerry OS, Symbian, Nokia S40, Windows Phone 7, Windows Phone 8 und Meego verfügbar. Im Frühsommer 2013 kostete die iOS-App von WhatsApp im iTunes App Store 89 Cent und enthält eine lebenslange kostenlose Lizenz. Noch 2013 soll es aber ein Abo-Modell für Apple-Geräte geben. Wie teuer die Nutzung dann wird, ist bislang nicht klar. Nutzer von Googles Betriebssystem müssen für WhatsApp nach einem Jahr kostenloser Nutzung für ein weiteres Jahr 89 Cent bezahlen, drei Jahre kosten 2,40 Euro. Dafür verspricht WhatsApp, dauerhaft auf Werbeeinblendungen zu verzichten.

Bei dem Namen WhatsApp handelt es sich um ein Wortspiel mit dem englischsprachigen Ausdruck »What's up?«, auf Deutsch etwa »Was geht?«. Zusätzlich zum Instant Messaging besteht die Möglichkeit, Foto-, Kontakt-, Video- und Audiodateien auszutauschen sowie den eigenen Standort mitzuteilen, der per GPS ermittelt wurde.

WhatsApp ist ideal, um sich schnell über etwas auszutauschen, es ist sehr einfach zu bedienen und macht sogar Spaß. Wären da nicht die sehr großzügigen Datenschutzrichtlinien und die Sicherheitsprobleme.

WhatsApp synchronisiert sich dabei mit dem Adressbuch des Telefons, sodass der Benutzer kein separates Adressbuch führen muss.

Abb. 7.28: Eine typische Konversation zwischen Mutter und Sohn über WhatsApp

7.7.1 Sicherheitsprobleme

WhatsApp hat natürlich seine Schattenseiten. Immer wieder warnten die Medien vor Sicherheitsmängeln. So erlaubte eine Sicherheitslücke das Mitlesen von Nachrichten im WLAN-Netz. Denn WhatsApp überträgt Nachrichten per XMP-Protokoll, und das ist nichts anderes als Klartext. Außerdem gibt es spezielle Lausch-Apps, die leicht über Quellen im Internet zu bekommen sind.

Auch der Passwort-Generator der Android-App erwies sich als unsicher. Der britische Webentwickler Sam Granger fand heraus, dass Hacker ganz einfach Zugriff auf Nutzerkonten erhalten konnten.

Nach Informationen von Heise online reichen die Handynummer des WhatsApp-Nutzers und die Seriennummer des Smartphones (International Mobile Station Equipment Identity – IMEI), damit Angreifer die Kontrolle über das WhatsApp-Konto übernehmen. Das betrifft die Android- und die iOS-App. Inzwischen hat WhatsApp hier nachgebessert. Im Mai 2013 zumindest lag kein gravierender Sicherheitsmangel vor.

Dann gab es einen Kettenbrief über WhatsApp (es war natürlich ein Hoax – eine Falschmeldung): Der verkündete, dass WhatsApp seinen Dienst angeblich Ende Januar 2013 einstellt oder dass eine Gebühr in Höhe von 25 Euro anfällt. Diese Nachricht möge man an seine Kontakte weiterleiten.

Ein anderer Hoax:

Wichtige Meldung: Dein geliebtes App WhatsApp wird in nächster Zeit kostenpflichtig, sprich es werden Monatliche Kosten anfallen! Um dies zu umgehen, hat die WhatsApp Gemeinde beschlossen, diesen Kettenbrief zu schreiben. Damit diese Warnung anklang (sic!) findet, soll sie so oft wie möglich weitergesendet werden. Dies ist auch der einzige Weg, um sich von den Zukünftigen Kosten zu befreien. Somit kannst du von Glück sprechen, wenn du überhaupt diese Nachricht lesen konntest. Nachdem du diese Nachricht erfolgreich (Doppelhaken) an 10 weitere Freunde versendet hast, wird dein WhatsApp Logo in roter Farbe aufleuchten.

Im Spätsommer 2013 schließlich wurde es extra fies: An einigen Schulen in Niedersachsen gab es über WhatsApp Morddrohungen in Form eines Kettenbriefes. Etliche Kinder hatten eine Audio-Botschaft erhalten, die sie zum Weiterschicken der Nachricht aufforderte. Wer sich weigerte, dem prophezeite die Computer-Stimme einen baldigen Tod.

Und es gibt noch einen Minuspunkt, denn WhatsApp lädt das gesamte Adressbuch vom Mobiltelefon herunter. Immer wenn man WhatsApp benutzt, werde das komplette Telefonbuch mit Nummern und Namen unverschlüsselt an die Server von WhatsApp in den USA versendet und könne auf dem Weg dorthin theoretisch abgegriffen werden, schreibt auch die Webseite juuport dazu.

Das bezeichnet die Zeitschrift COMPUTER BILD schlicht als »Datenklau«, doch damit ist WhatsApp nicht allein. So gut wie alle Anbieter von kostenlosen Message-Diensten haben irgendwo im Kleingedruckten stehen, dass sie Nutzerdaten speichern, weitergeben oder für Werbung nutzen.

Sicherheitseinstellungen bei WhatsApp – Personen blockieren

Ein aktuelles Programm ist wichtig für die Softwarenutzung aller Apps. Daher sollte man immer Updates installieren, sobald diese publiziert werden.

Man kann keine Nummern vorab blockieren. Über WhatsApp kann man aber Personen blockieren. Hat man ein iPhone, geht man wie folgt vor, nachdem man WhatsApp gestartet hat: In den EINSTELLUNGEN des Chats wählt man CHAT-EINSTELLUNGEN.

Abb. 7.29: In den Einstellungen des Smatphones kann man Personen blockieren.

Hier werden unter BLOCKIERT die Namen gespeichert, von denen man keine Nachrichten mehr bekommen möchte.

Abb. 7.30: Wenn man bestimmte Personen bei WhatsApp blockiert stehen diese in einer Liste.

Über das Plussymbol wählt man die Kontakte aus, die man blockieren möchte.

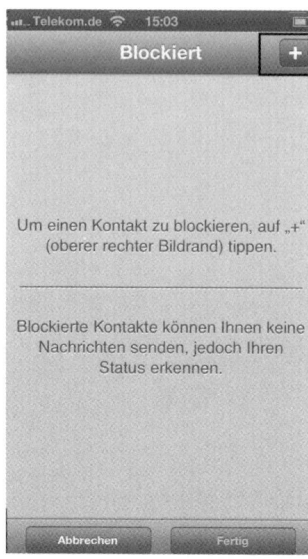

Abb. 7.31: Weitere Personen fügt man über das Plussymbol hinzu.

Auch auf einem Smartphone mit dem Betriebssystem Android ist ein Blocken von Kontakten möglich: Auch hier kann man unter EINSTELLUNGEN/KONTAKTE die blockierten Kontakte über die Schaltfläche HINZUFÜGEN.

Bekommt man eine Nachricht von einer Nummer, die nicht im Telefonbuch gespeichert ist, erscheint oberhalb des Nachrichtenverlaufs die Schaltfläche BLO-CKIEREN. Aktiviert man diese, erhält man ab sofort keine Nachrichten mehr von dieser Nummer. Das gilt sowohl für Smartphones mit dem Betriebssystem iOS als auch für solche mit Android.

Zuletzt-online-Funktion bei WhatsApp deaktivieren

Über WhatsApp kann man den Status einer Person sehen – ähnlich wie auch bei Skype, ICQ und Co. – andere bekommen also mit, ob man gerade ansprechbar ist oder nicht.

Diese zuletzt-online-Anzeige im Chatverlauf sollte aus Datenschutzgründen generell abgeschaltet werden. Auch das ist je nach Betriebssystem unterschiedlich.

Auf dem iPhone ist es einfach: Man startet WhatsApp, geht bei den EINSTELLUN-GEN wieder zu den CHAT-EINSTELLUNGEN, dann zu ERWEITERT. Unter ZULETZT GESEHEN ZEITSTEMPEL deaktiviert man die Funktion.

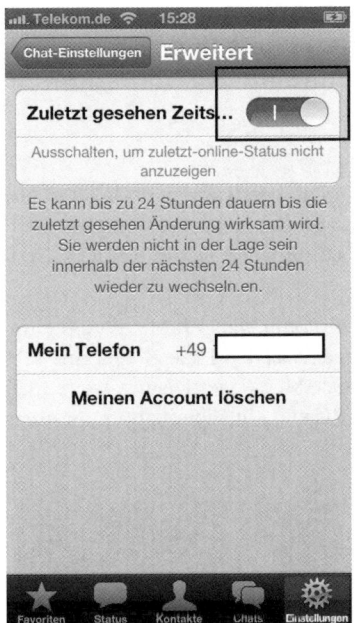

Abb. 7.32: Zuletzt-online-Funktion bei WhatsApp deaktivieren

Bei Smartphones mit Android oder anderen Betriebssystemen ist das Deaktivieren der Funktion offiziell nicht möglich – aber die Webseite juuport hat hier eine Lösung:

> Bei Smartphones mit Android oder anderen Betriebssystemen ist das Deaktivieren der »zuletzt-online«-Funktion etwas kniffliger, aber möglich. Am schnellsten geht es, wenn man die SIM-Karte mal kurz in ein iPhone legt, WhatsApp startet und dann wie oben beschrieben vorgeht. Auch nach dem Wiedereinlegen in das eigene Smartphone bleibt die »zuletzt-online«-Funktion deaktiviert. Bis die Deaktivierung der Funktion gültig wird, können bis zu 24 Stunden vergehen. In diesem Zeitraum kann man die »zuletzt-online«-Funktion nicht wieder aktivieren. Danach ist es aber grundsätzlich möglich, wieder Einstellungsänderungen vorzunehmen.

> Etwas mehr Einsatz erfordert die Alternative: Bevor man WhatsApp startet, schaltet man sein Smartphone in den »Flugmodus« bzw. deaktiviert WLAN und Netzwerk, sodass keine Internetverbindung möglich ist. Dann erst nutzt man WhatsApp, liest Nachrichten oder tippt eine Nachricht ein und sendet diese ab. Im Anschluss geht man wieder online, indem man den Flugmodus deaktiviert oder WLAN und Netzwerk wieder einschaltet.

> *Um den Onlinestatus dauerhaft zu verbergen, muss man diese Prozedur allerdings jedes Mal durchführen, wenn man WhatsApp nutzt.*
>
> *Quelle:* www.juuport.de

7.7.2 Alternativen zu WhatsApp

Und da die meisten Jugendlichen auf WhatsApp eingeschworen sind, ist es nur schwer, sie von Alternativen zu überzeugen – denn was nützt es, wenn man mit seiner Chat-App in der Minderheit ist? Dennoch lohnt es sich, die Alternativen anzusehen.

MessageMe wird von COMPUTER BILD und Chip online als Alternativ-App empfohlen. Daneben gibt es Programme wie *Hike* und *Viber*. Bei Hike gibt es eine 128-Bit-SSL-Verschlüsselung. MessageMe ist eine ideale Messenger-Lösung, wenn man mehrere Endgeräte benutzt wie Telefon, Tablet-PC etc. Mit Viber kann man übers Internet kostenlos mit anderen telefonieren.

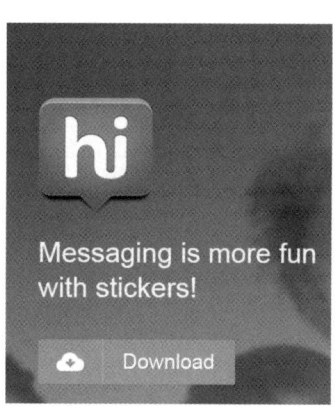
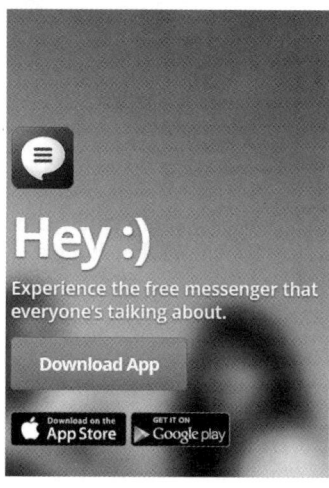

Abb. 7.33: Hike ist eine Alternative zu WhatsApp ...   **Abb. 7.34:** ... und ebenso MessageMe.

Dann ist der Dienst *Threema* ziemlich neu. Das Besondere: Threema verschlüsselt!

Threema gibt es für Android und iOS. Gerade angesichts der Diskussion um das Ausschnüffeln der Daten durch die amerikanische NSA ist es gut, wenn man Lösungen für eine verschlüsselte Kommunikation hat – auch wenn unter Kindern und Jugendlichen nicht unbedingt hochsensible Daten verschickt werden. Aber für Sie als Eltern bietet sich das Programm vielleicht an.

Threema.

Seriously secure mobile messaging.

| Übersicht | Anleitung | Häufige Fragen | Download | Support |

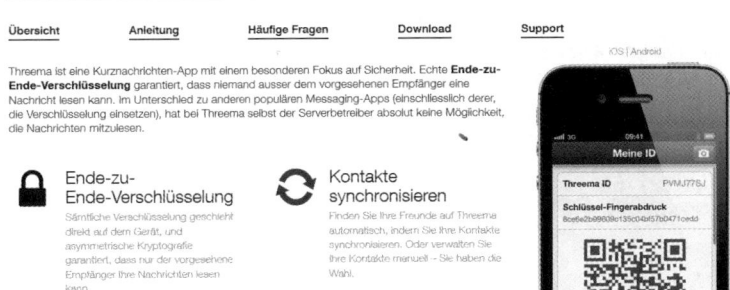

Threema ist eine Kurznachrichten-App mit einem besonderen Fokus auf Sicherheit. Echte **Ende-zu-Ende-Verschlüsselung** garantiert, dass niemand ausser dem vorgesehenen Empfänger eine Nachricht lesen kann. Im Unterschied zu anderen populären Messaging-Apps (einschliesslich derer, die Verschlüsselung einsetzen), hat bei Threema selbst der Serverbetreiber absolut keine Möglichkeit, die Nachrichten mitzulesen.

Ende-zu-Ende-Verschlüsselung
Sämtliche Verschlüsselung geschieht direkt auf dem Gerät, und asymmetrische Kryptografie garantiert, dass nur der vorgesehene Empfänger Ihre Nachrichten lesen kann.

Kontakte synchronisieren
Finden Sie Ihre Freunde auf Threema automatisch, indem Sie Ihre Kontakte synchronisieren. Oder verwalten Sie Ihre Kontakte manuell – Sie haben die Wahl.

Abb. 7.35: Informationen zu Threema findet man im Internet.

Mit Threema kann man wie bei WhatsApp Fotos, Videos oder Standortdaten versenden, außerdem wird angezeigt, wann eine Nachricht zugeschickt und gelesen wurde – aber die Lesebestätigung kann man auch deaktivieren.

7.8 Bloggen – warum nicht?

In Schulen, unter Schülern und Lehrern und sogar zusammen mit Eltern ist das Bloggen heutzutage eine wunderbare Möglichkeit, das Internet als direktes Medium der Kommunikation zu nutzen. Für Kinder ist es toll, sich in einem kurzen Text zu einem Thema frei äußern zu können, es schult die Ausdrucksfähigkeit, ist viel spannender als ein Aufsatz und geschieht fast immer freiwillig. Vor allem wenn es in Schulen eingesetzt wird, erlangen die Schülerinnen und Schüler Medienkompetenz. Die Webseite Lehrer online gibt hilfreiche Tipps zum Einsatz von Blogs im Unterreicht.

Hinweis

Das Wort Blog ist zusammengesetzt aus »Web« und »Log«. Der Blog ist eine Mischung aus Tagebuch, Nachrichtensammlung und Diskussionsforum. Kinder und Jugendliche bloggen über alles Mögliche: über Unterrichtsthemen, Schulprojekte, Klassenfahrten und Freizeit. Es gibt nach Informationen des Schulministeriums von Nordrhein-Westfalen sogar schon Schulen, die statt mit einer normalen Schulhomepage nur mit ihrem Blog an die Öffentlichkeit gehen – der Blog ist die Schulhomepage.

Bei der Bildung der öffentlichen Meinung im Internet ganz allgemein spielen Blogs eine wachsende Rolle. Erste Unternehmen beschäftigen Blogger, um junge, kaufkräftige Zielgruppen zu erreichen.

Auf der Suche nach einer Alternative zum spielerischen Umgang mit dem Computer kam eine Pädagogin aus Marl schon vor einigen Jahren auf die Idee, einen Klassenblog einzuführen. So hat sie an ihrer früheren Schule den »Elefantenklassenblog« eingeführt – und damit als erste Lehrerin Grundschulkinder der zweiten bis zur vierten Jahrgangsstufe an die Technik des Bloggens herangeführt. In diesem Blog konnten die Kinder lustige Geschichten erzählen, übers Lernen schreiben oder aber über ernsthafte Themen reflektieren.

Quelle: `http://www.schulministerium.nrw.de/BP/Lehrer/Berichte_Schul-praxis/Schulblogs/`

Abb. 7.36: Der Elefantenblog

7.8.1 Regeln fürs sichere Bloggen

Unsere Teenager schreiben heute ungefähr die Hälfte aller Blogs, wobei zwei von drei Jugendlichen ihr Alter angeben, drei von fünf ihren Wohnort und ihre Kontaktinformationen und einer von fünf den vollständigen Namen. Das ist natürlich grundsätzlich riskant.

Wenn Ihre Kinder und Enkel bloggen wollen, helfen Sie ihnen. Vor allem jüngere Kinder sollen das Bloggen ruhig probieren. Es gibt eine ganze Reihe von Anbietern, für Kinder geeignet ist zum Beispiel der von einer privaten Initiative betriebene Blog auf KinderWeb.eu. Ein Blog für alle ist www.blogger.com.

Abb. 7.37: Ein Blog für Kinder auf KinderWeb.eu

Tipp

Tipps zum Bloggen

- Bevor Ihre Kinder etwas in einem Blog veröffentlichen, sollten Sie einen Blick darauf werfen und noch einmal die Regeln fürs Bloggen durchsprechen. Ihr Kind sollte nicht unter seinem richtigen Namen bloggen und eine geschützte E-Mail verwenden, die aber normalerweise nicht gezeigt wird. Alter, Adresse und Geburtstage sollten nicht veröffentlicht werden.

- Der Namen der Schule, Namen von Freunden etc. sollten nie genannt werden.

- Beim Bloggen werden oft Bilder veröffentlicht. Achten Sie auch darauf, denn viele harmlose Informationen wie ein Foto des Schulmaskottchens und des Stadtwappens können auf den Wohnort des Verfassers hinweisen.

- Überprüfen Sie den Anbieter des Blogs und lesen Sie die Nutzungsbedingungen – prüfen Sie, was erlaubt und was untersagt ist. Vergewissern Sie sich, dass der Blog (nicht nur das Benutzerkonto) durch ein Kennwort geschützt werden kann. Gehen Sie grundsätzlich davon aus, dass der Blog von jedem gesehen werden kann.

- Speichern Sie die Webadresse des Blogs Ihres Kindes und überprüfen Sie den Blog regelmäßig.

- Informieren Sie sich in anderen Blogs, um positive Beispiele zu finden, die Ihre Kinder als Vorlage verwenden können.

- Wenn Bilder veröffentlicht werden: Wer hat das Recht an dem Bild? Wird jemand bloßgestellt? Sind die Bilder provokant?

- Ihre Kinder sollten nie versuchen, andere Blogger zu übertreffen. Sie sollten in ihren Blogs nie andere beleidigen oder angreifen.

7.8.2 140 Zeichen müssen reichen: Twitter

Und schon sind wir bei Twitter angelangt – der wohl bekannteste Blogdienst. 140 Zeichen, mehr Platz hat man nicht, um etwas mitzuteilen.

In den hervorragenden Blogs des Sicherheitssoftware-Herstellers Kaspersky gibt es dazu einige Tipps für Eltern:

> *Kinder müssen sich auch darüber im Klaren sein, dass Scammer wild auf Facebook und Twitter wüten. Es gibt keine Umweltkatastrophe, keinen Tod eines Popstars, kein Sportereignis und kein anderes Weltgeschehen, das Scammer nicht für sich ausnutzen. Nicht dass Ihr Kind weiß, wer Elizabeth Taylor war oder wann sie gestorben ist, aber es ist gut möglich, dass Ihre Tochter letztes Jahr Opfer eines Scams geworden ist, der angab, dass Justin Bieber von einem verrückten Fan nach einem Auftritt in L.A. durch eine Stichwunde im Rücken verletzt wurde.*
>
> *Quelle:* `http://blog.kaspersky.de/sollten-ich-meinen-kindern-den-zugriff-auf-facebook-oder-twitter-erlauben/`

Wichtig

Scammer: Scammer sind Betrüger, im Englischen bedeutet »Scam« Betrug. Gemeint sind hier vor allem Betrügereien im Internet, die eine Vorauszahlung beinhalten. Das Internet ist voll von teils tragischen, manchmal auch unfreiwillig komischen Geschichten über Menschen, die auf Scammer hereingefallen sind. Bekanntestes Beispiel sind die E-Mails aus Nigeria: Sie versprechen viel Geld, wenn man dem Absender der Mail hilft, sein Geld aus Nigeria herauszubekommen.

Manchmal geht es auch um eine Erbschaft, und das Szenario spielt in einem anderen afrikanischen oder asiatischen Land. Um an das Geld zu kommen, werden mehrere Tausend Euro für Gebühren, Notarkosten oder Steuern fällig. Wenn das Opfer zahlt, brechen die Betrüger den Kontakt ab – das gezahlte Geld ist unwiederbringlich verloren. Momentan nutzen die Betrüger wieder Briefpost, um Menschen abzuzocken. Damit wollen sie ihrem kriminellen Tun einen offiziellen Anstrich verpassen.

Daneben gibt es den Betrug mit Wohnungen zu einem Schnäppchenpreis. Die Masche: Die Scammer geben sich als Briten oder Amerikaner aus, die eine – manchmal geerbte – Wohnung günstig vermieten wollen. Sie verlangen eine Vorauszahlung und eine Kaution, dem neuen Mieter sollen die Schlüssel über den Paketdienst DHL oder eine Agentur geschickt werden.

Beim Autokauf läuft es ähnlich: Tolle Fahrzeuge zu günstigen Preisen befinden sich im Ausland, man soll Geld auf ein Konto einzahlen, dann soll es angeblich überführt werden...wenn Sie dann anbieten, persönlich vorbeizukommen, endet der Kontakt.

Und auch vor dieser Masche warnt die polizeiliche Kriminalprävention:

»Betrug mit vorgetäuschter Liebe«

»Besonders perfide und für die Opfer mit hohem emotionalem Stress verbunden ist das Love- oder Romance-Scamming. In Onlinepartnerbörsen oder auch in sozialen Netzwerken sind die Scammer auf der Suche nach potenziellen Opfern. Ist ein Kontakt erst einmal hergestellt, werden diese mit Liebesbekundungen und Aufmerksamkeit überhäuft – und zwar einzig und allein mit dem Ziel, ihnen das Geld aus der Tasche zu ziehen. Denn die virtuellen Partner geben zum Beispiel vor, bei einer Geschäftsreise nach Westafrika in Geldnot geraten zu sein. Oder sie benötigen Geld für eine wichtige Operation ihres Kindes oder eines Angehörigen. Auch gestohlene Koffer und Pässe, unbezahlter Lohn oder eine unbezahlte Hotelrechnung sollen das ahnungslose Opfer dazu bringen, Geld zu überweisen. Und viele tun es auch, schließlich sind sie zu diesem Zeitpunkt schon von ihrem Internetpartner/ihrer Internetpartnerin emotional abhängig.«

Quelle: http://www.polizei-beratung.de/themen-und-tipps/betrug/scamming.html#sthash.0ttTSABt.dpuf

Twitter und verkürzte URLs

140 Zeichen sind sehr wenig, und wenn man andere für einen Inhalt interessieren möchte, schickt man sie von der Twitter-Nachricht weiter über einen Link – das ist ein *Uniform Resource Locator* (URL) – eine Internetadresse. Sie identifiziert und lokalisiert eine Ressource wie eine Website über die zu verwendende Zugriffsme-

thode (Sie kennen das verwendete Netzwerkprotokoll wie HTTP oder FTP) und den Ort der Ressource in Computernetzwerken. URLs können schrecklich lang sein, daher gibt es einen Service wie etwa den von Bit.ly, der sie verkürzt – aber dabei auch unkenntlich macht. Ein Beispiel: Aus »https://www.schulportal-thueringen.de/web/guest/media/detail?tspi=3996« wird bei Twitter: »fb.me/GD103Spf«. Bei den langen Webadressen können Sie aber meistens erkennen, wo die hinführen, bei den verkürzten geht das nicht. Und wie schnell landet man dabei auf falschen, virenverseuchten Seiten.

Die wichtigsten Einstellungen bei Twitter

Bei Twitter kann jeder sehen, was eine Person veröffentlicht. Das sind die sogenannten *Tweets*. Wenn man twittert, möchte man gelesen werden und braucht *Follower*. Angela Merkel hat aktuell 56.264 Follower und 528 Tweets.

Abb. 7.38: Angela Merkel twittert.

Will man selbst twittern, meldet man sich an und legt sich einen Account zu. Achten Sie dabei auch auf ein gutes Passwort, denn ein Fake-Account, den jemand, der Ihnen Böses will, in Ihrem Namen anlegt, wäre bei Twitter richtig schlimm. Man kann sich einen Namen als Twitterer geben, der nicht mit dem eigenen Namen identisch sein muss und bei Kindern auch nicht sein sollte. Ebenso sollte man mit Bildern sehr vorsichtig sein.

Ein kurzer Blick auf die EINSTELLUNGEN, die man nach der Anmeldung neben dem Zahnradsymbol findet:

Abb. 7.39: Einstellungen bei Twitter über das Zahnradsymbol

Name und E-Mail-Adresse sind schon eingegeben, weitere Einstellungen können Sie hier festlegen. Sie sollten **keinen** Haken bei STANDORT TWITTERN setzen. Wenn man ein Unternehmen hat und Neuigkeiten zu Produkten twittert, ist das etwas ganz anderes und auch notwendig.

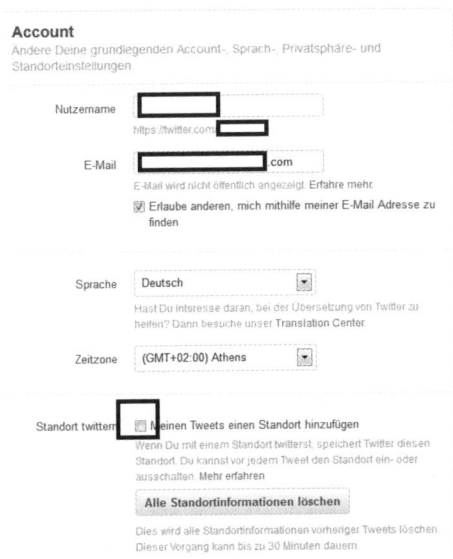

Abb. 7.40: Kinder sollten beim Twittern ihren Standort und ihren richtigen Namen nicht verraten.

Setzen Sie einen Haken bei MEINE TWEETS SCHÜTZEN. So können nur Personen, die als Follower akzeptiert sind, die Nachrichten lesen. Die Tweets sind nicht mehr öffentlich. Sie vermeiden außerdem auf diese Weise, dass von Ihnen verfasste Texte unkontrollierbar verwendet oder Sie in Kontexten zitiert werden, die nicht in Ihrem Sinn sind. Geschützte Tweets tauchen auch nicht in der Twitter-Suche auf.

Ebenso sollte ein Haken bei NICHT VERFOLGEN stehen. Damit verweigern Sie zumindest vordergründig eine Auswertung der Daten. Doch seit PRISM bin ich mir da nicht mehr sicher.

Abb. 7.41: Schützen Sie Ihre Tweets.

Vergessen Sie am Schluss nicht, die ÄNDERUNGEN zu SPEICHERN.

Man kann unter dem Menüpunkt FOLLOWER einzelne Personen blockieren oder sogar an Twitter als Spam melden.

Damit sind einige wesentliche Sicherheitseinstellungen bei Twitter gemacht. Es gibt noch weitere Sicherheitsoptionen, die Sie ausprobieren sollten – etwa die, dass Sie Ihre Mobilnummer angeben. Dorthin bekommen Sie vor jedem Einloggen einen Authentifizierungscode. Ich bezweifle aber, dass diese Option für Kinder realistisch ist.

Abb. 7.42: Follower kann man blockieren.

7.9 Altmodisch, aber notwendig: E-Mail

Nicht ganz ohne Grund steht E-Mail so ganz am Ende dieses ausführlichen Kapitels. Die meiste Kommunikation findet mittlerweile über Chats und SMS-Dienste wie WhatsApp statt. E-Mail brauchen Kinder aber, um sich bei Onlinediensten anzumelden oder auch um untereinander oder mit Lehrern Kontakt zu halten.

Die Webseite surfen-ohne-risiko.net empfiehlt, dass sich Kinder zwei Mailadressen anlegen: eine für Freunde, die auch nur diese kennen sollen, und eine für die Anmeldung in Chats und auf anderen Internetseiten, wo dies nötig ist. Vor allem diese zweite Adresse sollte keine Rückschlüsse auf die Identität des Kindes zulassen, also möglichst nicht den eigenen Namen enthalten.

Man kann sich schnell und problemlos E-Mail-Adressen bei Google Mail (»GMail«) oder web.de und vielen anderen kostenlosen Services einrichten. Doch

Sie erhalten hier auch jede Menge Werbung, und es ist möglich, dass Ihre Kinder über die Mailanbieter direkt auf problematischen Seiten landen.

Für jüngere Kinder empfiehlt die Webseite FragFINN, sich über die Gundschulpost (grundschulpost.zum.de) anzumelden oder den Anbieter Mail4Kidz (www.mail4kidz.de), die werbefrei sind.

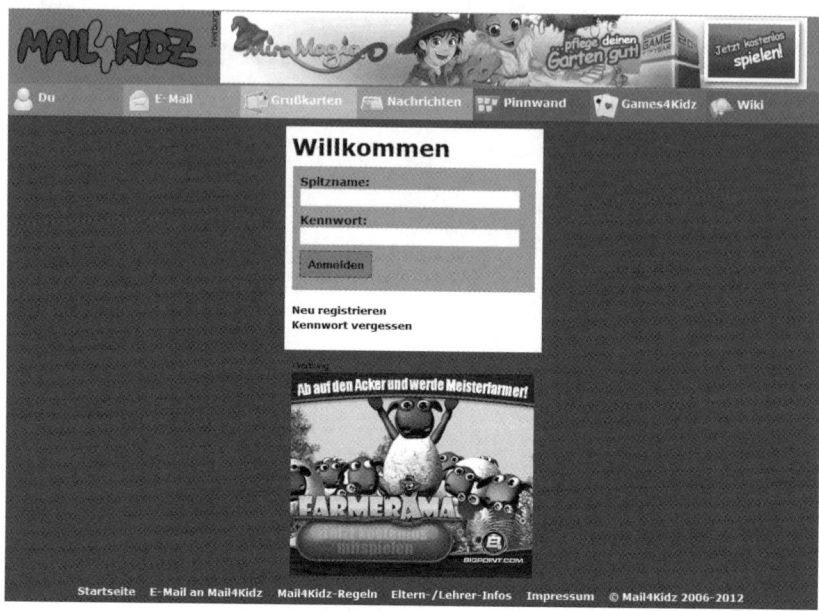

Abb. 7.43: Kinder-E-Mail bei www.mail4kidz.de

Geworben wird hier allerdings schon – für einige Spiele.

Alternativ und ohne Spielewerbung ist KidsMail24. Nach eigenen Angaben ist KidsMail kostenlos, für Kinder zwischen sechs und 14 Jahren geeignet und mit Kinderschutz zum Versenden und Empfangen von E-Mails ausgestattet. Aus Sicherheitsgründen ist eine Telefonnummer der gesetzlichen Vertreter und eine E-Mail dazu zwingend notwendig, da hierüber stichprobenartig die Identität und die Nutzungserlaubnis geprüft werden. Die Plattform soll die Kommunikation für Kinder in einer besonders geschützten Umgebung verbessern. KidsMail stellt dem Nutzer neben anderen Features eine Profilseite sowie ein Postfach von derzeit 50 MB zur Verfügung.

Die Webseite Internet-ABC (www.internet-abc.de) empfiehlt auch den *Toggo-Treff*, wo sich Kinder kostenlos eine E-Mail-Adresse zulegen können.

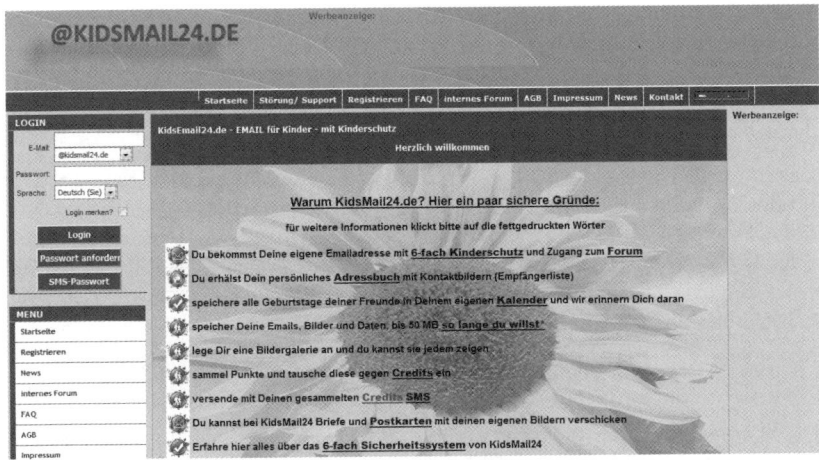

Abb. 7.44: Die Startseite von Kidsmail24 – hier können sich Kinder zwischen sechs und 14 Jahren eine eigene E-Mail anlegen.

Abb. 7.45: Die Webseite von Toggo.de gehört zur RTL-Gruppe.

Was Sie hier sehen, ist ganz viel Werbung! Wo da die E-Mail-Anmeldung sein soll, ist nicht herauszufinden. Die Webseite www.toggo.de wird von Super-RTL bestückt, das erklärt einiges. Machen Sie sich selbst ein Bild davon, ob Sie wollen, dass Ihr eventuell noch kleines Kind überhaupt auf dieser Seite surft – es wäre damit wohl überfordert.

Das Ergebnis ist also recht mager – nur drei Adressen. Da wundert es nicht, dass Kinder am Ende doch Hotmail oder GMX wählen.

Tipp

Abschließend noch ein paar Tipps zum Thema E-Mail:

- Die Mailadresse sollte die Identität des Kindes verbergen. Eine Fantasiegestalt wie Superman tut es auch.

- Die private E-Mail sollte Ihr Kind nirgendwo veröffentlichen und nur guten Freunden geben.

- Ganz schlimm sind nach wie vor die Kettenmails: Diese sollte Ihr Kind auf keinen Fall versenden. Sie dienen oft zur Generierung von E-Mail-Adressen, die dann in Werbeverteilern landen.

- Sollte es zu Spam kommen: Niemals darauf eingehen, auch nicht, um sich zu beschweren. Sonst weiß der Absender, dass die Adresse tatsächlich existiert.

- Unbekannte E-Mails immer löschen.

- Keine Dateianhänge öffnen, wenn nicht klar ist, woher sie stammen. Doch inzwischen stecken viele Viren auch in Grafik- und Textdateien, sodass eine hundertprozentige Sicherheit nicht möglich ist.

7.10 Zusammenfassung

Das war mal wieder ein langes Kapitel, und Sie dürften sich jetzt in Sachen Chat, WhatsApp, Twitter und so weiter auskennen und sehr vorsichtig sein, wenn sich Ihr Kind in einem Chat anmelden will.

Das Wichtigste noch einmal auf einen Blick:

- Machen Sie Ihrem Kind klar, dass es in Chats sehr sparsam mit persönlichen Informationen sein muss.

- Persönliche Angaben wie Name, Alter, Wohnort, Schule usw. sind tabu. Ebenso sind persönliche Fotos mir Vorsicht einzusetzen.

- Unangemessenes Verhalten anderer sollte sofort beim Betreiber des Chats gemeldet werden.

- Zwei E-Mail-Adressen sind wichtig: eine für Freunde und eine für alles andere wie Anmeldungen in Chats.

Chatten, Simsen, Kommunizieren – all das findet inzwischen vor allem in der mobilen Kommunikation statt. Daher ist es höchste Zeit, sich um die Sicherheitseinstellungen in den Handys zu kümmern. Das ist Thema des folgenden Kapitels.

Kapitel 8

Mobiltelefon – wichtige Einstellungen für die Sicherheit

Ein Jubiläum hatten wir ja schon: Das Internet in 20 Jahre alt geworden. Und das Handy ist schon 30! Ein Motorola-Gerät namens *Dynatac 8000* war das erste Mobiltelefon auf dem Markt. Es wog 800 Gramm und war 33 Zentimeter lang und kostete etwa 4.000 Dollar. Moderne Smartphones wiegen zwischen 110 und 180 Gramm und sind nur noch etwa 14 Zentimeter groß oder kleiner.

Ohne Smartphone läuft fast gar nichts mehr, und wer noch keins hat, wird über kurz oder lang eins bekommen. Weihnachten steht ein Mobiltelefon sicher wieder auf der Wunschliste vieler Kinder.

Sie sind ja auch wirklich nützlich und können eine Menge, vorausgesetzt, man kennt sich damit aus. In einigen Kapiteln ist das Thema Sicherheit für Mobiltelefone immer wieder angeklungen. Bei den zahlreichen Modellen und Versionen ist es sehr schwierig, den Überblick zu behalten, vor allem über die Sicherheitseinstellungen. Es bleibt Ihnen nichts anderes übrig, als sich damit für jedes Smartphone einzeln zu befassen. Vor allem sollten Sie die Kindersicherungen der Modelle kennenlernen – am Beispiel des iPhone zeige ich Ihnen, was es für Einstellungen gibt. Außerdem zeige ich Ihnen eine kostenlose Sicherheits-App für Kinder namens *Kids Place* auf einem Android-Gerät. Zuvor aber geht es um ganz grundsätzliche Einstellungen – für Kinder wie für Erwachsene.

8.1 Grundsätzliche Sicherheitseinstellungen fürs Handy

Eigentlich sind die Smartphones kleine Computer, mit denen man praktisch sein ganzes Leben organisieren kann. Jugendliche nutzen sie, um Musik zu hören und zu fotografieren, natürlich auch zum Kommunizieren. Die Sicherheit in der mobilen Kommunikation hat eigene Regeln, aber viele Regeln sind auch dieselben, die Sie beim PC anwenden müssen.

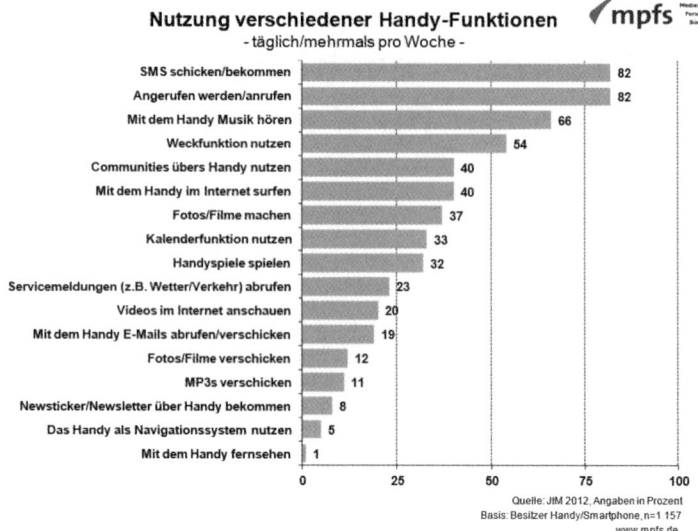

Abb. 8.1: Quelle: »Medienpädagogischer Forschungsverbund Südwest/JIM-Studie 2012/ www.mpfs.de«- Thema: Wie nutzen Jugendliche ihr Handy

Bevor Sie unbekannte Rufnummern annehmen, sollten Sie sie prüfen. Rufen Sie unbekannte Dienste-Rufnummern nicht zurück. Die Webseite der Bundesnetzagentur gibt Ihnen dazu viele wichtige Hinweise.

Wenn Ihr Kind sein eigenes Handy bekommt, achten Sie darauf:

- Ihr Kind sollte sehr sorgfältig mit den persönlichen Daten und der Telefonnummer umgehen.

- Die Telefonnummer sollte nur an Verwandte und Freunde weitergegeben werden; seriöse Vertragspartner und Firmen können im Einzelfall auch die Nummer der Eltern bekommen.

- Achten Sie beim Vertrag Ihres Kindes auf mögliche Verwertungsklauseln wie Verwendung der angegebenen Rufnummer zu Werbezwecken – gerne für angebliche Preisausschreiben.

- Sagen Sie Ihrem Kind, es soll sich erkundigen, zu welchem Zweck die Rufnummer von einem Unternehmen genutzt werden soll. Oder fragen Sie selber nach.

- Sind Sie oder Ihr Kind selbst Empfänger einer belästigenden Werbung geworden, so beachten Sie, ob es im Gespräch versteckte Preishinweise und

Hinweise zu Vertragsschlüssen etwa zu Abonnementdiensten gibt. Rufen Sie die beworbene Rufnummer am besten nicht zurück.

■ Lassen Sie unerwünschte und belästigende Nummern sperren.

Abb. 8.2: Kontakte der Bundesnetzagentur bei Rufnummernmissbrauch

8.1.1 Zugangsdaten sperren

Dass so ein teures Mobiltelefon wie ein Augapfel gehütet werden sollte, ist eigentlich selbstverständlich. Dennoch kommt es vor, dass man es liegen lässt. Daher sind Sperren aller Art entscheidend. Die Tastatursperre sowie der Gerätesperrcode sind schnell eingerichtet. Zusätzlich lässt sich bei den meisten Smartphones eine Display-Sperre aktivieren. Ein PIN-Code oder eine Geste entsperren es wieder. Die Zugangsdaten sollten Sie oder Ihr Kind gut aufbewahren.

Zeigen Sie Ihrem Kind oder weisen Sie es darauf hin, wie man drahtlose Schnittstellen wie WLAN und Bluetooth deaktiviert, wenn diese nicht genutzt werden.

Vorsicht bei öffentlichen Hotspots (das sind Orte, an denen der Zugang zum Internet über ein Drahtlosnetzwerk – WLAN – angeboten wird)! Hier sollte Ihr Kind (und Sie) auf »kritische Anwendungen« wie Onlinebanking verzichten.

Einige Geräte bieten auch die Möglichkeit, sie als mobilen, eigenen Hotspot einzurichten. Auf diese Weise können andere Anwender die Internetverbindung des eigenen Geräts mitbenutzen. Hier ist besondere Vorsicht angebracht, denn wer hier ohne Passwort einen freien Zugang gestattet, riskiert viel. Nutzen Sie mindestens das WLAN-Sicherheitsprotokoll WPA, besser WPA2, und richten Sie für den

Hotspot ein sicheres Passwort ein. WPA ist die Abkürzung für *Wi-Fi Protected Access* (englisch für »geschützter Zugang«). Es ist eine Methode zur Verschlüsselung von WLANs. WPA2 gilt als besonders sicher, aber nur, wenn das Passwort auch wirklich sicher ist. Dieses Passwort ist ausschließlich für vertrauenswürdige Personen gedacht. Beenden Sie die Hotspot-Funktion, wenn Sie sie nicht mehr brauchen.

Wichtige Sicherungseinstellungen beim iPhone

Eine automatische Sperre ist wichtig, damit sich das Smartphone nicht ins Internet einwählt oder versehentlich Anrufe ausführt. Die Zeitspanne sollte kurz sein, zum Entsperren gibt man eine PIN ein.

Automatische Sperre

Wählen Sie die EINSTELLUNGEN am iPhone, dann die ALLGEMEINEN EINSTELLUNGEN.

Hier aktivieren Sie die AUTOMATISCHE SPERRE. Die Änderung wird sofort aktiv.

Abb. 8.3: Das Zahnradsymbol steht für allgemeine Einstellungen.

Abb. 8.4: Sie wählen die Automatische Sperre.

Abb. 8.5: Sie wählen die Zeit aus, wann die automatische Sperre aktiv wird.

Einrichten einer Code-Sperre

Wieder in den EINSTELLUNGEN/ALLGEMEIN wählen Sie CODE-SPERRE. Aktivieren Sie sie und stellen Sie einen einfachen Code ein (einen Zahlencode mit vier Zahlen).

Abb. 8.6: Code-Sperre auswählen

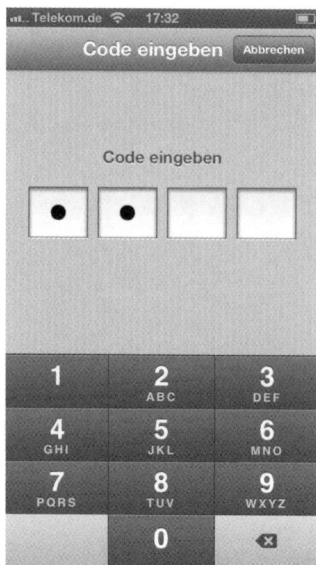

Abb. 8.7: Einen vierstelligen Code eingeben

Ihr Kind und vielleicht Sie sollten den vierstelligen Code kennen, er sollte nicht zu kompliziert, aber auch nicht zu leicht sein: Eine Kombination wie »1234« ist natürlich nicht zu empfehlen, Vorsicht auch bei Geburtsdaten – die kennen auch mehr Leute, als Sie manchmal denken.

Einschränkungen einrichten

Über EINSCHRÄNKUNGEN können Sie festlegen, ob Ihr Kind bestimmte Dienste und Inhalte nutzen kann.

Unter den EINSTELLUNGEN und hier wieder unter ALLGEMEIN wählen Sie den Menüpunkt EINSCHRÄNKUNGEN. Die Einschränkungen müssen Sie zunächst aktivieren. Hier wird erneut eine Code-Sperre verlangt. In diesem Fall sollten nur Sie die Code-Sperre kennen, nicht Ihr Kind.

Sie wählen dann die Einschränkungen aus, die deaktiviert werden sollen.

So können Sie festlegen, dass Ihr Kind nur noch neue Apps installieren darf, wenn Sie dabei sind.

Zusätzlich können Sie eine Altersstufe für das Herunterladen von Apps aus dem App Store oder für Filme festlegen. So kann Ihr Kind nur noch solche Apps installieren, die seiner oder einer niedrigeren Altersstufe entsprechen. Ähnliche Einstellungen nehmen Sie für Filme vor.

Abb. 8.8: Einschränkungen kann man zum Beispiel für Apps einrichten – so kann Ihr Kind selber keine Apps herunterladen

Abb. 8.9: Altersstufe für das Herunterladen von Apps aus dem App Store

Abb. 8.10: Altersstufe festlegen

Abb. 8.11: Einschränkungen für Filme: Altersfreigaben

Bei den Filmen entfernen Sie durch Antippen die Haken hinter den Altersfreigaben und schränken damit auf ein geringeres Alter ein.

Gehen Sie so bei allen Einschränkungen vor, die Sie für wichtig halten. Änderungen werden immer nur über die Code-Sperre aktiviert.

Wichtige Einstellungen bei Android-Geräten

Hier alle Modelle zu beschreiben wäre eine fast unmögliche Aufgabe. Wie die Tasten und Code-Sperre bei Ihrem jeweiligen Gerät funktioniert, finden Sie in der Beschreibung heraus. Daher hier in aller Kürze das Wichtigste.

Herunterladen von Apps sperren

Dann sollten Sie die Installation von Apps sperren. Nur wenn Sie dabei sind und den Code eingeben, kann Ihr Kind Apps herunterladen, und Sie können kontrollieren, um welche Apps es sich überhaupt handelt und ob sie altersgerecht sind. Das geht über Google Play: Sie öffnen Google Play dazu auf dem Gerät Ihres Kindes. Über die Menü-Taste gehen Sie zu den Programmeinstellungen. Unter PIN FESTLEGEN ODER ÄNDERN können Sie einen Code für die Installation von neuen Apps einfügen. Den Code sollte Ihr Kind nicht kennen.

Im Android-Menü gibt es auch die Funktion FILTER FÜR INHALTE. Darüber können Sie festlegen, welche Apps und Spiele Ihr Kind herunterladen und benutzen darf.

Vier Stufen hat Google Play eingerichtet, die den Altersklassen der Kinder entsprechen. Wählen Sie eine für Ihr Kind passende Stufe aus.

WLAN und Bluetooth deaktivieren

Über die allgemeinen Einstellungen auf dem Smartphone wählen Sie den Menüunterpunkt DRAHTLOS & NETZWERKE. Unter diesem Menüpunkt können Sie die drahtlosen Verbindungen wie WLAN und Bluetooth aktivieren oder deaktivieren. Ein Passwortschutz ist hier leider nicht möglich, daher sollten Sie Ihrem Kind die Gefahren erklären, die bei ungesicherten Drahtlosnetzwerken lauern.

8.2 Apps für die Kindersicherheit – Kids Place

Es gibt Sicherheits-Apps für Kinder mit Android-Smartphones und Tablet-PCs. Eine App – *Kids Place* –, die kostenlos ist, habe ich auf ein Android-Gerät heruntergeladen.

Um Kids Place auf Ihrem Gerät verwenden zu können, müssen Sie nach der Installation die Lizenzvereinbarung akzeptieren. Sie wählen also zunächst INSTALLIEREN und dann AKZEPTIEREN.

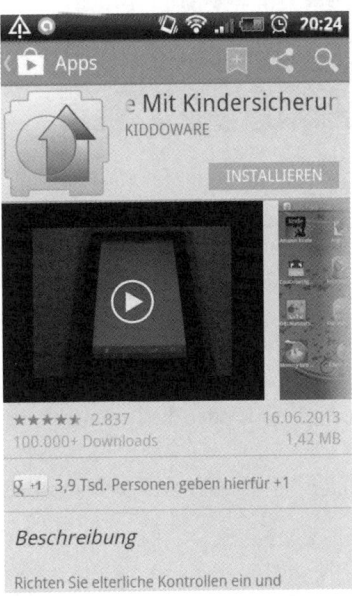

Abb. 8.12: Tippen Sie INSTALLIEREN an um die App herunterzuladen.

Abb. 8.13: AKZEPTIEREN Sie die Lizenz, dann wird das Programm heruntergeladen.

Nun kommen Sie zum nächsten Schritt: DEFINIEREN SIE EINE PIN.

Im nächsten Fenster geben Sie einen vierstelligen PIN-Code ein. Diesen sollten Sie sich gut notieren, denn Sie brauchen ihn, um in der App Änderungen vorzunehmen und sie verlassen zu können. Anschließend klicken Sie auf PIN AKTUALISIEREN.

Abb. 8.14: PIN definieren   **Abb. 8.15:** Pin eingeben und AKTUALISIEREN

Schließlich wählen Sie die PIN-Wiederherstellungsoptionen und geben Ihre E-Mail-Adresse ein. Falls Sie den Hinweis ebenfalls ausfüllen, erscheint dieser immer, wenn Sie den PIN eingeben müssen. Haben Sie alles ausgefüllt, drücken Sie den Menüpunkt FORTSETZEN.

Sperren Sie noch die Hometaste, denn so können Ihre Kinder die App nicht verlassen.

Klicken Sie jetzt auf EINSTELLUNGEN. Dort wählen Sie HOMETASTE SPERREN und folgen den Anweisungen.

Abb. 8.16: Sie müssen auch die HOMETASTE SPERREN.

Abb. 8.17: In der Auswahl der Einstellungen Haken setzen bei HOMETASTE SPERREN

Jetzt wählen Sie die Anwendungen, die in Kids Place möglich sein sollen. Unter ANWENDUNGEN FÜR KIDS PLACE markieren Sie alle Apps, die Ihr Kind nutzen darf. Im Menü AUSGEWÄHLTE ANWENDUNGEN sehen Sie, welche Apps in der Kindersicherung bereits enthalten sind. Haben Sie die entsprechenden Anwendungen markiert, gelangen Sie über den ZURÜCK-Button Ihres Smartphones oder Tablets in die gesicherte App.

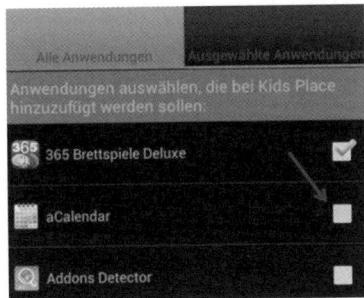

Abb. 8.18: Weitere Einstellungen bei Kids Place...

Weitere Einstellungen nehmen Sie vor, indem Sie über den Menü-Button Ihres Smartphones beziehungsweise der App das Kontextmenü aufrufen. Dort finden Sie unter anderem ein Zeitschloss, mit dem Sie festlegen, wie lange Ihr Kind spielen darf. Über das Türsymbol können Sie die Kindersicherungs-App mit PIN-Eingabe verlassen.

Abb. 8.19: ...wie zum Beispiel ein ZEITSCHLOSS

8.2.1 Was ist bei den Apps zu beachten?

Sie sollten Apps grundsätzlich nur aus vertrauenswürdigen Quellen installieren. Checken Sie die App vor der Installation über die Suche im Internet, über Beschreibungen auf den Seiten von Computerzeitschriften wie COMPUTER BILD oder C't. Falls Ihnen der Anbieter der App nicht bekannt ist, informieren Sie sich vor der Installation. Viele Gefahren locken in kostenlosen Apps – ganz beliebt bei Kindern sind da natürlich die Spiele. Vor allem bei Android-Geräten werden über Spiele viele Trojaner verbreitet.

Apps sammeln aber auch Daten und greifen auf SMS oder Adressbücher zu. Prüfen Sie immer die Zugriffsrechte, die eine App haben will. Beispielsweise sollten Standortinformationen wie der Zugriff auf das GPS-System nur solchen Programmen vorbehalten sein, die diese auch benötigen, etwa einem Routenplaner oder Stadtplandienst.

Überprüfen Sie regelmäßig, ob alle Apps, die Sie auf dem Gerät haben, auch notwendig sind. Viele Apps kosten viel Speicher und sind zwar ganz lustig, aber nicht unbedingt nötig.

Apps erhalten regelmäßige Updates – prüfen Sie, ob es sich um Sicherheitsupdates handelt oder ob plötzlich doch Daten durchforstet werden.

Führen Sie regelmäßig Sicherheitsupdates für Ihre Geräte durch.

Wenn Sie Ihr Smartphone verloren haben oder es gestohlen wurde, lassen Sie die SIM-Karte sofort sperren. Manche Hersteller bieten die sogenannte Remote-Wipe-Funktion an: Damit kann das Gerät aus der Ferne zurückgesetzt und gesperrt werden.

Auch das kommt ständig vor: Sie verkaufen das Gerät. Auf jedem Gerät sind Datenspuren vorhanden, daher sollten Sie alle Datenspeicher sicher löschen. Dazu suchen Sie die Beschreibung des Geräts, das Sie nicht mehr haben wollen, im Internet heraus. Die SIM-Karte sollten Sie auch entfernen und vernichten, wenn Sie sie nicht mehr brauchen. Interne und externe Speicher, wie zum Beispiel Speicherkarten, lassen sich durch mehrfaches Überschreiben mit einer speziellen Software sicher löschen.

Kontrollieren Sie die Telefonrechnungen stets aufmerksam und finden Sie heraus, woher eventuelle zweifelhafte Abbuchungen kommen.

Weitere Informationen finden Sie in der Broschüre des Bundeswirtschaftsministeriums »Mobile Sicherheit – Ortung – Datenschutz« (`https://www.bsi-fuer-buerger.de/SharedDocs/Downloads/DE/BSIFB/Publikationen/extern/Mobile-Sicherheit-Ortung-Datenschutz.pdf?__blob=publicationFile`).

Wichtig

Sicherheits-Apps

- Die meisten Sicherheits-Apps für Android-Smartphones versprechen mehr, als sie halten. Zu diesem Ergebnis kommt die Stiftung Warentest nach einem Vergleich von 15 Apps. Zwei davon finden mehr als die Hälfte der Schädlinge nicht.

- In der »test«-Ausgabe 7/13 ist das Ergebnis eher ernüchternd, was die Warentester über Sicherheits-Apps herausgefunden haben. So sollen sieben Anwendungen private Daten wie Telefonnummer, E-Mail-Adresse oder Positionsdaten teilweise unverschlüsselt an den Hersteller weiterreichen oder die Gerätekennung an Dritte senden.

- Am besten schnitten McAfee Antivirus & Security (30 Euro im Jahr) mit der Note 1,9 und das kostenlose Avast Mobile Security mit der Note 2,1 ab. Beide bewerten die Tester auch hinsichtlich des Datenschutzes als unkritisch.

- Android-Handys seien immer noch am besten geschützt, wenn die Besitzer ausschließlich Apps aus den offiziellen App Stores installieren.

- Neben dem Abblocken von Schädlingen sollen die Sicherheits-Apps das Smartphone nach Verlust auch orten, sperren und löschen können. Dazu können sich Nutzer auf den Internetseiten der Anbieter anmelden und ihr Smartphone fernsteuern. Die Kontaktaufnahme zum verlorenen Handy funktioniert aber nur, wenn bei dem Gerät die Datenverbindung aktiviert ist. Eine Sicherheits-App könne eine Bildschirmsperre mit PIN nicht ersetzen, warnen die Tester.

Social Media Child Protection

Ganz zum Schluss noch eine Möglichkeit, die einige Eltern verwenden: ein Programm namens SMCP – Social Media Child Protection –, ein Schutzprogramm, mit dem Sie die Aktivitäten Ihres Kindes in den sozialen Netzwerken überprüfen können.

Damit können Eltern das Konto ihres Kindes mit ihrer eigenen E-Mail-Adresse und ihrem Handy verbinden. So lässt sich kontrollieren, ob unbekannte Geräte auf das Konto zugreifen, und Sie können die Übernahme des Kontos durch Dritte verhindern, bevor ein Problem entsteht.

Der Hersteller, erklärt, dass durch die Anwendung von SMCP Eltern ein Auge auf die Aktivitäten ihrer Kinder auf Facebook und Twitter haben, dabei dennoch die Privatsphäre der Kinder gewahrt wird. Eltern können überprüfen, ob es neue Anfragen gab, neue Freunde, neue Fotos von den Kindern zu sehen sind, sowie alle gesendeten oder empfangenen Nachrichten mit Personen, die nicht zu ihrer Freundesliste gehören. Dazu zeichnet das Programm grundlegende Tätigkeiten von Kindern auf Facebook und Twitter auf. Doch der Inhalt der Nachrichten von Freunden soll dabei nicht angezeigt werden.

Ausprobiert habe ich das nicht, dafür sind meine Kinder zu groß und müssen selbst die Verantwortung für ihre Aktivitäten übernehmen. Für manche Eltern mag das eine Alternative sein.

8.3 Zusammenfassung

Je mehr Smartphones unser Leben organisieren, desto besser müssen sie geschützt werden. Daher müssen Sie Ihr Smartphone kennen und die Bedienungsanleitungen durchforsten, welche Sicherheitseinstellungen nötig und möglich sind.

Um Code-Sperren kommen Sie nicht herum, auch wenn das lästig ist.

Kostenlose, aber auch viele kostenpflichtige Apps haben ihre Tücken, denn sie sammeln Daten aller Art, und einige saugen den Akku in Windeseile leer. Prüfen Sie vor dem Download, worauf Sie sich einlassen. Eine App für das Prüfen von Apps ist übrigens Clueful: Das Gratisprogramm prüft zum Beispiel, welches der installieren Programme die Rufnummer des Smartphones an Werbenetzwerke verschickt.

Zum Schluss noch eine Empfehlung: Die ausführliche Broschüre »Handy ohne Risiko« des Bundesfamilienministeriums wendet sich vor allem an Eltern. Hier sind wichtige Fachbegriffe, aber auch Risiken und Gefahren erklärt. Und obendrein enthält sie eine Tabelle mit den wichtigsten Anbietern, den Kostenmodellen und Sicherheitseinstellungen (`http://jugendschutz.net/pdf/handy-ohne-risiko.pdf`).

Kapitel 9

Verletzung der Persönlichkeitsrechte

Was braucht man für eine Identität im Internet? Einen Namen, ein Geburtsdatum, eine E-Mail-Adresse – und schon kann ich mich auf Webseiten als eine Person anmelden. Und neben meinem ganz realen Leben kommt ein Parallel-Leben hinzu: eine virtuelle Identität, die nicht unbedingt deckungsgleich mit der realen Identität sein muss.

Das Gefährliche an ihr ist die Verletzlichkeit: Erschreckend ist das *Cybermobbing* oder auch *Cyberbullying*, d.h. Beleidigung, Bedrohung, Bloßstellung oder Belästigung von Personen mithilfe neuer Kommunikationsmedien – mal über Handy, mal über E-Mails, auf Websites, in Foren, Chats und Communitys. Erschreckend ist, dass jeder sechste Schüler in Deutschland schon einmal Opfer von Mobbing im Internet geworden ist. Fünf Prozent erklären, dass über sie selbst bereits schon Unwahrheiten im Netz verbreitet wurden (JIM-Studie 2012).

9.1 Cybermobbing

Nicht von ungefähr fand Ende Mai 2013 in Madrid eine internationale Konferenz zum Thema Cyberbullying statt. Denn das Thema ist auch über Europas Grenzen hinaus wichtiger denn je.

Cybermobbing oder Cyberbullying liegt vor, wenn mithilfe verschiedener Medien und überwiegend in diesen Medien gemobbt wird: Jemand soll fertiggemacht werden. Cybermobbing ist eine ziemlich neue Form von Mobbing. Deshalb gibt es bisher nur wenige Untersuchungen darüber, wie oft diese Form von Mobbing vorkommt.

Über E-Mail, Mobiltelefon, Internet und Messenger-Programme kann man in Chats pöbeln oder Geheimnisse ausplaudern, Gerüchte über jemanden verbreiten, peinliche Bilder oder gar Videos zeigen, beleidigen, sogar ganze Hassgruppen gründen. Manche legen sich eine falsche Identität zu oder nehmen die Identität eines anderen an, damit beleidigen, täuschen und verunsichern sie.

Eine ausführlichere Definition auf den Seiten des Bundesfamilienministeriums lautet so:

Das »Cybermobbing« oder auch »Cyberbullying«, also das Mobbing im Internet, kann zum Beispiel in Chats, Foren und per E-Mail passieren, aber auch in Social Communities wie schülerVZ und Wer-kennt-wen und auf Videoplattformen wie YouTube, auch wenn die Betreiber dieser Seiten sich bemühen, gegen Mobbingattacken vorzugehen und Diffamierungen schnell zu löschen.

Dabei gibt es verschiedene Formen, die dieses Mobbing annehmen kann. Zum Beispiel können diffamierende Fotos oder Filme eingestellt und verbreitet werden. In Social Communities werden manchmal Diskussionsgruppen gegründet, die allein der Lästerei über eine bestimmte Person – sei es nun ein Mitschüler, eine Lehrerin oder ein anderer Internetteilnehmer – dienen. Ebenso ist es möglich, dass sich ein Täter unter der Identität des Opfers bei einem der Internet-Kommunikationsdienste anmeldet und in dessen Namen Unwahrheiten verbreitet, da von Seiten der Anbieter keine Verifizierung der angegebenen Daten erfolgt. Beleidigungen und Bedrohungen können via E-Mail, Instant Messenger, Chat, Forum oder Gästebuch verschickt werden.

Mobbing ist unter Jugendlichen kein neues Phänomen. Doch die Formen und Wege des Mobbings haben sich in den vergangenen Jahren stark verändert: Konflikte werden zunehmend über neue Kommunikationsmedien ausgetragen. Dem Mobbing, das früher häufig in der Schule oder auf dem Schulweg stattfand, konnte man entkommen. Dies ist nun nicht mehr möglich, es verfolgt die Betroffenen bis in ihr Zuhause. Das verstärkt das Leiden der Betroffenen erheblich.

Schlimmer noch: Eine breite Öffentlichkeit schaut zu und macht mit. Hinzu kommt dieses Problem: Was einmal im Internet steht, lässt sich nicht mehr so leicht entfernen. Selbst wem es gelingt, die Fotos, Beleidigungen und Ähnliches entfernen zu lassen, der ist nicht davor geschützt, dass jemand anders die Inhalte gespeichert hat und an anderer Stelle wieder ins Internet einstellt. Veröffentlicht ein Täter Kontaktdaten des Opfers wie die Handynummer oder die E-Mail-Adresse, könnte das Opfer noch lange nach der Löschung dieser Daten aus dem Internet unerwünschte SMS oder Mails bekommen.

Hinweis

Persönlichkeitsrechte im Internet

Artikel 2 des Grundgesetzes garantiert das Recht auf die freie Entfaltung der Persönlichkeit. Jeder Einzelne kann selbst zu bestimmen, wie er sich anderen oder der Öffentlichkeit gegenüber darstellt. Mehr dazu finden Sie in Kapitel 11.

Erinnern Sie sich noch an Amanda Todds? Die Kanadierin ist nur 15 Jahre alt geworden. Wegen eines Nacktfotos im Internet hat sie sich im Oktober 2012 das Leben genommen. Viele Millionen Male ist ihr Video bei YouTube angeklickt worden, das sie selbst dort eingestellt hat. Auf 74 Zetteln schildert sie, ohne ein Wort zu sagen, ihren Leidensweg durch Cybermobbing. Kurz nach dem Video nimmt sie sich das Leben. Auf ihren Zetteln berichtete sie darüber, wie sie in der siebten Klasse in Internetchats Männer traf. Sie bekam Komplimente. Einem der Männer schickte sie ein Foto von ihren nackten Brüsten, von ihm wurde sie später erpresst. Das Bild hat der Mann über das Internet verbreitet, an ihre Schule verschickt und auf Facebook hochgeladen. Von da an begann die Hölle: Amanda wurde gemobbt, gehänselt, von ihren Mitschülern gemieden. Schulwechsel waren sinnlos, die Attacken gingen weiter. Vor Verzweiflung nahm sie Drogen, trank Alkohol, verletzte sich selbst. Dann der erste Selbstmordversuch nach einem tätlichen Angriff, erst der zweite Selbstmordversuch gelang.

9.1.1 Zahlen und Fakten zum Cybermobbing

Formen des Cyberbullyings und Belastung der Betroffenen

Die Universität Bielefeld hat im Juli 2012 die »Studie Cyberbullying bei Schülerinnen und Schülern« herausgebracht. Demnach sind 14 Prozent der befragten Schülerinnen und Schüler schon einmal Opfer von Cyberbullying gewesen, 13 Prozent sind bereits selbst als Cyberbullying-Täter in Erscheinung getreten. Cyberbullying stellt eine »erhebliche Belastung« für die Betroffenen dar. Außerdem hätten Schülerinnen und Schüler, die Erfahrungen mit Cyberbullying als Opfer oder Täter gemacht haben, häufiger von Suizidgedanken berichtet als Befragte ohne Cyberbullying-Erfahrungen. Eine direkte Korrelation zwischen Cyberbullying und Suizidalität wollten die Konfliktforscher wegen des gewählten Forschungsdesigns der Studie jedoch nicht daraus ableiten.

Cyberbullying wird in dieser Studie bezeichnet als »kommunikatives oder symbolisches Handeln von Individuen oder Gruppen im Cyberspace, das auf die physische, psychische, emotionale oder soziale Schädigung oder Verletzung anderer abzielt«. Cyberbullying beinhaltet die rollen- und kräftemäßige Asymmetrie zwischen Täter und Opfer sowie die »Intentionalität« und »Wiederholung des schädigenden Handelns«.

Die häufigsten Formen des Cyberbullyings sind nach den Ergebnissen der Befragung aus Sicht der Opfer Belästigung, Rufschädigung, Cyberstalking und sexuelle Belästigung. Dabei gebe es durchaus geschlechtsspezifische Unterschiede. So seien Schüler häufiger von Beleidigungen, Beschimpfungen, Drohungen, Spott und dem sogenannten Happy Slapping betroffen, während Schülerinnen häufiger angegeben haben, dass »Gerüchte über sie verbreitet wurden, jemand ihnen hinterherspioniert hat oder jemand gegen ihren Willen mit ihnen über Sex reden wollte«.

Wichtig

Studie des Bündnisses gegen Cybermobbing

Jeder sechste Schüler in Deutschland ist schon einmal Opfer von Mobbing im Internet geworden. Eine Studie des Bündnisses gegen Cybermobbing, die im Mai 2013 veröffentlicht wurde, zeigt erschreckende Zahlen. Nach eigenen Angaben sind etwa 17 Prozent der befragten Schüler selbst schon einmal Opfer von Schikane, Hetze oder Beleidigung im Netz geworden. Eltern glauben, dass der Anteil betroffener Schüler deutlich höher liegt – bei etwa 33 Prozent. 7,3 Prozent der Eltern haben Cybermobbing bei ihren eigenen Kindern erlebt. Knapp 60 Prozent der Lehrer ist diese Art von Mobbing unter Schülern bekannt. An einem Drittel der Schulen gibt es mindestens einmal pro Woche einen solchen Vorfall. Für die Studie wurden 10.000 Schüler, Lehrer und Eltern befragt. Die Studie finden Sie im Internet unter der Webadresse `http://www.buendnis-gegen-cybermobbing.de/studie/cybermobbingstudie.pdf`.

Das Bündnis gegen Cybermobbing e. V. hat sich im Juli 2011 gegründet, es ist ein Netzwerk von engagierten Eltern, Pädagogen, Juristen, Medizinern, Forschern, Unternehmern und Politikern.

Abb. 9.1: Studie zum Thema Cybermobbing

Wichtig

Trolle, Flame, Shitstorm, Happy Slapping

Im Zusammenhang mit Cybermobbing begegnen Ihnen auch diese vier Begriffe.

- **Trolle** stammen eigentlich aus der germanischen oder nordischen Mythologie und sind Schaden bringende Geisterwesen und die Gegenspieler von Feen, Elfen oder Hexen. Sie haben es bis ins Internet geschafft als Wesen, die die Kommunikation im Netz laufend und auf destruktive Weise behindern, indem sie Beiträge verfassen, die andere Teilnehmer provozieren und keinen sachlichen und konstruktiven Beitrag zur Diskussion darstellen.

- Ein **Flame** (von englisch »to flame« – »aufflammmen«) ist ein ruppiger oder polemischer Kommentar oder eine Beleidigung im Internet. Inzwischen verwendet man den Begriff meist für aggressive Beiträge ohne Sachbezug. Ein ganzer *Flame-War* entsteht, wenn sich viele User durch provokative Antworten engagieren, die auf den ursprünglichen *Flamebait* (von englisch »to bait« – »hetzen«) bezogen sind. Flame-Wars ziehen oft viele User mit in den Konflikt. Ein Flame-War ist demnach eine kontroverse Diskussion, bei der die Teilnehmer beleidigend werden und/oder völlig unsachlich argumentieren.

- Ein **Shitstorm** ist ein Sturm der Entrüstung, der zum Teil mit beleidigenden Äußerungen einhergeht.

- Als **Happy Slapping** (englisch etwa für »lustiges Schlagen«) wird ein körperlicher Angriff (Körperverletzungsdelikt) auf meist unbekannte Passanten, aber auch Mitschüler oder Lehrer bezeichnet.

Das Bloßstellen durch die Weitergabe von privaten Fotos und Videos findet rund die Hälfte der Opfer als stark oder sehr stark belastend. Spott, Beleidigungen und Beschimpfungen empfand nur etwa ein Viertel der betroffenen Schülerinnen und Schüler als stark oder sehr stark belastend. Die Forscher sehen eine Ursache dafür in der Tatsache, dass die Weitergabe von Fotos und Videos im Internet für die Opfer als wenig kontrollierbar empfunden wird.

Die Forscher sind der Meinung, dass zur Medienkompetenz auch dazugehört, sozial verantwortlich mit den Medien umzugehen:

In diesem Zusammenhang haben wir Hinweise dafür gefunden, dass die Förderung von Medienkompetenz insbesondere auf die ethisch-reflexive Dimension der Mediennutzung abzielen sollte. Schülerinnen und Schüler müssen nicht bloß in die Lage versetzt werden, die verschiedenen Anwendungen des

Internets nutzen zu können. Gerade im sogenannten Web 2.0, bei dem die Nutzer den Inhalt generieren, muss darüber hinaus ein sozial verantwortlicher Umgang mit anderen Nutzern und den von ihnen produzierten Inhalten vermittelt werden.

Quelle: Ergebnisbericht der Online-Studie »Cyberbullying bei Schülerinnen und Schülern« der Universität Bielefeld: http://www.uni-bielefeld.de/cyberbullying/downloads/Ergebnisbericht-Cyberbullying.pdf

Cyberbullying sollte wie jede andere Form des Bullyings auch konsequent verfolgt werden. Denn die Studie hat auch ergeben, dass bei mehr als der Hälfte der Schülerinnen und Schüler, die als Täter von Cyberbullying klassifiziert wurden, ihr Handeln keine negativen Folgen hatte. Wenn also nichts passiert, sehen die Täter dies als stille Zustimmung und machen weiter. Fast ein Viertel der befragten Schülerinnen und Schüler gab zu, in den letzten drei Monaten Zeuge von Cyberbullying geworden zu sein. Auch bei den Zeugen müsse man ansetzen: Sie sollten in die Lage versetzt werden, »Partei für die Opfer von Cyberbullying zu ergreifen und gegen die Abwertungsversuche der Täter zu verteidigen. Eine zentrale Voraussetzung hierfür ist, Cyberbullying negativ und Engagement gegen Cyberbullying positiv zu klassifizieren«.

Was sind die Ursachen für Cyberbullying? Die meisten der Täter nannten als Motiv, von den Opfern »genervt oder wütend auf das Opfer gewesen zu sein«. Hass und Rache wurden von zwei Fünfteln der Täter angegeben. Für ein Viertel waren »Vergnügen, Neugier oder Langeweile« der Auslöser.

9.2 Rat und Hilfe bei Persönlichkeitsverletzungen

Da das Thema immer mehr in allen Medien präsent ist, ist es leichter geworden, sich auch online Hilfe zu suchen. Weil viel Mobbing und Bullying über Facebook stattfindet, bietet Facebook auch eine Hilfeseite dazu an.

Auf dieser Seite finden Sie alle Arten von Hinweisen auf Beratungsstellen, Broschüren und Flyer – aber eher allgemeine Infos. Wenn Ihr Kind aber selbst gemobbt wird oder jemanden kennt, der Opfer einer Cyberbullying-Attacke geworden ist, sollte man den Verstoß direkt bei Facebook melden. Die Seite dazu findet man im Hilfebereich unter INHALTE MELDEN bzw. DINGE MELDEN.

Abb. 9.2: Facebook bietet Hilfe bei Cybermobbing.

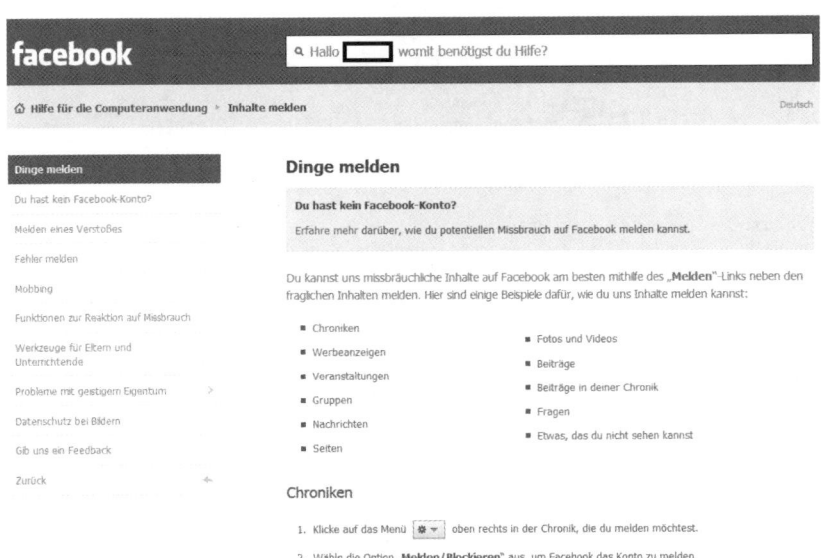

Abb. 9.3: Verstöße aller Art bei Facebook melden

Dort gibt es einen Link MOBBING. Hier wählen Sie die betreffenden Inhalte wie Nachrichten oder Fotos und Videos aus. An der Stelle erhalten Sie weitere Hinweise, welche Inhalte Sie melden – Sie müssen aber in jedem Fall jeden einzelnen Inhalt oder konkrete Kontakte benennen, wie in dem nachfolgenden Beispiel.

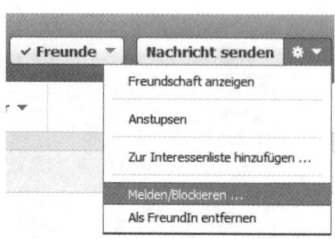

Abb. 9.4: Man wählt MELDEN/BLOCKIEREN...

Abb. 9.5: Dies muss man BESTÄTIGEN.

Über den Link BESTÄTIGEN wird die betreffende Person oder der konkrete Inhalt an Facebook gemeldet.

Eine interessante Seite, in der gemobbte Kinder und Jugendliche über ein Forum ihre Mobbing-Attacken posten können, ist juuuport (www.juuuport.de). In den Beiträgen sieht man schon an den Fragen und Antworten, was man tun kann. Juuuport bezeichnet sich selbst als »eine Selbstschutz-Plattform von Jugendlichen für Jugendliche im Web«. Alle Arten von Problemen im Web werden angesprochen. Man kann Fragen im Forum oder persönlich in der Beratung per E-Mail-Formular stellen. Für ratsuchende Jugendliche sind auch noch die juuuport-Scouts da. Das sind nach eigenen Angaben 15 bis 21 Jahre alte Ehrenamtliche, die von Experten aus den Bereichen Recht, Internet und Psychologie ausgebildet wurden. Die Beratung ist kostenlos.

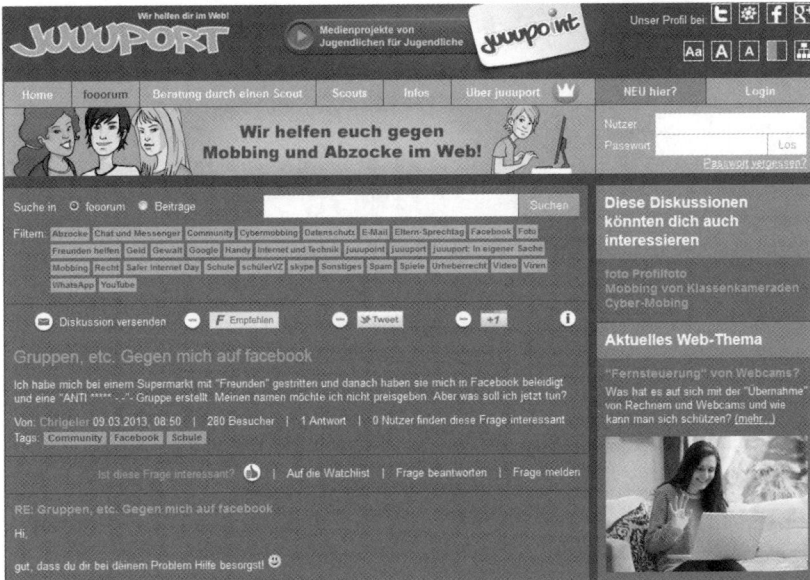

Abb. 9.6: Auf juuuport.de bekommen Kinder und Jugendliche Hilfe.

Tipp

Die Seite iRights.info nennt fünf Verhaltensregeln bei Cyberbullying

Regel Nr. 1: Als Opfer nicht (oder so wenig wie möglich) aufs Bullying einsteigen, denn nichts ist frustrierender für einen Bully, als wenn die gewünschte Reaktion des Opfers nicht erreicht wird. Ein »Flame War«, also das immer weiter hochkochende Hin-und-Herschicken wütender Nachrichten oder Forenkommentare, nützt dagegen letztlich vor allem dem, der den Streit vom Zaun brechen wollte, und gerät schnell außer Kontrolle.

Regel Nr. 2: Beim Cyberbullying gegen andere nicht mitmachen und auch nicht aus Versehen zum Mitläufer werden. Oft ist das Ganze gerade darauf angelegt, dass möglichst viele Leute auf dem Bullying-Opfer herumhacken. Das funktioniert aber nur, wenn die anderen sich einspannen lassen. Man sollte sich daher nicht zum »Schergen« anderer machen oder machen lassen. Es kann zwar niemand verlangen, dass man sich sofort schützend vor ein Bullying-Opfer stellt (unter Umständen mag man das Opfer selber nicht sonderlich), aber Hilfe holen oder zumindest Raushalten geht immer.

Tipp

Regel Nr. 3: Hilfsfunktionen von Webseiten nutzen, wenn das angebracht ist. Eigentlich gibt es in jedem sozialen Netzwerk eine Funktion, mit der auf Regelverstöße hingewiesen werden kann. Und davon sollte man Gebrauch machen, wenn man zum Beispiel in Hassgruppen eingeladen wird oder ein Fake-Profil findet, mit dem jemand fertiggemacht werden soll. Das gilt auch für moderierte Foren, in denen demütigende Kommentare über andere verbreitet werden. Dort sollten dann die Moderatoren entsprechend informiert werden, falls sie die Vorgänge nicht selbst bemerken.

Regel Nr. 4: Öfter mal sich selbst googeln. Über Suchmaschinen kriegt man schließlich einen ganz guten Überblick, was im Netz so über einen geschrieben wird. Wenn man einen sehr häufig vorkommenden Namen hat, kann man die Suche über Zusätze wie den Namen der eigenen Schule eingrenzen. Das kann auch ohne konkreten Anlass nicht schaden, und die Ergebnisse sind meist in irgendeiner Weise interessant oder unterhaltsam.

Regel Nr. 5: Nur solche Inhalte (Fotos, Texte und andere Daten) im Internet veröffentlichen, die alle Welt für immer lesen können soll; persönliche Accounts und Passwörter immer schützen. Natürlich interessiert sich nicht jeder für jedes Foto oder die eigenen Geburts- oder Adressdaten (und teilweise verschwinden Daten auch wieder). Aber auch mit verstreuten Daten lässt sich eine Person überraschend präzise ausforschen, und vieles vergisst das Netz nie. Wenn man dann noch nachlässig mit Passwörtern umgeht, ist das eine ideale Angriffsfläche für Cyberbullys.

Fazit

Cyberbullying ist nicht immer gleich ein Thema für die Juristen und noch seltener eines für die Polizei. Und selbst wenn die Quälerei so schwerwiegend ist, dass juristische Gegenmittel angebracht sind, gibt es daneben noch viele nicht juristische und oft effizientere Maßnahmen und Hilfsangebote. Falls das aber alles nichts nützt, ist es allemal besser, den juristischen Weg zu wählen, als klein beizugeben oder mit gleichen Methoden zurückzuschlagen. »Auge um Auge hinterlässt nur Blinde« lautet ein berühmtes Sprichwort.

Quelle: `http://irights.info/cyber-mobbing-cyberbullying-und-was-man-dagegen-tun-kann-2`

Hier noch ein Tipp, wie Sie mit Ihren Kindern in die Diskussion über Cybermobbing einsteigen können: Der Film »Let's Fight It Together« (»Wir kämpfen gemeinsam dagegen«) ist ein preisgekrönter Film, der vom britischen Childnet für das Ministerium für Kinder, Schulen und Familien gedreht wurde.

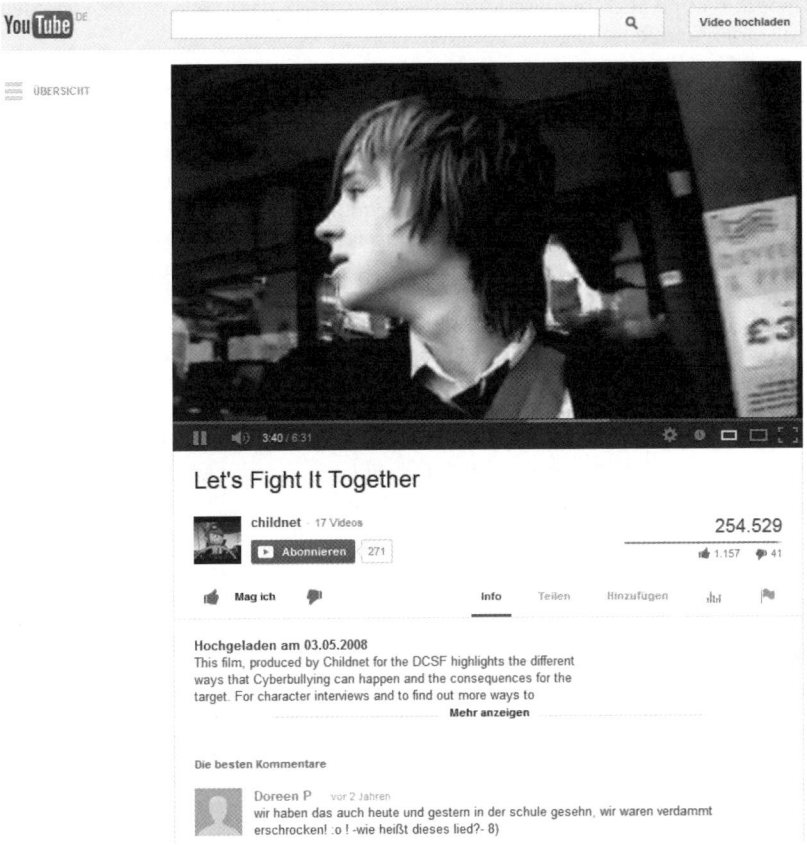

Abb. 9.7: Film zum Thema Cybermobbing: »Let's Fight It Together«

Der Film ist zu finden bei YouTube im englischen Original oder mit deutschen Untertiteln unter http://old.digizen.org/cyberbullying/film_de.aspx.

9.3 Fake-Account – Identitätsdiebstahl im Internet

Den folgenden Beitrag hat uns freundlicherweise juuuport.de zur Verfügung gestellt.

Für Jugendliche, die Hilfe und Rat suchen, sind die juuuport-Scouts da. Die folgende Frage wurde im Beratungspostfach von juuuport gestellt. Der Fragesteller oder die Fragestellerin ist mit der anonymen Veröffentlichung der Frage im

»fooorum« und auch in diesem Buch einverstanden, damit auch andere von den Antworten und Ratschlägen profitieren.

Hallo,

ich bin 15 und habe vor kurzem erst mit bekommen, dass mich jemand bei Schueler CC. angemeldet hat. Dieser jemand hat meine Kontakte im Internet, so wie Schueler CC. hinein gestellt. Telefon, - und Handynummer, Adresse, Nachname+ Klingelschild und gefakte Fotos von mir, da ich keine Fotos von mir im Internet habe, sind in diesem Profil von Schueler CC. Ich bekomme so gut wie jeden Tag Anrufe und SMS von Nummern, die ich nicht kenne. Die hinter den Nummern sitzen sagen mir immer wieder, dass sie meine Nummer aus dem Profil von Schueler CC. haben. Ich kann nicht mehr deswegen schlafen und habe langsam auch Angst hinaus zu gehen, denn hier bei mir Zuhause rufen auch schon Leute an und habe so ein komisches Gefühl, dass bald welche vor meiner Haustüre stehen. Ich möchte gerne, dass dieses Profil gelöscht wird mit all seinen Inhalten. Ich weiß zwar war da hinter steckt, denn er hat es auf Ask.fm zugegeben aber es wird nix gemacht. Ich möchte gerne, dass diese Seite von Schueler CC. gelöscht wird.

Lesen Sie hier die Antwort von Melissa, die zu den Scouts bei juuuport.de gehört:

Hey

Ich hoffe, ich kann Dir ein bisschen weiterhelfen. Also erst einmal ist das, was mit dem Profil von »Dir« passiert, absolut nicht in Ordnung und Du solltest auf jeden Fall dagegen vorgehen. Es werden ja auch persönliche Daten wie Adresse, Telefonnummern, etc. veröffentlicht, das kann auch gefährlich werden! Auch wenn es Dir schwerfällt, sprich auf jeden Fall mit einer erwachsenen Person, am besten mit Deinen Eltern, darüber. Sie sollten davon wissen. Ich würde an Deiner Stelle dann so vorgehen:

- Fertige Screenshots von der Profilseite an, mache am besten ein paar Screenshots. Diese dienen der Beweissicherung. Wie Du einen Screenshot anfertigst, ist abhängig von Deinem Computer. Wenn Du dabei Hilfe brauchst, melde Dich einfach noch mal.

- Fertige auch Screenshots von der Seite bei Ask.fm an, wo die Person, die Du verdächtigst, ihr Handeln zugegeben hat.

- Melde das Profil! Ich bin selbst nicht bei Schueler CC, habe aber nachgelesen, dass dies an verschiedenen Stellen bei Moderatoren möglich sein soll. Weitere Infos hier (Punkt 3): http://www.schueler.cc/s,support,jugendschutz.php

- Gehe gemeinsam mit Deinen Eltern zur Polizei und erstatte Anzeige. Bring die Screenshots als Ausdruck oder als Datei mit. Die Polizei wird ermitteln und ggf. wird das Profil dann auch schneller entfernt.

Aus meiner Sicht ist die Lage ernst, denn es sind persönliche Daten wie Adresse und Telefonnummern öffentlich gemacht worden, also bitte handel und weihe auf jeden Fall Deine Eltern ein und geht dann gemeinsam wie oben beschrieben vor. Das Wichtigste ist, dass dieses Profil von Schueler CC gelöscht wird.

Was die Strafbarkeit des Handelns des Täters betrifft, so bin ich mir nicht ganz sicher, denn Identitätsmissbrauch ist soweit ich weiß nur strafbar, wenn man damit strafbare Handlungen (z.B. Betrug) begeht. Andererseits wurden Deine Daten veröffentlicht. Ich würde mich noch mal bei unserer juristischen Beraterin schlau machen.

Ich hoffe, ich konnte Dir weiterhelfen und halte uns bitte auf dem Laufenden!

RE: RE: Fakeaccount bei Schueler.CC

also ich habe jetzt noch mal bei unserer Juristin nachgefragt und zitiere einfach aus ihrer E-Mail:

»strafrechtlich ist dieses Verhalten jedenfalls im Hinblick auf die Straftatbestände der §§ 269, 303a StGB (Datenfälschung, Datenveränderung) und des § 238 Abs. 1 Nr. 3 StGB (missbräuchliche Verwendung von personenbezogenen Daten anderer, um Dritte zu veranlassen, mit diesen Kontakt aufzunehmen) relevant. Der Strafrahmen reicht von einer Geldstrafe bis zu einer Freiheitsstrafe von fünf Jahren. Bei Datenfälschung und Datenveränderung ist bereits der Versuch strafbar.«

Sie meinte außerdem, dass es sich nach Deinen Schilderungen um eine schwerwiegende Verletzung des Persönlichkeitsrechts handele:»(Art. 2 Abs. 1 i.V.m. Art. 1 Abs. 1 GG), hier: Recht der informationellen Selbstbestimmung (= die Befugnis, grds. selbst über die Preisgabe und Verwendung der eigenen persönlichen Daten zu bestimmen) und des Namensschutzes (§ 12 BGB). Du hast also die Möglichkeit, neben einem Unterlassungs- und ggf. Schadensersatzanspruch auch einen Geldentschädigungsanspruch in Betracht zu ziehen.«

Es scheint in jedem Fall sinnvoll, dass Du zusammen mit Deinen Eltern zur Polizei gehst (allein schon, damit das Profil gelöscht wird, wenn das bis jetzt noch nicht passiert ist!) und ggf. einen Anwalt aufsucht. Anwälte suchen kann man auch online, z.B. hier http://anwaltauskunft.de.

Ich hoffe, dass sich die Situation bald klärt und wünsche Dir viel Glück!

Liebe Grüße

Melissa

Quelle: www.juuuport.de/fooorum/frage/Fakeaccount-bei-Schueler.CC/350/

Wann können Sie etwas gegen Persönlichkeitsverletzungen im Internet tun? Als Privatpersonen haben Sie grundsätzlich das Recht, selbst zu entscheiden, wer was über Sie veröffentlicht. Das gilt für Bilder wie für alle übrigen privaten Informationen in Foren oder Blogs. Wenn Sie etwas nicht wollen, können Sie dieses in der Regel untersagen. Mehr dazu finden Sie in Kapitel 11 über die Rechtslage.

Was aber passiert, wenn sich jemand Ihrer oder der Identität Ihres Kindes bemächtigt? Das kommt gar nicht so selten vor. Allerdings gibt es keine genauen Zahlen.

Nach einer Erklärung der Arbeitsgruppe Identitätsschutz im Internet e. V. (a-i3) benutzt beim Identitätsdiebstahl

> *der Täter Identifizierungsdaten eines Dritten, um dessen Identität anzunehmen. So verschafft sich der Täter Zugang zu Webangeboten, wie zum Beispiel einem eBay-Account, und wickelt dort unter fremdem Namen Geschäfte ab. Dem Identitätsdiebstahl kann Phishing oder ein ähnlicher Angriff vorausgehen. Möglich ist aber auch, dass sich der Täter nicht geheime Daten eines Dritten aus anderer Quelle verschafft hat.*

Daneben gibt es auch noch die »Scheinidentitäten«, mit denen sich Personen unter Angabe falscher Identifizierungsdaten eine nicht existierende Scheinidentität aufbauen.

9.3.1 Diebstahl digitaler Identitäten – aus BKA Cybercrime Bundeslagebild 2011

Das Bundeskriminalamt (BKA) erklärt, was alles zu einer digitalen Identität gehört:

> *Die digitale Identität ist die Summe aller Möglichkeiten und Rechte des einzelnen Nutzers sowie seiner Aktivitäten innerhalb der Gesamtstruktur des Internets. Konkret handelt es sich um alle Arten von Nutzer-Accounts, also zum Beispiel Zugangsdaten in den Bereichen*
>
> - *Kommunikation (E-Mail- und Messenger-Dienste wie z. B. ICQ und Skype, soziale Netzwerke wie Stayfriends, Facebook usw.),*
> - *E-Commerce (Onlinebanking, Onlinebrokerage, internetgestützte Vertriebsportale aller Art wie z. B. eBay oder Buchungssysteme für Flüge, Hotels, Mietwagen usw.),*
> - *berufsspezifische Informationen (z. B. Nutzung eines Homeoffice für den Zugriff auf firmeninterne technische Ressourcen),*
> - *E-Government (z. B. elektronische Steuererklärung) sowie*
> - *Cloud-Computing.*

Darüber hinaus sind auch alle anderen zahlungsrelevanten Informationen (insbesondere Kreditkartendaten einschließlich der Zahlungsadressen sowie weiterer Informationen) Bestandteil dieser digitalen Identität.

Quelle: www.bka.de

Die Cyberkriminellen sind vor allem an Kontodaten interessiert: Bankkonten, Accounts für soziale Netzwerke, Kreditkartendaten verkaufen sie dann in den illegalen Webshops der sogenannten *Underground Economy.* Man selbst merkt kaum etwas davon, erst wenn plötzlich viel Geld vom Konto abgebucht wird.

Natürlich sind auch Kinder und Jugendliche davor nicht geschützt.

Die wichtigste Frage, wenn so etwas passiert, ist: Wie kann ich das Foto, Profil oder sonstige persönliche Informationen löschen lassen, die Dritte im Internet über mich veröffentlicht haben?

Nach Informationen des Unabhängigen Datenschutzzentrums Schleswig-Holstein können und sollten Sie die folgenden Schritte einleiten:

- Wenn Sie die Person kennen, die die Inhalte veröffentlicht hat, sollten Sie sie kontaktieren und auffordern, die Inhalte mit Hinweis auf die Verletzung der Persönlichkeitsrechte sofort zu löschen.

- Kontaktieren Sie den Anbieter der Webseite, etwa Facebook, und fordern Sie auch diesen auf, die Informationen sofort zu löschen. Die Kontaktdaten und Ansprechpartner sollten bei Anbietern in Deutschland unter dem Impressum zu finden sein.

- Weisen Sie auch hier auf Ihr allgemeines Persönlichkeitsrecht hin und darauf, dass nach § 10 Telemediengesetz rechtswidrige Inhalte unverzüglich vom Betreiber des Internetangebots zu entfernen sind.

- Falls kein Impressum zu finden ist, versuchen Sie, Informationen über den Betreiber der Seite über die Registrierungsdaten des Domain-Namens (Teil der Internetadresse) zu erfahren.

- Sofern der veröffentlichte Inhalt beleidigend ist, schalten Sie die Polizei ein und erstatten Sie Anzeige wegen Beleidigung.

- Informationen gibt auch der jeweilige Landesbeauftragte für Datenschutz Ihres Bundeslandes. Diese unabhängigen Aufsichtsbehörden können Sie kostenlos beraten und ggf. zumindest bei deutschen Anbietern direkt gegen diese bei Rechtsverletzungen vorgehen.

Auch die örtlichen Verbraucherzentralen können Sie beraten. Informationen dazu finden Sie unter www.surfer-haben-rechte.de.

Abb. 9.8: Die Kontaktdaten aller Datenschutzbeauftragten finden Sie hier:
http://www.datenschutz.de/institutionen/adressen/.

Tipp

Was können Eltern tun, wenn das Kind Opfer einer Cybermobbing-Attacke geworden ist?

Leider wenden sich Jugendliche bei Onlineproblemen viel zu selten an ihre Eltern – wahrscheinlich weil sie deren Unverständnis fürchten, Angst vor einem Internetverbot haben oder weil ihnen die Verunglimpfungen und Beleidigungen peinlich sind.

Deshalb gilt für Eltern als erste Regel: Interesse zeigen! Eltern sollten sich so gut wie möglich darüber informieren, was ihre Kinder im Internet unternehmen, auf welchen Seiten sie surfen und mit wem sie kommunizieren. Bei Problemen sollten sie sich als Ansprechpartner anbieten und ihrem Kind ohne Schuldzuweisungen dabei helfen, sich gegen Mobbing zu wehren.

Was ist zu tun, um gegen eine Attacke vorzugehen?

Grundsätzlich gelten bei Kommunikationsdiensten des Internets die gleichen gesetzlichen Regelungen wie im realen Leben: Massive Beleidigungen, Bedrohungen und Belästigungen sind strafbar ebenso wie die Verletzung der Persönlichkeitsrechte durch die unerlaubte Veröffentlichung von Fotos oder Filmen. Es gibt Möglichkeiten, gegen die Attacken vorzugehen, allerdings ist hier schnelles Handeln gefragt, bevor sich Gerüchte oder diffamierende Fotos und Videos weiter verbreiten können. Was Sie konkret tun können: Dokumentieren Sie den Vorfall. Notieren Sie sich alle Informationen über die Täter und die Plattform, über die das Mobbing stattfindet. Machen Sie Screenshots von beleidigenden Einträgen und speichern Sie Mails und Nachrichten mit diffamierenden Inhalten.

Wenden Sie sich an den Betreiber. Informieren Sie den Betreiber der Plattform, über die Ihr Kind gemobbt wurde, über die Vorfälle. Liefern Sie ihm dabei so viele Details wie möglich. Der Betreiber ist dazu verpflichtet, die Verunglimpfungen aus seinem Angebot zu löschen. Sollte er das nicht tun oder sollten Sie hier in einer anderen Form Hilfe benötigen, können Sie sich an eine Beschwerdehotline wie zum Beispiel www.jugendschutz.net wenden.

Suchen Sie das Gespräch. Ein Großteil der Cybermobbing-Vorfälle hat seine Wurzeln im Alltag der Jugendlichen – deshalb sind häufig die Täterinnen und Täter der Attacken bekannt, selbst wenn diese anonym agieren. Ist das der Fall, können Sie das Gespräch mit deren Eltern suchen oder auch mit der Schule. Wird das Mobbing erst einmal thematisiert, hören die Attacken oftmals schon auf.

Erstatten Sie Anzeige. In Fällen von massiven Beleidigungen und Drohungen und groben Persönlichkeitsrechtsverletzungen ist eine Strafanzeige gegen den oder die Täter möglich. Dabei ist es wichtig, dass Sie die Vorfälle zuvor so gut wie möglich dokumentiert und an die Polizei weitergegeben haben.

Wie können sich Jugendliche selbst schützen?

Kinder und Jugendliche können das Risiko, zum Opfer einer Mobbingattacke zu werden, senken, indem sie online immer vorsichtig mit ihren persönlichen Daten und Fotos umgehen. Unabhängig vom Internet sollten Jugendliche auch darauf achten, dass sie sich nicht heimlich fotografieren oder filmen lassen – wenn zum Beispiel auf einer Party Fotos geschossen werden, sollten sie den Fotografierenden fragen, was mit den Bildern geschieht, und ihn darum bitten, die von ihnen gemachten Fotos nicht im Internet zu veröffentlichen.

Daneben ist es ratsam, sich auf Kommunikationsplattformen nicht auf Streitereien einzulassen und sich nicht provozieren zu lassen. Keinesfalls sollte man mitmachen, wenn Leute aus der Clique einen anderen gezielt fertigmachen wollen. Wirkliche Courage ist, sich offen gegen jede Form von Mobbing auszusprechen und Opfer im Bekanntenkreis dabei zu unterstützen, sich gegen die Attacken zu wehren.

Tipps für Kinder und Jugendliche

Verrate nicht zu viel über dich! Wohnort, Schule, Handynummer und Passwort sollten auf jeden Fall dein Geheimnis bleiben und nicht im Internet einsehbar sein.

Denk nach, bevor du etwas im Internet veröffentlichst! Was einmal im Internet steht, ist nicht mehr so leicht zu entfernen. Wenn du ein Foto von dir einstellst, wähle eins aus, auf dem du nicht eindeutig zu erkennen bist. Willst du ein Foto von Freunden einstellen, musst du sie erst um Erlaubnis bitten.

Bleib misstrauisch! Nimm nicht jeden gleich in deine Freundesliste auf. Andere Communitymitglieder erzählen nicht immer die Wahrheit über sich.

Gib Mobbing keine Chance! Lass dich nicht auf Onlinestreitigkeiten ein und mach nicht mit, wenn andere jemanden übers Internet fertigmachen wollen. Wenn du eine Mobbingattacke beobachtest, dann hilf dem Opfer, indem du einen Erwachsenen informierst.

Hol dir Hilfe! Wenn dir selbst einmal online etwas Unangenehmes passiert, dann suche dir einen erwachsenen Ansprechpartner, der dich unterstützen kann – und wehre dich.

Links zu diesem Thema:

Hintergrundinformationen, rechtliche Hinweise und Tipps der Polizeilichen Kriminalprävention der Länder und des Bundes: `http://www.polizei-beratung.de/themen-und-tipps/gefahren-im-internet/cybermobbing.html`

Hintergrundinformationen und Tipps für Jugendliche vom ServiceBureau Jugendinformation: Flyer »Cyberbullying!«: `http://jugendinfo.de/toleranz/admin/attachviewer.php?typ=Thema&dateiorig=CyberBullying.pdf&dateiverzeichnis=39001&dateiname=b0420e414787e9141611bc3f08d64a13`

Hintergrundinformationen und Tipps für Jugendliche, speziell für Mädchen, bei LizzyNet: `http://www.lizzynet.de/wws/3322404.php?sid=6199374628179814093008880881490`

Quelle: »Programm Polizeiliche Kriminalprävention der Länder und des Bundes – `www.polizei-beratung.de`«

Tipp

Kostenloses telefonisches Beratungsangebot für Kinder, Jugendliche und Eltern, auch bei Problemen mit dem Internet: www.nummergegenkummer.de

9.4 Anmache und Pädophile im Internet

Im Kapitel über Chats haben Sie ja schon gesehen, wie schnell die Anmache im Netz funktioniert.

Hinweis

Cyber-Grooming – so bezeichnet man die sexuelle Belästigung Minderjähriger über das Internet durch meist ältere, fremde Männer. Sie geben sich in Chats oder Onlinecommunitys gegenüber Kindern oder Jugendlichen als gleichaltrig aus, um sich so das Vertrauen der Minderjährigen zu erschleichen. Meist mit dem Ziel, sich auch in der realen Welt mit ihnen zu treffen und sie zu missbrauchen.

Und da die Kinder, die im Internet unterwegs sind, immer jünger werden, häufen sich die Anmachversuche. Pädophile tarnen sich als Gleichaltrige, geben sich putzige Namen, sprechen die Sprache der Kinder.

Auf einer Seite des Innenministeriums des Landes Brandenburg (service.brandenburg.de) beschreibt der Polizeibeamte Thomas-Gabriel Rüdiger, wie und wo sich die Anmache abspielt: nicht auf finsteren Seiten im Web, sondern in den bunten und kindgerechten virtuellen Welten.»Egal ob am PC, an der Xbox oder einem Smartphone, Erwachsene spielen und – gefährlicher noch – kommunizieren hier mit den Kindern ohne jede Form der Überwachung. Man muss sich doch fragen, warum Spiele, die offensichtlich für Kinder programmiert wurden, auch von Erwachsenen besucht werden. In der physischen Realität würde es ja auch merkwürdig erscheinen, wenn ein erwachsener Mann alleine auf einem Spielplatz spielt und mit Kindern spricht.« Die Täter, so Gabriel, profitieren davon, dass sie ohne Identitäts- oder Alterskontrolle mit einer Wegwerf-E-Mail-Adresse in zwei Minuten ein Konto erstellt haben, eine ganz andere Identität annehmen und damit in einen Spielplatz für Minderjährige eindringen können.

Er empfiehlt ein paar einfache Maßnahmen, die Eltern sofort umsetzen können: Eltern sollen die Webcam zukleben oder entfernen, wenn das möglich ist. Unbedingt müsse die Browser- und die Virensoftware aktuell sein. Eltern sollen die Jugendschutzsysteme nutzen.

Eltern sollten wissen, was ihr Kind im Internet macht. Sie müssen ihr Kind so vorbereiten, wie sie selbst vorbereitet wurden, als sie noch Kinder waren, mit dem Hinweis, niemals mit Fremden mitzugehen. Und heute kommt dazu, niemandem die Telefonnummer, den Skype-Namen, den ICQ-Namen oder den Facebook-Link zu geben. »Aber das Wichtigste ist, Ihrem Kind die Sicherheit zu geben, zu jeder Zeit und mit jedem Problem zu Ihnen kommen zu können. Nur diese Sicherheit trägt dazu bei, dass sich Ihr Kind nicht erpressen lassen wird und sich bei entsprechenden Vorkommnissen auch an Sie wenden wird.«

Wenn Eltern feststellen, dass ihr Kind zum Opfer von Cyber-Grooming geworden ist, müssen sie die Polizei informieren.

Tipp

Manfred Karremann hat unter dem Titel »Die verborgene Welt der Pädophilen und wie wir unsere Kinder vor Missbrauch schützen« (Dumont Verlag, 2007) ein Buch veröffentlicht: Er tauchte ein Jahr lang unter fremder Identität in die Pädophilen-Szene ein und erfuhr so von deren Tricks und Maschen. Er gibt Tipps für Eltern, wie sie ihre Kinder im Alltag schützen können, und erklärt, was zu tun ist, wenn ein Kind Opfer von Kindesmissbrauch geworden ist.

9.5 Zusammenfassung

In diesem Kapitel haben Sie erfahren, dass Cybermobbing bzw. Cyberbullying, schaut man sich die Umfragen dazu an, weitaus verbreiteter ist als angenommen. Nicht dass es all die Hänseleien, Zickenkriege und das Mobbing nicht auch ohne die neuen Medien gegeben hat. Die Dimension im Netz ist eine andere und erreicht viel mehr Menschen. So sind kompromittierende Bilder blitzschnell an unzählige Empfänger geschickt und weitergeleitet. Wehren kann man sich kaum.

Über die Möglichkeiten des Cyberbullyings sollten Sie mit Ihren Kindern sprechen, auch darüber, wie verletzend manche unbedachte Äußerung sein kann. Das Thema sollte eigentlich im Schulunterricht behandelt werden. Fragen Sie bei Elternabenden nach oder sprechen Sie die Lehrer an, wenn Sie zu dem Thema nichts hören. Cybermobbing selbst ist kein Straftatbestand. Aber in Cybermobbing vereinigen sich einzelne Straftaten – das ist vielen Tätern und Täterinnen nicht bewusst. Beleidigungen, Drohungen oder die scheinbar harmlose Verbreitung von Bildern und Videos können ernsthafte Folgen auch für den oder die Täter haben. Mehr dazu in Kapitel 11.

Auch, wenn es schon oft gesagt wurde: Kinder dürfen nicht zu viele Informationen über sich preisgeben. Wohnort, Schule, Handynummer und Passwort sollten auf jeden Fall nicht im Internet zu sehen sein. Das gilt auch für Bilder. Ein gesundes Misstrauen ist im Internet hilfreich. Kinder sollen angewiesen werden, nicht jeden gleich in die Freundesliste aufzunehmen.

Und wenn es doch zu Mobbing kommen sollte, ist es nachteilig, sich auf Onlinestreitigkeiten einzulassen. Noch schlimmer ist es, beim Mobbing anderer mitzumachen. Bieten Sie Ihrem Kind Hilfe an.

Kapitel 10

Jugendgefährdende Inhalte – Rassismus, Gewaltverherrlichung, Essstörungen

Das Internet ist eine Plattform für alles und jeden. Neonazis, Menschen, bei denen Gewalt zum Leben gehört, Perverse, Sekten, alles ist da, vorausgesetzt, man setzt die richtigen Suchbegriffe ein.

Dies ist ein unbequemes Kapitel, denn es befasst sich mit Inhalten, die man als »normale« verantwortungsvolle Eltern eigentlich nicht sehen möchte. Es sind Webseiten und Themen, über die die meisten »secondhand« in Nachrichten, politischen Magazinen und Fernsehsendungen hören und lesen.

Ist man gar betroffen, macht sich Hilflosigkeit breit. Daher ist es wichtig, sich die Themen und Inhalte anzusehen, sich damit auch auseinanderzusetzen und gemeinsam mit Kindern, Lehrern Freunden und anderen Eltern darüber zu sprechen.

Beispielhaft wurden aus dem unüberschaubaren Angebot an gefährlichen Inhalten einige Themen herausgesucht, um Ihnen zu demonstrieren, was schon im Netz vorhanden ist.

10.1 Neonazis und Rechtsextreme im Netz

2012 wurden in Nordrhein-Westfalen die drei aggressivsten und gefährlichsten Neonazi-Gruppen verboten und aufgelöst. Die »Kameradschaft Aachener Land«, der »Nationale Widerstand Dortmund« und die »Kameradschaft Hamm« gelten als fremdenfeindlich, rassistisch, antisemitisch und eine Gefahr für ein friedliches Zusammenleben. So begründete Innenminister Ralf Jäger sein Vorgehen. Doch die Szene lebt natürlich weiter im Internet. Ein kaum nachvollziehbares Geflecht von Organisationen und Unterorganisationen betreibt ebenso viele Webseiten, Blogs, Chats und organisiert sich über Facebook, nutzt YouTube – alles mühelos und mit einer unendlichen Reichweite. Geködert werden die Jugendlichen mit Musik, Lifestyle-Klamotten, auch mit aktuellen Diskussionen.

Abb. 10.1: Eine Auflistung von Webseiten aus der rechten Nationalisten- und Neonazi-Szene

Im Juli 2012 wurde der Verfassungsschutzbericht 2011 vorgestellt. In der Sprache der Verfassungsschützer sind Menschen, die dazugehören, ein »rechtsextremes Personenpotenzial«. Und das sind nicht wenige: Insgesamt zählten 22.400 Rechtsextreme zu dieser Gruppe (2010: 25.000; 2009: 26.600). Davon sind allein 6.000 Neonazis.

Hinweis

Auszug aus dem Verfassungsschutzbericht 2011

Insgesamt gibt es 225 rechtsextremistische Organisationen und Personenzusammenschlüsse ohne Parteien (2010: 217; 2009: 193).

Rechtsextremismus im Internet:

- Über 1.600 rechtsextreme Internetpräsenzen
- Web 2.0 und Musik- und Videoportale werden stark genutzt.

- Nur ein kleiner Teil der Inhalte ist strafbar.
- 33 rechtsextreme Internetradios (2010: 38)

Quelle: Verfassungsschutzbericht 2011

Aktuell stehen in der Diskussion um die vom »Nationalsozialistischen Untergrund« (NSU) verübten Morde vor allem die Onlineangebote aus der Neonazi-Szene um den militanten »Thüringer Heimatschutz« im Zentrum der Aufmerksamkeit. Ein Blog wie dieser ist für die Netzwerkbildung der Szene bedeutsam; es ist ein breit angelegtes Propagandainstrument, mit dem Rechtsextreme ihre rassistischen und antidemokratischen Botschaften tarnen, dabei aber »... jugendgemäß verpacken und den Nährboden schaffen, auf dem Menschenverachtung gedeihen kann«, heißt es dazu in einer Veröffentlichung der Bundeszentrale für politische Bildung zum Thema Rechtsextremismus.

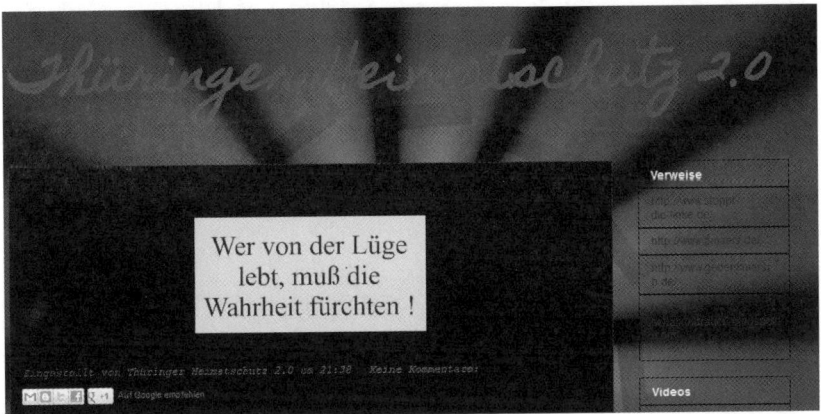

Abb. 10.2: Blog vom »Thüringer Heimatschutz«

Und dann präsentierte jugendschutz.net seinen jüngsten Bericht »Rechtsextremismus online 2012«. »Moderne Neonazis präsentieren sich als Menschenfreunde, die sich ›kümmern‹ und der jungen Generation modische Styles, Action und Events bieten. Andererseits suchen sie sichere Häfen im Netz, wo sie ungehindert und immer aggressiver gegen Minderheiten hetzen«, erläutert Stefan Glaser, Leiter des Extremismusbereichs.

In einer Pressemitteilung gab es neue und erschreckende Zahlen: 2012 dokumentierte jugendschutz.net wieder mehr strafbare Inhalte, vor allem auf ausländischen Plattformen. Mit 7.000 rechtsextremen Angeboten war ein Zuwachs von 50 Prozent im Vergleich zum Vorjahr zu verzeichnen, das Gros (5.500) im Social

Web. Dabei spielen Facebook und YouTube für die Ansprache von Jugendlichen die wichtigste Rolle.

Martin Ziegenhagen, Leiter von »Online Beratung gegen Rechtsextremismus«, berichtet von immer mehr Anfragen zum Umgang mit rechtsextremen Eltern – etwa in Schule und Kita. Die sogenannte Generation Hoyerswerda, zu der die Mitglieder des NSU gehören, sei inzwischen erwachsen und habe eigene Kinder. (Quelle: http://hass-im-netz.info/fileadmin/dateien/pk2013/pm2013.pdf)

10.1.1 Wie werden Kinder und Jugendliche geködert?

Nach einer Studie von »EU Kids Online« gaben im Jahr 2010 zwölf Prozent der elf- bis 16-jährigen User an, im Internet Erfahrungen mit Gewalt und Hass gemacht zu haben. Bei den 15- bis 16-Jährigen steigt die Quote sogar auf 20 Prozent. Dazu schreiben die Autoren des Textes über Rechtsextremismus der Bundeszentrale für politische Bildung:

> *Rechtsextreme Agitation richtet sich gegen Feindbilder. Gespeist aus rassistischer Ideologie, einem übersteigerten Nationalismus und Einstellungen, welche die Gleichwertigkeit von Menschen negieren, werden bestimmte Gruppen diskriminiert, verächtlich gemacht und nicht selten zu Freiwild erklärt. Antisemitismus, Antiziganismus, Homophobie, Fremdenfeindlichkeit sind wiederkehrende Motive, die in rechtsextremen Texten, Kampagnen und Medienangeboten ihren Niederschlag finden. Dabei wird keinesfalls immer offen zu Mord und Totschlag aufgerufen, vieles läuft unterschwellig und knüpft an Alltagsrassismus und Vorurteile an.*
>
> *Quelle:* http://www.bpb.de/apuz/133386/zielgruppe-jugend-rechtsextreme-im-social-web

Zu Zeiten von Bundes- oder Landtagswahlkämpfen wird die NPD besonders aktiv: Es sind häufig die Ausländerthemen, die in den vergangenen Jahren immer wieder mit Klischees und reißerisch Angst und Ressentiments gegenüber Ausländern schüren.

Knappe Slogans sind etwa »Islamunterricht stoppen« und sprechen vorhandene, aber diffuse Ängste vor anderen Religionen an. Ideen und Konzepte von Integration findet man nirgendwo, das Ziel ist, aufzuhetzen. In Wahlkämpfen werden mit islamfeindlichen Parolen über das Internet und Facebook gezielt Jugendliche angesprochen.

Es gibt sogar eine Kampagne mit dem Slogan »Wir oder Scharia« – zu sehen auf der Webseite von www.frontdienst.de.

Abb. 10.3: Die NPD ist auf Facebook aktiv.

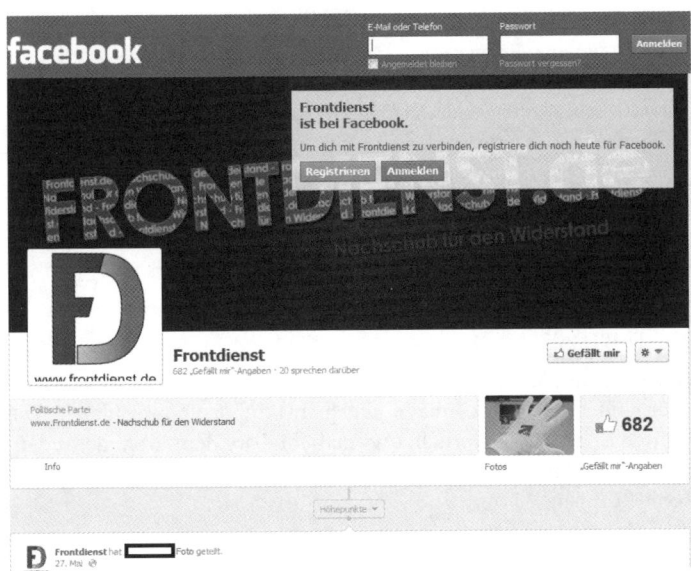

Abb. 10.4: Frontdienst ist auch bei Facebook aktiv und spricht gezielt Jugendliche mit
ausländerfeindlichen Parolen an.

Abb. 10.5: Ausländerfeindliche Texte auf www.frontdienst.de

Doch nicht immer sind rassistische und fremdenfeindliche Webseiten direkt als solche zu erkennen. Die Initiative jugendschutz.net (www.jugendschutz.net), die sich unter anderem schwerpunktmäßig mit dem Thema Rechtsextremismus befasst, weist besonders auf die »Identitäre Bewegung« hin:

> *Wie viele rechtsextreme Bewegungen sind auch die »Identitären« keine homogene Gruppierung: Beiträge im Netz suggerieren zwar das Bild einer einheitlichen Gemeinschaft, das ideologische Gerüst entstammt jedoch unterschiedlichen – auch rechtsextremen – Strömungen. Vorrangige Ziele sind der Kampf gegen »Multikulti« und der Erhalt einer angeblichen »ethnokulturellen Identität«. Inhaltlich subtil, vermeintlich humorvoll und ästhetisch modern transportieren die Beiträge vor allem gegen Muslime gerichteten Rassismus und die Ideologie der »Neuen Rechten«.*
>
> *Quelle:* www.hass-im-netz.info/fileadmin/dateien/dokumente/ PDFs/identitaere.pdf

Man findet bei der »Identitären Bewegung« Slogans wie »100% Identität, 0% Rassismus« – dabei sind rassistische Inhalte allgegenwärtig, aber verschleiert. Die Bewegung fand und findet viel Zuspruch, und man fand auf dem Profil der »Identitären Bewegung Deutschland« zwischendurch rund 50 virtuelle Ortsgruppen mit eigenen Facebook-Gruppen.

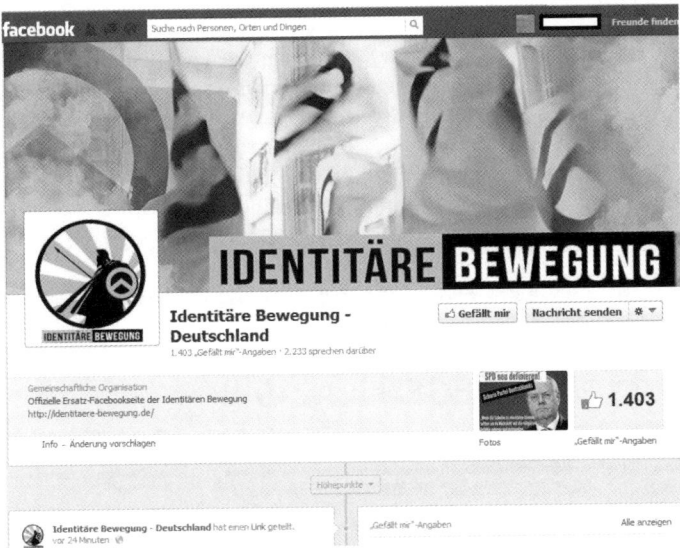

Abb. 10.6: Webseite der »Identitären« bei Facebook

In Deutschland ist die Bewegung der »Identitären« laut jugendschutz.net vor allem eine virtuelle Strömung. Noch ist die Zahl der realen Aktivisten, die bei Aktionen live auftreten, gering, aber die Anhängerzahl im Internet wächst. »Durch neue Symbole und Begriffe gelingt es der Bewegung bisher, sich relativ erfolgreich als ein von neonazistischen Organisationsformen abweichendes Phänomen zu verkaufen«, heißt es dazu weiter. Doch bei all der Betonung von »Homogenität und Verwandtschaft« geht es in dieser Gemeinschaft nicht um gemeinsame Werte wie Demokratie und Menschenrechte, sondern um das »Abstammungsprinzip«. Menschen mit Migrationshintergrund haben hier keinen Platz.

> *Die Stilisierung von scheinbar belanglosen Aktivitäten zu einem Event sowie das rebellische, junge und dynamische Auftreten bergen ein niedrigschwelliges Aktions- und Mobilisierungspotenzial. Verbunden mit einem stark ästhetisierten Auftreten und interpretationsoffenen Inhalten besteht die Gefahr, dass sich hier auch Jugendliche angesprochen fühlen, die nicht aus dem rechtsextremen Spektrum kommen. Hinter der »Identitären Bewegung Deutschland« steht jedoch eine menschenverachtende Ideologie, die auf rassistische und demokratiefeindliche Positionen aufbaut. Keines der von jugendschutz.net gesichteten Angebote war unzulässig, sodass derzeit keine medienrechtliche Handhabe besteht.*
>
> *Quelle:* www.hass-im-netz.info/fileadmin/dateien/pk2013/themenpapier_identitaire_bewegung.pdf

10.1.2 Rat und Hilfe

Was kann man tun? Es gibt zum Glück für alle Bewegungen schnell eine Gegen-bewegung, zahlreiche Initiativen gegen Rechts sind genauso schnell und zahlreich im Internet und in den sozialen Medien vertreten. Etwa die Initiative »Soziale Netzwerke gegen Nazis« (`www.soziale-netzwerke-gegen-nazis.de`). Sie war die erste, die sowohl die User als auch die Betreiber der Netzwerke aufrief, sich gegen die rechtsextremen Inhalte zu wehren. Zahlreiche Unternehmen beteiligten sich – Facebook fehlt bislang.

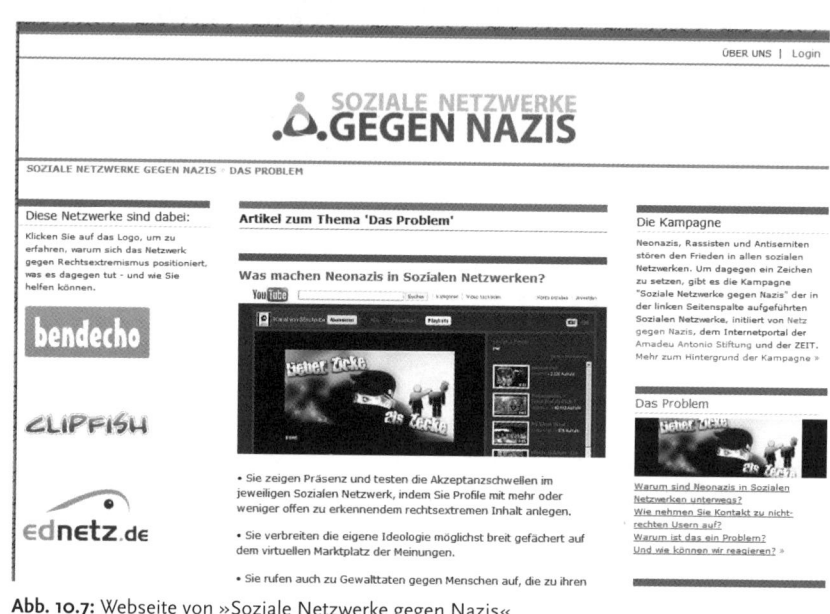

Abb. 10.7: Webseite von »Soziale Netzwerke gegen Nazis«

Hinweis

Kann man rechtsextreme Inhalte einfach verbieten?

Grundsätzlich ist das Internet demokratisch, und jeder kann sich hier äußern – das Recht auf Meinungsfreiheit wird hier gelebt. Grenzen gibt es durch die deutsche Gesetzgebung natürlich schon: Allerdings gibt es keine weltweit geltenden Standards, wo genau sich die Grenzen des noch Erlaubten befinden. Vergleicht man allein Deutschland und die USA, sieht man große Unterschiede: In Deutschland werden die Leugnung des Holocaust und die Verbreitung nationalsozialistischer Symbole strafrechtlich verfolgt.

Die Paragrafen 86a und 130 Strafgesetzbuch verbieten das »Verwenden von Kennzeichen verfassungswidriger Organisationen«. Dazu gehören Fahnen, Symbole, Parolen und Grußformen, etwa das Hakenkreuz oder der Hitlergruß. Paragraf 130 (der »Volksverhetzungsparagraf«) stellt die Verbreitung jeglicher Form von gruppenbezogener Menschenfeindlichkeit unter Strafe. Außerdem verbietet er die Leugnung, Verharmlosung oder Rechtfertigung des nationalsozialistischen Regimes oder der dahinter stehenden Ideologie. Dies gilt auch im Internet. In den USA gibt es diese Verbote nicht. Dort gilt die Freiheit der Rede (»freedom of speech«). Erst wenn öffentliche Hetze zu Gewalt wird und reale Gefahren für die Menschen daraus entstehen, greift der Staat ein. So sind in Deutschland, der Schweiz und einigen anderen europäischen Staaten inzwischen zahlreiche rassistische und rechtsextreme Internetseiten gesperrt worden, doch gleichzeitig nahm die Zahl deutschsprachiger Hasspropaganda vor allem über US-amerikanische Provider zu. Eine Diskussion dazu können Sie auf den Seiten des Informations- und Dokumentationszentrums für Antirassismusarbeit in Nordrhein-Westfalen nachlesen: `www.ida-nrw.de/paedagogische-arbeit/helfen-verbote/internet`.

In sozialen Netzwerken hingegen können die Betreiber die Regeln definieren, Monitoring betreiben, Selbstverpflichtungserklärungen der User einfordern. User selbst können rechtsextreme Agitation auch melden – und sollten dies auch tun: Die Aktivitäten auf den Seiten der sozialen Netzwerke sind so vielzählig, dass sie die Meldungen aufmerksamer Menschen benötigen.

Aufklärung

Ein ganz wichtiger Aspekt ist die Aufklärungsarbeit – und zum Glück sind Sie als Eltern da nicht allein. Das Thema ist im Internet und in Schulen überall präsent. Fragen Sie nach, ob in den Schulen Ihrer Kinder das Thema behandelt wird, und wenn ja, in welcher Form. So bietet zum Beispiel das Bundesamt für Verfassungsschutz eine Ausstellung an, die man bestellen kann. Sie heißt »Es betrifft Dich! Demokratie schützen – Gegen Extremismus in Deutschland«. Mit Informationstafeln, Multimedia- und anderen interaktiven Elementen sowie in Vitrinen ausgestellten Tat- und Propagandamitteln wird umfassend über die Gefahren aller Formen des Extremismus in Deutschland aufgeklärt. Die Ausstellung will zeigen, dass wir in einem demokratischen Rechtsstaat ein hohes Maß an individueller Freiheit genießen, uns andererseits aber auch der Gefahren bewusst sein müssen, die diese Freiheit bedrohen. Die Ausstellung wird von Mitarbeitern des Verfassungsschutzes betreut. Für Schulklassen und Gruppen werden Führungen angeboten. Interessenten können die Ausstellung kostenlos anfordern.

Es gibt eine Vielzahl hervorragender Broschüren speziell für Eltern, auch speziell für Kinder und Jugendliche. Beispielhaft sei hier die Broschüre »Liken. Teilen.

Hetzen« der Amadeo Antonio Stiftung (www.no-nazi.net) erwähnt. Hier erfährt man anhand vieler Beispiele, wie die Szene an ihre Zielgruppen herangeht, wo eine demokratische Auseinandersetzung mit aktuellen Themen wie Integration von Ausländern und Islamismus auf Rassismus und Islamfeindlichkeit trifft.

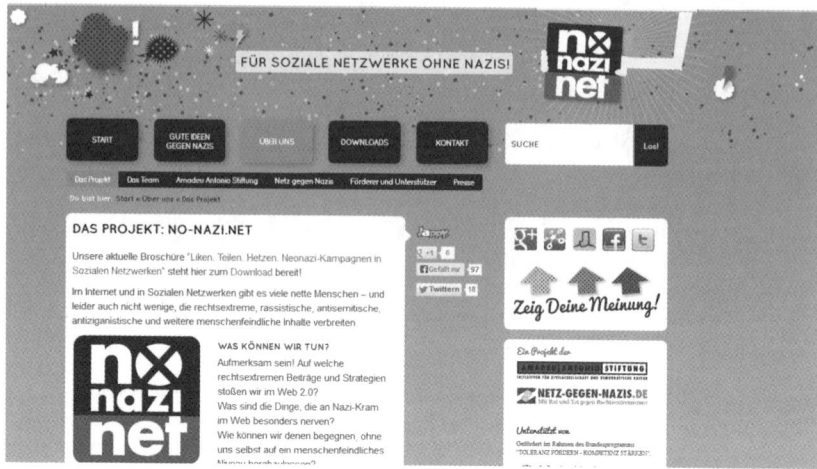

Abb. 10.8: Webseite von no-nazi.net

Wichtig

So erkennen Sie rechtsextreme Symbole und Codes

Die rechtsextreme Szene hat ihre eigenen Codes – die wichtigsten sind hier abgebildet, weitere finden Sie auf der Webseite www.netz-gegen-nazis.de und bei der Aktion Zivilcourage (www.aktion-zivilcourage.de). Nicht strafbar ist zum Beispiel die **Zahl 88**: Sie steht für zweimal den 8. Buchstaben im Alphabet und bedeutet »Heil Hitler«. Da die Grußformel »Heil Hitler« strafbar ist, greifen Rechtsextreme zu solchen und ähnlichen Zahlenspielereien. Beispielsweise wird die **Zahl 18** analog dazu als Codierung des Namens »Adolf Hitler« verwendet. Auch »**14 WORDS**« ist so ein Code: Hinter der Zahl 14 verbergen sich die »famous 14 words« (»legendäre 14 Wörter«) des amerikanischen Rechtsextremisten David Lane. Die 14 wird oft als Grußformel in Briefen verwendet (auch zusammen mit der Zahl 88) und als Kampfaufruf verstanden: »We must secure the existence of our people and a future for white children!« (»Wir müssen das Leben unserer Rasse und eine Zukunft für unsere weißen Kinder sichern.«)

168:1 – Die Zahlenkombination versteht sich als Code für den Sprengstoffanschlag 1995 in Oklahoma/USA, bei dem 168 Menschen ums Leben kamen. Der rechtsextreme Attentäter Timothy McVeigh wurde zum Tode verurteilt und 2001 hingerichtet. In makabrer Verherrlichung dieses insbesondere antisemitisch motivierten Terroranschlags gibt der Code das »Ergebnis« wieder.

28 – Seit dem Verbot der Organisation »Blood & Honour« im September 2000 wird die 28 als Synonym für B&H verwendet. Beispiele für T-Shirt-Motive: »28 – ich lass mich nicht verbieten«.

Weitere Symbole und Codes finden Sie hier: `www.aktion-zivilcourage.de/ Braune_Symbole.472/`.

Beratung

Neben allen Infoseiten und Materialien ist in vielen Fällen aber eine Beratung sinnvoll. Die »Online Beratung gegen Rechtsextremismus« ist ein Projekt von »Gegen Vergessen – Für Demokratie e. V.«. Hier können sich Betroffene, Eltern wie Jugendliche, anonym an eine Onlineberatung wenden. Über E-Mail oder einen Einzelchat bzw. Gruppenchat für Eltern kann man sich hier Rat holen.

Abb. 10.9: Online Beratung gegen Rechtsextremismus

Adressen von Beratungsstellen für Opfer rechtsextremer, rassistischer und homophober Gewalt finden Sie zum Beispiel unter www.netz-gegen-nazis.de.

Gerade zum Thema Rechtsextremismus gibt es viele Materialien auch für die Schule. Das Informations- und Dokumentationszentrum für Antirassismusarbeit e. V. wurde 1990 auf Initiative von demokratischen Jugendverbänden in Deutschland gegründet, um ein Zeichen gegen Rassismus zu setzen. Derzeit sind 27 Verbände Mitglied des IDA, darunter Mitgliedsorganisationen des Deutschen Bundesjugendrings, des Rings politischer Jugend, die Deutsche Sportjugend und der Verein »Mach' meinen Kumpel nicht an!« e. V. Hier kann man auch Materialien für den Unterricht bestellen und Lehrer unterstützen, das Thema in der Schule aufzubereiten.

Initiativen – Schule ohne Rassismus

Eine Initiative, der sich immer mehr Schulen anschließen, ist »Schule ohne Rassismus – Schule mit Courage« (SOR-SMC). Das ist ein Projekt von Schülerinnen und Schülern, die gegen alle Formen von Diskriminierung, insbesondere Rassismus, aktiv vorgehen und einen Beitrag zu einer gewaltfreien, demokratischen Gesellschaft leisten wollen. Vielleicht geben Sie bei Gelegenheit die Anregung an Ihre Kinder weiter, die Schule zum Mitmachen zu bewegen.

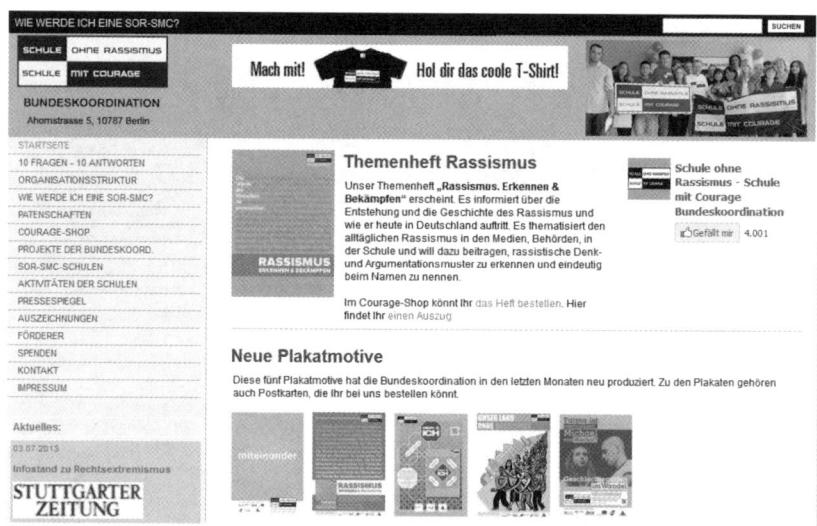

Abb. 10.10: Schule ohne Rassismus

Die Landeszentrale für politische Bildung und viele andere Organisationen listen auf ihren Seiten weitere Initiativen gegen Rechts auf.

10.2 Sekten, religiöse Gemeinschaften, Psychogruppen – und Scientology

Es gibt eine unüberschaubare Zahl von religiösen Gruppierungen, Sekten, Gemeinschaften und sogenannten Psychogruppen. Auf ihren Internetseiten geben sie sich weltoffen, modern, richten sich gezielt an Jugendliche mit Themen aus der aktuellen Diskussion, sie bieten Lösungen für akute Probleme wie Drogensucht oder versprechen den idealen Weg zum Glück. Hier geht es keinesfalls um das Infragestellen anerkannter Religionsgemeinschaften oder Gruppierungen – aber wer hat zunächst Zweifel an den Motiven einer Initiative wie dem »Verein für Drogenprävention«? Wer sagt nicht automatisch »Nein zu Drogen« und »Ja zum Leben«?

Abb. 10.11: Diese Webseite wird von Scientology betrieben.

Wer steckt dahinter? Wenn Sie diese Webseite öffnen, können Sie all dem, was Sie dort lesen, nur zustimmen. Vielleicht bestellen Sie sich sogar einige Infomaterialien? Übrigens ist so eine Seite natürlich auch auf Facebook vertreten.

10.2.1 Scientology und ihre Organisationen

Etwas schlauer wird man, wenn man bei YouTube nachsieht.

Abb. 10.12: Hinter dieser Initiative steckt Scientology.

Scientology steckt dahinter – sogar ganz offen bei YouTube. Dort erklärt Scientology: »Die Kampagne mobilisiert zudem jüngere Kinder als ›Drug-Free-Marshals‹, um Klassenkameraden vom Drogenkonsum abzuhalten.« Das ist mehr als bedenklich.

Hinweis

Hier kommt man mit den Begriffen, die Psychogruppen und Sekten zu beschreiben versuchen, an seine Grenzen. Das Zentrum Bayern Familie und Soziales vom Bayerischen Landesjugendamt definiert es so: Bei den sogenannten Sekten und Psychogruppen handele es sich um einen Bereich, zu dem es keinen allgemein gültigen Oberbegriff gibt. Dies ergab auch die Arbeit der Enquete-Kommission »Sogenannte Sekten und Psychogruppen des Deutschen Bundestages«. Das Bundesverfassungsgericht sagt dazu unter anderem, »... dass die Verwendung der Bezeichnung ›Sekte‹ in staatlichen Verlautbarungen ... verfassungsrechtlich keinen durchgreifenden Bedenken begegnet ...«. »Psychogruppen« oder »Psychokulte« sind unter anderem durch eine nicht (vorrangig) religiös bestimmte Zielrichtung charakterisiert. Hier denkt man vor allem an die Scientology-Organisation, auch wenn die problematischen Aktivitäten dieser Organisation weit über die psychische Beeinflussung ihrer Mitglieder hinausgehen und in Deutschland sogar zur Beobachtung durch den Verfassungsschutz führen.

Weitere Begriffe in diesem Zusammenhang seien Fundamentalismus, destruktive Kulte, Psychokulte, Neue religiöse und weltanschauliche Bewegungen, Gurubewegungen, Politsekten, Lebensbewältigungshilfe-Markt, Esoterik, New Age, Okkultismus/Spiritismus/Satanismus oder (Neue) Jugendreligionen.

Die evangelische Kirche im Rheinland und der Verfassungsschutzbericht NRW warnen: 5.000 bis 6.000 Mitglieder habe die Organisation bundesweit, davon in NRW etwa 600, was eine Zunahme bedeute. Scientology sei streng hierarchisch aufgebaut, verfüge »über Strukturen mit totalitärem Anspruch und menschenverachtenden Tendenzen« und strebe u. a. mithilfe von Tarnorganisationen »durch Infiltration die Führung von Politik, Wirtschaft und Gesellschaft an«.

Der NRW-Verfassungsschutz hat Scientology seit 1997 im Visier. Scientology wurde 1954 in den USA gegründet und bezeichnet sich selbst als Kirche. In Deutschland ist sie aber nicht als Religionsgemeinschaft anerkannt.

Tipp

Neben- und Tarnorganisationen von Scientology: Vorsicht bei Nachhilfe

Scientology ist in mehreren deutschen Städten offen mit Niederlassungen vertreten. Diese heißen »Org« oder »Celebrity Center«. Aber es gibt zahlreiche Neben- und Tarnorganisationen, die sich häufig an Kinder und Jugendliche wenden – gerne mit Nachhilfeangeboten. Die Organisationen »APPLIED SCHOLASTICS« (Nachhilfe) und »ZIEL« (»Zentrum für individuelles und effektives Lernen«) wenden sich an Eltern und Kinder und bieten Nachhilfe an.

Dann gibt es da noch die Bewegung »Jugend für Menschenrechte« oder den Dachverband »ABLE« (»Association for better living and education«) oder die Organisationen, die sich mit Drogenarbeit (»Narconon«) und Kriminalitätsbekämpfung (»Criminon«) beschäftigen.

Eine weitere Scientology-Tarnorganisation ist die »Kommission für Verstöße der Psychiatrie gegen Menschenrechte« (»KVPM«). Diese propagiert offiziell, Missstände in der Psychiatrie aufdecken zu wollen. Festzustellen ist aber, dass die Organisation mittels hetzerischer Kampagnen Teile der scientologischen Ideologie in der Gesellschaft platzieren will.

Kennen sollten Sie auch das »Office of special affairs« (»OSA«), den »Geheimdienst der Scientology-Organisation«. Er sammelt, so der NRW-Verfassungsschutzbericht, »Informationen insbesondere über Kritiker, um diese mit öffentlichen Diffamierungskampagnen zu überziehen und somit mundtot zu machen.

Durch das dem Office of special affairs zuzurechnende ›Deutsche Büro für Menschenrechte‹ in München verbreitete Publikationen sollen zudem das Ansehen der Bundesrepublik Deutschland und einiger ihrer Repräsentanten herabwürdigen und durch diverse Verlautbarungen eine religiöse Verfolgung von Scientologen in Deutschland konstruieren«.

Quelle: NRW-Verfassungsschutzbericht 2012

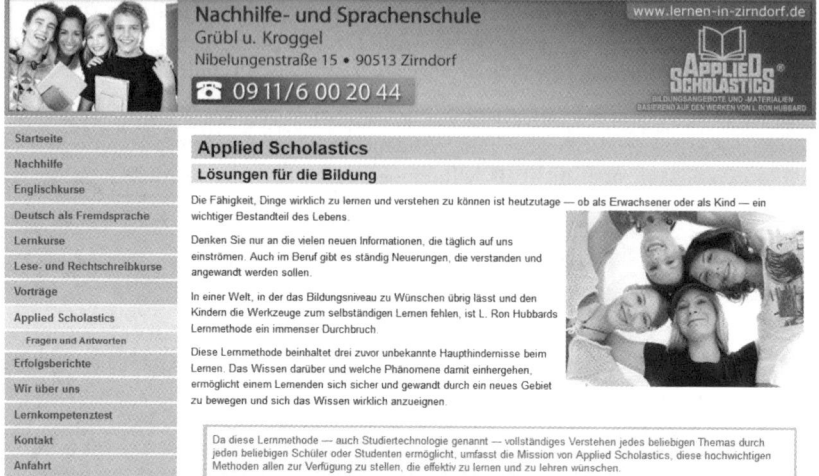

Abb. 10.13: Hinter dieser Nachhilfeorganisation steckt Scientology.

Hinweis

Die Lehre von Scientology

Scientology strebt eine Gesellschaftsordnung an, in der zentrale Werte wie die Menschenwürde und das Recht auf Gleichbehandlung außer Kraft gesetzt oder eingeschränkt werden. Um die Gefährlichkeit von Scientology zu verstehen, kommt man nicht um L. Ron Hubbard herum. Er entwickelte die »Dianetik« als eine Methode, um »ungenutztes geistiges Potenzial und wahre Fähigkeiten« freizusetzen. Für Hubbard ist der menschliche Verstand eine Art Datenbank, die schmerzliche oder negative Wahrnehmungen (»Engramme«) speichert.

Diese Engramme hindern den Verstand daran, Probleme zu lösen, und sie werden für das Entstehen psychischer Störungen verantwortlich gemacht. Die Dianetik ziele darauf ab, diese negativen Wahrnehmungen zu löschen. Das Ganze ist ein schrittweiser Befreiungsprozess, den man nach und nach erreichen könne. Das Ziel: ein Mensch mit übernatürlichen Qualitäten zu werden, frei von körperlichen und seelischen Beeinträchtigungen, der sogenannte »Clear«. Diese Stufe erreicht man mit teuren Kursen.

Doch das Ende ist dann doch noch nicht erreicht. Nun bietet Scientology die Möglichkeit, weitere sogenannte »OT Stufen« zu belegen. »OT« bedeutet »Operierender Thetan«: In der Scientology-Ideologie werden die angeblichen Grundbestandteile des Menschen – Körper und Verstand – um einen sogenannten Thetan ergänzt. Das sei »eine das eigene Ich darstellende Geistesseele mit übersinnlichen Kräften«. Damit erziele man laut Scientology den Zustand völliger geistiger Freiheit. Mithilfe des Auditings sollen die oben genannten Engramme der Kursteilnehmer »gelöscht« werden. Dabei muss der Teilnehmer die Enden des sogenannten »Elektrometers« (E-Meters) in die Hände nehmen – diese haben die Form von Dosen. Das E-Meter ist nichts anderes als ein primitiver Lügendetektor, der den Hautwiderstand misst.

Quelle: www.mik.nrw.de/verfassungsschutz/scientology.html

10.2.2 Schutz vor Scientology und anderen Gruppen

Prüfen Sie genau, mit welcher Organisation Sie sich einlassen, wenn Sie Ihr Kind etwa beim Nachhilfeunterricht anmelden. Der beste Schutz gegen zweifelhafte Sektenangebote ist die Entwicklung einer gefestigten Persönlichkeit beim Kind und Jugendlichen.

Das Zentrum Bayern Familie und Soziales vom Bayerischen Landesjugendamt sieht dies ermöglicht

durch eine familiäre Umgebung mit verlässlichen Bezugspersonen, die ihm Selbstvertrauen und Vertrauen in seine realen Möglichkeiten vermitteln, um sein Leben selbst in die Hand zu nehmen und die eigene Zukunft mitzugestalten. Wer gelernt hat, selbstbestimmt zu leben und die Verantwortung dafür zu übernehmen, wird auf alle Versuche, vereinnahmt zu werden und das Selbstbestimmungsrecht entzogen zu bekommen, sensibel reagieren. Das Gespräch und die lebensnahe Auseinandersetzung mit dem Kind über Weltbilder, religiöse Vorstellungen, gesellschaftliche Werte und Normen sowie andere, das Leben mit Sinn erfüllende Orientierungen sollten dazu verhelfen, dass das Kind bzw. der Jugendliche klare eigene Perspektiven für sich festlegen kann und eine positive Einstellung zu sich und seinem sozialen Umfeld gewinnt. Selbstsicherheit und Ich-Stärke können so reifen und verhindern dann, dass anderweitig Halt gesucht werden muss oder ein Sich-selbst-Aufgeben zugunsten einer dubiosen Erlösergestalt droht.

Versuchen Sie, wenn Sie den Verdacht haben, dass Ihr Kind in eine solche Gruppe hineingeraten ist, einschlägige negative Merkmale zu erkennen. Fachliche Hilfe finden Sie bei kirchlichen Beauftragten für den Bereich der Sekten und Psychogruppen. Wenn es um Belange von Kindern, Jugendlichen und Familien geht, sind die Landesjugendämter die richtigen Ansprechpartner ebenso wie Erziehungsberatungsstellen.

Die Leistelle für Sektenfragen der Senatsverwaltung für Bildung, Jugend und Wissenschaft in Berlin hat auf seinen Webseiten eine Checkliste für Nachhilfeunterreicht eingestellt. Hier finden Sie Tipps, woran Sie unseriöse Anbieter erkennen können.

So sollten Sie sich zunächst informieren, ob das Nachhilfeinstitut in der Region bekannt ist und ob zum Beispiel die Schule schon Erfahrungen mit dieser Einrichtung gemacht hat und welchen Ruf die Einrichtung hat. Ganz unbedenklich sind große Institute, die sich im Bundesverband Nachhilfe- und Nachmittagsschulen (VNN) zusammengeschlossen haben. Diesen Unternehmen ist gemeinsam, dass alle Mitarbeiter vor Arbeitsbeginn schriftlich und verbindlich erklären müssen, dass sie Scientology nicht angehören und auch keine scientologischen Inhalte und Methoden verwenden. Weitere Infos dazu finden Sie unter `www.berlin.de/sen/familie/sekten-psychogruppen`.

10.3   Gewaltverherrlichung und Pornografie

Ein Bereich, dem man ziemlich hilflos gegenübersteht, sobald man damit zum ersten Mal konfrontiert wird, sind Gewaltverherrlichungen. Dazu gibt es bestimmte Begriffe, die erklärungsbedürftig sind. Entsprechende Seiten und Adressen werden hier nicht gezeigt, wohl aber Hinweise, wo man sich Rat holen kann.

Sicher erinnern Sie sich an den Werbespot »Wo ist Klaus?« – er wurde von `klicksafe.de` im Fernsehen gesendet und ist online auf der Website noch vorhanden. In verschiedenen Sequenzen wird auf die Gefahren im Internet hingewiesen – so auch auf Gewalt.

Für gewalttätige Pornografie und Pornografie allgemein ist das Internet eine Fundgrube. Neben Videos sind auch Angebote an Live-Cams zu finden und immer öfter dann auch auf den Mobiltelefonen der Kinder.

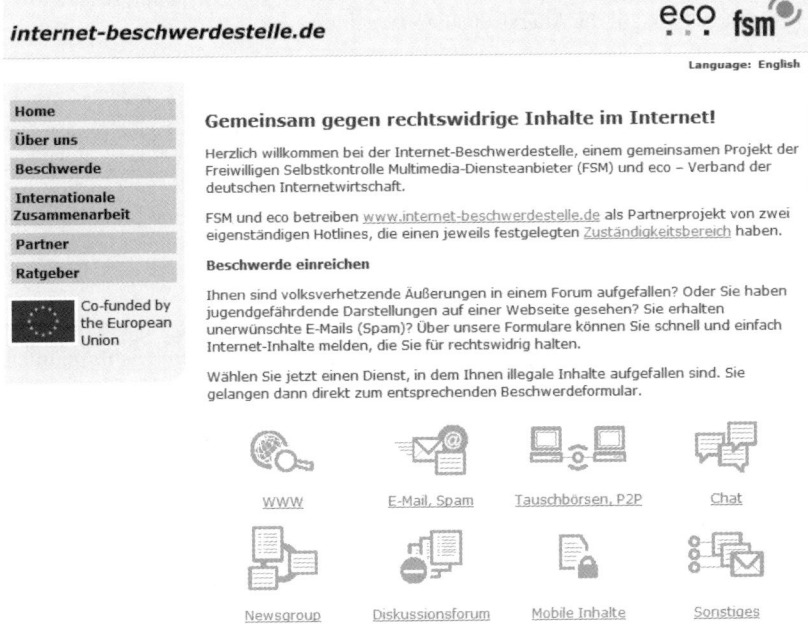

Abb. 10.14: Webseite der Internet-Beschwerdestelle

Hier eine Übersicht über die wichtigsten Seiten und Begriffe aus dem Bereich Gewalt und Pornografie:

- Unter dem Begriff *Tasteless* findet man Bilder und Videos von toten, verletzten und verunstalteten Personen, das können auch Videos von Unfallopfern sein.

- *Snuff-Videos* sind Videos von Tötungen, Folterungen und Steinigungen – mal real und mal nachgestellt.

- In *Hardcore Adult Galleries* sind über besondere Linklisten sogenannte TGP – Thumbnail Gallery Posts verfügbar, einschlägige Adressen werden auf Schulhöfen getauscht.

- Pornografische Darstellungen sind massenhaft in der Bildersuche (ausländischer) Suchmaschinen zu finden, wenn der Familyfilter ausgeschaltet wird.

- Frei zugängliche Videoplattformen wie YouPorn sind natürlich Jugendlichen bekannt und gehören zu den zwanzig beliebtesten Angeboten in Deutschland.

- Auf ausländischen Websites von politischen Parteien und Gruppierungen werden öfter Bilder von Kriegsopfern präsentiert, die gegen den deutschen Pressekodex verstoßen.

- Auch einige Computerspiele sind gewaltverherrlichend – ganz besonders wichtig ist es hier, auf die Altersfreigaben zu achten.

Auch wenn es sich harmlos anhört: *Happy Slapping* (etwa »fröhliches Verprügeln«) oder »Bitch Slapping« ist das grundlose Angreifen unbekannter Passanten. Der Angreifer läuft dabei auf sein Opfer – gerne Kinder – zu und schlägt ihm ein- oder mehrmals ins Gesicht. Andere Opfer werden auch bis zur Bewusstlosigkeit zusammengeschlagen. Der Angreifer läuft danach weg, natürlich ohne sich um das Opfer zu kümmern. Und das alles nimmt ein anderer Beteiligter mit einer Handy- oder Videokamera auf. Die Aufnahmen werden anschließend im Internet veröffentlicht.

Tipp

Was ist verboten?

Es ist generell verboten, Angebote zu verbreiten, die grausame und unmenschliche Gewalttätigkeiten zum Inhalt haben. Auch hier gilt, wer auf derartige Angebote im Internet stößt, sollte sich unbedingt an eine der Meldestellen wenden, zum Beispiel an die Internet-Beschwerdestelle (www.internet-beschwerdestelle.de).

Auch die Verbreitung pornografischer Inhalte ist in Deutschland verboten. Sie ist allenfalls zulässig, wenn der Anbieter einer solchen Webseite sicherstellt, dass sie nur Erwachsenen zugänglich ist. Eine sichere Identifizierung erwachsener Nutzer (man nennt das auch *Face-to-Face-Kontrolle*) und ihre verlässliche Authentifizierung sind bei jeder Nutzung zwingend vorgeschrieben.

Schülerinnen und Schüler, die eine Gewalthandlung mit dem Handy aufnehmen, können bei Verbreitung oder öffentlicher Zurschaustellung der Aufnahmen ggf. belangt werden wegen:

- Verstoß gegen das Recht auf das eigene Bild § 22, 33 Kunsturheberrecht (KUG)

- Verletzung des höchstpersönlichen Lebensbereichs durch Bildaufnahmen: § 201a StGB (zum Beispiel auch Schultoilette)

- unterlassene Hilfeleistung (§ 323c StGB)

- Anstiftung zur Mittäterschaft oder Beihilfe zu o. g. Delikten

Generell gilt für unbefugte Foto- und Filmaufnahmen, die ohne Einverständnis des Abgebildeten erfolgen, in höchstpersönlichem Lebensbereich stattfinden und verbreitet oder zur Schau gestellt werden:

- Verstoß gegen das Recht auf das eigene Bild
- 22, 33 Kunsturheberrecht (KUG)
- Verletzung des höchstpersönlichen Lebensbereichs durch Bildaufnahmen: § 201a StGB

Mehr dazu in Kapitel 11.

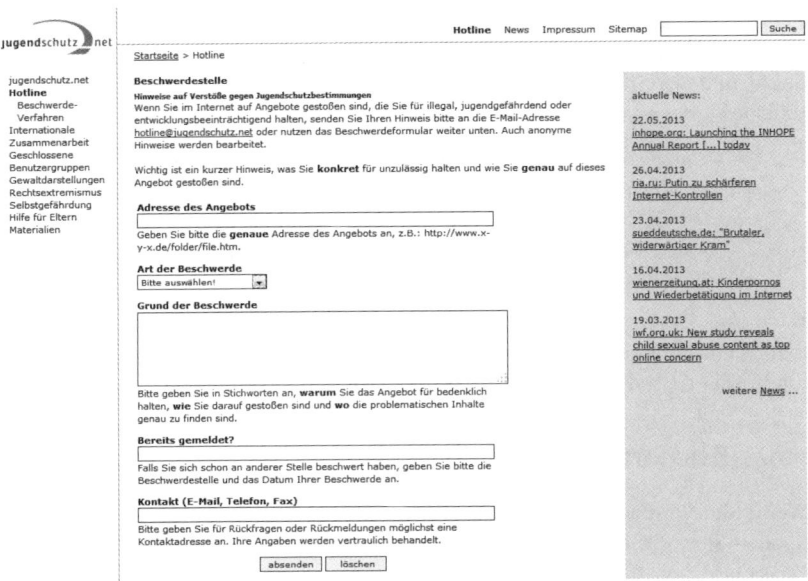

Abb. 10.15: Beschwerdestelle unter www.jugendschutz.net

Auf der Website www.jugendschutz.net gibt es ebenfalls eine Beschwerdestelle.

Die Zeitschrift Bravo und die Aufklärungsserie von »Dr. Sommer« kennt wohl fast jeder. 2009 hat Bravo eine Studie zum Thema Pornografie unter elf- bis 17-jährigen Deutschen durchgeführt. Demnach hatten zwei Drittel der Befragten Kontakt mit Pornografie (42 Prozent der Elf- bis 13-Jährigen und 79 Prozent der 14- bis 17-Jährigen). Etwa die Hälfte von ihnen schaut sich Pornografie im Fernsehen an, 38 Prozent besuchen aktiv im Internet pornografische Seiten. Fast jeder Fünfte hat pornografische Bilder auf dem Handy gesehen. Nach der JIM-Studie 2011 wissen vier Fünftel der jugendlichen Handynutzer davon, dass »mit dem Handy jugendgefährdende oder unzulässige Inhalte wie brutale Videos oder Pornofilme getauscht werden. Allgemein lässt sich sagen, dass der Konsum von Pornografie mit dem Alter der Heranwachsenden steigt und dass Jungen stärker auf pornografisches Material zurückgreifen als Mädchen«.

Im Hinblick auf die Aufklärung über Pornografie tun sich Eltern und Schule schwer (BZgA, Jugendsexualität 2010).

Dass die Pornodarstellungen nichts mit realer Sexualität zu tun haben, wissen die Kinder und Jugendlichen natürlich noch nicht – besonders dann nicht, wenn sich Eltern und Pädagogen mit dem Thema schwertun. Die Initiative Klicksafe.de weist zu Recht darauf hin, dass es sich bei Pornografie um »... inszenierte Produkte, in denen in den meisten Fällen ein höchst fragwürdiges Bild von Sexualität transportiert wird« handelt.

Die Unterwürfigkeit von Frauen, die Zuschreibungen stereotyper sexueller Eigenschaften, die generelle Reduzierung der Frau zum Sexualobjekt, die Darstellung von Sexualität als ausschließlich genitale Sexualität sowie die Dominanz des Mannes – all dies sind stereotype Darstellungen, die an der Wirklichkeit von Sexualität vorbeigehen.

Beratung, Tipps und Infos sind übersichtlich unter www.klicksafe.de unter dem Menüpunkt PORNOGRAFIENUTZUNG aufgelistet. Darunter stehen neben Seiten für Eltern und Lehrer auch Seiten, die sich direkt an Jugendliche wenden.

10.4 Essstörungen

Wenn Sie Worte wie »Ana«, »Mia« oder »Thinspiration« zum ersten Mal hören, denken Sie vielleicht an nichts Böses und halten es für Webseiten für Mädchen. Dass diese Begriffe mit Essstörungen zu tun haben, ahnt man nicht. Essstörungen sind heute kein Tabuthema mehr, und im Internet findet man schnell reichlich Informationen und Hilfen dazu. Fast genauso leicht wie Hilfen bekommt man aber auch Infos, die Jugendliche zu diesem selbstzerstörerischen Verhalten ermutigen. Essstörungen sind hier keine Krankheit, sondern werden als Lifestyle verharmlost.

Auf solchen verharmlosenden Webseiten tauchen die beiden eben genannten Begriffe häufiger auf: »Pro-Ana« und »Pro-Mia« bezeichnen Anorexia nervosa (Ana), die Magersucht, und Bulimia nervosa (Mia), die Ess-Brech-Sucht. Seiten mit diesen Inhalten werden oft von essgestörten Jugendlichen betrieben, die selbst keine Therapie anstreben. »Thinspiration« ist auch alles andere als ein gesunder Lifestyle, denn hier dreht sich alles um den mageren Körper und wie man dahin gelangt.

Hinweis

Die Bundeszentrale für gesundheitliche Aufklärung (BZgA) hat diese Essstörungen in drei Hauptformen unterteilt:

- **Magersucht** (Anorexie, Anorexia nervosa): Typisch dafür ist ein starker Gewichtsverlust, den die Betroffenen – meistens sind es Mädchen – bewusst herbeiführen. Sie sind auffallend dünn und empfinden sich auch dann noch als zu dick, wenn sie schon unter starkem Untergewicht leiden. Sie reduzieren ihr Gewicht überwiegend durch Hungern bzw. Nahrungsverweigerung. Hinzu kommt übertriebene sportliche Aktivität. Manche greifen zusätzlich zu Appetitzüglern, Abführmitteln, entwässernden Medikamenten oder führen Erbrechen selbst herbei. In der Altersgruppe von 14 bis 18 Jahren kommt Magersucht am häufigsten vor. Die Magersucht zählt bei Mädchen und jungen Frauen zu den häufigsten Todesursachen. Der BMI (Body-Mass-Index) liegt bei magersüchtigen Erwachsenen bei höchstens 17,5.

- **Bei der Bulimie** sind die Frauen oder Männer rein äußerlich scheinbar normal, aber fast immer schlank. Sie achten sehr auf ihr Äußeres und sind sehr ehrgeizig. Bulimie äußert sich durch häufige Essattacken, bei denen schnell große Nahrungsmengen gegessen werden. Doch damit die Kalorien nicht zur Gewichtszunahme führen, lösen die Betroffenen selbst Erbrechen aus. Außerdem fasten sie häufiger und verwenden oft Abführmittel. Bulimie tritt häufig erst gegen Ende des Jugendalters und vor allem bei Mädchen auf, die meisten sind zwischen 18 und 20 Jahre alt. Eine Erkrankung vor dem 12. Lebensjahr ist selten.

- **Binge-Eating-Störung** bezeichnet wiederholte Essattacken, die Ausmaße eines Gelages (engl.: »binge«) annehmen, bei dem sehr große Mengen an Nahrung heruntergeschlungen werden. Im Unterschied zur Bulimie gibt es aber zum Ausgleich keinen Sport, kein Hungern oder Erbrechen. Die Betroffenen sind deshalb häufig übergewichtig, doch das ist nicht zwingend.

Alle Essstörungen können ineinander übergehen oder sich abwechseln. So entwickelt sich bei Magersucht in etwa 20 Prozent der Fälle eine Bulimie.

Quelle: www.bzga-esstoerungen.de – unter dieser Adresse finden Sie auch Hinweise, wo Betroffene Hilfe finden können.

Um einen Eindruck zu bekommen, sehen Sie in der Abbildung eine englischsprachige Webseite der »Pro-Ana-Bewegung«, die das Dünnsein verherrlicht und Tipps und Tricks zum Abnehmen verrät. Seiten wie diese sehen harmlos aus, aber als Eltern wissen Sie, wie leicht Kinder und Jugendliche zu beeinflussen sind. Hier bekommen sie garantiert den falschen Rat.

Home

About Us

Donate

Photo Gallery

Members

Resources

Pro Ana Land Forums

Tips And Tricks

My Own Journey

Videos

Members Area

Tips and Tricks

1. If you want to lose weight, the calories you burn must exceed the calories you intake. If you're just starting, try cutting your intake to 1000 calories a day and seeing how you feel. If you're doing fine, from there cut your intake to 500 per day. You should find yourself rapidly dropping weight.

2. Exercise! Running is the best and easiest exercise for rapid weight loss, and it'll keep your heart healthy too! Check out a great running plan in Resources. Try not to run every day, especially early on, or your body will get exhausted. 20 to 30 minutes 3 times a week is advisable.

3. Take your vitamins! Since we're not eating enough, the odds are we aren't getting the vitamins we need. Make sure you pop those vitamins daily to keep yourself strong enough to keep following the plan. In addition to a multivitamin, St. John's Wort is a great mood enhancer to counteract those sugar lows, and Melatonin is a wonderful natural supplement that will help you sleep when hunger pangs are keeping you

Abb. 10.16: Eine Webseite der »Pro-Ana-Bewegung«

In den Foren dazu tauschen sich die Gleichgesinnten aus und probieren immer neue Abnehmvarianten aus – ein Teufelskreis beginnt, aus dem sie ohne seriöse Hilfe nicht herauskommen. Auch auf YouTube gibt es dazu Filme.

Natürlich gibt es zu dem Thema auch seriöse Webseiten wie die Seite der BZgA, diese bietet auch eine Telefonberatung an. Im Anhang finden Sie dazu noch einen Hinweis auf die Broschüre der BZgA mit allen wichtigen Adressen und Telefonnummern.

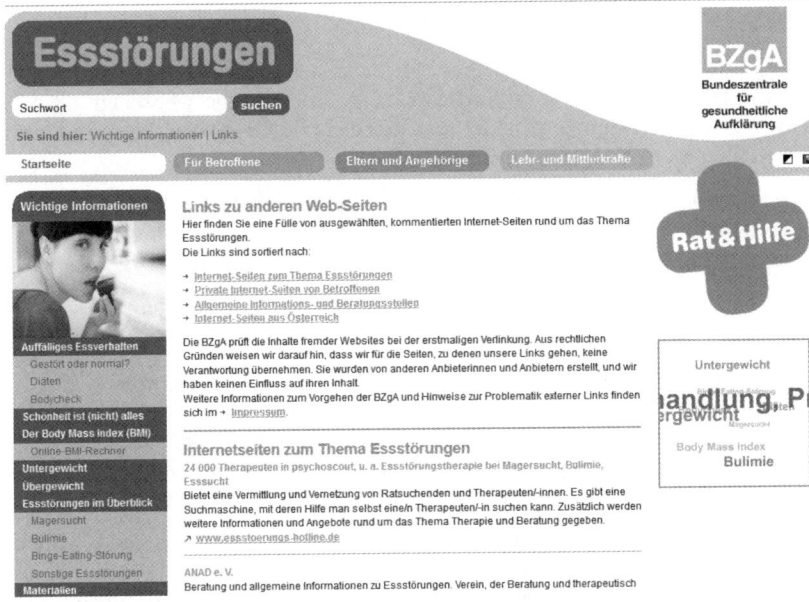

Abb. 10.17: Hilfe-Webseite für Menschen mit Essstörungen

Die Kontakte in den Foren ersetzen oft den sozialen Umgang in Familie und Freundeskreis und können eine gefährliche Verstärkerwirkung haben:

In Communitys fühlen sich Betroffene ermutigt, weiter an der Essstörung festzuhalten. Es wird ein lebensgefährliches »Wir-Gefühl« suggeriert, das gerade psychisch Kranke von Therapien abhält, zur Geheimhaltung animiert und immer weiter in den Strudel der Krankheit hineintreibt.

Webseiten, die selbstverletzende und selbstgefährdende Handlungsweisen propagieren, können »eine gravierende sozialethische Desorientierung bei Jugendlichen« verursachen. Solche Seiten können durch die Bundesprüfstelle für jugendgefährdende Medien indiziert werden, schreibt jugendschutz.net dazu.

Eine Seite, auf der Betroffene Hilfe finden, ist Hungrig-Online: Kommunikation bei Essstörungen (www.hungrig-online.de).

319

10.5 Selbstverletzung und Suizid

In diese jugendgefährdende Kategorie gehören auch Internetangebote, die zur Selbstverletzung oder gar zum Suizid ermutigen. Für solche Webseiten gilt dasselbe wie für Essstörungen: Landet man auf den falschen Seiten, bekommt man keine Hilfe, sondern falsche Tipps und Infos.

Eine Webseite, auf der Betroffene Hilfe finden, ist »Rote Linien« (www.rote-linien.de).

Die Autoren von »Rote Linien« gehen davon aus, dass es etwa 800.000 Betroffene für SVV – selbstverletzendes Verhalten – gibt, mit steigender Tendenz. Besonders seien Jugendliche und junge Erwachsene weiblichen Geschlechts betroffen.

Sie versuchen mehrheitlich durch Schnitte in die Arme, in leichter Form »Ritzen« genannt, nicht mehr auszuhaltenden Stress, seelischen Kummer oder innere Leere abzubauen. Gründe für SVV liegen oft in traumatischen (Kindheits-)Erlebnissen, Depressionen, Mobbing usw. Wie die meisten anderen psychischen Störungen und Erkrankungen ist auch SVV ein Tabuthema.

Was für Kinder und Jugendliche gefährlich ist, sind Weblogs, Foren und Inhalte in sozialen Netzwerken, die Essstörungen und selbstverletzendes Verhalten verharmlosen oder gar verherrlichen. Erschreckenderweise gab und gibt es auch Selbstmordankündigungen im Netz bzw. in Foren oder Blogs.

Hinweis

Nach Informationen der Initiative »Freunde fürs Leben« (www.frnd.de) sterben jedes Jahr in Deutschland 10.000 Menschen durch Suizid. Unter Kindern und Jugendlichen unter 25 gilt Selbstmord als Todesursache Nr. 2. Unter allen Suiziden kündigen acht von zehn Menschen den Selbstmord an.

Quelle: www.frnd.de

Um damit umgehen zu können und Betroffenen zu helfen, hat die Freiwillige Selbstkontrolle Multimedia (FSM) mit jugendschutz.net und »Freunde fürs Leben« die Initiative »NEKE« ins Leben gerufen – eine Webseite dazu wird es demnächst geben. NEKE soll in Deutschland eine breite Hilfsstruktur aufbauen, die Plattformbetreiber und Experten von Beratungsstellen miteinander vernetzt. Die Etablierung eines 24-Stunden-Online-Beratungsangebots in Deutschland ist das langfristige Ziel der Initiative.

Weitere Informationen zu der Initiative und Beteiligungsmöglichkeiten liefert das Informationspapier unter http://fsm.de/de/NEKE-Initiative.

10.6 Zusammenfassung

Rassismus, Gewalt, Pornografie, Suizid, Essstörungen – das sind schwierige Themen, die sich in einem Kapitel nur ansatzweise beschreiben lassen. Wichtig zu wissen ist, dass es dank des Internets leicht ist, Hilfsangebote und Informationen zu finden. Wichtig ist auch, bei auf den ersten Blick harmlosen Webseiten genau hinzusehen, die Webseiten der »Identitären Bewegung« sind so ein Beispiel.

Vorsicht ist aber auch bei Seiten geboten, wie sie Scientology vermehrt anbietet. Schauen Sie immer mal wieder ins Impressum, wer eigentlich die Seite betreibt, aus welchem Land die Betreiber kommen usw. Recherchieren Sie, wenn Sie Zweifel haben. Und das Allerwichtigste: Bleiben Sie mit Ihren Kindern im Gespräch – nichts kann den Dialog ersetzen.

Kapitel 11

Die Rechtslage

Angesichts all der Gefahren, die Sie und ich nun kennen, kommt man nicht umhin, sich auch über die Rechtslage zu informieren, denn schließlich stehen Kinder und Jugendliche von Gesetzes wegen unter einem besonderen Schutz.

In Deutschland sind die Gesetze zum Jugendmedienschutz die rechtliche Grundlage, insbesondere das Jugendschutzgesetz (JuSchG) und der Jugendmedienschutz-Staatsvertrag (JMStV). Außerdem berühren etliche Paragrafen des Strafgesetzbuches (StGB) den Jugendmedienschutz.

Hier alle Gesetze und Verordnungen aufzuführen würde wieder einmal den Rahmen des Buches sprengen. Die wichtigsten Regelungen aber wie etwa das Persönlichkeitsrecht, Verträge mit Minderjährigen oder die Rechtslage bei Cybermobbing seien hier erwähnt. Dieses Kapitel kann keine Rechtsberatung durch Juristen ersetzen, sondern soll Ihnen erste wichtige Hinweise geben, welche Rechte Sie und Ihre Kinder haben.

11.1 Persönlichkeitsrechte im Internet

Artikel 2 des Grundgesetzes garantiert das Persönlichkeitsrecht.

Jeder hat das Recht auf die freie Entfaltung seiner Persönlichkeit, soweit er nicht die Rechte anderer verletzt und nicht gegen die verfassungsmäßige Ordnung oder das Sittengesetz verstößt. (Artikel 2 Abs.1 Grundgesetz)

Damit steht es jedem frei, selbst darüber zu entscheiden, ob und wie weit er sein Leben in die Öffentlichkeit tragen möchte.

11.1.1 Das Recht am eigenen Bild

Wenn also im Internet Fotos von Ihnen oder Ihren Kindern veröffentlicht werden, darf das nicht ohne Ihre Einwilligung geschehen. Im Fall von Minderjährigen ist die Genehmigung der Eltern einzuholen. Hier schützt Sie das Recht am eigenen Bild – das sind §§ 22, 23 Kunsturhebergesetz. Nur in einigen Ausnahmefällen dürfen Fotos oder Videos von Ihnen auch ohne Ihre Einwilligung im Internet gezeigt werden, etwa wenn Sie eine öffentliche Veranstaltung besucht haben. Eine solche Ausnahme besteht etwa dann, wenn der oder die Abgebildete nur »Beiwerk« der Aufnahme ist und nicht ihr eigentlicher Grund. Wenn Sie also entspannt vor der

Oper in Sydney sitzen und jemand macht ein Foto vom Opernhaus, gelten Sie rechtlich als zufällig dort anwesende Person. Sollten Sie sich auf diesem Foto im Internet wiederfinden, dann können Sie dieser Veröffentlichung in aller Regel nicht widersprechen. Das gilt auch, wenn Sie Teil einer Menschenansammlung sind wie zum Beispiel bei Konzerten oder Sportereignissen. Als »eine Person der Zeitgeschichte« wie etwa die Bundeskanzlerin, ein bekannter Schauspieler oder Sportler oder sonst in irgendeiner Weise »Prominenter« müssen Sie jedoch damit rechnen, fotografiert oder gefilmt zu werden. Allerdings ist hier die Grenze oftmals fließend, wie viele Klagen von Prominenten insbesondere gegen die Regenbogenpresse zeigen.

Abb. 11.1: Hier werden keine Persönlichkeitsrechte verletzt.

Sollte jedoch Ihr heranwachsendes Kind auf seiner vielleicht ersten Party fotografiert werden und zufällig sichtlich angetrunken sein, können Sie die Veröffentlichung des Bildes am nächsten Tag auf Facebook untersagen. Das alles ist natürlich schon vorgekommen – Tausende Male.

Im Falle einer Verletzung Ihres Persönlichkeitsrechts können Sie sich persönlich gegen den Anbieter der Website wehren. Das bedeutet, Sie haben zum Beispiel Ansprüche auf Unterlassung oder eine Gegendarstellung. Kommt es zum Streit, müssen Sie sich an ein Zivilgericht wenden. Suchen Sie einen Anwalt auf, wenn Sie sicher sind, dass Sie oder Ihr minderjähriges Kind in einem Persönlichkeitsrecht verletzt worden sind.

Das Magazin Fluter, herausgegeben von der Bundeszentrale für politische Bildung, schreibt in seiner Onlineausgabe 2011 (`www.fluter.de/de/recht/thema/9216/`):

> *Das allgemeine Persönlichkeitsrecht (§ 823 BGB) schützt unter anderem die persönliche und berufliche Ehre gegen diffamierende, verzerrende oder unwahre Darstellungen. Auch umfasst das Recht, darüber zu entscheiden, ob überhaupt*

und in welchem Umfang persönliche Daten von mir publik werden (Recht auf informationelle Selbstbestimmung).

11.1.2 Verletzung von Persönlichkeitsrechten durch Bild- und Tonaufnahmen

Auch Tonaufnahmen und Videos – gerne auch in der Schule heimlich aufgenommene Bilder in Umkleidekabinen oder während des Unterrichts – fallen unter das Persönlichkeitsrecht. Nicht selten werden hier nicht nur Kinder, sondern auch Lehrer Opfer von Diffamierungen, wenn anstößige Videos über Facebook oder YouTube verbreitet werden.

Das »Netzwerk gegen Gewalt« aus Hessen (www.medienkompetenz-hessen.de) hat dazu eine rechtliche Bewertung veröffentlicht. Demnach bestehen grundsätzlich die allgemeinen Straftatbestände wie Beleidigung oder Bedrohung. Hinzu kommt noch:

§ 201 a StGB: Er stellt die Verletzung des höchstpersönlichen Lebensbereiches durch Bildaufnahmen unter Strafe. So gelte schon das unbefugte Aufnehmen von Bildern oder Filmsequenzen in besonders gegen Einblick geschützten Räumen als Straftat. Ein Klassenzimmer sei kein solch besonders geschützter Raum, eine Umkleidekabine oder Toilette in jedem Fall.

Ebenso sei es nach § 201 StGB strafbar, das nicht öffentlich gesprochene Wort eines anderen auf einen Tonträger aufzunehmen oder die Aufnahme zu verbreiten. Eine Schulklasse sei ein abgegrenzter Personenkreis und somit nicht öffentlich.

Nach § 22 Kunsturhebergesetz dürfen Bildnisse nur mit Einwilligung des Abgebildeten verbreitet oder öffentlich zur Schau gestellt werden. Werde also ein Lehrer während des Unterrichts aufgenommen und diese Aufnahme verbreitet, so verstoße das gegen diesen Paragrafen.

Quelle: http://www.medienkompetenz-hessen.de/dynasite.cfm?dsmid=16010

11.1.3 Die Rechtslage bei Cybermobbing

Das »Programm Polizeiliche Kriminalprävention der Länder und des Bundes – www.polizei-beratung.de« hat freundlicherweise die nachfolgenden Informationen zur Verfügung gestellt – die Gesetzestexte sind dem Strafgesetzbuch entnommen:

Cybermobbing selbst ist kein Straftatbestand. Aber in Cybermobbing vereinigen sich einzelne Straftaten – das ist vielen Tätern/Täterinnen nicht bewusst. Beleidigungen, Drohungen oder die scheinbar harmlose Verbreitung von Bildern und Videos können ernsthafte Folgen auch für den oder die Täter haben.

Abb. 11.2: Unter www.polizei-beratung.de findet man Infos über Gefahren im Internet.

Grundsätzlich sind Kinder unter 14 Jahren strafunmündig. Bei Jugendlichen steht nicht die Bestrafung, sondern der Erziehungsgedanke im Vordergrund. In Betracht kommen in erster Linie erzieherische Weisungen und Auflagen im Sinne des Jugendgerichtsgesetzes (JGG).

Wichtig

Straftaten, die ein Teil von Cybermobbing sind:

Beleidigung [§ 185 StGB]

Die Beleidigung wird mit Freiheitsstrafe bis zu einem Jahr oder mit Geldstrafe und, wenn die Beleidigung mittels einer Tätlichkeit begangen wird, mit Freiheitsstrafe bis zu zwei Jahren oder mit Geldstrafe bestraft.

Üble Nachrede [§ 186 StGB]

Wer in Beziehung auf einen anderen eine Tatsache behauptet oder verbreitet, welche denselben verächtlich zu machen oder in der öffentlichen Meinung herabzuwürdigen geeignet ist, wird, wenn nicht diese Tatsache erweislich wahr ist, mit Freiheitsstrafe bis zu einem Jahr oder mit Geldstrafe und, wenn die Tat öffentlich oder durch Verbreiten von Schriften (§ 11 Abs. 3) begangen ist, mit Freiheitsstrafe bis zu zwei Jahren oder mit Geldstrafe bestraft.

Verleumdung [§ 187 StGB]

Wer wider besseres Wissen in Beziehung auf einen anderen eine unwahre Tatsache behauptet oder verbreitet, welche denselben verächtlich zu machen oder in der öffentlichen Meinung herabzuwürdigen oder dessen Kredit zu gefährden geeignet ist, wird mit Freiheitsstrafe bis zu zwei Jahren oder mit Geldstrafe und, wenn die Tat öffentlich, in einer Versammlung oder durch Verbreiten von Schriften (§ 11 Abs. 3) begangen ist, mit Freiheitsstrafe bis zu fünf Jahren oder mit Geldstrafe bestraft.

Neben den bereits genannten Straftatbeständen kommen bei den bekannt gewordenen Fällen insbesondere nachstehende Tatbestände in Betracht:

Verletzung der Vertraulichkeit des Wortes [§ 201]

(1) Mit Freiheitsstrafe bis zu drei Jahren oder mit Geldstrafe wird bestraft, wer unbefugt

1. das nicht öffentlich gesprochene Wort eines anderen auf einen Tonträger aufnimmt oder

2. eine so hergestellte Aufnahme gebraucht oder einem Dritten zugänglich macht.

Verletzung des höchstpersönlichen Lebensbereichs durch Bildaufnahmen [§ 201a [1]]

(1) Wer von einer anderen Person, die sich in einer Wohnung oder einem gegen Einblick besonders geschützten Raum befindet, unbefugt Bildaufnahmen herstellt oder überträgt und dadurch deren höchstpersönlichen Lebensbereich verletzt, wird mit Freiheitsstrafe bis zu einem Jahr oder mit Geldstrafe bestraft.

(2) Ebenso wird bestraft, wer eine durch eine Tat nach Absatz 1 hergestellte Bildaufnahme gebraucht oder einem Dritten zugänglich macht.

(3) Wer eine befugt hergestellte Bildaufnahme von einer anderen Person, die sich in einer Wohnung oder einem gegen Einblick besonders geschützten Raum befindet, wissentlich unbefugt einem Dritten zugänglich macht und dadurch deren höchstpersönlichen Lebensbereich verletzt, wird mit Freiheitsstrafe bis zu einem Jahr oder mit Geldstrafe bestraft.

Hinweis: Ein Klassenzimmer beispielsweise ist kein solch besonders geschützter Raum, eine Umkleidekabine oder eine Toilette in jedem Fall. Nach § 22 Kunsturhebergesetz dürfen Bildnisse nur mit Einwilligung des Abgebildeten verbreitet oder öffentlich zur Schau gestellt werden. Bei Verstößen droht dasselbe Strafmaß wie beim § 201 StGB.

Nötigung [§ 240 [1]]

(1) Wer einen Menschen rechtswidrig mit Gewalt oder durch Drohung mit einem empfindlichen Übel zu einer Handlung, Duldung oder Unterlassung nötigt, wird mit Freiheitsstrafe bis zu drei Jahren oder mit Geldstrafe bestraft.

(2) Rechtswidrig ist die Tat, wenn die Anwendung der Gewalt oder die Androhung des Übels zu dem angestrebten Zweck als verwerflich anzusehen ist.

(3) Der Versuch ist strafbar.

(4) In besonders schweren Fällen ist die Strafe Freiheitsstrafe von sechs Monaten bis zu fünf Jahren.

Bedrohung [§ 241]

(1) Wer einen Menschen mit der Begehung eines gegen ihn oder eine ihm nahestehende Person gerichteten Verbrechens bedroht, wird mit Freiheitsstrafe bis zu einem Jahr oder mit Geldstrafe bestraft.

(2) Ebenso wird bestraft, wer wider besseres Wissen einem Menschen vortäuscht, dass die Verwirklichung eines gegen ihn oder eine ihm nahestehende Person gerichteten Verbrechens bevorstehe.

Gewaltdarstellung [§ 131 [1]]

(1) Wer Schriften (§ 11 Abs. 3), die grausame oder sonst unmenschliche Gewalttätigkeiten gegen Menschen oder menschenähnliche Wesen in einer Art schildern, die eine Verherrlichung oder Verharmlosung solcher Gewalttätigkeiten ausdrückt oder die das Grausame oder Unmenschliche des Vorgangs in einer die Menschenwürde verletzenden Weise darstellt,

1. verbreitet,

2. öffentlich ausstellt, anschlägt, vorführt oder sonst zugänglich macht,

3. einer Person unter 18 Jahren anbietet, überlässt oder zugänglich macht oder

4. herstellt, bezieht, liefert, vorrätig hält, anbietet, ankündigt, anpreist, einzuführen oder auszuführen unternimmt, um sie oder aus ihnen gewonnene Stücke im Sinne der Nummern 1 bis 3 zu verwenden oder einem anderen eine solche Verwendung zu ermöglichen,

wird mit Freiheitsstrafe bis zu einem Jahr oder mit Geldstrafe bestraft.

(2) Ebenso wird bestraft, wer eine Darbietung des in Absatz 1 bezeichneten Inhalts durch Rundfunk, Medien- oder Teledienste verbreitet.

Hinweis: Auch ein brutales Handyvideo, das beispielsweise im Schulunterricht an Minderjährige verbreitet wird, fällt unter den Straftatbestand Gewaltdarstellungen.

Quelle: Strafgesetzbuch (Stand 01.01.2011)

11.2 Das Recht an Ihren Daten – informationelle Selbstbestimmung

Kaum ist so viel über Daten gesprochen worden wie im Sommer 2013, als herauskam, dass amerikanische Behörden massenhaft Daten von Bürgern sammeln und sichten. In Deutschland gilt ein wesentlich strengeres Datenschutzrecht als in den USA. Hierzulande gilt: Jedes Unternehmen und jede Behörde muss Ihnen auf Ihre Anfrage hin sämtliche Daten, die über Sie gespeichert sind, schriftlich nennen.

Sie haben auch das Recht zu erfahren, woher das Unternehmen diese gespeicherten Daten hat, an wen diese Daten von dort weitergeleitet wurden und zu welchen Zwecken die Daten gespeichert werden – die Details dazu finden Sie im § 34 Bundesdatenschutzgesetz.

Tipp

Wie aber kommen Sie an Ihre Daten?

Dazu hat das Bundesverbraucherministerium Tipps veröffentlicht. Wenn man sich mit seiner Anfrage an ein Unternehmen richtet, so reicht ein formloses Schreiben, in dem man Auskunft über die gespeicherten Daten verlangt. Dabei reicht es, auf die Auskunftspflicht nach § 34 des Bundesdatenschutzgesetzes hinzuweisen. Man sollte eine angemessene Frist von zwei bis drei Wochen setzen und um Eingangsbestätigung des Schreibens bitten. Das Schreiben sollten Sie per Einschreiben versenden, alternativ als Fax mit Sendebestätigung.

Wie verhindert man die werbliche Nutzung der persönlichen Daten?

Dazu findet man im Internet Musterschreiben: Schreiben zum Auskunftsersuchen und Widerspruch zur werblichen Nutzung privater Daten bieten die Verbraucherzentralen und einige Landesdatenschutzbeauftragte an: zum Beispiel der Verbraucherzentrale Bundesverband oder das Unabhängige Landeszentrum für Datenschutz Schleswig-Holstein.

Was können Sie tun, wenn das Unternehmen Ihnen nicht antwortet?

Wenn Sie keine Antwort erhalten, können Sie sich an die zuständige Daten-schutz-Aufsichtsbehörde wenden. Die Zuständigkeit richtet sich nach dem Bun-desland, in dem das Unternehmen seinen Sitz hat. Im Bild unten finden Sie eine Übersicht über die Stellen – eine Auflistung der Aufsichtsbehörden für den nicht öffentlichen Bereich.

Quelle: www.bmelv.de/SharedDocs/Standardartikel/Verbraucherschutz/ Markt-Recht/PersoenlicheDaten.html

Abb. 11.3: Auflistung der Datenschutz-Aufsichtsbehörden für den nicht öffentlichen Bereich

Hinweis

Informationelle Selbstbestimmung

Das Bundesministerium der Justiz erklärt:

Die automatisierte Datenverarbeitung ist ein unverzichtbarer Bestandteil des wirtschaftlichen und gesellschaftlichen Lebens geworden.

Sie bietet fast unbegrenzte Möglichkeiten, Informationen zu speichern und zu kombinieren, und erleichtert dadurch in vielerlei Hinsicht unseren Alltag. Zugleich birgt sie aber auch Gefahren für die Privatsphäre des Einzelnen, weil Staat und Wirtschaft – teilweise ohne Wissen des Betroffenen – auf immer mehr persönliche Daten zurückgreifen können.

Um den Schutz der Privatsphäre – gerade vor dem Hintergrund moderner Datenverarbeitung – zu stärken, hat das Bundesverfassungsgericht in einer Entscheidung aus dem Jahr 1983 das »Recht auf informationelle Selbstbestimmung« entwickelt (sog. »Volkszählungsurteil«, BVerfGE 65,1 [41]). Es verleiht dem Einzelnen die Befugnis, grundsätzlich selbst zu bestimmen, wann und in welchem Umfang er persönliche Lebenssachverhalte preisgeben möchte. Das Recht auf informationelle Selbstbestimmung ist Bestandteil des allgemeinen Persönlichkeitsrechts, das durch Art. 2 Abs. 1 i. V. m. Art. 1 Abs. 1 des Grundgesetzes geschützt wird. Es genießt daher Verfassungsrang und ist wesentliche Ausprägung der Menschenwürde und der allgemeinen Handlungsfreiheit.

Staatliche Einschränkungen des Rechts auf informationelle Selbstbestimmung bedürfen einer gesetzlichen Grundlage, aus der sich die Voraussetzungen und der Umfang der Beschränkungen für den Bürger klar und erkennbar ergeben. Einschränkungen sind nur im überwiegenden Allgemeininteresse zulässig.

Für die Erhebung, Verarbeitung und Nutzung von Daten durch Private bzw. Unternehmen gelten grundsätzlich andere Voraussetzungen, da Grundrechte in erster Linie Abwehrrechte des Bürgers gegenüber dem Staat sind. Im Verhältnis zwischen Privaten üben hingegen beide Seiten selbst Grundrechte aus. Das Recht auf informationelle Selbstbestimmung entfaltet als Norm des objektiven Rechts aber auch Wirkung im Privatrecht. Das bedeutet, dass die gegenüberstehenden Interessen der Privaten in einen angemessenen Ausgleich gebracht werden müssen. Hieraus kann sich sogar eine Schutzpflicht des Staates ergeben, Regelungen zu treffen, die den Einzelnen vor Beeinträchtigungen des Rechts auf informationelle Selbstbestimmung durch Private schützen.

Hinweis

Auf einfachgesetzlicher Ebene wird die informationelle Selbstbestimmung des Einzelnen durch datenschutzrechtliche Regelungen in den für das jeweilige Fachgebiet geltenden Fachgesetzen und, soweit es solche nicht gibt, durch das Bundes- bzw. das jeweilige Landesdatenschutzgesetz gewährleistet. Während die Landesdatenschutzgesetze nur für die jeweilige Landesverwaltung gelten, gilt das Bundesdatenschutzgesetz (BDSG) sowohl für die öffentlichen Stellen des Bundes als auch für nicht öffentliche Stellen – d.h. Unternehmen der Privatwirtschaft.

In der Europäischen Union wird der Schutz personenbezogener Daten durch Art. 8 der Charta der Grundrechte der Europäischen Union und Artikel 16 des Vertrags über die Arbeitsweise der Europäischen Union gewährleistet, einfachrechtlich insbesondere durch die Richtlinie 95/46/EG und die Verordnung (EG) Nr. 45/2001.

Auf Ebene des Europarates erfolgt der Schutz der Privatsphäre durch Art. 8 der Europäischen Menschenrechtskonvention und das Übereinkommen Nr. 108 zum Schutz des Menschen bei der automatischen Verarbeitung personenbezogener Daten aus dem Jahre 1981.

Quelle: Bundesministerium der Justiz

Auch die SCHUFA sammelt Daten

Auch wenn es Minderjährige weniger betrifft, so sei an dieser Stelle der Hinweis auf die Auskunfteien, von denen die SCHUFA (die Schutzgemeinschaft für allgemeine Kreditsicherung) die bekannteste ist, gestattet. Bei ihr sind nach eigenen Angaben etwa 65 Millionen Personen mit über 433 Millionen dazugehörigen Informationen gespeichert. Sie und andere Auskunfteien sammeln alle wirtschaftlich relevanten Informationen eines Unternehmens oder einer Privatperson. Sie bekommen diese Daten vor allem von ihren Vertragspartnern und aus öffentlich zugänglichen Quellen. Dazu gehören Telefonbücher, öffentliche Register oder das Schuldnerverzeichnis der Amtsgerichte.

Welche Daten sind das? Zu den Daten zählen Name, Adressdaten, Geburtsdatum, Kontodaten einschließlich der Ausgabe von Kreditkarten, dann eingegangene Geschäftsbeziehungen wie Leasing- oder Kreditverträge sowie deren Laufzeit und Betrag. Bei Versandhändlern sammeln sie auch bestehende Kundenkonten. Zudem gibt es dort noch die »Positivliste«, die die vertragsgemäße Durchführung einer Geschäftsbeziehung festhält, sowie die »Negativliste«, also einen Insolvenzantrag, die Abgabe einer eidesstattlichen Versicherung, abweichendes Zahlungsverhalten.

Wenn Sie nun zum Beispiel einen Kreditvertrag oder Ratenkauf abschließen, prüfen Banken, Versicherungen und Unternehmen vor Vertragsabschluss den sogenannten »Scorewert« eines Kunden, denn dieser Scorewert lässt Rückschlüsse auf die Kreditwürdigkeit einer Person zu.

Einmal jährlich haben Verbraucher das Recht auf kostenfreie Auskunft bei den Auskunfteien. Auf den Webseiten der Verbraucherzentralen (zum Beispiel www.vzbv.de) finden Sie einen Musterbrief und eine Liste mit Anschriften von Auskunfteien. Den angepassten Musterbrief kann jeder an diese schicken und Auskunft verlangen.

11.3 Vertrauen ist gut, aber ist Kontrolle besser? Ist es erlaubt, PC oder Handy von Kindern zu durchsuchen?

Vielleicht sind auch Sie mit jenem sechsten Sinn ausgestattet, den Eltern oft genug nun einmal haben – Sie ahnen, dass da auf dem Handy Ihres Sprösslings irgendetwas faul ist, merkwürdige kleine Filme mit viel Gewalt, die dort nicht hingehören, Computerspiele, die erst ab 18 Jahren erlaubt sind, oder gar illegal erworbene Spiele – was tun Sie? Dürfen Sie sich den Rechner oder das Handy nehmen und durchsuchen?

Die Antwort gibt das Gesetz in Form des § 171 StGB – Verletzung der Fürsorge- oder Erziehungspflicht. Sie *müssen* sogar eingreifen.

> *Wer seine Fürsorge- und Erziehungspflicht gegenüber einer Person unter sechzehn Jahren gröblich verletzt und dadurch den Schutzbefohlenen in die Gefahr bringt, in seiner körperlichen oder psychischen Entwicklung erheblich geschädigt zu werden (…), wird mit Freiheitsstrafe bis zu drei Jahren oder mit Geldstrafe bestraft.*

Eine Straftat überwiegt also das Persönlichkeitsrecht des Kindes. Im Rahmen der Fürsorge- und Erziehungspflicht dürfen Erziehungsberechtigte auch gegen den Willen des Jugendlichen Einsicht in die Dateien des Computers und Mobiltelefons nehmen. Haben Eltern einen begründeten Verdacht, dass sich gewaltverherrlichende Filme, illegale Spiele oder Pornos auf den Geräten befinden, würde die unterlassene Kontrolle dieser Geräte eine Verletzung der Fürsorgepflicht und einen Verstoß gegen das Jugendschutzgesetz darstellen.

Abb. 11.4: Bildquelle: daniel stricker/pixelio.de

Wichtig

Die Landesakademie für Fortbildung und Personalentwicklung an Schulen hat zu diesem Thema eine Information für Eltern und Lehrer erstellt und gibt Hinweise, wo Jugendliche ihre Gewaltvideos verstecken:

- Der Ordner oder die Speicherkarte wird mit einem Code bzw. Passwort gesichert.

  Umgehung: Die Karte im Cardreader am PC einlesen (Passwort gilt oft nur auf Mobiltelefon).

- Heikle Dateien werden in mehreren Leerordnern versteckt.

- Die Dateiendung wird verändert oder gelöscht und dadurch nicht ausführbar. Durch Wiederherstellung (z. B. *.jpg*) wird die Datei wieder sichtbar.

- Schüler besitzen eine zweite Speicherkarte und tauschen diese vor der Beschlagnahme schnell gegen eine harmlose aus.

Hinweis für Eltern:

- Auch Ihr Kind hat ein Recht auf Datenschutz!

- Der Vertrauensbruch bei der Durchsuchung des Kinderhandys ist u. U. schlimmer als das, was Sie dort finden.

Noch mal der Hinweis für Lehrer:

- Lehrer dürfen in keinem Fall die Handys von Schülern durchsuchen!

- Eltern dürfen das als Erziehungsberechtigte und auch (in den meisten Fällen) als Eigentümer der Handys ihrer Kinder.

Quelle: http://lehrerfortbildung-bw.de/kompetenzen/medien/medgew/handy/was/eltern.htm

Dürfen denn Lehrer ein Handy überprüfen, wenn sie glauben, dass verbotswidrige Inhalte dort abgespielt werden?

Die Antwort ist Nein! Denn Inhalte aus dem Privatleben der Schüler berühren das Grundrecht des Post- und Fernmeldegeheimnisses und das Recht auf informelle Selbstbestimmung. Bei begründetem Verdacht kann die Schule das Handy wegnehmen und die Eltern bitten, dem Verdacht nachzugehen. Die Schule kann allerdings die Polizei einschalten, wenn der Verdacht besteht, dass gegen Strafgesetze verstoßen wird.

11.3.1 Welche Inhalte sind für Kinder verboten?

Wie bei Büchern oder Filmen gilt für Computerspiele und Bildschirmspielgeräte eine Altersfreigabekennzeichnung.

Die Bundesprüfstelle für jugendgefährdende Medien kann neben allen herkömmlichen auch alle neuen Medien – mit Ausnahme des Rundfunks – auf Antrag indizieren. Aber auch ohne Antrag kann sie auf Anregung bestimmter Stellen tätig werden, um zu gewährleisten, dass möglichst alle jugendgefährdenden Angebote in die Liste der Bundesprüfstelle aufgenommen werden. Ein bekanntes Beispiel ist der Rapper Bushido. Aufgrund von jugendgefährdenden Textinhalten wurde der Song »Stress ohne Grund« vorläufig auf den Index gesetzt, weil er Tötungs- und Gewaltfantasien sowie schwulenfeindliche Parolen enthalte.

Schwer jugendgefährdende Trägermedien (dazu zählen Bücher, Videos, CD, CD-ROM, DVD), die zum Beispiel den Krieg verherrlichen, die Menschen in einer die Menschenwürde verletzenden Weise darstellen oder Jugendliche in unnatürlicher, geschlechtsbetonter Körperhaltung zeigen, sind auch ohne Indizierung (kraft Gesetzes) mit weitreichenden Abgabe-, Vertriebs- und Werbeverboten belegt.

11.4 Verträge mit Minderjährigen und der Taschengeldparagraf

Die Webseite »Vorsicht im Netz« (www.vorsicht-im-netz.de) ist eine Informationskampagne des Europäischen Verbraucherzentrums Deutschland über Abofallen im Internet. Auch hier wird man fündig bei Rechtsfragen.

Abb. 11.5: Die Webseite »Vorsicht im Netz« gibt Infos zu Abofallen.

Mit wenigen Klicks ist es passiert, und das Abonnement für Spiele oder Klingeltöne ist schnell abgeschlossen. Kinder und Jugendliche unter 18 nutzen häufig kostenpflichtige Abos, oft merken sie gar nicht, was sie da angeklickt haben.

Grundsätzlich gilt: Minderjährige, die das siebte Lebensjahr nicht vollendet haben, sind **geschäftsunfähig**. Ein Vertragsschluss mit ihnen ist daher **unwirksam**.

Kinder ab sieben und unter 18 Jahren dürfen in beschränktem Rahmen Rechtsgeschäfte abschließen. Denn unter 18 ist man nur »beschränkt geschäftsfähig.« Das bedeutet: Man kann von seinem Taschengeld für kleine Beträge auch ohne Zustimmung der Eltern einkaufen, auch im Internet. Das regelt der »Taschengeldparagraf« – § 110 Bürgerliches Gesetzbuch. Doch für langfristige Abonnements müssen die Eltern zustimmen. Es reicht aus, dass die Eltern dem Betreiber der Abos bzw. Webseiten mitteilen, dass sie den Abschluss des Vertrags nicht genehmigen. Dazu stellt »Vorsicht im Netz« Musterbriefe zur Verfügung.

Im »Taschengeldparagrafen« ist geregelt, dass Kaufverträge mit Kindern und Jugendlichen zwischen sieben und 17 Jahren nur Gültigkeit haben, wenn sie die Kosten bereits mit ihrem »Taschengeld« bezahlt haben, und zwar unter der Voraussetzung, dass der Minderjährige den vollständigen Betrag sofort bezahlt hat. Bei den Abofallen bezahlt man aber meistens monatlich. Generell kann man davon ausgehen, dass Eltern mit einer derartigen Verwendung des Taschengeldes nicht einverstanden sind. Auch hier kann der Taschengeldparagraf also nicht als Zahlungsgrund angeführt werden. Gut zu wissen: Kauft Ihr Kind eine teure Xbox, so gilt das Rechtsgeschäft nicht. Die Anschaffung nämlich muss in einem verhältnismäßigen Rahmen stehen. Teure Geräte und Elektronik beispielsweise fallen nicht darunter.

Was aber passiert, wenn der Nachwuchs ein höheres Alter angegeben hat? Oft dürfen sich ja nur Volljährige auf bestimmten Seiten anmelden. Hier sieht das Gesetz vor, dass nur das wirkliche Alter des Kindes zählt. Ergo: Auch hier ist ohne die Genehmigung der Eltern kein Vertrag zustande gekommen.

Die Abofallen-Betreiber kontern hier gerne mit dem Betrugsargument. Aufgrund der falschen Altersangabe seien sie jetzt Opfer eines Betrugs geworden und drohen mit einer Strafanzeige. Die falsche Altersangabe ist jedoch keine Straftat und natürlich kein Betrug, wenn der Minderjährige davon ausging, dass die angebotene Leistung kostenlos sei.

Eine weitere Masche ist die, dass die Betreiber der Abofalle Schadensersatz wegen »Verletzung der Aufsichtspflicht« von den Eltern verlangen. Eltern sind jedoch nicht zur ständigen Überwachung ihrer Kinder verpflichtet. In diesem Zusammenhang hat das Landgericht Bonn in einem Urteil vom 19.12.2007 entschieden, dass ein Elfjähriger nicht permanent überwacht werden müsse. Die Eltern können nicht dafür haftbar gemacht werden, dass ihr Kind Zugang zum Internet hat.

Allerdings ist hier Vorsicht geboten, denn wenn sich das Kind schon mehrmals auf entsprechenden Internetseiten angemeldet hat, liegt möglicherweise doch eine Verletzung der Aufsichtspflicht vor.

Tipp

Lesen Sie noch einmal in Kapitel 6, was dort zum Thema Abofallen und der Button-Lösung steht. Nach der aktuellen Rechtsprechung kommt ein wirksamer kostenpflichtiger Vertrag im Internet nur dann zustande, wenn sich aus der Beschriftung der Schaltfläche – dem sogenannten Button – eindeutig und gut lesbar ergibt, dass ein Käufer sich zu einer Zahlung verpflichtet.

Grundsätzlich nicht wirksam sind Onlinebestellungen von Kindern und Jugendlichen, wenn es sich um Waren handelt, die Kinder nicht besitzen dürfen: Dazu gehören zum Beispiel Zigaretten, Alkohol, Waffen und auch solche Waren, die gegen ein gesetzliches Verbot verstoßen oder sittenwidrig sind; Gewalt- und pornografische Videos stehen hier an erster Stelle.

Hat das Kind aus Versehen oder gegen den Willen der Eltern etwas bestellt, brauchen diese die Ware nicht in Empfang zu nehmen. Sie können die Annahme verweigern. Diese Regeln gelten auch, wenn Kinder bei Internetauktionshäusern wie eBay Waren ersteigern.

Doch Vorsicht: Konnte das Kind den Kauf tätigen, weil Sie sich nicht von Ihrem PC ausgeloggt haben, machen Sie sich unter Umständen schadensersatzpflichtig!

Tipp

Widerspruch – so wehren Sie sich: Die Regelungen zum sogenannten Fernabsatz sichern jedem Verbraucher ein **Widerspruchsrecht** zu. Innerhalb einer Frist von zwei Wochen kann man die Ware ohne Angabe von Gründen kostenfrei an den Versandhändler zurückschicken. Wenn die Ware bereits bezahlt war, hat man Anspruch auf komplette Preisrückerstattung und sollte sich nicht mit Warengutscheinen abspeisen lassen. Sie sollten sich, auch nach Mahnungen, weigern zu bezahlen, wenn vermeintliche Verträge mit Ihrem Kind abgeschlossen oder Kosten und Abrechnungsmodalitäten nicht deutlich und klar erkennbar angekündigt wurden. Zweifeln Sie den Vertrag an: Senden Sie dem Anbieter eine Mail, in der Sie den Vertragsabschluss anzweifeln und keine Genehmigung erteilen. Die Anbieter sehen meist von einem gerichtlichen Verfahren ab.

Quelle: Bundesministerium für Familie, Senioren, Frauen und Gesundheit

11.4.1 Widerrufsfristen

Die Vorschriften für Fernabsatzverträge sehen für fast jeden Vertrag eine Widerrufsfrist von 14 Tagen vor. Das gilt auch für Verträge über Waren, die auf Internetauktionen von einem Händler ersteigert wurden.

Eine Widerrufsfrist kann nur beginnen, wenn der Käufer in schriftlicher Form (zum Beispiel per Fax, E-Mail oder Brief) ordnungsgemäß über sein Widerrufsrecht belehrt wurde und der Unternehmer seine Informationspflichten spätestens bei Vertragsschluss vollständig erfüllt hat. Sie beginnt dann beim Kauf von Waren, wenn der Käufer die Ware erhalten hat, bei bestellten Dienstleistungen hingegen bereits mit Vertragsschluss.

Kommt der Unternehmer den Informationspflichten nicht nach, beginnt die zweiwöchige Widerrufsfrist nicht zu laufen. Die Verbraucherzentrale NRW weist darauf hin, dass der Vertrag dann bei bestellten Dienstleistungen noch bis zu sechs Monaten gerechnet ab Vertragsschluss und bei Warenlieferungen sechs Monate gerechnet ab Erhalt der Ware widerrufen werden könne. Werde hingegen nicht ordnungsgemäß über das Widerrufsrecht belehrt, so könne der Vertrag sogar ohne zeitliche Beschränkung widerrufen werden.

Doch das gilt nicht für alle Waren. Was Jugendliche gerne kaufen, sind zum Beispiel CDs oder Spiele. Wenn diese »entsiegelt«, also geöffnet wurden, ist ein Widerruf ausgeschlossen. Das gilt auch für Waren, die nicht zurückgeschickt werden können. (Quelle: `http://www.verbraucherzentrale-rlp.de/So-funktioniert-der-Internet-Einkauf-2`)

11.5 Werbung am Telefon

Seit August 2009 gilt das Gesetz zur Bekämpfung unerlaubter Telefonwerbung. So ist die Rechtslage: Ein Unternehmen ruft Sie zu Werbezwecken an, dieser Anruf ist grundsätzlich unzulässig. Sie können ihn sich verbitten.

Wenn man mit Ihnen telefonieren möchte, um etwas zu verkaufen, ist dies nur erlaubt, wenn Sie sich hiermit vorher ausdrücklich einverstanden erklärt haben. Grundsätzlich kann eine solche Einwilligung auch durch Ankreuzen einer vom Unternehmen vorformulierten Erklärung erteilt werden. Das ist fast immer das Kleingedruckte, das sich Kinder wohl selten durchlesen. Im Rahmen allgemeiner Geschäftsbedingungen muss die Einwilligung in einem gesonderten Textabschnitt ohne anderen Inhalt enthalten sein.

Hier müssen unter anderem die Produkte genannt werden, für die geworben werden soll. Nur dann ist eine solche Erklärung wirksam und führt dazu, dass Unternehmen Sie zu Werbezwecken anrufen dürfen. Viele Unternehmen verstecken jedoch nach wie vor solche Einwilligungserklärungen in ihren allgemeinen

Geschäftsbedingungen. Sie kommen also nicht umhin, das Kleingedruckte zu lesen und sollten, so ein Tipp der Verbraucherzentrale Sachsen, die entsprechenden Passagen streichen, wenn Sie eine telefonische Betreuung ausschließen wollen.

11.5.1 Was tun gegen unerwünschte Telefonwerbung?

Unerwünschte Telefonwerbung kann man nicht mit absoluter Sicherheit verhindern; schon wer in einem öffentlichen Verzeichnis registriert ist (zum Beispiel im Telefonbuch), muss mit Werbeanrufen rechnen. Bei der weitaus größten Zahl dieser Anrufe behauptet das Unternehmen, der Kunde habe seine Einwilligung gegeben. Hier einige Tipps des Bundesjustizministeriums:

Tipp

Unerwünschte Telefonwerbung

Rechte der Verbraucherinnen und Verbraucher bei Vertragsabschluss:

- Haben Sie bei einem Werbeanruf einen Vertrag abgeschlossen, so können Sie Ihre Vertragserklärung widerrufen. Dies gilt auch für Verträge zur Lieferung von Zeitungen, Zeitschriften und Illustrierten sowie zur Erbringung von Wett- und Lotterie-Dienstleistungen.

  Unerheblich ist hierbei, ob der Werbeanruf erlaubt war oder nicht. Sie können innerhalb von zwei Wochen Ihren Vertrag widerrufen. Die Widerrufsfrist beginnt allerdings nicht vor Zusendung der schriftlichen Widerrufsbelehrung des Unternehmens zu laufen. Sollten Sie die schriftliche Widerrufsbelehrung erst nach Vertragsabschluss erhalten haben, so beträgt die Widerrufsfrist vier Wochen.

  Ihr Widerruf muss in Textform, per Brief, Fax oder E-Mail sowie durch Rücksendung der gelieferten Sache erfolgen.

- Sollten Sie bei Vertragsabschluss im Internet oder am Telefon über eine Dienstleistung ausdrücklich zugestimmt haben, dass der Anbieter schon vor Ablauf der Widerrufsfrist mit der Dienstleistung beginnen kann, können Sie Ihre Vertragserklärung während der Widerrufsfrist noch widerrufen.

  Bei fehlender Belehrung über Ihr Widerrufsrecht erlischt dieses erst, wenn der Vertrag auf Ihren ausdrücklichen Wunsch von beiden Seiten vollständig erfüllt ist. Wertersatz für die vom Unternehmer bis zum Widerruf erbrachten Leistungen müssen Sie nur zahlen, wenn der Unternehmer Sie vorher auf diese Pflicht hingewiesen hat und Sie dennoch der vorzeitigen Vertragserfüllung ausdrücklich zugestimmt haben.

Tipp

Nach dem neuen Recht

... können Verstöße gegen das bestehende Verbot der unerlaubten Telefonwerbung gegenüber Verbrauchern mit einer Geldbuße bis zu 50.000 Euro geahndet werden.

... sind Werbeanrufe nur zulässig, wenn der Angerufene vorher ausdrücklich erklärt hat, Werbeanrufe erhalten zu wollen.

... dürfen Anrufer bei Werbeanrufen ihre Rufnummer nicht mehr unterdrücken, um ihre Identität zu verschleiern. Bei Verstößen gegen das Verbot droht eine Geldbuße bis zu 10.000 Euro.

... bekommen Verbraucherinnen und Verbraucher mehr Möglichkeiten, Verträge zu widerrufen, die sie am Telefon abgeschlossen haben. Dies ist nun auch möglich bei Verträgen über die Lieferung von Zeitungen, Zeitschriften und Illustrierten sowie über Wett- und Lotterie-Dienstleistungen.

... können Verbraucherinnen und Verbraucher, die nicht ordnungsgemäß über ihr Widerrufsrecht belehrt worden sind, alle Verträge bis zur vollständigen Bezahlung widerrufen. Dies gilt auch dann, wenn das Unternehmen bereits mit der Ausführung der Dienstleistung begonnen hat. Das macht insbesondere sogenannte Kostenfallen im Internet wirtschaftlich unattraktiv, denn im Falle des Widerrufs gehen die unseriösen Anbieter leer aus.

Vorgehen gegen unerwünschte Telefonwerbung

Für ein effektives Vorgehen der örtlichen Verbraucherzentralen oder der Wettbewerbszentrale benötigen diese Stellen einige Informationen:

- Wer ruft an?/Mit wem spreche ich?
- Für welches Unternehmen rufen Sie an?
- Was ist der Grund Ihres Anrufes?

Weiterhin werden benötigt:

Datum und Uhrzeit des Anrufs; ggf. die übermittelte Rufnummer; Erklärung dazu, sich nicht im Vorfeld einverstanden erklärt zu haben, von dieser Firma angerufen zu werden; Einverständnis damit, dass die Verbraucherzentrale/die Wettbewerbszentrale die anrufende Firma in Bezug auf den geschilderten Anruf abmahnt; Name, Adresse und Telefonnummer der Verbraucherin/des Verbrauchers (für Kontaktaufnahme seitens der Verbraucherzentrale/der Wettbewerbszentrale).

Quelle: `http://www.bmj.de/DE/Buerger/verbraucher/UnerwuenschteTelefonwerbung/_doc/Rechte_der_Verbraucher_doc.html?nn=1464076`

Bundesnetzagentur – Rufnummernsperre

Neben manuellen Telefonsperren am Endgerät können Sie außerdem nach § 45 d Abs. 2 TKG bestimmte Rufnummern sperren lassen. Danach können Sie die Anwahl einzelner Rufnummernbereiche, etwa (0)900 9 für Dialer, durch Ihre Telefongesellschaft sperren lassen. Mehr dazu finden Sie bei der Bundesnetzagentur (www.bundesnetzagentur.de/).

11.6 Rechtlich relevante Einrichtungen des Jugendmedienschutzes

In Deutschland gibt es verschiedene öffentliche Einrichtungen, die auf Grundlage des Jugendschutzrechts mit dem Jugendmedienschutz befasst sind: An erster Stelle steht die Bundesprüfstelle für jugendgefährdende Medien als selbstständige Bundesoberbehörde. Sie fällt in die Zuständigkeit des Bundesministeriums für Familie, Senioren, Frauen und Jugend (BMFSFJ). Ihre Rechtsgrundlagen finden sich im Jugendschutzgesetz (JuSchG). Sie kann Schriften, Ton- und Bildträger sowie Webseiten in die Liste der jugendgefährdenden Schriften aufnehmen (indizieren). Das bedeutet, dass bestimmte Abgabe- und Vertriebsbeschränkungen für diese Medien in Kraft treten, sodass sie Kindern oder Jugendlichen nicht zugänglich gemacht werden können (§§ 17–25 JuSchG).

Die Kommission für Jugendmedienschutz (KJM) hat die Aufsicht über den privaten Rundfunk und die Telemedien. Das dazugehörige Gesetzeswerk ist der Staatsvertrag über den Schutz der Menschenwürde und den Jugendschutz in Rundfunk und Telemedien (Jugendmedienschutz-Staatsvertrag – JMStV). Die KJM ist ein Organ der Landesmedienanstalten, d.h., sie prüft, ob Verstöße vorliegen, und entscheidet über entsprechende Maßnahmen. Vollzogen werden diese Maßnahmen hingegen von den Landesmedienanstalten (§§ 14–17 JMStV). Jugendschutz.net gehört organisatorisch zur Kommission für Jugendmedienschutz und unterstützt diese bei der Internetaufsicht.

Außerdem gibt es das Konzept der freiwilligen Selbstkontrolle. Diese Rolle übernehmen verschiedene von Verbänden der Wirtschaft getragene oder unterstützte Einrichtungen. Sie kümmern sich um die Überprüfung der Einhaltung des Jugendmedienschutzes. Für Rundfunk und Telemedien (Internet) übernimmt die KJM die Anerkennung einer entsprechenden Einrichtung (§ 19 JMStV). Im Geltungsbereich des JuSchG, d.h. in Bezug auf Filme und Computerspiele, obliegt die Anerkennung direkt den obersten Landesjugendbehörden (§ 14 JuSchG). Der öffentlich-rechtliche Rundfunk unterliegt im Bereich des Jugendmedienschutzes einem mehrstufigen Kontrollsystem, insbesondere der Überwachung durch die aus den gesellschaftlichen Gruppen plural zusammengesetzten Rundfunkräte.

11.7 Zusammenfassung

Die wichtigsten Regelungen zum Persönlichkeitsrecht, zu Verträgen mit Minderjährigen oder die Rechtslage bei Cybermobbing kennen Sie nun. Wenden Sie sich, wenn Sie oder Ihre Kinder rechtswidriges Verhalten im Internet feststellen, unbedingt an die Rechtsberatung der Verbraucherzentralen oder an einen Anwalt.

Die Bundesprüfstelle für jugendgefährdende Medien ist Ihr Ansprechpartner, wenn Sie auf jugendgefährdende Webseiten oder Inhalte im Internet stoßen.

Das Internet ist kein rechtsfreier Raum – die Persönlichkeitsrechte gelten hier wie im realen Leben. Wurden Sie in Ihren Persönlichkeitsrechten verletzt, können Sie sich persönlich gegen den Anbieter der Website wehren. Sie haben rechtliche Ansprüche, zum Beispiel auf Unterlassung oder eine Gegendarstellung.

In Deutschland gilt das Recht auf informationelle Selbstbestimmung: Sie können grundsätzlich selbst bestimmen, wann und in welchem Umfang Sie Ihre persönlichen Lebenssachverhalte preisgeben möchten. Das Recht auf informationelle Selbstbestimmung ist Bestandteil des allgemeinen Persönlichkeitsrechts. Jedes Unternehmen und jede Behörde muss Ihnen daher auf Ihre Anfrage hin sämtliche Daten, die über Sie gespeichert sind, schriftlich nennen.

Ein wichtiger Abschnitt dieses Kapitels betrifft Verträge im Internet mit Minderjährigen. Grundsätzlich gilt: Minderjährige, die das siebte Lebensjahr nicht vollendet haben, sind geschäftsunfähig. Ein Vertragsschluss mit ihnen ist daher unwirksam. Kinder und Jugendliche ab dem siebten bis zum vollendeten 18. Lebensjahr sind als Minderjährige »beschränkt geschäftsfähig«. Das bedeutet, dass die meisten Rechtsgeschäfte, die Personen zwischen sieben und unter 18 abschließen, unwirksam sind, wenn die Eltern nicht zugestimmt haben. Die Eltern können dem Rechtsgeschäft jedoch auch nachträglich zustimmen oder es ablehnen.

Literatur und nützliche Links

Zu ausgewählten Themen und Stichworten erhalten Sie hier einige nützliche Links und Literaturtipps zur weiteren Information.

Im Internet finden Sie natürlich noch viel mehr, es gibt eine beinahe unüberschaubare Anzahl von Kinderwebseiten, hier ist nur eine begrenzte Auswahl möglich. Viele Informationen auf den angegebenen Webseiten werden regelmäßig erneuert, was angesichts der aktuellen Thematik sicher sinnvoll ist. Unter den meisten Internetadressen können Sie Newsletter abonnieren – eine sinnvolle Sache, wenn es zum Beispiel um regelmäßige Sicherheitsinformationen geht.

A.1 Allgemein zum Thema Sicherheit

Literatur

Leitfaden für Eltern: **Internetkompetenz für Eltern – Kinder sicher im Netz begleiten**, herausgegeben von Internet-ABC, der Landesanstalt für Medien Nordrhein-Westfalen (LfM) und Klicksafe, September 2011

Abofallen im Internet – Tricks und Maschen, herausgegeben vom Europäischen Verbraucherzentrum Deutschland, Februar 2011

Abzocke im Internet, Flyer der Verbraucherzentrale NRW und klicksafe.de

Brennpunkt Jugendmedienschutz, Flyer vom Landeselternbeirat Hessen zum Thema Jugendmedienschutz

Flyer Brennpunkt Jugendmedienschutz. Der Flyer weist kompakt auf die größten Gefahren im Netz für Kinder und Jugendliche hin, herausgegeben vom Landeselternbeirat von Hessen, 2013, Download unter www.medien-sicher.de/

Im Netz der neuen Medien, Broschüre der Polizeilichen Kriminalprävention über Internet, Handy und Computerspiele, Zielgruppe sind Lehrer und Fachkräfte der außerschulischen Jugendarbeit und Polizei

Links

Abzocke im Internet – Infos der Verbraucherzentrale NRW und Musterbriefe
www.vz-nrw.de/link461721A.html

Anti-Botnetz Beratungszentrum

Das Anti-Botnetz Beratungszentrum ist ein Blogservice von eco – Verband der deutschen Internetwirtschaft e. V. mit Unterstützung des Bundesamtes für Sicherheit in der Informationstechnik (BSI). Hier werden lauter sinnvolle Dinge zur Verfügung gestellt: ein Browser-Check und auch weitere Programme, mit denen Sie Ihren Computer von Botnetz-Infektionen befreien können.

https://www.botfrei.de/index.html

BSI – Bundesamt für Sicherheit in der Informationstechnik

Das BSI gehört zum Geschäftsbereich des Bundesministeriums des Innern und ist eine unabhängige und neutrale Stelle für Fragen zur IT-Sicherheit in der Informationsgesellschaft. Mit ihren eigenen Worten beschreibt sich die Behörde so: »Das BSI untersucht Sicherheitsrisiken bei der Anwendung der Informationstechnik und entwickelt Sicherheitsvorkehrungen. Es informiert also über Risiken, Gefahren und Befürchtungen beim Einsatz der Informationstechnik und versucht Lösungen dafür zu finden.« Auf der Webseite »BSI für Bürger« werden aktuelle Sicherheitswarnungen veröffentlicht, und man findet Informationen zu allen Themen rund um Computer und Sicherheit.

https://www.bsi-fuer-buerger.de/BSIFB/DE/Home/home_node.html

Europäisches Verbraucherzentrum Deutschland

Das ist der direkte Ansprechpartner aller deutschen Verbraucher in grenzüberschreitenden Fragen: Es berät zu Rechten, wenn Sie zum Beispiel bei einem Händler in einem anderen EU-Land einkaufen, oder gibt praktische Unterstützung bei Streitigkeiten, zum Beispiel mit einer ausländischen Airline. Hier gibt es auch Videos und Broschüren zu den Themen Internethandel in der EU und Abofallen.

http://www.eu-verbraucher.de

I-KiZ – Zentrum für Kinderschutz im Internet

Das I-KiZ – Zentrum für Kinderschutz im Internet will ein kinder- und jugendpolitisches Forum auf Bundesebene schaffen, das den Jugendschutz im Internet angesichts der vielfältigen neuen Herausforderungen des Web 2.0 in den Mittelpunkt rückt und hierzu ein dauerhaftes und starkes Bündnis staatlicher Stellen mit zivilgesellschaftlichen Partnern, Unternehmen und Verbänden schafft.

http://dialog-internet.de/web/de/projekt

jugendschutz.net – jugendschutz.net kontrolliert das Internet und sorgt für die Einhaltung des Jugendschutzes. Hinweise auf Verstöße nehmen die Betreiber der Seite über die Beschwerdestelle (Hotline) entgegen.

www.jugendschutz.net

Medien-sicher.de

Ein Angebot der Gutenbergschule Wiesbaden in Zusammenarbeit mit dem Landeselternbeirat von Hessen, dem Staatlichen Schulamt für Wiesbaden und dem

Rheingau-Taunus-Kreis und dessen Fachberatergruppe für Medienbildung KOM-IT
http://www.medien-sicher.de

Surfer haben Rechte
Projekt zum Thema »Verbraucherrechte in der digitalen Welt« des Verbraucherzentrale Bundesverbandes. Ziel ist, die Verbraucher zu befähigen, sich sicher im
Internet zu bewegen und aktiv teilzunehmen. Der Verbraucherzentrale Bundesverband führt dafür eine Aufklärungs- und Informationskampagne sowie die
rechtliche Überprüfung von Internetangeboten durch.
http://www.surfer-haben-rechte.de/cps/rde/xchg/digitalrechte/
hs.xsl/768.htm

Medienbewusst.de
Die Informationskampagne »medienbewusst.de – kinder. medien. kompetenz.«
ist ein redaktionell-betriebenes Onlineportal, das von Medienexperten wissen-
schaftlich unterstützt wird. Ihr Ziel: die breite Öffentlichkeit und bestimmte Zielgruppen über die Chancen und Risiken moderner Medien zu informieren.
medienbewusst.de wird getragen vom FuLM e. V., dem Verein zur Förderung von
Forschung und Lehre im Bereich Medien an der Technischen Universität Ilmenau.
http://www.medienbewusst.de/

Phishing-Radar
Aktuelle Warnungen der Verbraucherzentrale NRW
http://www.vz-nrw.de/UNIQ133226651203465/link827891A.html

Verbraucher sicher online
Das Projekt »Verbraucher sicher online« wird von der Technischen Universität
Berlin betrieben mit dem Ziel, Verbraucherinnen und Verbraucher über die
sichere Internetnutzung, den sicheren Umgang mit Computern, Barrierefreiheit
sowie den Zugang zu digitalen Inhalten und Informationen umfassend und verständlich zu informieren.
http://www.verbraucher-sicher-online.de/

Vorsicht im Netz – Webseite des Bundesministeriums für Ernährung, Landwirt-
schaft und Verbraucherschutz (BMELV)
Hier werden Verbraucher umfassend informiert, damit sie Tricksereien im Internet
erkennen und nicht mehr darauf reinfallen. Zudem erhalten Verbraucher, die
bereits in eine Abofalle getappt sind, Hilfestellungen, wie sie ihre Rechte gegenüber
den Anbietern selbst wahrnehmen können. Zusätzlich findet man hier Videobei-
träge, ein Quizspiel und ein Diskussionsforum: Dort können sich betroffene Verbraucher untereinander austauschen oder sich in Rechtsfragen Rat einholen.
http://www.vorsicht-im-netz.de

Watch your Web
Die Webseite »Watch your Web« richtet sich gezielt an Jugendliche und erklärt
auch genau die Sicherheitseinstellungen verschiedener Browser. Träger dieses

Projekts ist die Internationale Fachstelle für Jugendarbeit der Bundesrepublik Deutschland (IJAB e. V.). Neben dem Thema Datenschutz und Privatsphäre findet man auch Antworten auf Fragen zum Verbraucherschutz, Urheberrecht, Abzocke und Abofallen im Netz oder auch Handy- und Internetsicherheit. »Watch your Web« möchte verbraucher- und datenschutzrelevante Informationen für Jugendliche verständlich und interessant darzustellen.
www.watchyourweb.de

A.2 Chatten

Literatur

ICQ und Co. – So chatten junge User sicher, herausgegeben von jugendschutz.net und dem Bundesministerium für Familie, Senioren, Frauen und Jugend, Mai 2011

Links

Chatten ohne Risiko – Unter anderem findet man hier den Chat-Atlas, in dem ausgewählte Kommunikationsdienste beschrieben werden. Außerdem gibt es eine Übersicht über die jeweiligen Sicherheitsmaßnahmen sowie positive und negative Aspekte. Eine zusammenfassende Beurteilung der Sicherheit soll Ihnen die Auswahl eines guten Angebots erleichtern.
http://www.chatten-ohne-risiko.net/erwachsene/

Chats und Social Communities – Auf den Webseiten von »Eltern im Netz« gibt es einige wichtige Infos.
http://www.elternimnetz.de/kinder/erziehungsfragen/chats.php

NetKids – Die Seite beschäftigt sich mit der Sicherheit in Chats und gibt Verhaltenstipps.
www.kindersindtabu.de

A.3 Essstörungen

Literatur

Essstörungen – Leitfaden der BZgA für Eltern, Angehörige und Lehrer sowie andere Broschüren zum Thema Esstörungen
www.bzga-essstoerungen.de/index.php?id=165

Links

Hungrig-Online – Information und Kommunikation bei Essstörungen
www.hungrig-online.de/cms/index.php

A.4 Kinder- und Jugendschutz

Literatur

Medienkompetenzförderung für Kinder und Jugendliche – In diesem aktuellen Bericht (Juli 2013) über Medienkompetenz analysieren Medienpädagoginnen und Medienpädagogen die Medienkompetenzvermittlung für Kinder und Jugendliche. Download auf den Seiten des Bundesfamilienministeriums.
`www.bmfsfj.de/BMFSFJ/Service/Publikationen/publikations-liste,did=199436.html`

Abgemacht! Unsere Netz-Regeln – Ein weiterer Flyer des Bundesfamilienministeriums zum Thema »Tablet-Netz-Regeln«. Es weckt Neugier bei Kindern und vermittelt spielerisch die wichtigsten Sicherheitsregeln im Internet. Eltern können gemeinsam mit ihren Kindern aus vorformulierten Regeln ihre eigenen »Familien-Netz-Regeln« zusammenstellen und zusätzlich eigene Regeln hinzufügen! Sind die gemeinsamen Regeln verabredet, dann können sie ausgedruckt werden. Dadurch entsteht ein Anreiz für die Kinder, ihren Eltern von ihren Netz-Aktivitäten zu erzählen. Und sie lernen, sich verantwortlich im Netz zu verhalten.
`www.bmfsfj.de/BMFSFJ/Service/Publikationen/publikations-liste,did=199476.html`

Links

Bundesarbeitsgemeinschaft Kinder- und Jugendschutz (BAJ) – Die BAJ beschäftigt sich neben dem strukturellen Kinder- und Jugendschutz mit dem erzieherischen Kinder- und Jugendschutz, der Kinder und Jugendliche in ihren Kompetenzen stärkt und Erwachsene anleitet, Kinder und Jugendliche besser vor gefährdenden Einflüssen zu schützen. Aktiv ist die BAJ auch im kontrollierend ordnungsrechtlichen Kinder- und Jugendschutz, wo es darum geht, über die bestehenden Vorschriften zu informieren, sie im Dialog mit Gesellschaft und Verantwortlichen zu verbessern, aber sie auch wirklich umzusetzen.
`www.bag-jugendschutz.de`

Das **Bundesministerium für Familie, Frauen, Jugend und Senioren** (BMFSJS) bietet unter dem Menüpunkt PUBLIKATIONEN eine Reihe von Informationen an – es gibt auch eine Bestellmöglichkeit.
`www.bmfsfj.de/BMFSFJ/Service/publikationen.html`

BPjM – Bundesprüfstelle für jugendgefährdende Schriften

Aufgaben der BPjM sind die Indizierung jugendgefährdender Medien auf Antrag oder Anregung (gesetzlicher Jugendmedienschutz). Sie informiert Eltern und Erziehende, aber auch alle anderen interessierten Bürgerinnen und Bürger über Inhalte und Regelungen des Jugendmedienschutzes.
`www.bundespruefstelle.de/`

Klicksafe – Die Website www.klicksafe.de ist Bestandteil vom Safer Internet Programm der Europäischen Union. In Deutschland ist die Landeszentrale für Medien und Kommunikation (LMK) Rheinland-Pfalz gemeinsam mit der Landesanstalt für Medien (LfM) Nordrhein-Westfalen mit der Umsetzung beauftragt. Hier finden Sie alle wichtigen Infos, Adressen und Ratgeber gebündelt.
www.klicksafe.de

A.5 Kinderwebseiten

Blinde Kuh – Kindersuchmaschine und Startseite für Kinder
www.blinde-kuh.de

FragFinn
Der gemeinnützige Verein wird von namhaften Unternehmen und Verbänden der Telekommunikations-, Internet- und Medienbranche finanziert und getragen. fragFINN startete Ende 2007 im Rahmen der Initiative »Ein Netz für Kinder« des Beauftragten der Bundesregierung für Kultur und Medien und des Bundesministeriums für Familie, Senioren, Frauen und Jugend.
www.fragfinn.de

Geolino – Webseite für Kinder der Zeitschrift GEO, für Kinder zwischen acht und 14 Jahren. Rubriken sind Natur, Mensch, Technik und Kreativ, dazu ein Community-Bereich mit mehreren Foren. In Tests, etwa zum Thema Wüsten, überprüfen Kinder spielerisch ihr Wissen.
www.geo.de/GEOlino/

Hanisausland – die Kinderwebseite von der Bundeszentrale für politische Bildung (BpB), Thema »Politik« für Kinder im Alter zwischen acht und 14 Jahren. Ziel dieser Seite ist es, Kindern auf anschauliche und unterhaltsame Art und Weise Grundlagen zum Verständnis von Politik zu erklären.
www.hanisauland.de

fluter.de ist ebenfalls von der BpB, richtet sich aber an Jugendliche. Angesprochen werden Jugendliche von 16 bis 22 Jahren. Die Inhalte kommen aus den Bereichen Politik und Kultur (Gesellschaft, Film, Literatur, Events). fluter möchte zum Demokratieverständnis junger Leser beitragen und dazu möglichst viele Aspekte eines Themas vorstellen.
www.fluter.de

KiKa – Webseite des Kinderkanals, ein Gemeinschaftsprogramm der Arbeitsgemeinschaft der Rundfunkanstalten der Bundesrepublik Deutschland (ARD) und des Zweiten Deutschen Fernsehens (ZDF).
www.kika.de

Klick-Tipps.net
Die Webseite will gute Kinderseiten bekannt machen. Das Klick-Tipps-Team recherchiert jede Woche zu drei aktuellen und beliebten Kinderthemen die

neun besten Kinderseiten.
http://www.klick-tipps.net

Watch your Web
«Watch your Web» möchte verbraucher- und datenschutzrelevante Informationen für Kinder und Jugendliche verständlich und interessant darstellen und sie dazu animieren, sich bei diesen Themen auch selbst einzubringen.
http://www.watchyourweb.de

A.6 Persönlichkeitsrechte im Internet

Literatur

Broschüre Urheber- und Persönlichkeitsrechte im Internet
Die Broschüre **Nicht alles, was geht, ist auch erlaubt: Urheber- und Persönlichkeitsrechte im Internet** von irights.info und der EU-Initiative Klicksafe erklärt kurz und prägnant, welche Regeln des Urheber- und Persönlichkeitsrechts Nutzer beachten müssen, wenn sie Internetplattformen wie MySpace, YouTube, Clipfish oder Flickr verwenden möchten.
http://irights.info/fileadmin/texte/material/broschuere_klicksafe_irights_urheberrecht_internet.pdf

Links

Landesanstalt für Medien Nordrhein-Westfalen – auf der genannten Seite finden sich alle Infos zu den Persönlichkeitsrechten im Internet und u.a. zum Datenschutz und Medienrecht.
www.lfm-nrw.de/internet/persoenlichkeitsrechte-im-internet.html

Unabhängiges Landeszentrum für Datenschutz Schleswig-Holstein
https://www.datenschutzzentrum.de/ldsh/index.htm

Das »Programm Polizeiliche Kriminalprävention der Länder und des Bundes – www.polizei-beratung.de«** gibt Rechtstipps u.a. bei Cybermobbing und vielen anderen Themen.
http://www.polizei-beratung.de/themen-und-tipps/gefahren-im-internet/cybermobbing/folgen-fuer-taeter.html

A.7 Rechtsextremismus

Literatur

Broschüre **»Liken. Teilen. Hetzen. Neonazi-Kampagnen in Sozialen Netzwerken«** von no-nazi.net, Download unter http://no-nazi.net

Zielgruppe Jugend: Rechtsextreme im Social Web (erschienen in »Politik und Zeitgeschichte«, APUZ 18-19 2012)

Download unter: `www.bpb.de/apuz/133386/zielgruppe-jugend-rechtsex-treme-im-social-web`

Links

Aktion Zivilcourage

Die Aktion Zivilcourage e. V. ist als überparteiliche, zivilgesellschaftliche Organisation im Bereich der Bildungs- und Beratungsarbeit tätig. Mit Engagement, Kompetenz und innovativen Lösungsansätzen setzt sich der Verein in einem breiten Netzwerk für die Stärkung der demokratischen Kultur in Sachsen ein. Vorträge, Lesungen, Seminare, Weiterbildungen und regelmäßige Schulprojekte sind Schwerpunkte seiner Arbeit. Thematisch reichen seine Bildungsangebote von der politischen und historischen Bildung über Trainings zum Umgang mit Diskriminierung und Rassismus bis hin zu Weiterbildungen im Bereich des Projektmanagements.
`www.aktion-zivilcourage.de`

Netz gegen Nazis – Die Website `Netz-gegen-Nazis.de` wird betrieben und verantwortet von der Amadeu Antonio Stiftung.
`www.netz-gegen-nazis.de`

Blog dazu von `no-nazi.net`
`http://no-nazi.net/`

Online-Beratung gegen Rechtsextremismus – ein Projekt von Gegen Vergessen – Für Demokratie e. V. Die Online-Beratung gegen Rechtsextremismus vermittelt nicht nur Informationen, sondern sieht sich auch als Begleiter für Menschen, die sich durch antidemokratische – teils laute und gewalttätige – Stimmen und Aktivitäten in ihrem Umfeld verunsichert und eingeschränkt fühlen.
`www.online-beratung-gegen-rechtsextremismus.de`

Verfassungsschutz gegen Rechtsextremismus – gemeinsame Webseite der Länder Bremen, Hamburg, Mecklenburg-Vorpommern, Niedersachsen, Sachsen-Anhalt und Schleswig-Holstein. Informationen über den Rechtsextremismus allgemein und die Arbeit der beteiligten Länder zu Aktivitäten gegen den Rechtsextremismus mit Links zu weiterführenden Informationen und zum Download von Informationsmaterial. Die Verantwortlichen hoffen, dass diese Seite insbesondere von jungen Menschen, aber auch von Multiplikatoren der politischen Bildung besucht wird. Information und Aufklärung bieten den besten Schutz vor der Beeinflussung durch die rechtsextremistischen Werbestrategien, die sich die Wirkung der rechtsextremistischen Musik, des Internets und weiterer, insbesondere auf Heranwachsende zugeschnittene Werbemittel zunutze machen wollen.
`www.verfassungsschutzgegenrechtsextremismus.de`

A.8 Soziale Medien

Literatur

ElternWissen Facebook & Co., herausgegeben vom AGJ-Fachverband für Prävention und Rehabilitation in der Erzdiözese Freiburg e. V., 2013, Download bei www.klicksafe.de

JIM 2012: Jugend, Information, (Multi-)Media – Basisstudie zum Medienumgang 12- bis 19-Jähriger in Deutschland, Medienpädagogischer Forschungsverbund Südwest

Links

s. I-KiZ – Zentrum für Kinderschutz im Internet

A.9 Spiele

Literatur

Computerspiele – 20 Fragen und Antworten zu gesetzlichen Regelungen und zur Medienerziehung, herausgegeben von der Bundesprüfstelle für jugendgefährdende Medien
http://www.bundespruefstelle.de/bpjm/publikationen,did=100512.html

Jürgen Fritz, **Wie Computerspieler ins Spiel kommen** – Theorien und Modelle zur Nutzung und Wirkung virtueller Spielwelten
http://www.lfm-nrw.de/fileadmin/lfm-nrw/Forschung/LfM-Band-67.pdf

Kinderspielportale im Internet – eine Untersuchung des Projekts »Verbraucherrechte in der digitalen Welt« des Verbraucherzentrale Bundesverbandes, Oktober 2011

Links

Internet-ABC
Das Internet-ABC bietet Kindern und Erwachsenen Infos, Tipps und Tricks rund um das Internet – ob für Anfänger oder Fortgeschrittene. Die werbefreien Seiten sind für Kinder von fünf bis zwölf Jahren, Eltern und Pädagogen gemacht.
www.internet-abc.de

Selbsttest für Jugendliche zur Computer- und Spielesucht – Neben einem Selbsttest finden Betroffene hier auch Beratung.
https://www.ins-netz-gehen.de/check-dich-selbst/bin-ich-suechtig

Thema Computerspiele bei Klicksafe.de
http://www.klicksafe.de/themen/spielen/computerspiele/

Spieletests von http://www.spielbar.de (ein Angebot der Bundeszentrale für Politische Bildung), http://www.internet-abc.de/eltern/spieletipps.php (ein Angebot der Landesmedienanstalten) oder unter http://www.spieleratgeber-nrw.de

Tipps für Spiele – Hier gibt es Links zu Webseiten, die altersgerechte Spiele anbieten.
http://www.surfen-ohne-risiko.net/spielen/sichere-onlinespiele/online-spielen-lernen/

Spieleratgeber NRW
Der Spieleratgeber NRW erklärt ausführlich und mit leider nicht allzu gut lesbaren Screenshots die Einstellungen der Konsolen sehr detailliert.
www.spieleratgeber-nrw.de

A.10 Urheberrecht

Literatur

Nicht alles, was geht, ist auch erlaubt – Downloaden, tauschen, online stellen – Broschüre zum Thema Urheberrecht im Alltag, herausgegeben von Klicksafe. Auf 54 Seiten informiert sie ausführlich über das Thema Download und bietet auch Arbeitsblätter zum Thema an.

Links

Auf den Seiten des **Bundesverbraucherministeriums gibt es Tipps zum Urheberrecht im Internet**: was Sie beachten müssen und wie Sie Abmahnungen vermeiden.
http://www.bmelv.de/SharedDocs/Standardartikel/Verbraucherschutz/Markt-Recht/Urheberrecht-Abmahnung.html;
jsessionid=CB602E5E1F334DD631E32DAF35E5E283.2_cid358

Dossier zum Urheberrecht bei der Bundeszentrale für politische Bildung
http://www.bpb.de/gesellschaft/medien/urheberrecht/

Institut für Urheber- und Medienrecht
http://www.urheberrecht.org/

iRights info – iRights.info ist Informationsplattform und Onlinemagazin in einem. Seit 2005 werden Fragen zum Urheberrecht und weiteren Rechtsgebieten beantwortet. iRights.info berichtet tagesaktuell in Hintergrundberichten, Nachrichten, Features und anderen Publikationen.
http://irights.info/

Glossar

Die wichtigsten Fachbegriffe werden hier in alphabetischer Reihenfolge erklärt.

Account
(Nutzerkonto, Benutzerkonto) Zugangsberechtigung bei zahlreichen digitalen Diensten wie sozialen Netzwerken und Webmail-Diensten.

Add-on
Ein Add-on (englisch: »to add« – »hinzufügen«) ist eine Erweiterung; es erweitert bestehende Hard- oder Software. Ein Add-on wird also, umgangssprachlich, wie ein Rucksack obenauf installiert und kann jederzeit entfernt bzw. deinstalliert werden, ohne dabei die Funktionsweise der Hauptanwendung zu beeinträchtigen.

Administrator
Ein Administrator (auch »Admin« genannt) ist eine spezielle Rolle eines Benutzers in Betriebssystemen, Netzwerken, Anwendungsprogrammen usw. Er hat erweiterte Benutzerrechte, um Einstellungen am System vornehmen zu können.

Anonymisierung
Anonymisieren bedeutet, personenbezogene Daten so zu verändern, dass mit ihnen eine Person nicht mehr oder nur noch mit einem unverhältnismäßig großen Aufwand bestimmt werden kann. Eine komplette Anonymisierung ist nicht umkehrbar. Es handelt sich dann nicht mehr um personenbezogene Daten, die geschützt werden müssen. Allerdings ist eine komplette Anonymisierung in der Praxis nur schwer zu erreichen. Oftmals kann wieder ein Personenbezug hergestellt werden, wenn Informationen aus verschiedenen Quellen miteinander verknüpft werden.

App
Als App (Kurzform für Applikation) wird Anwendungssoftware für Mobilgeräte bzw. mobile Betriebssysteme bezeichnet. Im Sprachgebrauch sind damit meist Anwendungen für Smartphones und Tablet-Computer gemeint.

Avatar
In Computer- und Onlinespielen (s. auch Massively Multiplayer Online Games) ist der Avatar eine interaktive Spielfigur, durch die der Spieler in der virtuellen Spielewelt handelt. Er kann auch eine Kunstfigur sein, die anstelle der eigenen in Communitys und Foren benutzt wird.

Backup

Backup ist eine Datensicherung – das Kopieren von Daten in der Absicht, diese im Fall eines Datenverlustes zurückkopieren zu können.

Bannerwerbung

Die Bannerwerbung ist die älteste Werbeform im Internet. Die Banner werden statisch oder animiert in eine Webseite eingebunden. Die Bannerwerbung verdeckt keinen Teil der aufgerufenen Webseite und kann auch nicht weggeklickt werden. Die Werbebanner sollten klar und eindeutig als Werbung zu erkennen sein und sich vom redaktionellen Inhalt der Webseite abgrenzen.

Botnetze

Im Fachjargon ist mit Bot ein Programm gemeint, das ferngesteuert auf dem PC arbeitet. Botnetze basieren auf Viren, Trojanern und Würmern und sind sehr viele Computer, die per Fernsteuerung zusammengeschlossen und zu bestimmten Aktionen missbraucht werden.

Browser

Softwareprogramme, die dazu dienen, Informationen im World Wide Web (WWW) zu durchblättern (engl.: to browse through) und anzuzeigen. Bekannteste Vertreter sind der Internet Explorer und der Firefox-Browser.

Browserspiele

Onlinespiele, die ohne Softwareinstallation durch Aufruf einer Webadresse an jedem Rechner mit Browser gespielt werden können.

Bug

Ein Programmfehler oder Softwarefehler, häufig auch als Bug benannt, bezeichnet im Allgemeinen ein Fehlverhalten von Computerprogrammen.

Chat

»to chat« ist die englische Bezeichnung für »schwatzen«. Es sind Webseiten oder spezialisierte Programme, die die Möglichkeit bieten, sich mit anderen über Tastatur und Bildschirm online zu unterhalten.

Clientsoftware

Programme, die Dienstleistungen von sogenannten Servern (Zentralrechnern) in Anspruch nehmen. So können Rechner in Netzen gemeinsame Betriebsmittel oder Dienste mit anderen teilen.

Cloud Computing

Cloud Computing ist das Auslagern von Daten und Prozessen bei einem externen Anbieter, der über das Internet eine Plattform zum Abruf bereithält. So können Firmen komplexe Anwendungen über das Netz ausführen und ihre Datenverwaltung dorthin auslagern, um nicht selbst eigene Rechenzentren mit einer komplexen Infrastruktur einrichten zu müssen. Auch Webmail-Dienste fallen unter das

Prinzip Cloud Computing: E-Mails sind auf Servern des Anbieters gespeichert und von überall her abrufbar.

Community
Der Begriff Community beschreibt Plattformen, auf denen man sich anmelden und ein Profil erstellen kann. Die Hauptunterscheidung zu »sozialen Netzwerken« ist die, dass Menschen sich normalerweise in Communitys über ein konkretes Thema austauschen.

Computerviren s. auch Malware
Schadprogramme, die sich selbst vermehren und verbreiten, indem sie sich an andere Programme anhängen und weitere Opfer suchen (zum Beispiel im Adressbuch). Nach einer Definition des Bundesamtes für Sicherheit in der Informationstechnik (BSI) sind viele dieser Schädlinge »...modular aufgebaut und können darum häufig nicht eindeutig einer bestimmten Kategorie – etwa Virus oder Wurm – zugeordnet werden ...«.

Cookies
Cookies sind kleine Textdateien, die eine Webseite auf dem Computer des Nutzers ablegen kann. Mithilfe dieser Datei kann der Webserver auf dem Rechner des Nutzers zum Beispiel Präferenzen und Einstellungen abspeichern, die beim nächsten Besuch automatisch wiederhergestellt werden. Cookies sind keine aktiven Programme: Sie spionieren keine Daten auf dem Computer aus und übertragen keine Viren.

Creative-Commons-Lizenz (CC)
Creative Commons stellt Urhebern vorgefertigte Lizenzverträge zur Verfügung, die regeln sollen, welche Rechte dem Nutzer eingeräumt werden. So kann je nach Absicht des Urhebers beispielsweise die freie, kostenlose Weiterverbreitung gestattet werden, ohne dass das Werk dabei verändert werden darf. Dabei ist unerheblich, um welche Werkart es sich handelt (Text, Bild, Video, Audio).

Cross-Site Scripting
Eine andere böse Attacke ist Cross-Site Scripting (XSS): eine Technik, mit der Sicherheitslücken in Webanwendungen ausgenutzt werden. Diese Technik heißt Cross-Site, da dabei mehrere Webseiten zusammenspielen. Beispielsweise kann von einer nicht vertrauenswürdigen Seite spezieller Schadcode im Kontext einer anderen Webseite ausgeführt werden, um an sensible Daten des Benutzers zu gelangen.

Cyber-Grooming
Cyber-Grooming bezeichnet die sexuelle Belästigung Minderjähriger über das Internet durch meist ältere fremde Männer. Sie geben sich in Chats oder Onlinecommunitys gegenüber Kindern oder Jugendlichen als gleichaltrig aus, um sich so das Vertrauen der Minderjährigen zu erschleichen. Meist mit dem Ziel, sich auch in der realen Welt mit ihnen zu treffen und sie zu missbrauchen.

Cybermobbing
Die Nutzung moderner Kommunikationsmittel, um anderen Menschen zu schaden. Die Opfer werden dabei im Internet bloßgestellt, belästigt oder durch die Verbreitung falscher Behauptungen gemobbt.

Denial of Service
Denial of Service (DoS) bedeutet so viel wie etwas außer Betrieb setzen. Technisch passiert dies: Bei DoS-Attacken wird ein Server gezielt mit so vielen Anfragen bombardiert, dass das System die Aufgaben nicht mehr bewältigen kann und im schlimmsten Fall zusammenbricht.

Drive-by-Downloads
Webseiten, die mit schädlichem Code infiziert sind. Der Besuch so einer Internetseite kann dazu führen, dass man sich einen Schädling einfängt. Der Nutzer merkt gar nichts davon und tut aktiv auch gar nichts, wie etwa eine Datei anzuklicken.

Fake
Eine falsche Identität, die sich Personen im Internet geben, zum Beispiel in Chats

Filesharing
Filesharing bezeichnet die Weitergabe oder den Tausch (»sharing«) von Computerdateien (»files«) zwischen Internetnutzern.

Firewall
Die Definition des BSI: Die Firewall (»Brandschutzmauer«) besteht aus Hard- und Software, die den Datenfluss zwischen dem internen Netzwerk und dem externen Netzwerk kontrolliert. Alle Daten, die das Netz verlassen, werden ebenso überprüft wie die, die hineinwollen.

Flame, Flame-War
Ein **Flame** (engl.: »to flame« – »aufflammmen«) ist ein ruppiger oder polemischer Kommentar oder eine Beleidigung im Internet. Inzwischen verwendet man den Begriff meist für aggressive Beiträge ohne Sachbezug. Ein ganzer »Flame-War« entsteht, wenn sich viele User durch provokative Antworten engagieren, die auf den ursprünglichen »Flamebait« (engl.: »to bait« – »hetzen«) bezogen sind. Flame-Wars ziehen oft viele User mit in den Konflikt Ein Flame-War ist demnach eine kontroverse Diskussion, bei der die Teilnehmer beleidigend werden und/oder völlig unsachlich argumentieren.

Freeware
Kostenlose Software

Hacker
Hacker hat im technischen Bereich mehrere Bedeutungen. Das Wort wird alltagssprachlich gebraucht, um jemanden zu bezeichnen, der über ein Netzwerk in Computersysteme eindringt und zugleich Teil einer entsprechenden Szene ist. Gemeinsames Merkmal ist dabei, dass ein Hacker ein Technikenthusiast ist, der

Spaß daran hat, sich mit technischen Details von Systemen auseinanderzusetzen, insbesondere im Bereich der Informations- und Kommunikationstechnik.

Happy Slapping

Als **Happy Slapping** (engl. etwa für »lustiges Schlagen«) wird ein körperlicher Angriff (Körperverletzungsdelikt) auf meist unbekannte Passanten, aber auch auf Mitschüler oder Lehrer bezeichnet.

Hoax

Als Hoax (engl. für Scherz, Schwindel) wird heute meist eine Falschmeldung bezeichnet, die in Büchern, Zeitschriften oder Zeitungen, per E-Mail, Instant Messenger oder auf anderen Wegen (zum Beispiel über SMS, MMS oder soziale Netzwerke) verbreitet, von vielen für wahr gehalten und daher an Freunde, Kollegen, Verwandte und andere Personen weitergeleitet wird.

Hostadresse

Als Host wird ganz allgemein ein Gerät bezeichnet, das eine sogenannte IP-Adresse hat und damit mit dem Internet verbunden ist. Umgangssprachlich bezeichnet man als Hostadresse den Namen, den zum Beispiel der Webbrowser mit überträgt und der gewisse Klartextinformationen über den Nutzer enthält – zum Beispiel häufig den Namen des Internetproviders.

Hotspots

Hotspots sind Orte, an denen der Zugang zum Internet über ein Drahtlosnetzwerk (WLAN) angeboten wird.

IP-Adresse

Eine IP-Adresse ist eine Adresse in Computernetzen, die – wie das Internet – auf dem Internetprotokoll (IP) basiert. Sie wird Geräten zugewiesen, die an das Netz angebunden sind, und macht die Geräte so adressierbar und damit erreichbar.

IMEI

Die International Mobile Station Equipment Identity ist eine eindeutige 15-stellige Seriennummer, anhand derer jedes GSM- oder UMTS-Endgerät theoretisch eindeutig identifiziert werden kann. Die IMEI eines Mobiltelefons kann durch die Eingabe »*#06#« im Eingabefeld der Telefonnummer abgefragt werden.

Informationelle Selbstbestimmung

Das Recht auf informationelle Selbstbestimmung ist im deutschen Recht das Recht des Einzelnen, grundsätzlich selbst über die Preisgabe und Verwendung seiner personenbezogenen Daten zu bestimmen. Es handelt sich dabei nach der Rechtsprechung des Bundesverfassungsgerichts um ein Datenschutz-Grundrecht, das im Grundgesetz für die Bundesrepublik Deutschland nicht ausdrücklich erwähnt wird. Der Vorschlag, ein Datenschutz-Grundrecht in das Grundgesetz einzufügen, fand bisher nicht die erforderliche Mehrheit. Personenbezogene Daten sind jedoch nach Art. 8 der EU-Grundrechtecharta geschützt.

In-Game-Werbung

Werbung, die direkt ins Onlinespiel oder in die virtuelle Welt eingebettet ist – zum Beispiel als Plakatfläche am virtuellen Straßenrand oder als Werbebande in einem virtuellen Stadion.

Internetprovider (ISP)

Auch Internet-Serviceprovider genannt, bieten Internet mit einem Internetzugang über die Telefonleitung, über Kabelanschluss, Mobilfunknetze oder per Satellit.

Instant Messaging

Instant Messaging, englisch für sofortige Nachrichtenübermittlung oder Nachrichtensofortversand, ist eine Kommunikationsmethode, bei der sich zwei oder mehr Teilnehmer per Textnachrichten unterhalten.

Internet Relay Chat

Internet Relay Chat, kurz IRC, bezeichnet ein rein textbasiertes Chatsystem. Es ermöglicht Gesprächsrunden mit einer beliebigen Anzahl von Teilnehmern in sogenannten Channels (Gesprächskanälen), aber auch Gespräche zwischen zwei Teilnehmern. Neue Channels können üblicherweise jederzeit von jedem Teilnehmer frei eröffnet werden, ebenso kann man gleichzeitig an mehreren Channels teilnehmen.

Java-Applet

Ein Java-Applet ist ein Computerprogramm, das mittels Java-Technik erstellt und normalerweise in einem Webbrowser ausgeführt wird. Applets wurden eingeführt, um Programme in Webseiten ablaufen lassen zu können, die im Webbrowser (auf der Clientseite) arbeiten und direkt mit dem Benutzer interagieren können, ohne Daten zum Server senden zu müssen.

Jump'n'Run

Computerspiel-Genre, bei dem sich die Spielfigur springend (engl.: »jump«) und laufend (»run«) fortbewegt.

Login

Anmeldung bei digitalen Diensten wie sozialen Netzwerken, Onlineshops, Auktionshäusern etc. mittels Eingabe des Benutzernamens und des Passworts

Logout

Abmeldung von digitalen Diensten wie sozialen Netzwerken, Onlineshops, Auktionshäusern etc.

Lokalisierungsdienste

Lokalisierungsdienste sind standortbezogene Netzwerke, die den Standort eines Nutzers auf einer Karte anzeigen. Zum Teil werden auch weitere Informationen wie Kommentare und Bilder zu dem Ort angezeigt.

Malware
Als Schadprogramm oder Malware (aus dem Englischen »malicious« = »bösartig«
und Software) bezeichnet man Computerprogramme, die entwickelt wurden, um
vom Benutzer unerwünschte und gegebenenfalls schädliche Funktionen auszuführen. Malware wird von Fachleuten der Computersicherheitsbranche als Über-
oder Sammelbegriff verwendet, um die große Bandbreite an feindseliger Software
oder Programmen zu beschreiben.

Massively Multiplayer Online Games (MMOGs)
Onlinespiele, die von mindestens tausend Spielern zeitgleich gespielt werden und
in einer virtuellen Fantasiewelt stattfinden, in der der Nutzer einen virtuellen Stell-
vertreter – einen Avatar – steuert.

Mobile Games
Spiele meistens für das Smartphone

Open-Source-Software
Open Source bedeutet »quelloffen«. So nennt man Software, deren Lizenzbestimmungen in Bezug auf die Weitergabe der Software besagen, dass der Quelltext
öffentlich zugänglich ist und – je nach entsprechender Lizenz – frei kopiert, modifiziert und verändert wie unverändert weiterverbreitet werden darf.

Passwort
Ein Passwort (engl.: »password«), auch Kennwort, Schlüsselwort, Codewort
genannt, dient zur Authentifizierung. Hierzu wird eine Zeichenfolge vereinbart
und benutzt, durch die sich jemand, meist eine Person, ausweist und dadurch die
eigene Identität bestätigt.

Patch
der englische Ausdruck für Flicken: Dahinter verbergen sich Softwarepakete, mit
denen die Hersteller Sicherheitslücken in ihren Programmen schließen oder
andere Verbesserungen integrieren.

Peer-to-Peer-Netzwerke (P2P)
Peer-to-Peer Connection (von engl.: »peer« = »Gleichgestellter, Ebenbürtiger«)
und Rechner-Rechner-Verbindung sind synonyme Bezeichnungen für eine Kommunikation unter Gleichen, hier bezogen auf ein Rechnernetz. In einigen Kontexten spricht man auch von Querkommunikation. In einem reinen Peer-to-Peer-
Netz sind alle Computer gleichberechtigt und können sowohl Dienste in
Anspruch nehmen als auch zur Verfügung stellen.

PGP (Pretty Good Privacy)
Verschlüsselungsprogramm, das Klartext-E-Mails in Geheimtext umwandelt

Phishing
Beim Phishing werden Passwörter, Kontonummern und andere sensible Daten
beim Internetnutzer abgefischt. Ein Beispiel: Jemand verschickt E-Mails, die in

Aussehen und Inhalt den Nachrichten von Unternehmen und Banken gleichen. Dabei hofft er, dass der Empfänger tatsächlich Kunde der Bank oder des Unternehmens ist und auf die E-Mail reagiert, d.h. per Klick auf der betrügerischen Webseite landet und dort Namen, Kontonummer und Passwort eingibt.

Plugin, Plug-in
Ein kleines Programm, das der Nutzer zu einem Hauptprogramm hinzufügen kann, um dieses mit zusätzlichen Funktionalitäten wie zum Beispiel dem Flash Player auszustatten. Die Browser Firefox und Thunderbird sind Programme, die mit Plug-ins erweitert werden können.

Pop-up
Pop-up ist Werbung, die sich meist unerwartet in einem separaten Browserfenster öffnet und sich über den eigentlichen Inhalt der aufgerufenen Webseite legt. Pop-ups können in der Regel über ein Schließkreuz am oberen Fensterrand weggeklickt werden. Außerdem haben die meisten aktuellen Browser Pop-up-Blocker integriert, die das Öffnen von Pop-ups verhindern.

Pop-up-Blocker
Pop-up-Blocker sind Programme im Browser, die das unerwünschte Öffnen von Pop-up- oder Pop-under-Fenster unterbinden.

Pre-Roll-Werbung
Das sind Werbeeinblendungen vor dem eigentlichen Spiel. Beim Klick auf das Werbemittel wird das Video angehalten und die Zielseite des Werbers in einem neuen Fenster geöffnet.

Proxy
Ein Proxyserver ist ein Computer, der zwischengeschaltet ist zwischen dem Computer des Benutzers und dem Internet. Mit einem Proxy kann die Nutzung des Internets protokolliert oder der Zugriff auf eine Website blockiert werden. Die Firewall des Proxyservers blockiert bestimmte Websites oder Webseiten aus verschiedenen Gründen – hier aus Kinderschutzgründen.

Quantified-Self-Dienste
Solche Dienste erfassen und werten persönliche gesundheitsbezogene Daten aus. Meist in Form von Apps auf dem Smartphone helfen sie, die körperliche Fitness zu steigern, oder beim Abnehmen – und gerade hier sind gesundheitsbewusste Jugendliche angesprochen, die mit dem coolen Smartphone alles steuern lassen.

Ransomware
Schadprogramme, mit deren Hilfe ein Eindringling eine Zugriffs- oder Nutzungsverhinderung der Daten sowie des gesamten Computersystems erwirkt. Dabei werden private Daten auf einem fremden Computer verschlüsselt oder der Zugriff auf sie wird verhindert, um für die Entschlüsselung oder Freigabe eine Art Lösegeld zu fordern.

RAT

Hinter solchen Angriffen steckt eine Fernsteuerungssoftware (Remote Administration Tool – RAT). Das kann seine guten Seiten haben, wenn man zum Beispiel technische Hilfe braucht und über eine Hotline einen Dienstleister auf den Rechner zugreifen lässt, der sich dann die Software ansehen und notfalls Einstellungen reparieren kann. Dazu muss man aber offiziell die Erlaubnis geben. Solche Programme werden aber leider häufig missbraucht, um Personen oder Firmen auszuspionieren, Daten zu klauen – oder eben um die Webcam unerkannt zu starten und die Person davor unerkannt zu beobachten. Ein Trojaner infiziert den Rechner mit einem RAT, und man merkt gar nichts davon.

Robinsonliste

Liste, in die sich jeder eintragen lassen kann, der keine adressierten Werbebriefe von Unternehmen erhalten möchte, bei denen er kein Kunde ist oder nicht ausdrücklich der Zusendung zugestimmt hat.

Scareware

Scareware ist ein Schadprogramm, das Computerbenutzer verängstigen und so zu bestimmten Handlungen bewegen soll. Scareware basiert auf Täuschung und Angst. Daher wird versucht, die Gefahr zum einen möglichst bedrohlich erscheinen zu lassen und zum anderen so glaubwürdig, dass sie nicht sofort als Täuschungsversuch erkannt wird.

Secure Sockets Layer (SSL)

Verschlüsselungsprotokoll zur Datenübertragung im Internet. Die Sicherheit der Verbindung hängt auch von der Stärke der Verschlüsselung ab.

Server

Server stellen Dienste zur Verfügung, die über lokale Netzwerke oder per Internet abgerufen werden können. Die bereitgestellten Dienste können von einfachen Internetseiten über die Verwaltung von Dateien bis hin zu komplexen Anwendungen reichen, die – zentral auf einem Server gespeichert – auf Abruf beim Kunden (Client) angezeigt werden.

Session Cookies

Durch diese spezielle Art von Cookies ist es einem Webserver möglich, für die Dauer der Sitzung den Nutzer wiederzuerkennen, ohne dass dieser ständig Benutzernamen und Kennwort neu eingeben muss. Session Cookies werden gelöscht, wenn der Browser geschlossen wird. Sie gelten also nur für eine Sitzung. Um eine Löschung der Session Cookies zu bewirken, genügt es, alle Instanzen des Browsers zu schließen.

Session Hijacking

Die »Entführung« einer gültigen Kommunikationssitzung, wie beispielsweise der Anmeldung bei einem Webmail-Dienst, von einem Angreifer. Nach erfolgreicher

Entführung kann der Angreifer im schlimmsten Fall die Identität des Nutzers übernehmen und die Anwendung in dessen Namen nutzen.

Shitstorm
Ein Shitstorm ist ein Sturm der Entrüstung, der zum Teil mit beleidigenden Äußerungen einhergeht.

Shooter, Ego-Shooter
Computerspiel-Genre, bei dem die Spielfigur mit einer virtuellen Schusswaffe eine Vielzahl virtueller Gegner tötet. Ego-Shooter stellen das Geschehen aus der Perspektive des Akteurs dar.

Smartphones
Ein Smartphone ist ein Mobiltelefon, das viele Funktionen hat. Es ist Telefon, Terminkalender, Adressbuch, Kamera und MP3-Player und ermöglicht die Nutzung des Internets. Die Hauptunterschiede des Smartphones zum herkömmlichen Handy sind vor allem größere Displays, über die gleichzeitig die Steuerung erfolgt, und eine höhere Rechenleistung für die Apps mittels schnellerer Prozessoren.

Sniffing
Aus dem Englischen »to sniff« = »schnüffeln«. Mithilfe von Sniffing-Programmen lässt sich der Datenverkehr in Netzwerken abgreifen und auswerten. Relevant ist dies vor allem im Zusammenhang mit ungesicherten Drahtlosnetzwerken, denn hier glauben viele Nutzer, sie seien in Sicherheit, und bemerken nicht, wenn ihre Daten abgehört werden.

Soziale Netzwerke
Onlineplattform, auf der der Einzelne und seine individuellen Kontakte im Mittelpunkt stehen. Der Nutzer bestätigt dort Freundschaften/Kontakte und bildet so mit seinen Bekannten ein kleines Netzwerk, in dem die Kontakte miteinander Inhalte (Nachrichten, Bilder, Videos, Links etc.) teilen können. Kernstück sind immer die individuellen Profile, um die herum sich Möglichkeiten zur Interaktion ranken.

Spähprogramm
Spähprogramme (auch Spyware) sind Programme, die versteckt und meist ohne Wissen des Anwenders fortlaufend Daten an den Softwarehersteller senden und so beispielsweise das Surfverhalten des Nutzers auskundschaften.

Spam
Spam ist der unverlangte, massenhafte Versand von Werbemails in elektronischer Form.

Spyware
Als Spyware (Zusammensetzung aus »spy«, dem englischen Wort für »Spion«, und »ware« als Endung von Software, also Programme für den Computer; zu

Deutsch etwa Spähprogramm oder Schnüffelsoftware) wird üblicherweise Software bezeichnet, die Daten eines Computernutzers ohne dessen Wissen oder Zustimmung an den Hersteller der Software oder an Dritte sendet oder dazu genutzt wird, dem Benutzer über Werbeeinblendungen Produkte anzubieten.

Streaming
Beim Streaming werden keine dauerhaften Kopien auf dem Rechner des Nutzers gespeichert, sondern temporär in Zwischenspeichern, dem Arbeitsspeicher, oder im Browser-Cache des Empfängerrechners.

Tauschbörse
Tauschbörsen sind zum Beispiel BitTorrent, BearShare, EDonkey oder Limewire. Neben Computerspielen kann man auch Musik, Filme oder Software tauschen bzw. teilen. Dazu muss man für andere Nutzer im entsprechenden Tauschbörsenprogramm einen Ordner auf der Festplatte freigeben, und schon können andere auf die Dateien zugreifen.

Trojaner
Führen vermeintlich nützliche Programme schädliche Funktionen auf dem Computer aus, die für den Anwender nicht sichtbar sind, spricht man von Trojanern oder trojanischen Pferden. Die Folge können zum Beispiel das Erfassen von Passwörtern oder die Fernsteuerung des Computers sein.

Troll
Ein Nutzer, meist in Foren, Blogs oder Chats, der nur auf Ärger aus ist und provozieren will.

Twitter
Twitter ist ein soziales Netzwerk, in dem kurze Informationen (maximal 140 Zeichen) untereinander ausgetauscht werden.

User
Nutzer

Verschlüsselung
Verschlüsselung ist die Umwandlung einer verständlichen Information in eine unverständliche: Ein Klartext (beispielsweise ein Passwort) wird unter Verwendung eines Schlüssels in einen weniger oder nicht interpretierbaren Geheimtext umgesetzt.

WAP Billing
Über WAP (Wireless Application Protocol) lassen sich Bezahldienste abwickeln. Da WAP-Seiten in der Regel nicht von anderen Internetseiten unterscheidbar sind, kann so ungewollt und unerwartet die Inanspruchnahme kostenpflichtiger Dienstleistungen erfolgen, verbunden mit einer Übermittlung der Rufnummer an den Dienstleister oder ein dazwischengeschaltetes Inkassounternehmen.

Wi-Fi Protected Access (WPA2)
WPA2 gilt zurzeit als sicherste Verschlüsselungsmethode für drahtlose Netzwerke.

Wireless Local Area Network (WLAN)
Bezeichnet ein drahtloses lokales Netzwerk für Computer

WPA und WPA 2
WPA ist die Abkürzung für »Wi-Fi Protected Access« (englisch für »geschützter Zugang«). Es ist eine Methode zur Verschlüsselung von WLANs. WPA2 gilt als besonders sicher, aber nur, wenn das Passwort auch wirklich sicher ist.

Würmer
Ein Computerwurm ist ein Computerprogramm oder Skript mit der Eigenschaft, sich selbst zu vervielfältigen, nachdem es einmal ausgeführt wurde. In Abgrenzung zum Computervirus verbreitet sich der Wurm, ohne fremde Dateien mit seinem Code zu infizieren.

XMP-Protokoll
XMP steht für »Extensible Messaging and Presence Protocol«, einen Internetstandard, der hauptsächlich beim Instant Messaging zum Einsatz kommt. Wird synonym auch mit dem englischen Wort »Jabber« bezeichnet (deutsch: »Geplapper«).

Stichwortverzeichnis